赣 江 知 识 产 权 智 库 文 萃

U0518325

（第 **1** 辑）

知识产权引领创新驱动

——江西知识产权软科学研究报告

熊绍员◎主编

1

知识产权出版社
全国百佳图书出版单位

图书在版编目（CIP）数据

知识产权引领创新驱动：江西知识产权软科学研究报告/熊绍员主编. —北京：知识产权出版社，2017.3

（赣江知识产权智库文萃. 第1辑）

ISBN 978 - 7 - 5130 - 4779 - 1

Ⅰ. ①知… Ⅱ. ①熊… Ⅲ. ①知识产权—研究报告—江西 Ⅳ. ①D927.560.340.4

中国版本图书馆 CIP 数据核字（2017）第 037311 号

内容提要

从理论政策到调查研究，从思路规划到研究成果，本书充分展现了江西省是如何利用知识产权来引领创新驱动的，即注重体系建设、注重培育创新企业、注重借鉴外省方案举措，同时紧紧围绕本省实际，用切实数据作支撑，探讨本省在企业发展、人才培养、司法保护、协同创新、金融证券等方面的优化路径。特别值得一提的是本书还涉及直升机专利、食用菌新品种及陶瓷外观设计等特色领域的分析和评价。

责任编辑：李　琳　卢海鹰　胡文彬　　　　　　**责任校对：**潘凤越

执行编辑：可　为　　　　　　　　　　　　　　**责任出版：**刘译文

封面设计：张　冀

赣江知识产权智库文萃（第1辑）

知识产权引领创新驱动
——江西知识产权软科学研究报告

熊绍员　主编

出版发行：知识产权出版社有限责任公司	**网　　址：**http：//www.ipph.cn
社　　址：北京市海淀区西外太平庄 55 号	**邮　　编：**100081
责编电话：010 - 82000860 转 8335	**责编邮箱：**kewei@cnipr.com
发行电话：010 - 82000860 转 8101/8102	**发行传真：**010 - 82000893/82005070/82000270
印　　刷：北京嘉恒彩色印刷有限责任公司	**经　　销：**各大网上书店、新华书店及相关专业书店
开　　本：787mm×1092mm　1/16	**印　　张：**24
版　　次：2017 年 3 月第 1 版	**印　　次：**2017 年 3 月第 1 次印刷
字　　数：466 千字	**定　　价：**72.00 元

ISBN 978 -7 -5130 -4779 -1

编 委 会

编 辑 部

序

软科学是立足实践、面向决策的系统学科。2016 年 5 月，习近平总书记在哲学社会科学工作座谈会上指出，"哲学社会科学是人们认识世界、改造世界的重要工具，是推动历史发展和社会进步的重要力量，其发展水平反映了一个民族的思维能力、精神品格、文明素质，体现了一个国家的综合国力和国际竞争力。"软科学作为自然科学和社会科学相互结合的交叉科学，其宗旨是为各级各类决策提供科学依据。

知识产权软科学课题研究的目的是探索知识产权制度发展变革的内在规律，研究解决知识产权事业发展的宏观决策和管理实际问题，为各级政府、企事业单位和知识产权管理部门提供决策依据和参考意见，促进知识产权事业和科技、经济、社会的全面协调可持续发展。

2013 年，江西省委十三届七次全会提出了"发展升级、小康提速、绿色崛起、实干兴赣"十六字方针，分别从发展、民生、生态和党建四大工作主题，为江西省指明了新的航程。赣水奔腾，鄱湖浪起，沿着"发展升级、绿色崛起"康庄大道，江西省知识产权事业发展呈现"量质齐升、进位赶超"的铿锵之势。

四年来，我们栉风沐雨、砥砺前行，谱写了江西省知识产权事业发展的崭新篇章。江西省专利申请量从 2012 年的 12455 件增长到 2016 年的 60494 件；2016 年，江西省专利申请受理量增幅位居全国第一、总量由 2012 年的第 24 位上升 9 位到了第 15 位，达到全国中位数偏上；专利综合实力由 2013 年的第 22 位上升到 2016 年的第 19 位，迈入全国专利综合实力二类地区，为江西省产业转型升级作出了积极贡献。这一系列成绩的取得，可以说，与江西省知识产权局在行业的谋篇布局、发展规划、科学决策等方面做了大量卓有成效的工作密不可分。

2014 年，为进一步做好知识产权政策法规等顶层设计，服务科学决策，更好地为知识产权事业发展提供决策咨询和智力支撑，江西省知识产权局启动了江西省首批知识产权软科学研究工作，设定了江西省协同创新战略中的知识产权问题研究、知识产权制度促进江西省经济发展方式转变和战略性新兴产业发展相关问题研究等 4 个重点选题和研究方向，知识产权管理和保护体系建设问题研究等 10 个一般选题和研究方向。经申报、评审等环节，江西省委党校、江西省农业科学院、华东交通大学、江西省陶瓷知识产权信息中心等单位承担了首批课题的研究任务。

2016 年是"十三五"规划的开局之年，也是江西国家级特色型知识产权强省建设的启动之年。站在历史的新起点，江西省知识产权局决定启动《赣江知识产权智库文萃》丛书编纂工作。《赣江知识产权智库文萃（第 1 辑）》重点涵盖了江西省知识产权（专利）"十三五"规划、江西省知识产权"四大"体系建设规划等顶层设计，集中展示了 2014 年以来江西省知识产权软科学研究计划项目中验收合格的研究成果和对江西省科技、经济、社会发展具有决策参考价值、研究水平较高的调研报告。

这些研究成果涉及知识产权创造、运用、保护、管理和服务等各个环节，内容涵盖企业实施创新驱动发展战略中的知识产权服务问题、知识产权人才培养、专利信息统计分析、江西省知识产权司法保护现状和对策研究、知识产权支撑江西发展升级研究等多方面。许多调研报告具有一定的研究深度，有些已在公开刊物上发表，不少理论创新的思想火花、政策措施建议，对加强江西省知识产权事业的发展具有较高的价值，对其他地域和行业的发展规划、科技创新、知识产权工作等也颇具借鉴意义。在此结集编印出版，旨在为各级知识产权管理部门提供决策依据，也便于广大知识产权工作者、研究人员及社会各界人士在工作中参考。

在建设世界科技强国的伟大征程中，如何推动知识产权运用与实施创新驱动发展战略和"大众创业、万众创新"深度融合；如何立足江西省省情，围绕壮大重点产业集群、强化企业创新主体地位，切实推进知识产权强省建设，为实现经济增长动力转换提供有力支撑等，都是亟待研究的重大课题。广大知识产权战线同志任重道远，大有可为。

值本书出版之际，衷心期盼未来越来越多的科技人员、理论界人士和实践工作者重视和参与知识产权软科学的研究，切实增强研究的主动性和自觉性，紧紧围绕实施创新驱动发展战略和知识产权战略需要，聚焦知识产权强省建设、知识产权改革等重点方向，着力形成一批有价值、有分量的研究成果，把我们的知识产权管理水平和研究能力提高到一个新阶段，为助推"大众创业、万众创新"、促进经济社会持续健康发展提供知识产权支撑。

因《赣江知识产权智库文萃》首次推出，且编辑出版时间较紧，在选材、编写等方面难免会出现遗漏和不足，敬请大家谅解并提出宝贵意见和建议。

编者

2017 年元月

目 录

第四篇 研究成果篇

第一篇　规划引领篇

江西省知识产权（专利）工作"十三五"规划

前　言

知识产权作为国家经济社会发展的战略性资源和国际竞争力的核心要素，已经成为新常态下加快经济发展方式转型升级、抓住发展先机和主动权的关键。

"十三五"时期是江西省深入贯彻党的十八大，十八届三中、四中全会精神，全面落实"发展升级、小康提速、绿色崛起、实干兴赣"十六字方针的关键时期，也是江西建设知识产权强省，支撑创新驱动发展、促进产业结构转型升级、建设创新型江西省的重要时期。为贯彻落实《中共中央国务院关于深化体制机制改革加快实施创新驱动发展战略的若干意见》（中发〔2015〕8号），根据《江西省知识产权战略行动计划（2015—2020年)》和《江西省"十三五"科技创新升级规划》，特制定本规划。

本规划在深入调查研究，广泛征求市、县（区）知识产权管理部门、相关企事业单位和部分研究单位、专家学者意见基础上，全面总结江西省专利工作"十二五"规划的实施情况和实践经验，深入分析"十三五"时期江西省面临的国内外发展环境，经过反复斟酌、修编而成。规划回顾了"十二五"期间江西省知识产权（专利）工作的基本情况，提出了"十三五"时期全省知识产权（专利）工作的指导思想、基本思路和战略目标，明确了战略重点、主要任务和保障措施。

一、"十二五"知识产权（专利）发展基本情况

（一）江西省知识产权（专利）事业的发展现状

1. 知识产权（专利）法规政策体系逐步完善

2010年1月，《江西省专利促进条例》正式颁布，这是江西省第一部专门规范专利工作的地方性法规。2012年6月，《江西省知识产权战略纲要》（赣府发〔2012〕26号）正式实施。随后，南昌、九江、新余等6个设区市和安义、浔阳、湖口等6县区出台了"知识产权战略"或"战略实施意见"，初步形成省、市、县

三级"纵向知识产权战略体系"。

同时，为推进知识产权战略，发展全省专利事业，江西省先后出台了《江西省专利奖励办法》《江西省知识产权战略纲要推进计划（2013—2015年)》《江西省专利管理专业技术资格评价办法》《江西省战略性新兴产业专利技术研发引导与产业化示范专项资金项目和资金管理暂行办法》《江西省知识产权富民强县示范县建设专项资金项目和资金管理暂行办法》《江西省知识产权"四大体系"建设规划（2013—2015)》《关于进一步加强高等学校知识产权工作的意见》等一系列规范性政策文件，进一步完善了专利创造、运用、管理和保护的政策措施。

2. 知识产权（专利）创造能力显著增强

从专利申请和授权数量分析，2011~2014年江西省专利申请与授权量均呈稳步上升趋势。2014年，全省专利申请与授权量分别为25594件和13831件，分别是2010年全省专利申请与授权量的4.47倍和3.18倍。

从专利创造主体分析，2011~2014年企业作为专利创造的中流砥柱，其专利申请和授权数量发展迅猛，在全省专利申请与授权总量中的占比逐年攀升。2014年全省企业专利申请12180件，占全省专利申请总数的47.6%，同比增幅62.8%；授权6350件，占全省专利授权总数的45.9%，同比增幅48.2%。

同时，高校及科研院所作为重要的专利创造主体，在2011~2014年，其发明创造潜能空前释放，专利申请与授权总量逐年增加，成为江西省专利创造的又一生力军。

随着专利创造能力的提升，江西省每万人发明专利拥有量由2011年的0.42件增长至2014年的0.91件。

3. 知识产权（专利）运用创新取得进展

一是专利产业化工程顺利推进。2013年，启动了"专利产业化"专项工程。截至2014年底，共下达专利研发引导与产业化示范专项288项，项目经费达2700万元。

二是高校专利转移转化有新进展。2014年11月，江西省首届高校专利成果交易会开幕，共征集专利技术及新产品、高科技成果及新产品1500余项，省内外企业500多家参与对接洽谈，达成合作意向60余项，签约项目23项，签约金额2600万元。

三是专利质押融资稳步展开。2011~2014年，全省共实现专利质押融资22笔，融资总额达18000万元。

4. 知识产权（专利）管理水平整体提升

一是大力实施江西省知识产权富民强县示范县建设工程，县（区）知识产权

（专利）管理体系基本完善。2013 年启动实施江西省知识产权富民强县示范县建设工作。截至 2015 年，共实施三批省级知识产权富民强县示范县建设专项，投入资金 2601 万元。

以"知识产权富民强县示范县建设专项"为抓手，积极推进知识产权（专利）管理机构体系建设。截至 2014 年底，全省 100 个县（区）中，有 92 个县（区）成立了知识产权局，新增全额事业编制 24 人。新增机构基本实现"六个一"要求：一块牌子、一班人马、一枚章子、一笔经费、一套制度和一个办公场所。另有 4 个国家级园区成立了知识产权部门。

二是企业和园区知识产权（专利）管理工作上新台阶。"十二五"期间，全省有 300 多家企业申请实施《企业知识产权管理规范》（GB/T 29490—2013）国家标准；成立"贯标"培训机构 2 家和服务咨询机构 8 家，形成了一支 500 余人的企业知识产权管控师队伍；江铃汽车等 14 家首批贯标企业于 2014 年 12 月通过了《企业知识产权管理规范》标准认证审核。截至 2014 年底，全省有国家级知识产权示范企业 2 家，知识产权优势企业 10 家；省级知识产权示范企业 10 家，知识产权优势企业 30 家，知识产权优势培育企业 42 家。

三是高校知识产权（专利）管理机制初步形成。根据问卷调查统计，全省 29 所本科院校中，9 所设立了知识产权（专利）管理部门和专职管理人员。21 所院校制定了知识产权（专利）管理相关制度。16 所设立了知识产权（专利）管理经费。6 所建立了相关技术领域的专利信息数据库。

5. 知识产权（专利）保护能力不断提高

"十二五"期间，江西省知识产权局深入开展"雷雨""天网"等执法专项行动，全省知识产权（专利）保护能力不断提高。

一是专利执法队伍加强，行政保护力度加大。2014 年底，全省 92 个县（区）设立知识产权管理机构，县（区）执法队伍建设得到加强，执法人员由"十一五"末的不足 100 人增至 300 多人。2011～2014 年，全省专利侵权查处案件总量从 2011 年的 88 件上升至 2014 年的 357 件，严肃查处了一批假冒专利等侵权违法行为。

二是知识产权（专利）司法保护力度增强。2014 年，全省法院系统受理知识产权一审民事案件 646 件，是"十一五"末的近两倍。

三是知识产权（专利）维权保护平台进一步完善。"十二五"期间，江西省知识产权维权援助信息服务中心正式运行。并在新余、抚州、九江、宜春和鹰潭建立了 5 个维权援助分中心。在南康市家具专业市场设立了维权援助举报投诉工作站。

6. 知识产权（专利）服务建设不断完善

一是以"知识产权服务体系"建设为抓手，引导知识产权服务机构开展专利分析预警、专利导航、专利信息检索、小微企业托管、质押融资等服务业务，为江西省加快转变经济发展方式、实施创新驱动发展战略提供了有力支撑。

二是知识产权（专利）服务体系快速发展。截至2014年底，全省新增专利代理机构9家，总数达19家。率先在全国开展了知识产权服务机构入册登记与管理工作，已登记入册30家中介服务机构。新增1家国家知识产权服务品牌培育机构。成立了江西省知识产权专家咨询委员会。

三是专利信息公共服务能力增强。"十二五"期间，建立了"江西省设区市专利管理信息平台""专利数据库服务平台""十大战略性新兴产业专利数据库❶"等基础信息数据库。

7. 知识产权（专利）宣传培训力度空前

"十二五"期间，江西省知识产权局大力推进宣传工作：一是内部统计分析及刊物宣传成效明显。2013年创刊了《知识产权统计分析专报》，目前共印发专报143期，得到省级领导重要批示3次。首次编辑《江西知识产权局年报（2014）》。二是国家及省级媒体报道力度空前。国家知识产权局网站首页刊登相关新闻报道33次，《知识产权动态》发布信息20余条；《江西日报》和江西卫视等媒体对江西省知识产权重大事件组织专项报道12次，出头版头条5次，专版2次，新闻稿20余次。

知识产权（专利）培训工作成绩斐然。"十二五"期间，江西省获批"国家知识产权培训（江西）基地"1家。新建省级知识产权培训基地5家。与省教育厅联合出台了《江西省知识产权培训基地管理办法（试行）》。承办或主办各类培训班150余场（次），直接培训人员逾5万人次。

（二）存在的问题

1. 专利质量有待提高，地区专利发展水平不平衡

"十二五"期间，江西省每千万元研发经费发明专利授权量偏低，在全国排名靠后，且有下降趋势，这也是江西省每万人发明专利拥有量增速缓慢的重要原因（见表1）。

表1　2011～2014年江西省每千万元研发经费发明专利授权量及全国排名　单位：件/千万元

年 份	2011 年		2012 年		2013 年		2014 年	
	数量	排名	数量	排名	数量	排名	数量	排名
授权量及排名	0.78	29	0.92	27	0.81	29	0.76	30

数据来源：全国专利实力状况报告（2011～2014年）。

---

❶ 目前已建成"光伏材料""半导体照明""金属新材料"和"非金属新材料"四大数据库。

2011～2014 年，江西省专利申请和授权量尽管增量明显，但与中部其他省市比较仍有较大差距（见图 1）。

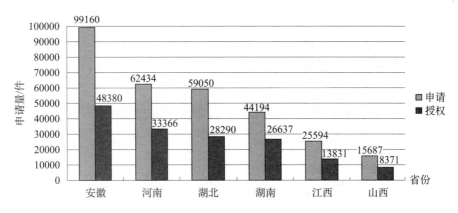

图 1   2014 年中部六省专利申请授权状况

在专利申请和授权总量中，发明专利占比不高；PCT 国际专利申请量基数小且变化不定（2011 年 28 件，2012 年 62 件，2013 年 60 件，2014 年 25 件），反映出专利创造主体的海外专利布局战略不清晰。在国务院确定的七大战略性新兴产业中，江西省发明专利授权量低，这反映出科技创新作为支撑战略性新兴产业发展基础的地位和作用不突出（见表 2）。

表 2   2011～2013 年江西省战略性新兴产业发明专利授权量情况   单位：件

战略性新兴产业领域	2011 年		2012 年		2013 年	
	全国	江西	全国	江西	全国	江西
节能环保	7738	61	10508	125	15833	151
新一代信息技术	10386	14	12646	32	13648	41
生物	8465	83	10236	97	21410	210
高端装备制造	1665	16	1930	17	3601	25
新能源	1628	12	2500	23	4233	36
新材料	4959	25	6666	33	9230	99
新能源汽车	517	3	793	5	774	4

数据来源：战略性新兴产业发明专利统计分析总报告。

注：全国授权量不包括外国申请人在华获得的授权数量。

另外，在全省 11 个设区市中，各市专利创造能力发展不平衡。以每万人发明专利拥有量这一指标来衡量，截至 2014 年底，南昌、景德镇和新余万人发明拥有量分别达到 4.21 件、1.42 件和 1.21 件；其他 8 个设区市均低于全省平均水平，吉安和上饶万人发明拥有量分别仅为 0.28 件和 0.21 件。

2. 企业主体的专利运用能力较弱，专利对经济社会发展的支撑作用尚未充分发挥

从企业主体分析，2010～2013 年，江西省规模以上工业企业申请专利的比例一直偏低，在全国的排名也比较靠后（见表 3）。其中，既有企业专利创造活力不足的原因，更有企业专利运用能力偏低的因素，大多数企业还不具备通过专利战略谋求企业长远、持续发展的意识和能力。

表 3　2010～2013 年江西省申请专利的规模以上工业企业比例

	2010 年	2011 年	2012 年	2013 年
申请比例	5.7%	5.5%	6.7%	7%
全国中位数	8.42	7.9	9.5	10.1
全国排名	28	25	26	24

数据来源：全国专利实力状况报告（2011～2014 年）。

作为专利创造重要主体的高校及科研院所，一直以来其专利转化运用比例都不容乐观。统计显示，江西省高校的专利成果产业率仅为 0.9%，远低于全国平均水平；90% 以上的高校专利，包括许多原创型的新技术、新材料、新产品因种种原因未能实施。科研院所的专利成果产业率只有 6.8%，低于全国平均水平。

3. 专利管理工作仍有提升空间

首先，从专利管理机构和规章制度看，江西省仍有 8 个县（市、区）未设立知识产权管理机构；其次，从机构级别看，除南昌、九江、新余、景德镇等设区市为副处级外，其余均为科级。江西省知识产权机构在独立性、规格、性质、人员数量等方面均有提升空间。

4. 专利保护工作有待进一步提高

首先，企业知识产权保护意识还比较薄弱，专利侵权现象时有发生；其次，专利行政执法人员不足，执法条件落后，难以满足执法活动开展的需要；最后，执法经费不足，严重影响专利行政执法工作的开展。

二、"十三五"知识产权（专利）发展形势和分析

党的十八大确立了创新驱动发展战略，这是我国转变经济增长方式，推动经济结构转型升级，实现可持续发展的必由之路。在打造"一带一路"南昌内陆开放型经济新高地和融入"长江中游城市群发展规划"的背景下，牢牢把握重要战略机遇期，积极应对国内外形势，江西省知识产权（专利）事业发展任重道远，同时也将大有作为。

（一）国际形势

随着知识经济和经济全球化深入发展，知识产权已经成为各国增强国际竞争力、提升国家经济的战略性资源和核心要素。"十二五"期间，发达国家和地区加快了在我国的专利布局，特别是在战略性新兴产业领域。2012 年和 2013 年，国内的战略性新兴产业发明专利授权量分别为 57406 件和 68729 件，均占战略性新兴产业发明专利授权总量六成以上；国外的战略性新兴产业在华发明专利授权量为 36188 件和 40659 件。但在新一代信息技术产业、新能源汽车产业，国内授权一直处于劣势。在国外授权的发明专利中，来自日本、美国、德国、韩国、法国申请人的占 80% 以上，这将给江西省战略性新兴产业发展带来不小的压力和障碍。

（二）国内形势

党的十八大报告指出要"实施知识产权战略，加强知识产权保护。2015 年 3 月，《中共中央国务院关于深化体制机制改革加快实施创新驱动发展战略的若干意见》吹响了全面推进科技创新、实施创新驱动发展战略的"冲锋号"。同年 5 月，国务院印发《中国制造 2025》，这是在经济发展进入新常态下稳增长、调结构的重大战略举措。《中国制造 2025》提出了创新驱动、质量为先、绿色发展、结构优先、人才为本的指导方针。知识产权作为国家发展的战略性资源，是加快经济发展方式转变的核心要素之一。

（三）省内形势

江西省正处在工业化、城镇化快速发展阶段，经济稳中有进的态势没有改变，经济增长的内生动力依然强劲。随着创新驱动发展战略的深入实施和产业结构调整步伐加快，知识产权支撑作用进一步显现。2013 年 6 月，江西省委书记强卫在省委中心组集体学习会上强调：要找准坐标、自我加压、积极作为、主动作为，加快推进创新驱动发展。2014 年 7 月，强卫在省委十三届九次全会讲话中多次强调知识产权及专利工作。他指出，发展升级首先是要增强发展升级的定力。多年来，省委省政府高度重视知识产权工作，为"十三五"期间江西省全面实施《江西省知识产权战略行动计划（2015—2020 年）》，推动创新驱动发展、建设创新型江西和知识产权强省奠定了基础。

三、指导思想、基本思路和战略目标

（一）指导思想

以邓小平理论、"三个代表"重要思想、科学发展观为指导，全面贯彻党的十八大，十八届三中、四中、五中全会精神，按照"四个全面"战略布局、《深入实施国家知识产权战略行动计划（2014—2020年）》和《江西省知识产权战略行动计划（2015—2020年）》，紧紧围绕知识产权强省建设和创新发展战略总体目标，着力加强知识产权运用和保护，不断提升知识产权创造、运用、保护和管理综合能力，以知识产权引领产业集聚、助推转型升级、服务创新驱动、支撑绿色崛起，认真谋划知识产权强省的发展路径，努力建设知识产权强省，为建设创新型江西和全国建成小康社会提供有力支撑。

（二）基本思路

1. 以服务经济为中心，以引领创新为方向

着力推进知识产权（专利）工作与全省国民经济发展规划有机结合，把知识产权（专利）工作与江西建设中部强省紧密结合，与实现江西中部崛起紧密结合，与江西融入"长江中游城市群发展规划"和打造"一带一路"南昌内陆开放型经济新高地紧密结合；大力提高知识产权对经济增长、科技进步的贡献，推进产业结构转型升级和经济发展方式转变，适应经济社会发展"新常态"，开创知识产权（专利）事业发展新局面。以知识产权引领自主创新，促进战略性新兴产业、主导产业与传统产业等领域知识产权创造，获取一批核心专利，抢占新一轮技术革新和产业升级的制高点，充分发挥知识产权制度对促进经济发展的支撑作用。

2. 以市场机制为主导，以政府引导为助力

充分发挥市场机制在知识产权（专利）创造、运用、保护、管理、服务和资源配置中的基础性作用，着力提升企事业单位运用知识产权制度参与市场竞争的能力。进一步转变政府职能，坚持依法行政，以政府宏观调控、政策引导、制度保障、机制引领、公共服务等手段，整合社会知识产权（专利）资源，激发社会各方参与知识产权（专利）事业发展的积极性。

3. 以整体推进为统筹，以分类指导为途径

以江西省专利工作"十二五"规划实施绩效为基础，遵循《国家知识产权战略纲要》及国家知识产权（专利）工作"十三五"规划基本精神，按照《江西省知识产权战略行动计划（2015—2020年）》的总体要求和部署，全面实施江西知识产权战略，着力完善知识产权政策法规体系，协调推进市、县（区）层面知识产权工作，实现全省知识产权创造、保护、运用、管理和服务工作的整体发展。同时围绕知识产权服务十大战略性新兴产业、中小微企业、长江经济带城市群建设等板块，强化重点发展和分类指导，努力实现知识产权（专利）工作的新突破。

（三）战略目标

到2020年底，基本形成江西省知识产权（专利）工作的四大体系：知识产权管理与执法体系、知识产权转化运用体系、专利公共信息服务体系和专利代理中介

服务体系。全省知识产权（专利）事业进入中等偏上水平。

——知识产权创造。知识产权创造水平大幅提升。全省专利申请总量年均增速25%以上，发明专利申请年均增速25%以上，到2020年，力争全省专利申请总量达到10万件，授权总量达到6万件，全省每万人有效发明专利拥有量达到2件。支持外向型企业加强产品贸易地的专利布局，引导外向型企业申请PCT国际专利，力争PCT专利申请数量年均增长20%以上，集成电路布图设计登记量年均增长15%。

——知识产权保护。公众知识产权保护意识明显增强，知识产权侵权假冒行为明显减少，企业知识产权保护信心明显提振。知识产权行政执法案件和司法案件在法定期限内100%结案，知识产权快速维权机制不断完善，维权援助社会效益显现。

——知识产权运用。企事业单位知识产权转化运用机制进一步健全，运用知识产权制度的能力进一步提升，转化运用服务平台建设进一步完善，知识产权对经济增长的作用充分显现。到2020年，授权发明专利产业化率提高5个百分点。3年内，各设区市至少建立1个省级专利孵化中心，在10%县（区）内开展试点工作。

——知识产权管理。市、县（区）知识产权管理机构不断完善，全省县级知识产权管理体系基本覆盖，知识产权行政管理水平明显提高。重大科技专项和科技计划项目基本实现知识产权全过程管理。高校、科研院所和企业知识产权管理机构、制度基本建立。

——知识产权服务。知识产权交易市场更加完善，信息服务稳步推进，人才培养机制更加科学，人才队伍不断壮大，咨询服务更加全面，服务水平明显提升，形成全方位、多功能的知识产权服务体系。全省专利代理机构超过40个。

四、战略重点和主要任务

（一）战略重点

1. 知识产权促进战略性新兴产业发展

"十三五"时期将知识产权工作和战略性新兴产业发展紧密结合，针对战略性新兴产业开展专利导航、预警分析和知识产权评议。集中力量在航空、生物医药、电子信息和新能源等领域突破一批关键核心技术，形成一批专利组合，构建支撑产业发展和提升企业竞争力的专利储备。着力营造和优化文化创意产业发展的制度环境，重点扶持一批创新能力强、拥有核心技术的文化科技企业和文化创意企业。到2020年，全省涌现一批竞争力强、具有较强产业影响力和知识产权优势的企业，形成较为明显的战略性新兴产业知识产权比较优势。

2. 知识产权服务"一带一路"内陆开放型经济高地建设

实施"一带一路"建设，是党中央、国务院根据全球形势深刻变化，统筹国内、国际两个大局做出的重大战略决策。2015年5月，省政府从政策措施、对外通道、合作项目、合作平台、人文交流五个方面对江西省参与"一带一路"建设作出了工作安排。"一带一路"沿线国家，特别是中亚五国主要依赖能源、农产品、矿产品以及原材料等的生产和出口，科技创新能力不强，知识产权整体拥有量较少；整体知识产权保护状况还不发达，尤其是知识产权管理和执法状况较差。伴随着相关合作项目的开展和合作平台的建立，市场竞争加剧，江西省企业"走出去"过程中遭遇知识产权国际纠纷会越来越多。因此，必须强化对"一带一路"沿线国家知识产权制度及现状的深入了解，做好长远规划，服务内陆开放型经济高地建设。

3. 知识产权助推长江中游城市群融合

《长江中游城市群发展规划》是《国家新型城镇化规划（2014—2020年）》出台后国家批复的第一个跨区域城市群规划，对于加快中部地区全面崛起、探索新型城镇化道路、促进区域一体化发展具有重大意义。长江中游城市群的建设过程是一个跨区域合作共赢的过程，更是江西省乘势借力、错位发展、进位赶超的重要机遇。要明确"十三五"期间江西省知识产权（专利）工作发展的目标，确定有效的工作抓手，把知识产权（专利）支撑下的科技创新作为经济社会发展的引擎，把企业作为创新驱动的基石，以创新发展推动产业和经济转型升级，促进知识产权自由流动和就地转化；依法打击知识产权侵权行为，保护和激励创新创造积极性，形成"大众创业、万众创新"有利局面。

4. 知识产权助力小微企业发展

按照国家知识产权局《关于知识产权支持小微企业发展的若干意见》（国知发管字〔2014〕57号）精神，一是要引导和支持小微企业的知识产权（专利）创造活动，通过研发资助、费用减免、优先审查等措施，帮助其创新成果在国内外及时获权。二是要引导、支持小微企业贯彻实施《企业知识产权管理规范》国家标准，在知识产权优势示范企业认定和培养计划中向小微企业适当倾斜，提升小微企业的知识产权管理水平。三是要完善小微企业知识产权服务，在小微企业集聚的创业基地、孵化器、产业园等地方逐步建立知识产权联络员制度，吸纳专利代理人及其他服务机构人员深入参与。四是要优化小微企业知识产权发展环境，着力打击专利侵权假冒行为，切实维护小微企业合法权益。加快建立专门针对小微企业的专利侵权纠纷快速调解机制，积极推进小微企业维权援助工作机制建设。

5. 拓展知识产权金融创新

完善知识产权投融资扶持政策，大力支持知识产权质押、出资入股、融资担保等知识产权金融服务。充分发挥财政资金的示范和引导作用，通过贴息、担保补贴等形式拓展知识产权转化融资渠道。探索建立中小微企业信贷风险补偿基金，逐步解决科技型中小微企业信用等级低、贷款难、融资难的问题。力争到 2020 年知识产权质押融资累计达到 10 亿元，省级科技金融担保的业务额度至少 1/3 用于知识产权融资相关业务。

（二）主要任务

1. 提高知识产权创造能力，助推传统产业发展升级

（1）大中型企业专利创造能力提升工程。推进以大中型企业为主体的科技创新体系建设，提升企业尤其是战略性新兴企业的专利创造能力，大力提升专利申请质量，重点提高发明专利数量。指导大中型企业制定和实施专利战略，建立、完善专利管理制度，加大专利研发投入。探索在十大战略性新兴产业领域构建企业主导、院所协作、多元投资、成果分享的新机制，建立产业专利技术联盟 10 个。

（2）知识产权支持小微企业发展工程。深入贯彻落实国家知识产权局《关于知识产权支持小微企业发展的若干意见》，全面激活广大小微企业专利创造的潜能和活力。启动小微企业专利创造"十百千万"工程：选定 10 个中小企业集聚的园区，启动 100 名专利特派员入园入企对接培训、辅导，逐步建立 1000 人规模的小微企业专利专员队伍，实现 10000 家中小微企业专利消零。

（3）知识产权助力创新创业工程。加强创业、创新教育与培训，为创新、创业者提供免费或低成本知识产权基础信息服务。推进知识产权（专利）孵化器建设，对入孵企业提供政策、管理、法律、财务、融资、市场推广和培训等服务；建设共青城"中国青年知识产权（专利）孵化中心"；用 3 年左右，建成 20 家左右覆盖全省的孵化中心。建立中小微企业专利申请与维持费用补偿机制，助推科技型中小企业跨越式发展。

2. 增强知识产权运用能力，促进经济发展方式转型升级

（1）专利产业化工程。全面总结"十二五"期间"江西省战略性新兴产业专利研发引导与产业化示范"专项的实施经验，结合新材料、生物医药、电子信息、新能源、现代农业等优势产业，每年选择优秀专利予以产业化支持，并逐步加大支持力度，在"十三五"期间培育 100 家左右专利产业化龙头企业。大力推进高校和科研院所专利技术转移转化力度，适时召开"高校和科研院所专利成果交易会"，力争在"十三五"期间全省高校和科研院所有效发明专利转化率达到 20% 以上。

（2）专利惠农推广工程。发挥江西省在现代农业、生猪养殖等领域的创新优势，每年筛选 5～10 项技术含量高、转化前景好的涉农专利技术，协同农、林主管机关，建立一批惠农专利推广基地。以品牌化、标准化为指引，以江西省列入国家

《优势农产品区域布局规划》的四个产业区为重点，创建一批国家级现代农业示范区和国家有机产品认证示范区。

（3）知识产权（专利）"互联网＋"工程。以"公开、开放、平台、跨界、创新、共赢"的互联网思维方式，搭建互联网＋知识产权质押融资平台——通过互联网发布知识产权众筹项目，搭建众筹、众创众包、众扶对接合作平台；探索互联网＋知识产权交易转化途径——搭建互联网知识产权交易平台，汇集技术、成果、资金等信息，促进供需对接，实现知识产权交易、转化；推进互联网＋知识产权保护模式——搭建互联网知识产权维权服务平台，提高知识产权日常纠纷调处效率。

3. 提升知识产权管理水平，夯实知识产权工作体系

（1）完善地方知识产权政策法规体系，夯实专利事业发展制度基础。积极推动江西省地方性专利法规的修订工作。根据《中华人民共和国专利法修改草案（征求意见稿）》（第四次修改）的基本精神，在充分调研、论证基础上，启动《江西省专利促进条例》的修改工作。根据专利事业发展形势，推动省人大及其常委会、省人民政府适时出台其他地方性专利法规；协同其他厅（局）共同印发专利相关政策制度，夯实专利事业发展的制度基础。

（2）知识产权富民强县示范县建设工程。总结"十二五"期间示范县建设实施经验，进一步加大知识产权富民强县示范县建设专项实施力度，加强各县（区）知识产权相关人员配备和岗位设置，强化知识产权工作机制，建立健全管理制度。指导、督促设区市及有条件的县（区）制订本级知识产权战略实施行动计划或实施意见，推进国家和江西省知识产权战略在广大基层的落地实施。

（3）贯彻实施国家知识产权管理规范工程。大力推进企业贯彻实施《企业知识产权管理规范》国家标准，力争到2020年全省申请"贯标"企业累计达200家以上，通过认证的企业达80家以上。选取10所省内高校（院所）开展知识产权管理规范国家标准试点工作。深入实施省级"知识产权优势示范企业"工程，"十三五"末，力争新获批国家级知识产权示范企业5~8家；培育省级知识产权示范企业30家，知识产权优势企业100家。

（4）国家知识产权试点、示范城市引领工程。以南昌获批国家知识产权示范城市为契机，进一步推动南昌提升城市知识产权管理、创造、保护和运用的能力与水平，通过南昌示范城市建设，总结经验，积极引领、推动其他设区市和县（区）申请国家知识产权强县工程试点、示范县（区）建设。

4. 健全知识产权保护体系，构建知识产权保护长效机制

（1）知识产权维权平台建设工程。不断完善专利维权援助分中心和工作站的服务机制，在现有新余、抚州、宜春、鹰潭和九江5个设区市知识产权维权援助分中

心基础上，增设其他6个设区市知识产权维权援助分中心和10个县级知识产权维权援助工作站。增设1～2个专业市场国家级知识产权快速维权援助中心。将重大专利侵权行为向社会公开，纳入行为人社会信用评价体系，构建知识产权长效保护机制。

（2）专利纠纷多元调处机制推进工程。加强与相关仲裁机构的合作，推动用仲裁方式解决部分专利纠纷。充分发挥各类行业协会、专利中介服务机构等组织的职能，探索建立专利保护民间救济与行业自律调处机制。培养一批具有相关专业技能的专利纠纷调解员。合理引入公证机构介入相关专利侵权纠纷，探索专利侵权证据的公证保全方式，形成执法、仲裁、司法、调解"四位一体"的专利纠纷调处机制。

5. 推进知识产权服务业发展，助推产业结构转型升级

（1）专利中介服务体系建设工程。加快推进专利代理机构和执业专利代理人"量质齐增"计划，促进知识产权服务业跨越式发展。继续推进设区市专利代理机构消零行动，力争到2020年全省专利代理机构达40家以上。深入拓展专利代理机构业务范围，涵盖专利咨询与预警服务、专利技术孵化转移服务、专利技术融资与产业化服务、专利许可贸易服务等多层次、多领域服务。大力培育专利代理人，全面推进专利代理人实务技能培训工作，提升执业代理人的职业技能，力争到2020年全省专利代理人达300人以上，其中执业专利代理人达150人以上。

（2）专利公共服务平台建设工程。加快知识产权基础信息公共服务平台建设，推动全省专利、商标、版权、植物新品种、地理标志等各类知识产权基础信息纳入平台；推动国家知识产权局在江西省设立"国家知识产权基础信息公共服务平台江西分中心"，主动服务"大众创业、万众创新"对知识产权信息服务的各层次需求。

6. 加强知识产权人才培养，建设知识产权人才队伍

（1）知识产权人才培养引进工程。积极协同省教育厅等有关主管部门尽快出台"江西省知识产权人才培养规划"，推动和支持有关高校开设知识产权本科专业和知识产权双学位（专业）。在省内理工科院校和综合性院校设立知识产权二级学科，将知识产权纳入工科学生的必修课程。推动有条件的高校积极申报知识产权硕士点、博士点。鼓励、支持有条件的高校设立江西省知识产权学院和知识产权研究院。开展中小学校知识产权教育试点示范工作，到2020年建成2所"全国知识产权教育示范学校"、15所"省级知识产权教育示范学校"。在加快本地人才培养的同时，努力吸引海内外知识产权人才来赣创新、创业。制定江西省高端知识产权人才引进规划，将知识产权高端人才和专业人才作为紧缺人才列入全省重点人才引进

目录。

（2）知识产权人才管理培训工程。对全省知识产权（专利）人才状况进行调查研究，从政府部门、高校、科研院所、试点示范企业和园区、服务机构等组织中遴选各类知识产权专家，纳入全省知识产权专业人才库。统筹、完善全省各级、各类知识产权培训计划，充分挖掘"国家知识产权（江西）培训基地"和5家省级知识产权培训基地的资源和力量，采取"定点集中培训""单独上门巡讲"等方式，对知识产权管理、服务人员，企事业单位相关主管领导、研究人员，政府主管机关相关领导和执法工作人员等开展各类培训活动。

7. 加强知识产权海外布局，拓展知识产权国际合作

着力引导外向型企业加大PCT国际专利申请。支持外向型企业加快海外市场的知识产权布局，鼓励外向型知识产权优势企业在境外建立研发中心，提升专利创造能力。加强知识产权涉外信息交流，建立企业海外知识产权维权援助机制，搭建境外知识产权保护与维权服务平台。引导知识产权服务机构提升涉外知识产权信息服务水平，及时收集发布主要贸易目的地、对外投资目的地知识产权相关信息，先期进行知识产权评议和预警分析，为企业"走出去"提供专业知识产权服务。

五、保障措施

（一）加强组织领导

充分发挥江西省知识产权工作领导小组的统筹协调职能，构建各成员单位、各有关单位常态化的沟通机制，加强对全省知识产权（专利）发展的统筹规划、组织协调和督促检查，定期召开会议解决全省知识产权（专利）工作中遇到的突出问题。各市、县（区）要从全局和战略的高度重视和加强知识产权（专利）工作，纳入本级经济社会发展五年规划和年度计划。

（二）加大专项资金支持

争取省财政把知识产权（专利）专项资金单独列入财政专项支出预算，并随着经济发展水平的提高保持逐年增长。积极申报、参与国家知识产权局开展的各类试点、实验项目以及各类推进计划，争取资金支持。市、县（区）政府要设立知识产权专项资金，保障知识产权管理、保护工作所必需的经费，并逐步增加知识产权创造、运用与产业化的投入。要进一步优化知识产权专项资金支出结构，突出重点，发挥好引导作用，注重资金使用效益。

（三）加深对外合作交流

要积极推进与其他省市区的交流合作，定期选派知识产权管理人员到国内外学

习和交流，学习和借鉴其发展知识产权事业的先进经验和做法。建立健全"泛珠三角区域内地九省（区）"和"长江中游城市群"知识产权（专利）合作机制，探索建立跨区域知识产权（专利）联席会议、联络员制度等，形成区域知识产权（专利）合作长效机制。

（四）强化督促检查

江西省知识产权工作领导小组各成员单位要按照"江西省知识产权（专利）工作'十三五'规划"的要求，细化、分解任务，明确责任单位，规定完成时限，确保各项任务落实到位。对各有关单位、各市县（区）的贯彻落实情况建立督促检查工作台账，及时跟进督促、检查。根据督促检查情况及时反馈、通报，并根据相关规定强化绩效考核和问责机制。通过"事前动员、过程督办、结果检查问责"机制，确保重点工作任务按时完成。

江西省知识产权"四大体系"建设规划

（2013—2015）

前　　言

随着《江西省知识产权战略纲要》《江西省专利促进条例》的深入贯彻落实，知识产权创造、运用、保护和管理能力逐步提高，江西省知识产权工作已经进入了发展的快车道，而与之相关的体系建设还处于相对滞后的状况，为了使知识产权能够有效支撑鄱阳湖生态经济区、赣南等原中央苏区、科技创新"六个一"工程和创新型江西建设，进一步在十大战略性新兴产业培育壮大，加快经济发展方式转变方面发挥重要作用，更好地促进江西省知识产权事业又好又快发展，省知识产权局提出了全省知识产权体系建设规划。

知识产权体系建设是指由知识产权管理与执法体系、知识产权转化体系、专利公共信息服务体系和专利中介代理服务体系等构成的网络体系，其功能是建立健全良好的知识产权工作环境，为社会和企事业单位提供规范化、专业化、市场化、社会化的管理和服务。近期国务院下发了《关于印发服务业发展"十二五"规划的通知》，明确了培育知识产权服务市场，构建服务主体多元化知识产权服务体系，推动知识产权服务业做大做强，发展成为国民经济的重要增长点的要求。知识产权体系是否完善，直接关系到知识产权事业的健康发展，是衡量科技、经济、社会发展环境的重要标志，是转变政府职能、建设服务型政府的必然要求。

知识产权体系建设是政府促进知识产权发展的一个重要着力点，各级知识产权管理部门要进一步强化组织领导，落实政策措施，完善保障机制，加强队伍建设，营造良好的工作环境。要厘清思路、细化目标。以科学发展观为统领，以营造环境、完善机构、促进发展为目的，按照政府引导、社会参与、市场运作的原则，采取多种措施，完善管理机构，整合社会资源，促进服务市场发育，增强服务机构功能，充分发挥政策引导和市场导向的双重作用，拓展服务范围，规范服务行为，努力构建规范完善、服务优质的运行机制和服务支持体系。要夯实基础、搭建平台。

营造良好的知识产权社会环境、法治环境、市场环境、文化环境,提高市场主体知识产权创造和运用能力,努力形成一批具有自主知识产权、特色突出、核心竞争力较强的技术、产品、企业和产业集群,全面提升全省知识产权工作综合能力和整体水平。要勇于创新、力求突破。必须立足江西省实际,拿出新思路,制定新举措。要突破思想障碍,坚决摒弃"等、靠、要"思想;要突破体制机制障碍,拿出更多有标志性意义的改革举措;通过学习借鉴外省的先进经验和成功做法,力求在重点方面和关键环节尽快取得突破,找到推进江西省知识产权体系建设的好路子、好方法、好措施;按照突出重点、分步推进,以点带面、循序渐进的原则,从实际出发,把握发展规律,闯出新路子,展现新作为,切实在知识产权管理与执法、知识产权转化运用、专利信息服务和专利代理服务等体系建设方面抓出成效。

规划的意义全在于落实。各地要结合当地实际,切实抓好规划中各项目标任务的贯彻落实,并进一步解放思想,最大限度地释放改革红利,努力创造富有本地特色的典型和以资推广的经验,助推江西省走上创新驱动的发展轨道,在建设富裕和谐秀美江西、实现中华民族伟大复兴中国梦的进程中建功立业。

江西省知识产权管理执法体系建设规划

为深入贯彻落实《国家知识产权战略纲要》和《江西省知识产权战略纲要》,加强江西省县域知识产权工作,推进县(市、区)知识产权管理体系建设,进一步提升县域知识产权创造、运用、保护和管理能力,促进县域经济社会又好又快发展;为了全面实施《江西省专利促进条例》,深入落实国家知识产权局《关于加强专利行政执法工作的决定》,进一步提升江西省专利行政执法能力,加强专利行政执法工作,建立健全专利行政执法体系,营造全社会保护知识产权、尊重发明创造的氛围,结合江西省实际,制定本规划。

一、规划背景

(一)现实的基础

1. 组织管理环境不断优化,服务能力不断增强

在部门设置上,2000 年前,全省仅有 3 个设区市设立了管理专利工作的部门,省知识产权局经过更名、升格、扩编,全省专利管理人员从不足 30 人,发展到超过 100 人,现在全省 11 个设区市相继成立了知识产权局和版权局,25 个县设立了知识产权局或挂牌(股);在服务机构建设上,江西省专业专利代理机构从 2000 年的 3 家发展到目前的 10 家,商标、版权等其他相关服务机构近 70 家。

2. 执法保护力度不断加大，创新活力不断激发

近年来江西省知识产权局系统逐年组织开展了"雷雨""天网"知识产权专项行动、打击侵犯知识产权和制售假冒伪劣商品专项行动以及知识产权执法维权"护航"专项行动，严肃查处了一批知识产权侵权和假冒等违法行为。同时还加强了展会知识产权保护，景德镇瓷博会、"中博会"等会展中设立了保护知识产权工作机构。自全国开展打击侵犯知识产权和制售假冒伪劣商品专项行动以来，江西省知识产权局系统共查处假冒专利案件 212 起，调处专利侵权案件 58 起，超过了"十一五"以前案件总和。此外江西省知识产权局充分利用"3·15""4·26""5·15""12·4"等契机，组织全省开展多种知识产权宣传活动，同时还将《专利法》《江西省专利促进条例》列入 2011 年、2012 年全省普法宣传计划，利用全省法制宣传教育阵地开展宣传。

"十一五"至今，江西知识产权工作建构了《江西省知识产权战略纲要》《江西省专利促进条例》、省专利奖、专利职称、企事业单位及园区知识产权试点等支撑全省知识产权持续发展的五大支柱，知识产权工作全面融入经济社会发展大局。其中，《江西省专利促进条例》明确规定：县级以上人民政府设立专利专项资金，建立专利保护工作协调机制、专利奖励机制、重大项目专利审查机制，加强专利的管理和统计，运用财税手段推动专利运用，加大专利执法力度，完善专利行政执法手段等。

（二）面临的挑战

1. 知识产权管理体系不完善，实施力度不够

全省 11 个设区市知识产权局，除南昌市等少数县区为副处级外，其余均为科级，人员一般不超过 5 人，100 个县（市、区）仅有 25 个县设立了知识产权局或挂牌（股）。江西省属大学仅有南昌大学、华东交通大学少数几所大学设立知识产权专业。既懂知识产权又精通法律和市场经济的复合型人才非常匮乏，包括高级人才、专业服务型人才和企事业单位的管理人才都很缺乏。知识产权保护长效机制建设需要不断完善，资源整合力度不够，管理体制机制需要进一步突破和创新，社会公众知识产权保护意识有待进一步增强；相应的知识产权支持资金额度在全国之中比较小。

2. 知识产权执法力量太弱小，保护能力不足

执法经费不足，严重影响了执法工作的正常开展。省知识产权局和大部分市局都没有单列的专利执法专项经费，甚至没有执法专项经费，无法满足执法工作的需要。执法机构建设滞后。目前除省知识产权局建有专门的执法处外，全省 11 个设区市知识产权局中，只有南昌、九江、新余和鹰潭 4 个市局成立了专门科室开展执

法工作。其他市局都没有专门执法部门。执法资源不充分，没有统一的执法装备、服装等，执法条件相对落后。执法人员队伍有待充实。目前全省专门从事专利行政执法的工作人员不足 20 人，除南昌、鹰潭等市外，大部分设区市难以正常开展执法工作，完成执法任务。

二、指导思想

以邓小平理论、"三个代表"重要思想、科学发展观和党的十八大精神为指导，积极实施《国家知识产权战略》和《江西省知识产权战略》以及《江西省专利促进条例》，按照"建编挂牌、定级副科、经费到位、协同推进"的原则，着力解决市（县、区）管理体系缺位，对知识产权工作认识不足等问题，进一步加强县（市、区）知识产权政策法规、文化的宣传，大幅提升县（市、区）知识产权创造、运用、保护和管理能力，为县域经济增长、财政增收、经济发展方式转变提供支撑；立足江西省实际，积极解决存在的问题，需要全面推进知识产权管理执法、展示交易转化、公共信息服务和中介代理四大体系建设，重点是加强市县管理执法体系建设。扎实推进知识产权行政保护工作的系统化、规范化，加大知识产权行政执法工作力度，为建设创新型江西提供有效支撑。

三、规划发展

（一）加强县（市、区）知识产权管理体系建设规划

1. 工作目标

（1）总体目标

以全面贯彻实施《国家知识产权战略》和《江西省知识产权战略》为出发点，以提升县（市、区）知识产权创造、运用、保护和管理能力为目的，经过 3 年的努力，全省80%的县（市、区）政府机构基本建立知识产权管理部门，基本形成权责一致，分工合理，执行顺畅，监督有力的知识产权管理体系、服务体系、转化应用体系、执法保护体系。

（2）具体目标

① 进一步加强县级知识产权管理机构建设。到 2015 年，80% 以上的县（区、市）建立知识产权管理机构，60% 以上县级工业园区和 50% 以上的骨干龙头企业建立知识产权管理机构或设有专职管理人员。

② 进一步完善县（市、区）知识产权工作管理制度、激励措施、目标考核制度，到 2015 年，全省80%的县（市、区）基本建立管理规范、措施到位、工作高

效的管理体系。

③ 进一步推动县域的知识产权创造，提升县域专利申请量和授权量，力争县域专利申请量年均增长 30% 以上。

④ 进一步加强县域知识产权服务体系，大力加强县域专利代理人培养，到 2015 年基本消除县域专利代理人员为零的现象。

2. 实施内容

县（市、区）知识产权管理体系建设，关系到江西省知识产权工作综合实力的提升，我们应站在战略的高度，积极推动县（市、区）知识产权管理体系建设。

（1）政策依据

《国家知识产权战略纲要》第 50 条明确规定：县级以上人民政府可设立相应的知识产权管理机构。

《江西省知识产权战略纲要》第 7 条要求：加强省、市、县三级知识产权管理体系建设，形成健全完善的能够支持和实施知识产权战略的管理体制。

《江西省专利促进条例》第 4 条规定：县级以上人民政府管理专利工作的部门负责本行政区域内的专利创造、运用、保护和管理等工作。

国家"十二五"规划将"每万人口发明专利拥有量"列入国民经济与社会发展综合考核指标体系，明确"每万人口发明专利拥有量"要达到 3.3 件。

知识产权保护是重要的政府职能，国家、省将打击侵犯知识产权和制售假冒伪劣商品（简称"双打"）工作纳入了各级政府的绩效考核体系和社会治安综合治理考评内容。

（2）构建方式

构建县域知识产权管理体系时，一是要充分考虑知识产权工作的相对独立性。二是要充分保证知识产权工作的投入。知识产权工作和科技工作有着千丝万缕的联系，但又不能完全等同于科技管理工作，知识产权工作主要承载着执法保护、维权服务、专利信息服务、专利代理管理、转化应用等服务和管理职能，因此保持知识产权管理部门的相对独立性和经费投入很有必要。构建县（市、区）知识产权管理体系主要有以下 3 种模式：樟树模式、铜鼓模式、彭泽模式。

樟树模式的特点：①单独成立樟树市知识产权局；②级别为副科级；③全额拨款事业单位，定编 3 人；④挂靠在市科技局。

铜鼓模式的特点：①铜鼓县知识产权局与县科技情报中心合署办公；②级别为副科级；③定编 4 人；④设知识产权局正副局长各 1 名，工作人员 2 名。

彭泽模式的特点：①在县科技局增挂知识产权局牌子；②设专职副局长 1 名；③不增人、不增编。

以上 3 种模式是目前江西省已成立县域知识产权局的机构特点，樟树模式较为理想。

3. 职责任务

（1）各设区市知识产权机构行政级别应设为相对独立的副处级以上，内设管理、执法、宣教（综合）等科室，并核实专业人才队伍，建立必要的经费保障机制。

（2）各县（区）知识产权机构以相对独立的副科级单位为主，或在科技局增挂知识产权局牌子，核定管理、执法专业人员，并安排专项经费开展宣传培训等日常工作。

（3）各市、县（区）应尽快建立健全政府领导担任组长的知识产权工作领导小组，指导国家级、省级工业园区（高新区、经开区）组建知识产权管理服务机构，并积极引导知识产权代理、交易转化、信息预警、产业导航等服务体系建设。

4. 保障措施

（1）提高认识，加强引导

加强和提高县（市、区）对知识产权工作和创新驱动战略的认识，深入实施知识产权国家战略、江西战略，认真贯彻落实《江西省专利促进条例》，推动县（市、区）政府和有关部门将专利工作纳入国民经济和社会发展规划，制定促进专利事业发展的政策措施，鼓励和支持专利的开发和运用，并为专利工作提供必要的条件和保障。加强和提高县（市、区）主要领导对知识产权工作的认识。

（2）加大投入，强化基础

积极强化县（市、区）知识产权工作的投入，为县域知识产权工作提供必要的经费保障。充分利用知识产权富民强县示范县建设，鼓励和支持县（市、区）政府加强管理体系、服务体系、转化应用体系、执法保护体系建设，完善知识产权政策和制度，提升县域知识产权创造、运用、保护和管理能力。

（3）上下联动，协同推进

加强县域知识产权管理体系建设是一个长期的、复杂的系统工程，省市知识产权系统应在政策、措施等方面加强引导，形成合力，共同推进县域管理体系建设，加强对设区市知识产权局在推动县（市、区）知识产权管理体系建设的责任考核，将县（市、区）知识产权管理体系建设情况列入设区市知识产权局年度工作考评内容。

（4）加大宣传，营造氛围

充分利用各种媒体和科普设施，采取多渠道、多形式，深入开展知识产权知识宣传活动，利用"3·15"国际消费者权益日"4·26"世界知识产权日等重要日期大力宣传知识产权知识，不断增强全社会的知识产权意识，确保知识产权知识普及率逐年提高。

（二）强化专利行政执法体系建设规划

1. 工作目标

江西省专利行政执法状况明显改善；专利行政执法能力进一步提升；假冒、侵犯专利权行为得到有效遏制；企业知识产权保护意识和应对诉讼能力增强，维权成本明显下降。

2. 主要任务

加大江西省专利行政保护工作的机制、条件、队伍建设，提高专利行政执法能力；在加强专利日常行政执法规范化管理的同时，积极推进知识产权专项行政执法行动，加大江西省专利行政执法力度；建立和完善跨部门、跨区域的知识产权行政保护协调机制，形成保护合力，提高专利行政保护效能。

3. 实施内容

（1）大力推进专利行政执法制度建设

① 强化专利行政执法工作责任制度

各设区市知识产权局必须将执法办案工作列入重要议事日程，主要领导和有关人员必须依职责履行执法工作责任，坚决消除执法办案中的推诿现象，积极参与行政诉讼，确保公正、廉洁、高效执法，全面提高依法行政水平。

江西省知识产权局根据实际需要，对行政区域内知识产权局安排执法办案工作任务，提出并督促落实责任要求。对江西省知识产权局安排的专项执法任务，地方知识产权局必须按要求高质量完成。

② 建立专利行政执法工作督查制度

江西省知识产权局对设区市知识产权局执法工作组织年度督查和专项督查。核验执法档案、执法数据、办案条件、举报投诉工作开展情况。接受督查的地方知识产权局就督查中提出的突出问题进行整改。

③ 贯彻落实专利行政执法案件督办制度

贯彻落实《江西省知识产权局专利行政执法大案要案督办工作制度》，江西省知识产权局对具有重大影响的专利侵权案件和假冒专利案件进行督办。接受督办的设区市知识产权局对督办案件应尽快办理并及时提交办理结果。

④ 完善专利行政执法信息报送公开制度

各设区市知识产权局向省知识产权局及时报送执法案件信息并定期报送执法统计数据、执法办案材料。对涉及民生、重大项目及涉外等领域，社会影响重大的案件，群体侵权、反复侵权、专利诈骗等公众反映强烈的案件，查办不力、久查不决的案件，涉案标的额较大或案件较为复杂的案件，以及上级交办或督办的专利侵权假冒案件信息，要提前报送。江西省知识产权局在政府网站上公开执法统计数据。

⑤ 建立完善知识产权举报投诉奖励制度

各设区市知识产权局加快建立完善知识产权举报投诉奖励制度，鼓励权利人和社会各界对知识产权侵权假冒行为进行举报投诉。

（2）切实完善专利行政执法工作机制

① 创新专利纠纷行政调解工作机制

大力开展各类专利纠纷的行政调解工作，创新工作机制，根据专利类型和纠纷的实际情况，简化调解程序，采取快速有效的调解方式。

② 完善专利行政执法协作机制

完善跨地区专利行政执法协作机制，规范跨地区专利行政执法协作。在案件受理、调查取证、案件移交、处理决定等方面与区域各省建立全方位深层次的执法协作，促进执法资源的合理利用。

加强与公安、工商、版权、海关、文化、广电、质检、农业、林业等部门的执法协作。强化与司法机关的沟通协调，推进行政调解与司法调解的衔接，协同提高解决专利侵权纠纷的效率。加强与公安机关的协作，推进行政执法与刑事执法的衔接，对涉嫌刑事犯罪的假冒专利行为和涉及专利的诈骗行为，及时移送公安机关，予以坚决整治。

③ 健全专利行政执法工作激励机制

江西省知识产权局将执法工作考评结果作为执法专项支持的重要依据，对表现突出的设区市知识产权局以综合工作评优加分或集中宣传等方式进行表彰鼓励，并加大支持力度；对考评结果不合格的，视情况提出限期整改要求；对执法办案工作突出的执法处（科）室和人员给予表彰奖励。

④ 建立知识产权保护社会信用评价监督机制

建立知识产权保护社会信用评价标准，对地方知识产权局执法工作开展社会满意度调查与评价，对企业侵权假冒行为进行监测与评价，建立知识产权诚信档案。充分发挥协会、中介机构、研究机构和各类群众组织的作用，构建多层次的知识产权保护社会信用评价监督机制。

⑤ 深化专利保护重点联系机制

江西省知识产权局根据需要，选择各类符合条件的机构进入当地专利保护重点联系机制，或推荐进入全国专利保护重点联系机制，借助各方资源，促进专利行政执法工作水平的提高，营造良好的执法环境。加强与各类专利保护重点联系基地的沟通协调，积极取得司法机构、研究机构、法律服务机构和市场主体的支持与协助。

（3）全面加强专利行政执法能力建设

① 加强专利行政执法机构建设

依法积极推进专利行政执法队伍建设，确保专利行政执法专职人员数量，稳定与发展执法队伍。设区市知识产权局明确主要承担执法职责的科室，争取成立专门承担执法职责的科室。加强与当地编制部门的沟通，省知识产权局争取加挂专利行政执法总队牌子，设区市知识产权局争取加挂专利行政执法支队牌子。县级知识产权局根据需要依法加强专利行政执法队伍建设，为积极依法开展专利行政执法工作提供队伍保障。

江西省知识产权局根据需要向行政区域内知识产权局派驻执法督导员。设区市知识产权局根据需要，在各类园区、商业场所、产业集聚区、大型会展及其他大型活动场所选派执法监督人员和志愿人员。

② 提高专利行政执法人员业务素质

专利行政执法人员取得专利行政执法证后方可从事执法办案工作。省知识产权局负责组织行政区域内人员参加全国专利行政执法人员上岗培训，经国家知识产权局同意组织由国家知识产权局颁证的专利行政执法人员上岗培训。各设区市知识产权局组织本区域内人员参加当地法制办组织的行政执法培训，获得行政执法资格。要完善专利行政执法上岗培训和各类专利行政执法业务培训的管理与协调工作。

要结合工作实践中的突出问题，组织专利执法专题研讨交流活动。支持执法工作人员参加国内外业务研修及在职攻读学位，加快培养执法业务骨干。

③ 改善专利行政执法工作条件

设区市知识产权局要设立专门的专利纠纷调处场所。要为执法人员提供基本的办案设备。执法办案时应严肃着装。执法着装、执法用车、执法标志必须遵守国家有关规定。执法着装和执法车的标志应使用国家知识产权局核准的执法标志，以增强执法办案的规范性、严肃性与协调性，确保执法人员现场办案时的人身安全。对省知识产权局给予的执法专项支持，设区市知识产权局应争取地方政府财政匹配，协同推进改善执法条件。

④ 加大专利行政执法信息化建设力度

各设区市知识产权局要健全专利行政执法电子档案库，配置专利执法电子查询设备，建立即时查询系统。要建立完整一致的纸质和电子专利执法档案，配置专用的执法档案保存设备。

4. 保障措施

（1）组织领导

加强组织领导，明确工作分工，完善工作机制，落实工作责任，抓紧推进相关政策措施的组织落实，为推进专利行政执法体系建设奠定基础。

（2）经费投入

设立专利行政执法专项资金，加大对专利行政执法体系建设的经费投入，除各类项目资金之外，江西省知识产权局还将继续按照执法案件数量对各地专利行政执法办案予以经费支持。

（3）加大宣传

加大知识产权宣传力度，在充分利用"4·26"知识产权宣传周和"12330"平台开展知识产权宣传的同时，进一步拓宽宣传渠道，重视宣传实效，以灵活多样的形式开展宣传工作，努力提高江西省的知识产权保护意识，营造良好的知识产权保护环境，形成尊重知识、崇尚创新、诚信守法的知识产权文化。

（4）考核监督

江西省知识产权局根据《江西省专利行政执法能力提升项目实施方案》有关要求对设区市知识产权局的专利行政执法体系建设情况和专利行政执法工作开展情况进行全面考核评价。对规划目标的实现、各项规划措施的效果、专利创造、运用和保护水平进行阶段性评估，及时根据评估结果、社会经济的发展方向、重点以及国内外形势的变化对相关措施进行调整。

江西省知识产权展示交易转化体系建设规划

2012年6月13日，江西省政府正式颁布实施《江西省知识产权战略纲要》，这是今后一段时期内全面指导江西省知识产权事业发展的纲领性文件，纲要作出了以支撑鄱阳湖生态经济区建设总体规划和战略部署为目的，认真贯彻落实科学发展观，按照激励创造、有效应用、依法保护、科学管理的方针，不断强化十大战略性新兴产业的知识产权工作，加快建立要素齐全、充满活力的知识产权转化运用体系，着力提升全社会知识产权的创造能力、应用能力等。为了使知识产权能够有效支撑鄱阳湖生态经济区、科技创新"六个一"工程和创新型江西建设，并在十大战略性新兴产业结构调整，加快经济发展方式转变方面的支撑作用得到充分显现，根据江西省实际，制定本规划。

一、规划背景

（一）现状

"十一五"以来，江西省知识产权转化运用工作在省委、省政府和省科技厅的领导下，以贯彻落实《江西省知识产权战略纲要》和《江西省专利促进条例》为抓手，紧紧围绕鄱阳湖生态经济区建设和科技创新"六个一"工程，坚持创新驱动，坚持协同创新，在知识产权激励创造、有效运用、依法保护和科学管理各方面取得了一些成效。

1. 专利数量连年攀升，创新步伐不断加快

"十一五"期间，全省专利申请21250件，为"十五"期间的1.8倍，年均增长16%以上；以企业为主体的职务申请占全省总量的40%，年均增长35%以上。其中发明专利申请超过"十一五"之前《专利法》实施22年以来的发明专利申请总和，"十二五"专利工作开局良好，2012年江西省专利申请量首次突破10000件大关，达到12458件，授权7971件。以上创新数据，见证了在建设创新型江西过程中不断加速的步伐。专利申请量这个创造能力的重要指标连续增长，则更加凸显出"江西创造"的实力。

2. 转化运用能力不断提高，科技支撑作用逐渐显现

"十一五"以来，江西省运用专利专项、金融、试点示范等政策手段，积极开展企事业单位及园区知识产权试点示范工作，让企业认识到了核心专利带来的真金白银和政府保护知识产权的决心，使企业日渐成为知识产权创造和运用的主体。江西省对专利申请给予了专项资助支持，共完成18批专利费资助申请，资助发明专利3000余项；积极建立完善交易平台和中介机构，资助企业实施专利转化，"十一五"以来共资助1600余万元，全省专利转化率达到30%。专利质押融资工作逐步深入。自2007年以来，全省共实现专利质押融资1.4亿元，促进了专利项目的转化应用。

3. 转化运用环境不断完善，服务能力不断增强

在部门设置上，2000年前，全省仅有3个设区市设立了管理专利工作的部门，省知识产权局经过更名、升格、扩编，全省专利管理人员从不足30人，发展到超过100人，现在全省11个设区市相继成立了知识产权局和版权局；在服务机构建设上，江西省专业专利代理机构从2000年的3家发展到目前的10家，商标、版权等其他相关服务机构近70家；在政策布局上，"十一五"至今，江西省知识产权工作建构了《江西省知识产权战略纲要》《江西省专利促进条例》、省专利奖、专利职称、企事业单位及园区知识产权试点示范等支撑全省知识产权持续发展的五大支柱，知识产权工作全面融入经济社会发展大局。

（二）存在的问题

1. 知识产权的拥有量低，转化运用基础薄弱

江西省专利申请量与授权量连年高速递增，但是发明专利授权量过少，所占比例仅有11%左右，在全国排名靠后，在中部6省中，直到2011年专利总量才稍微

超过山西，专利综合实力在全国排第 22 位，在中部强于山西（第 25 位），但发明专利所占比率仍然落后山西，在中部 6 省中垫底。南昌、赣州专利申请与授权量始终位处全省前一二位，南昌、赣州、九江、宜春 4 个设区市专利申请与授权量分别占到全省总量的 60% 以上。

2. 知识产权归属分布不合理，转化运用力量薄弱

江西省近年来授权专利归属主要集中在企业、个人，由此可见江西省企业、个人专利意识较强，高校院所授权专利不足全省总数的 10%，高校院所知识产权转化运用意识亟待加强。2012 年，江西省当年累计申请专利只占国内申请总量的 0.61%，累计授权专利只占国内授权专利总量的 0.64%，在中部 6 省中也是垫底，江西省注册商标也只占全国总量的 1% 左右。到 2012 年，江西省每万人发明专利拥有量只有 0.59 件，进入产业化阶段专利比例只有 10.1%，在全国只比西藏强一点。

3. 知识产权中介服务机构弱小，转化运用服务薄弱

江西省知识产权方面代理服务机构有 78 家，仅南昌就有 51 家。江西省专业的专利交易服务机构仅有 12 家，注册资本仅 361 万元。通过 2011 年年检的专利代理机构仅 10 家，注册资本仅 256.4 万元，其中官办机构江西省专利事务所注册资本就有 202 万元，从事专利代理人数仅 42 人，基本集中在南昌地区。历年专利代理机构 50 强中，全部为发达地区机构。机构数量、代理人数量、服务质量、经济效益、社会中介服务实力远远落后于发达省区市，在中部 6 省中仅稍强于山西省。

4. 知识产权转化运用体系不完善，转化运用能力薄弱

全省 11 个设区市知识产权局，除南昌市等少数县区为副处级外，其余均为科级，人员一般不超过 5 人。江西省省属大学仅有南昌大学、华东交通大学少数几所大学设立知识产权专业。既懂知识产权又精通法律和市场经济的复合型人才非常匮乏，包括高级人才、专业服务型人才和企事业单位的管理人才都很缺乏。知识产权保护长效机制建设需要不断完善，资源整合力度不够，管理体制机制需要进一步突破和创新，社会公众知识产权保护意识有待进一步增强；相应的知识产权支持资金额度占比很小。

二、指导思想、建设方针和目标任务

知识产权转化运用的形式有传统模式即自用、转让、许可等；新模式即资本化、证券化、质押融资等。转化运用的主要途径有自行转化、委托中介机构、参加各种展会等。

（一）指导思想

坚持以科学发展观为指导，全面贯彻实施《国家知识产权战略纲要》，以贯彻

落实《江西省知识产权战略纲要》和《江西省专利促进条例》为抓手，紧紧围绕鄱阳湖生态经济区建设和科技创新"六个一"工程，坚持创新驱动，坚持协同创新与知识产权激励创造、有效运用、依法保护和科学管理相结合，为创新型江西建设和经济社会又好又快发展提供有力支撑。

（二）建设方针

1. 统筹规划，各负其责

知识产权转化运用体系建设是一项长期工作，需要统一规划目标、标准、制度，分步骤、分阶段实施落实。各级主管部门和项目建设单位要明确职任，各负其责，共同做好江西省知识产权转化运用体系建设工作。

2. 市场主导，政府推动

充分发挥市场配置资源功能，加强政府引导和协调，促进各类技术成果尤其是专利通过市场进行转化运用，落实完善相关财税政策、实施有利的金融政策，鼓励企业自主创新和技术成果转化，形成政府推动与市场化发展的互动机制，推进知识产权转化运用体系的建设和发展。

3. 政府支持，多方共建

以知识产权转化运用服务市场为交易场所，积极发展创业风险投资，发挥政府创业风险投资引导基金作用，引导和鼓励民间资本投入技术交易活动；积极发展技术中介、咨询、经纪、信息、技术产权和技术评估、风险（创业）投资等中介服务机构，为知识产权顺畅交易提供支撑。逐步形成以技术交易机构为主，产权代理机构、会计师事务所、律师事务所、风险（创业）投资机构、资产评估机构等相配套的服务体系和协调机制。

4. 综合集成，探索创新

建设全国一流的知识产权转化运用服务场所，坚持以资源整合为主线，共享为核心，贯彻"整合、共享、完善、提高"的建设方针，按照专利、商标、版权、文化创意、信息产权等不同门类的特点，找到切入点，突出重点，先行试点，分阶段积极稳妥地推进各平台建设，充分利用已有设施、人员、软件及技术资源，进行资源整合共享，避免重复建设；协调有关部门积极参与，相互配合，各展所长，采取灵活多样的整合方式和共享模式，建立综合的信息服务平台，实现网络信息、数据库共建共享，积极探索以技术产权为主要载体的有限责任或未上市股份有限公司的股权等品种。

5. 完善评价与激励体系

针对江西省财政性资金投入和支持的项目所形成的非关系到国家经济安全、国防安全和国家机密的知识产权建立完善的评价体系，相关知识产权转化运用的实际效果与政策挂钩，成为立项、经费投入、贷款、政策扶持、中介机构考核的重要评价指标和依据之一。

6. 服务企业，发展经济

服务江西省经济发展，强化服务意识，提高服务质量，是知识产权转化运用体系建设的根本目标。在建立健全知识产权转化运用服务平台的同时，还要通过电视台、电台、报纸刊物等公共媒体，定期发布与企业需求相关的信息，使交易各方信息对称，进而使交易市场能有效服务于江西省经济发展。

（三）主要目标

通过 3 年的努力，达到以下目标：

1. 推进三个工程

一是知识产权转化运用创造主体培育工程。重点培育 100 家授权发明专利拥有量超过 10 件的创新企业，10 家专利拥有量超过 100 件（其中授权发明专利拥有量超过 30 件）的优势企业，1 家专利拥有量超过 1000 件（其中授权发明专利拥有量超过 200 件）的龙头企业。

二是知识产权转化运用交易系统建设工程。重点培育 1 家综合性知识产权交易转化一站式服务机构，建设江西省专利技术展示交易中心，建立省级专利交易平台，在有条件的设区市设立知识产权交易分中心，以点带面，逐步扩展。有条件时争取成为中三角交易中心。

三是知识产权转化运用人才队伍培养工程。对全省所有知识产权管理单位工作人员定期轮训；培训企业知识产权管控师 300 人；培训知识产权从业人员 600 人。

2. 强化三个支柱

一是推进企业知识产权战略。紧紧围绕鄱阳湖生态经济区建设，以贯彻《企业知识产权管理规范》国家标准工作为契机，以十大战略性新兴产业和地域特色产业为重点，合理配置政府公共资源，加大对企业和社会科技资源的引导，就如何重点开发核心技术领域的关键技术，形成重大原始性突破，提升产业竞争力，运用知识产权最大限度地谋求战略制高点等方面引导企业制订和实施企业知识产权战略规划，通过规划，帮助企业进行专利成果的分析和评价、专利产品及市场动态、专利成果转让信息等研究，扩展企业技术和市场空间，及时了解本领域的最新动态，开展前瞻性知识产权的战略布局和预警研究，为企业自主创新、市场开拓、生产经营活动提供科学的决策依据，为知识产权转化运用提供战略支持。

二是科学落实知识产权激励制度。认真做好江西省专利奖励工作，确实使好的专利得到奖励；做好专利产业化实施资助工作，加大投入，每年资助已转化核心专利的企业 60 家以上，凸显"创新成果专利化、专利成果产业化"政策导向，为知识产权转化运用提供激励支持。

三是扎实推进企业贯彻《企业知识产权管理规范》国家标准及园区知识产权试点示范工作。每年促成 50 家企业达标，对于知识产权创造运用龙头企业及园区授予相应的称号，专利专项、专利质押融资、其他相关激励措施向这些企业及园区倾斜，为知识产权转化运用提供资金支持。

（四）总体任务

重点推进和实施 8 项工作：

1. 加强知识产权转化运用工作体系建设

建立政府、中介、企业合理分工的工作格局，树立发展和依靠知识产权中介服务机构发展壮大知识产权事业的理念，进一步推进政府知识产权管理职能转变这一关键环节，明确企业是专利申请的主体，中介服务机构是面向市场的知识产权服务的主体，政府是提供公共服务和市场管理的主体，避免各主体缺位，相互越位。要大力发展和繁荣知识产权服务市场这一根本途径。改善推动专利申请的工作模式，从机制入手，保证持续发展。从以政府为主、行政层层推动的模式向以中介为主，直接面向企业，政府为辅，营造氛围，维护秩序方向转变。

2. 完善激励机制

进一步增强企业专利申请能力和申请意识。鼓励全社会发明创造，通过专利奖、专利申请资助等形式，表彰优秀专利成果及优秀专利发明人、设计人和管理人员。落实专利技术作为生产要素参与分配的政策，采用和创立灵活多样的分配方式，例如期权、技术入股、优先购股权试点等。大力开展知识产权试点示范园区建设、贯彻《企业知识产权管理规范》国家标准工作，积极推进重点企业的知识产权战略计划。通过建立重点企业联系制度，推进知识产权达标及优势企业建设，发挥模范引导作用，加大力度拓展申请企业，鼓励更多的企业参与专利申请。

3. 积极搭建知识产权宣传展示平台

以信息平台为主，结合定期不定期的实体展示平台，组织专利技术及产品现场或网上展示、推介活动，举办专利或知识产权咨询、研讨活动；提供专利信息服务；提供相关专利咨询，帮助企事业单位、专利发明人选择正确的发明创造方向和路径，促进发明创造活动与市场衔接；宣传普及知识产权方面的法律、法规和有关知识；举办专利经纪、专利市场管理及知识产权知识培训，开展专利经纪工程师、专利发明人等培训交流活动；根据有关规定和要求，提供专利实施合同备案、专利广告出证等服务；开展专利技术市场的统计和相关研究、咨询工作；开展系统内的协作交流。

4. 加强知识产权转化运用技术交易等中介服务机构建设

充分发挥技术市场作用，创新技术交易服务形式，构建知识产权交易平台，通过平台整合风险投资机构、金融机构、评估机构的资源，建立信息畅通、交易活跃、秩序良好的知识产权交易系统，促进知识产权的流动和转移，采取政府扶持、市场化运作的方式，从产业和企业发展的需要出发，集合省内外相关专利技术，面向企业开展推介，促进专利技术的经营、交易活动，促进企业、科研单位最大限度地利用国内外专利技术。同时采用"请进来、走出去"的方法开展行业自律和业务交流活动，不断提高知识产权中介服务机构业务水平。鼓励区域技术转移中心、技术交易所、资产评估公司等技术转移服务机构的发展，强化其知识产权服务内涵，提高服务能力。

5. 积极培育创新主体，提高知识产权实施转化率

促进专利技术转化为现实生产力，是建立专利制度的根本目的。要进一步引导企业将知识产权管理贯穿于技术创新全过程，迅速地、大幅度地提高企业运用专利制度的能力和专利保护的水平。使企业成为技术创新决策、投入、承担风险和获得收益的主体。

6. 完善风险机制

目前专利转让和许可的信息成本与交易成本较高，加之信息的不对称，导致许多潜在的投资者缺乏对专利技术投资的能力和机会，阻碍了社会资本流向最有价值的地方，也阻碍了资本增值的最大化。必须拓展新的融资途径，大力发展风险投资，分散和降低知识产权产业化的风险。

7. 完善知识产权投融资体系

充分利用国家科技成果转化引导基金等财政资金，探索建立多方参与的财政性资金资助形成的科技成果及其知识产权运营基金，促进科研院所、高等学校知识产权的转移与运用。进一步推进知识产权质押贷款工作，促进科技、知识产权与金融资源的有效结合，推动一批知识产权优势企业通过资本市场上市融资，推动完善质押贷款、创业投资、资本市场等多层次的知识产权融资体系。

8. 大力培植实施载体

以十大战略性新兴产业和地域特色产业为重点，引导企业自主创新与引进、消化、吸收再创新，形成知识产权优势。一是以高等学校、科研院所和大企业的实验室和研究开发中心为依托，建设源头创新载体。二是完善创业中心体系的建设，推进专利成果的转化，强化专利技术的成果孵化载体。三是依托国家高新技术产业园区和产业化基地，强化研发活动的专利知识产权产业化载体。四是集中力量提高产品技术含量，铸就一批拥有自主知识产权、达到国际先进和国内领先水平的产品，

强化专利产品载体。以新型产学研合作为基础,通过高等学校、科研院所与企业的相互合作,积极开展科技创新和成果转化活动,推动高等学校与科研院所知识产权产业化。

三、保障措施

(一)加强管理协调

各相关职能部门要明确工作责任和进度,围绕本规划的主要目标和任务,制定切实可行的措施和政策;各级政府部门要增强服务意识,形成工作合力,确保本规划主要目标和任务的顺利完成。

(二)构建评价体系

引导企事业单位将知识产权创造运和用作为列入科技人员、经营管理人员绩效考核、职称评定、职级晋升的重要指标,逐步建立以知识产权指标为重要要素的评价考核机制。加强知识产权基础性数据指标的研究。抓紧建立科学的知识产权统计和评价指标体系,为各级政府科学决策提供依据。

(三)增加资金投入

要加大对知识产权工作的投入,在现有的专利申请资助、专利实施资助、专利奖励、知识产权质押融资扶持等激励制度的基础上,加大资金额度投入,进一步完善专利创造、运用的环境。

江西省专利公共信息服务体系建设规划

2009 年,国家知识产权局提出了建设全国专利信息公共服务体系的战略构想,成为未来一段时期之内我国知识产权领域最重要的工作之一。专利信息服务承担着数据采集、分析预警、技术支持等方面的重要作用,是知识产权管理服务体系中不可或缺的重要组成部分。

该规划旨在确定江西省专利信息公共服务发展建设的指导思想、发展原则以及主要任务,是将来一个时期内江西省专利公共信息服务发展的纲领性文件。该规划由江西省知识产权维权援助信息服务中心负责具体组织实施。

一、规划背景

(一)现状

江西省属于中部地区欠发达省份,专利公共信息服务工作起步较晚,空白较多，且周边多数省份已建设各类知识产权信息服务中心，并取得较好的工作效果，因此，江西省的专利公共信息服务工作具有较大的工作潜力和广阔的发展前景。

1. 专利信息服务有一定的工作基础

2006 年，国家知识产权局批准在江西省设立了中国陶瓷知识产权信息中心，并在 2009 年增挂江西省陶瓷知识产权信息中心，成为江西省在专利信息服务方面的一项特色工作。国家知识产权局支持江西省一套全文专利数据库，并定时更新，在专利信息利用方面，有一定的工作基础。

2. 十大战略性新兴产业数据库建设稳步推进

2011 年，江西省知识产权局启动了十大战略性新兴产业专利数据库的建设工作，计划分 3 年全部完成。经过 2 年多的建设，目前正处于稳步推进阶段。战略性新兴产业数据库的建成，为推动行业的技术创新能力和水平将起到积极的作用。

3. 面向企业的服务能力有所提升

目前，江西省已有 8 家大中型企业建设了专利专题数据库，分别为江钨集团股份有限公司、新余钢铁厂、江西铜业公司、晶能光电有限公司、天施康药业公司、景德镇陶瓷股份有限公司、华意压缩机厂及泰豪科技股份有限公司。

4. 专利信息服务需求逐步增加

随着科技进步和企业发展的需要，省内用户迫切需要专利基础数据资源和深加工专利数据资源，实现专利信息在线分析、预警等高端分析功能的专利信息综合应用平台，对重点产业/行业分析研究、区域内重大项目预警、专利发展战略制定，高端专利人才培养等专利服务需求逐步增加。

（二）问题

目前，江西省的专利公共信息服务工作尚处在起步阶段，在专利信息公共服务的资源提供、深化加工、人才培养等方面都存在着各方面的不足。

1. 专利信息资源利用率不足

目前，江西省虽然建立了部分政府和行业性的专利信息平台，但是平台之间的整合和连接度不够，缺乏全省性的功能完善和多样化的专业服务平台，在专利信息资源方面，还有很大的潜力可供挖掘。

2. 专利信息产品开发不够

现有专利信息服务平台提供的产品存在简单开发和产品结构单一的问题，一定程度上存在管理成本的增加和公共服务资源的浪费，对专利信息的简单开发模式和服务方式亟待改变。

3. 专利信息服务能力严重缺乏

目前，江西省缺乏针对政府机构和企事业单位个性化需求的高端专利信息服务，对经济发展重点领域和重大项目的专利信息服务尚未实现经常化和全面化，专利信息服务供给不足，服务能力与用户需求不完全相适应。

4. 专利信息服务人才匮乏

目前专利信息服务政府部门、专利信息服务中介机构和企业都极度缺乏专利信息的专门人才，高层次人才更是专利信息服务中的稀缺资源，制约了专利信息战略的实施和专利信息产业的发展。

5. 专利信息服务模式亟待完善

合理、可行的专利信息服务模式是江西省专利公共信息服务的关键。目前，专利公共信息服务模式单一化，专利信息应用工具缺乏等问题仍是制约江西省专利公共信息服务发展的主要瓶颈。

二、指导思想、发展思路、目标和主要任务

（一）指导思想

为进一步贯彻实施《国家知识产权战略纲要》和《江西省知识产权战略纲要》，以《全国专利信息公共服务体系建设规划》为指导，以服务全省经济发展和科技协同创新为主线，科学部署，统筹发展，面向需求，深化应用，着力于专利信息服务的高端领域和薄弱环节，探索专利信息公共服务发展的最佳路径，实现江西省专利公共信息服务"规模化、精品化、个性化"。

（二）发展思路

江西省专利公共信息服务平台是由江西省知识产权局组织建设的，利用国家知识产权局数据中心提供的专利信息资源，主导江西省内专利信息服务工作，并逐步实现专利信息服务的个性化、高端化服务的综合性服务平台。

（三）发展目标

到 2015 年，专利信息服务基本覆盖省内十大战略性新兴产业领域和重点行业；形成年服务 10 项重大项目和 30 家优势企业的服务能力；拥有专利信息服务专家库并培养一批专利信息服务的创新型人才和复合型人才；专利信息服务对江西省科技创新和经济发展有明显贡献度；全社会对专利信息的认知度和依赖度有所提升。最终形成服务体系布局合理，服务渠道逐步拓宽，服务方式手段多样，服务规章制度健全，服务人员数量及水平稳步增长的综合性服务平台。

（四）主要任务

1. 完善江西省知识产权局门户网站

以增强网站宣传力度、提升公众获取专利信息的便利度为目的，科学设置江西

省知识产权局门户网站栏目，采取主动推送和互动引导相结合的服务方式，分别针对政府、企业和社会公众等不同用户特点，优化专利信息网上服务的流程，增强用户互动性。

2. 建立江西省专利信息公共服务平台

在国家知识产权局数据中心给予的数据资源的基础上，建设江西省专利信息公共服务平台。科学设计、合理构建专利信息公共服务平台的总体架构，有效提高平台数据和专利检索的吞吐量、可靠性和适应性，打造功能齐全的一站式服务平台。

3. 整合建设十大战略性新兴产业数据库

以专利信息公共服务平台为依托，采用数据库整合、网络链接等多种方式整合江西省十大战略性新兴产业数据库，以整体的方式对外服务，扩大专利专题数据库的影响面和服务范围。

4. 促进企业专利专题数据库个性化建设

基于产业和行业专利专题数据库的布局要求，有计划地为省内知识产权优势企业建立专利专题数据库，并根据不同企业的个性化需求，指导或帮助企业建设特定技术领域或产品领域的专利专题数据库。

5. 实现十大战略性新兴产业专利信息分析常态化

通过对十大战略性新兴产业的专利信息的追踪研究，逐步实现对十大战略性新兴产业的专利信息分析常态化，形成面向全省的全局性服务能力。定期发布十大战略性新兴产业专利信息分析报告，逐步建立专利预警应急机制。提供技术、专利及信息分析的专家支持，为政府机关和产业发展提供决策支持。

6. 提供重大投融资项目全程专利信息服务

围绕江西省重大投融资项目，提供全程专利信息服务。对省内重大投融资项目，进行专利分析、预警、跟踪和管理，提供从项目立项、实施、验收和后续工作的全程专利信息服务，加强对专利信息及相关信息的分析利用，提升产业竞争力。

7. 开展专利信息应用的宣传推广活动

针对省内各类受众群体，就专利信息相关知识和服务功能，开展多种形式的宣传推广活动。针对某一专题、区域内的重大活动或者有影响的专利信息案例，组织专题研讨会。提供专利维权援助服务。

8. 加强专利信息利用培训工作

组织现有培训力量，采用远程学习、公益讲座、巡回研讨、技能培训、高级研讨等多种培训手段，针对不同层面的专利信息利用人员开展多层次、多方面的培训活动。加强专利信息利用培训教师的培养，完成专利信息人才库的建设工作。

9. 积极筹建"省级战略性新兴产业专利信息导航协同创新中心"

在以上八项工作的基础上，积极筹建"省级战略性新兴产业专利信息导航协同创新中心"。中心通过加强专利信息资源利用和产业专利分析，把握产业链中关键领域的核心专利分布，以全球视野明晰产业竞争格局、确定产业发展定位。通过建立专利分析与产业运行决策深度融合、持续互动的产业决策机制，系统配置优势资源，提高产业创新能力，优化产业的专利创造和协同运用，增强竞争优势，不断发挥专利在产业发展中的导航作用。

三、保障措施

（一）机构保障

成立省专利公共信息服务协调小组，负责统筹协调全省专利公共信息工作，协调小组下设办公室，设在省知识产权维权援助信息服务中心，负责全省专利公共信息服务具体落实工作。

（二）人员保障

充实人员队伍，加大专利信息人才培养力度。省知识产权维权援助信息服务中心进一步完善人才结构，整合全省专利信息人才资源，建设一支专门的专利公共信息服务队伍。

（三）经费保障

省专利专项资金给予一定经费保障，并争取省财政给予专项支持。

江西省专利代理中介服务体系建设规划

为深入贯彻实施《江西省知识产权战略纲要》，大力发展知识产权中介服务，促进江西省专利代理行业又好又快发展，结合江西省实际，制定本规划。

一、序言

专利代理是专利制度有效运转的重要支撑，是专利工作的重要内容，是知识产权中介服务体系的核心组成部分。

实现《江西省知识产权战略纲要》确定的发展知识产权中介服务的目标和任务，有效支撑市场主体专利创造、运用、保护和管理，必须不断提高专利代理服务的水平、不断拓展专利代理服务的领域、不断增强专利代理人服务的能力，全面促进专利代理行业又好又快发展。

二、规划背景

近年来，江西省知识产权事业取得了长足的进步，专利代理行业健康发展，专利代理中介体系建设进一步健全和完善，通过加大专利代理执业培训力度、规范代理机构的服务行为、拓宽服务领域，江西省专业化的专利代理人才队伍和代理机构初步形成。

（一）江西省专利代理行业概况

目前，江西省有专利代理机构 10 家，省外代理机构驻赣办事处 1 家。省内专利代理机构从性质来看，属于全额拨款事业单位的有 1 家，有限责任公司制性质的有 2 家，合伙制的有 7 家。从地域分布来看，南昌市有 6 家（含省外代理机构驻赣办事处 1 家），鹰潭市有 1 家，景德镇市有 1 家，宜春市有 1 家，萍乡市有 1 家，赣州市有 1 家。全省拥有专利代理资格证人员为 183 人，执业人数为 42 人，享受倾斜/试点扶持政策人数为 40 人。从代理专利申请状况来看，2012 年江西省专利申请量为 12458 件，其中由专利代理机构代理的专利申请量为 5938 件，占总量的 47.7%。

（二）面临的问题

1. 专利代理服务机构数量少，规模小，地域分布不平衡，执业人员数量和质量有待提高

江西省代理机构总数占全国总数比例为 1%，执业人数占全国 0.5%，代理机构平均执业人数仅为 4.2 人，低于全国每家代理机构 8.7 人的平均水平，规模普遍偏小，规模最大的省专利事务所也只有 8 名执业人员，而且目前尚无一家律师事务所开展专利代理业务。在省 11 个设区市中，仍有 5 个设区市尚无专利代理中介服务机构，在地域上存在大面积的代理空白。执业代理人年龄老化现象严重，平均年龄达 53 岁，缺乏后继人才。执业代理人的专业知识结构不理想，与江西省十大战略性新型产业所需的知识结构严重脱节，无法满足高精尖领域专利代理等工作的客观需求，已成为制约江西省科技发展和创新活动的重要因素之一。具有专利代理人资格的后备人才数量少，具有专利代理资格人数占全国总量的 1.2%，其年龄和专业结构问题同样突出。同时人才流失现象十分严重。

2. 专利代理率低，专利代理机构服务项目单一，业务范围狭窄

江西省专利代理率长期在 50% 以下徘徊，2012 年为 47.7%，而同期全国代理率为 66.12%，差距明显。目前，江西省专利代理机构服务内容比较单一，主要业务范围仅限于专利申请文件的撰写、电子申请及代缴专利费用等，在专利纠纷诉讼

代理、专利复审和无效代理、专利技术和产品的许可与贸易、无形资产评估、专利技术和产品的检索等方面很少涉及。而且服务主要集中在传统产业和领域的专利代理等，涉及新兴领域的相关专利中介服务业务却难以胜任。

3. 专利代理机构服务意识不强，竞争意识欠缺

一些代理机构市场定位不清晰，服务意识不强，既缺乏发展的长远规划，也缺乏站在发明人角度考虑问题的视野，不注重服务质量和打造服务品牌，往往只追求数量和短期利益。缺乏主动出击，上门服务的意识，采取等、靠、要的工作方式，参与市场竞争的意识和能力都亟待提高。部分代理机构内部管理松弛，质量控制流于形式，有些代理人责任感不强，各种失误时有发生，个别代理机构诚信度不高，这些状况既损害了发明人的利益，也影响了江西省代理行业的整体形象。

4. 政府监管机制不健全，行业自律机制亟须建立

没有制定全省性的专利代理行业发展规划，省专利代理惩戒委员会职能没有很好发挥，各设区市知识产权局受机构等条件限制，对专利代理工作疏于管理。专利代理的地方性行业协会尚未建立，行业自律监督缺失。"黑代理"现象还比较严重、非正常专利申请代理现象在一定范围内还存在，严重干扰了正常代理工作的开展，也严重制约了江西省专利申请质量的提升。

三、指导思想、基本原则、发展目标和主要任务

（一）指导思想

以邓小平理论、"三个代表"重要思想为指导，全面落实科学发展观，按照有效管理、规范服务、诚信自律、科学发展的方针，加强专利代理管理，强化行业自律，促进专利代理服务有效融入知识产权创造、运用、保护和管理各个环节，着力提高专利代理行业的服务能力和水平，着力推动专利代理行业朝着专业化、规范化、规模化、集约化方向发展，为实施江西省知识产权战略，建设创新型江西，实现江西省科学发展、进位赶超、绿色崛起提供强有力的支撑和保障。

（二）基本原则

促进专利代理行业又好又快发展，要坚持以下原则：

1. 政府引导与市场主导相结合

既要充分发挥政府的组织协调和公共服务功能，加大政府投入和政策引导，努力营造有利于专利代理行业健康发展的法律政策环境和市场竞争环境，也要尊重市场规律，突出市场机制在专利代理行业发展资源配置方面的基础性作用。

2. 政府监管与行业自律相结合

既要加强政府对专利代理行业的监管，也要进一步明确专利代理行业协会的自

律职责，加强专利代理行业诚信建设，实现行业自我约束、自我管理。

3. 全面推进与重点发展相结合

既要提高全省各地区的专利代理服务质量，不断提高专利代理的能力和水平，也要积极引导代理机构开展企业专利战略研究、专利运用与保护、专利信息分析、企业维权及专利预警等工作，努力拓展专利代理服务空间，走服务内容专业化道路，增强专利代理机构知识产权中介服务的专业对接能力。

4. 人才培养与机构建设相结合

既要注重专利代理人才队伍建设，突出重点，培养出一批品行兼优的复合型专利代理人才，也要健全规章制度、严格服务标准、不断加强专利代理机构建设。

5. 规范服务与特色服务相结合

既要不断严格规范专利代理服务标准，推动专利代理机构按照专利代理行业服务指导标准开展服务工作，也要鼓励专利代理机构突出特色，发挥优势与特长，因地制宜开拓特色服务。

（三）发展目标

到"十二五"末，全省专利代理行业要实现以下目标：

1. 专利代理服务的能力和水平有较大幅度提高

确保专利代理能力适应全省专利申请量增长的需求，确保专利代理服务水平适应全省自主创新能力不断提高的需求，确保专利代理服务范围适应全省市场主体运用专利参与市场竞争的需求。

2. 专利代理人才队伍规模大幅度增加，素质进一步提高

力争执业专利代理人数达到80人以上，专利代理行业从业人员达到200人以上；不断培养或引进熟练掌握专业技术、熟悉法律和贸易的高素质、复合型专利代理人才；不断优化全省专利代理人队伍的年龄结构和知识结构。

3. 专利代理机构发展水平大幅度提升

全省专利代理机构数量增加到20家以上；专利代理行业规模进一步扩大，力争培育营业额超过1000万元的代理机构；逐步实现全省专利代理机构服务规范、诚实守信、特色突出、专业水平明显提高的目标；鼓励有条件代理机构设立分支机构，省内专利代理机构发展区域分布不断均衡化。

4. 专利代理行业管理体系建设更加完善

出台规范专利代理行业发展的专利代理执业优质服务规范，不断健全专利代理行业发展行政监管与行业自律相结合的管理体系；力争成立江西省专利代理人协会。

（四）主要任务

1. 促进专利代理机构的培育和发展

（1）鼓励成立专利代理机构

加大力度培育新的专利代理服务机构，扶持和指导一批代理机构逐步形成自己的特色，做到专业求精、特色求强，优势互补，大力扶持发展规模大、实力强、信誉好的专利代理机构，对新设立的专利代理机构给予一定的支持。到 2015 年，实现具有独立法人资格的专利代理机构遍布全省各设区市的目标；适度引入国内知名的专利代理机构到省内设立分支机构，促进其与本地代理机构的竞争、合作与交流，构建科学布局、区域平衡、结构合理的专利代理机构体系，促进全省专利代理行业又好又快发展。

（2）促进专利代理机构提高业务能力和水平

定期组织召开专利代理机构或专利代理人工作（座谈）会，及时通报相关政策，学习有关管理制度和业务规范；加强业务指导，引导代理机构完善内部管理制度，建立内部质量和风险控制体系，建立健全分配激励机制，提高业务能力和经营管理水平。

组织专利代理人专题业务培训，制定和完善江西省执业专利代理人业务能力轮训制度，切实提升专利代理人的执业能力和水平；适时组织专利代理机构管理者参加经营管理、市场开发等方面的专题培训；组织专利代理机构管理者到专利代理行业发达地区观摩学习，学习借鉴专利代理行业先进企业的好经验、好做法，切实帮助专利代理机构管理者提高经营管理能力和市场开拓能力。

（3）建立专利代理优质服务评价制度

研究建立专利代理优质服务评价制度，探索全省专利代理优质服务体系建设，尽快研究组织制定全省专利代理执业优质服务规范。组织开展全省年度"优秀专利代理机构"和"优秀专利代理人"评比和表彰活动，激励代理机构和专利代理人提高服务能力和水平。

2. 改进对专利代理行业的管理与服务

（1）加强对专利代理市场的管理

规范市场秩序，制止压价竞争、商业贿赂、无证（资格）代理等不正当竞争行为，努力营造有利于专利代理人才创新创业，有利于专利代理机构发展壮大的市场氛围和社会环境，建立政府调控、行业自律、市场调节、社会监督四位一体的专利代理监管模式。筹建江西省专利代理人协会，开展行业自律管理、业务指导、行业维权等工作。建立专利代理行业诚信管理制度和专利代理行业信息公开制度，形成专利代理行业的社会监督机制。严禁代理机构代理非正常专利申请的行为，对为骗取资质、资助代理提交非正常专利申请的代理机构和代理人依照有关规定，严加处理。

（2）完善专利代理惩戒制度

完善江西省专利惩戒委员会工作职责，规范江西省专利惩戒委员会履行职责的工作流程。建立江西省专利惩戒委员会定期会议制度，将定期对专利代理服务机构的业绩、服务水平与质量、信誉度等进行考核、评比，优秀的机构给予表彰和奖励，并在资金、项目、人才培养、涉外交流等方面予以政策上的倾斜。

（3）建立和完善信息报送等相关制度

各专利代理机构要建立健全专利申请与授权、专利申请视撤视放、非正常申请、代办资助、落实全省知识产权重点工作情况等信息报送制度；要依照有关规定，及时完善落实机构变更、人员聘用等方面的信息报送备案制度。建立专利代理行业统计调查工作制度。

（4）加强对专利代理机构的业务指导和工作支持

加强专利代理工作调研，了解代理机构的经营管理现状，帮助代理机构解决遇到的难题。加强对代理机构的业务指导，向代理机构传达相关业务的新要求，上门指导代理机构开展专利信息分析、企业维权及专利预警等业务工作，指导代理机构贯彻落实《专利代理服务指导标准》等有关专利代理服务的规定。

（5）加强对专利代理行业的宣传和推介

加大对专利代理工作的宣传力度，增进社会民众对专利代理中介服务事业的认知与认同，引导社会各界尤其是创新主体真正了解、认同专利代理中介服务，重视其在创新中的巨大功能和作用，并自觉借助其力量促进自身创新成果的运用和转化。在江西省知识产权局门户网站设立专利代理服务平台专栏，提高申请人对专利代理服务和专利代理人价值的认知度，培养社会寻求知识产权专业化服务的理念，提高专利代理行业的信誉，树立专利代理行业良好的社会形象。

3. 发挥专利代理行业在实施知识产权战略中的重要作用

（1）鼓励、支持专利代理机构拓展业务范围

支持专利代理服务机构以专利代理服务为主，围绕知识产权代理服务、信息服务、法律服务、商用化服务、咨询服务、培训服务等方面，开展全省十大战略性新兴产业及高新企业在重大技术领域和重大技术创新项目中的专利预警分析诉讼、无形资产评估、专利权质押融资、专利信息咨询和检索、专利技术交易转让和许可、知识产权（专利）战略研究、专利分析、人员培训、涉外专利事务代理等业务，全面拓展服务范围，推动代理机构向专业化、多元化方向发展。支持专利代理服务机构与律师事务所、资产评估公司、专利技术交易机构、生产力促进中心、担保公司

和金融机构等建立战略合作关系。

（2）鼓励专利代理服务机构为园区、中小企业和微型企业开展知识产权托管服务

建立和完善有利于省内专利代理机构服务园区、企业的相关制度。支持专利代理服务机构入驻高新技术产业开发区、经济技术开发区、特色产业园区、大学科技园等园区，鼓励有条件的代理机构设立办事处或与相关机构联合组建知识产权服务机构，为园区企业提供代理、咨询、检索分析等知识产权全方位的"一站式"服务。

4. 加快专利服务人才队伍建设步伐

（1）加大专利代理服务人才培养力度

有针对性地开展对现有专利代理机构从业人员的教育、培训，广辟培训渠道、创新培训载体、丰富培训内容、拓展培训方式、加强实践锻炼，为全省专利代理行业可持续发展提供人才保障。既要积极争取国家知识产权局、全国专利代理人协会支持，组织开展有针对性的培训活动，又可以引导社会力量进行专利代理人的培养、培训。

（2）做好专利代理人资格考试相关工作

争取自 2014 年起每年在江西省设置全国专利代理人资格考试考点。深入组织宣传专利代理人考试制度，鼓励符合条件的社会各界人士参加专利代理人资格考试。积极做好考前培训和考务工作，出台奖励政策，努力使江西省成为专利代理人才培训与产出基地。

（3）鼓励专利代理机构多形式、多渠道培养和引进江西省急需的专利代理人才

支持鼓励专利代理机构以多种形式和渠道引进急需专利代理人才，重点引进江西省十大战略新型产业所需高级专利代理人才以及其他学历高、外语好、能胜任知识产权（专利）战略研究和预警机制研究分析或诉讼服务、涉外服务等复合型专利人才。对引进的专利代理人才建立激励机制，设立专利代理行业高级人才专项基金。建立优秀专利代理人数据库，充分发挥专利代理人在专利申请、项目评审、诉讼维权、课题研究等方面的作用。研究制定专利代理特派员制度和专利代理人助理制度，完善专利代理人助理的招聘、使用和培养等方面的制度建设。

5. 加强专利代理领域对外合作

积极开展专利代理领域对外合作与交流。制订专利代理行业对外合作与发展计划，鼓励代理机构引进和借鉴国外中介服务的先进经验和运作模式，通过"引进来、走出去"的方法，充分有效提升专利代理机构办理涉外专利申请代理、处理涉外知识产权纠纷的能力，促进江西省专利代理中介机构健康发展。

四、保障措施

（一）组织领导

加强组织领导，明确责任，根据规划确定的发展目标和主要任务，制订具体的工作方案、实施意见和配套政策，推进各项任务的落实。

（二）管理协调

建立指导规划实施的组织协调机制，充分发挥各设区市知识产权局、专利代理行业协会、专利代理机构和专利代理人等各方面的积极性，共同推动本规划的组织实施。

（三）经费投入

设立专利代理中介服务发展专项资金，加大专利代理机构的培育，加大专利代理人才的培养。专利代理行业组织要根据规划部署的任务，多渠道筹措配套资金。鼓励专利代理机构配备落实规划的必要资金，共同保障各项任务的落实。

第二篇　思路举措篇

江西省建设特色型知识产权强省试点省实施方案

赣府字〔2016〕85 号

为进一步贯彻落实《国务院关于新形势下加快知识产权强国建设的若干意见》（国发〔2015〕71 号），根据《加快推进知识产权强省建设工作方案（试行）》（国知发管字〔2015〕59 号），结合江西省实际，特制定本实施方案。

一、主要目标

到 2020 年底，基本建成江西知识产权（专利）工作的四大体系：知识产权管理与执法体系、知识产权转化运用体系、知识产权公共信息服务体系和中介服务体系，使知识产权对经济、社会和文化的促进作用日益突出。

——创造活力不断增强。知识产权创造水平大幅提升。全省专利申请总量年均增速 25% 以上，发明专利申请年均增速 25% 以上，PCT 国际专利申请年均增速 20% 以上。到 2020 年，力争发明专利拥有量达到 1 万件，每万人口发明专利拥有量 2 件以上，PCT 国际专利申请量达 100 件。江西省著名商标超过 2800 件，地理标志证明商标超过 80 件。到 2020 年，力争全省作品著作权登记总量达 1 万件。植物新品种授权量年增长 5% 以上。集成电路布图设计登记量年均增长 15%。

——运用成效稳步扩大。企事业单位知识产权转化运用机制进一步健全，运用知识产权制度的能力进一步提升，转化运用服务平台建设进一步完善，知识产权对经济增长作用进一步显现。3 年内，各设区市至少建立 1 个省级专利孵化中心，在 10% 县（区）内开展试点工作。全面建成重点产业知识产权（专利）运营平台和运营基金，基金运营规模达 5 亿元。授权发明专利产业化率提高 5 个百分点，知识产权密集型产业增加值占地区生产总值比重达 20%，知识产权密集型产业数量达 5 个。

——保护能力明显提升。公众知识产权保护和守法意识明显增强，保护能力明显提升，知识产权侵权假冒行为明显减少，企业知识产权保护信心明显提振。知识产权快速维权机制不断完善，维权援助社会效益显现。专利行政执法工作绩效和知识产权维权援助工作绩效等专利保护指数达到全国专利保护实力指数中上水平。

——管理水平进一步提高。知识产权行政管理水平明显提高。重大科技专项和科技计划项目基本实现知识产权全过程管理。高等院校、科研院所和企业知识产权管理机构、制度基本建立。制约创新发展的知识产权体制机制障碍基本破除。

——服务业加快发展。知识产权交易市场更加完善，信息服务和知识产权基础信息公共服务平台建设稳步推进，人才培养机制更加科学，人才队伍不断壮大，咨询服务更加全面，服务业协作水平明显提升，形成全方位、多功能、全过程的知识产权服务体系，着力培育满足江西创造需求的国家级知识产权品牌服务机构 5 家，省级知识产权品牌服务机构 10 家，专利代理机构超过 40 个。

——人才规模不断壮大。以满足市场对知识产权人才需求为目标，完善知识产权人才培养政策措施，健全知识产权人才培养体制机制，多层次、分重点地开展各类知识产权培训和人才培养工作。着重加强省知识产权专家智库建设，遴选 100 名省级知识产权特派员，培育 1000 名企业知识产权专员，"十三五"末全省具有专利代理人资格的人员达到 300 人以上，执业专利代理人达到 150 人以上。

二、试点任务

（一）进一步完善地方知识产权政策法规体系，夯实知识产权事业发展制度基础

在充分调查、论证基础上，推动江西省地方性专利法规的修订工作。根据新修订的《中华人民共和国促进科技成果转化法》和《中华人民共和国专利法修改草案（征求意见稿）》精神，推动《江西省专利促进条例》《江西省专利奖励办法》的修订工作。进一步完善《江西省中小微企业知识产权质押融资管理办法》。

（二）探索完善知识产权管理体制机制改革，开展综合管理"三合一"试点

进一步完善省知识产权工作部门联席会议制度。积极推进在赣州和南昌综合保税区开展专利、版权、商标等知识产权综合行政执法管理改革试点。按照《国务院关于新形势下加快知识产权强国建设的若干意见》（国发 2015〔71〕号）精神要求，逐步探索推进专利、版权、商标等知识产权管理"三合一"试点，提高行政管理效能。

（三）健全知识产权信用管理体系

建立与知识产权保护有关的信用标准和信用档案，完善事前的预防和约束体系。构建知识产权长效保护机制，加大对知识产权侵权失信行为的惩戒力度，提高知识产权保护社会满意度水平。对重复知识产权侵权行为、假冒知识产权行政处罚等信息，及时纳入省公共信用信息平台。建立知识产权服务诚信机制，完善专利代

理执业信息披露制度，及时公开知识产权代理机构和从业人员信用评价等相关信息。建立财政资助项目相关知识产权信息披露制度。

（四）建立重大经济科技活动知识产权分析评议制度

在重大产业规划、重大经济和科技项目等活动中开展知识产权评议试点，贯彻落实《知识产权分析评议工作指南》，研究制定重大经济活动知识产权审查评议办法和政策，制定《知识产权评议工作指南》，规范评议范围和程序，探索建立科技计划知识产权目标评估制度，提高创新效率。建立重点领域知识产权评议报告发布制度，推动企业建立知识产权分析评议机制。重点针对国际参展产品和技术进出口等开展知识产权风险评估，提高企业应对知识产权国际纠纷的能力。

（五）建立以知识产权为主要内容的创新驱动发展评价制度

进一步完善创新驱动发展评价体系，探索将知识产权产品逐步纳入国民经济核算，将知识产权指标纳入国民经济和社会发展规划。发布江西省年度知识产权发展状况报告。在对党政领导班子和领导干部进行综合考核评价时，更加注重知识产权方面的内容和绩效。探索建立以经营业绩、知识产权和创新并重的国有企业考评模式。

（六）提高知识产权创造能力，助推支柱产业加快发展

大中型企业专利创造能力提升工程。推进以大中型企业为主体的科技创新体系建设，提升战略性新兴产业的专利创造能力，加大专利研发投入，大力提高专利申请质量，重点提高发明专利数量和质量，支撑龙头企业转型升级。指导大中型企业制定和实施专利战略，建立完善专利管理制度，鼓励和引导企事业单位完善职务发明管理制度，合理划分职务发明权属和利益分配，提高主要发明人的受益比例。到"十三五"末，力争新获批国家级知识产权示范企业10家；培育省市级知识产权示范企业100家，知识产权优势企业100家。

知识产权支持小微企业发展工程。贯彻落实国家知识产权局《关于知识产权支持小微企业发展的若干意见》，全面激活广大小微企业专利创造的潜能和活力。推进小微企业专利创造"十百千万"工程：选定10个中小企业集聚的园区，发动100名专利特派员入园入企对接培训、辅导，建立1000人规模的小微企业专利专员队伍，实现10000家小微企业专利消零。

（七）增强知识产权运用能力，促进经济发展方式转型升级

高校和科研院所专利转化工程。建立"江西省高校和科研院所技术转移服务网"，搭建高校、科研院所专利成果网上交易平台，合理引导高校和科研院所建立专利管理与专利转化的联动协作机制，力争"十三五"末全省高校和科研院所有效

发明专利转化率达20%以上。探索建立高校和科研院所专利技术评估作价、融资质押、出资入股等产业化融资方式和途径，实现高校、科研院所专利资源的资本化。

专利惠农推广工程。结合江西农业大省的基本省情，发挥绿色生态农业、农林生物技术等领域的创新优势，加快发展具有自主知识产权的低碳生态农业，每年筛选3~5项技术含量高、转化前景好的农林生物技术、生态环保技术、生猪养殖技术等涉农发明专利技术，结合省富民强县和专利研发引导与产业化示范建设专项，大力推进绿色农业发展创新，积极协同江西省农、林主管部门，推广一批涉农专利技术。积极推进农业知识产权转化交易平台建设，促进农业创新发展。

知识产权品牌培育推进工程。支持企业建立品牌管理体系。加强对非物质文化遗产、民间文艺、传统知识的开发利用，推进文化创意、设计服务与相关产业融合发展，重点维护好农产品老字号、"贡"字号和陶瓷"景"字号的品牌价值，提升品牌社会信誉度。引导企业在国际贸易中使用自主商标，积极注册国际商标，重点打造"赣南脐橙""南丰蜜桔""景"字号艺术陶瓷等品牌建设，着力提升品牌形象和价值。推进版权示范创建工程，积极培育一批国家级和省级版权示范单位和版权示范园区（基地），充分发挥示范主体在版权创造、运用、保护和管理方面的示范作用，带动版权产业发展。

知识产权（专利）"互联网＋"平台工程。采取以市场主导、政府引导、公司运营、社会参与的模式，按照"公开、开放、共赢"的互联网思维方式，探索建立知识产权转化、运用和保护的新机制。搭建互联网＋知识产权融资平台，通过互联网发布知识产权众筹项目，推进众筹、众创、众包、众扶对接合作；搭建互联网＋知识产权转化交易平台，通过汇集技术、成果、资金等信息，促进供需对接，加快知识产权转化交易；搭建互联网＋知识产权保护平台，强化电商等领域打假维权，推动互联网知识产权维权服务升级，提高知识产权日常纠纷调处效率。

知识产权金融服务创新工程。进一步完善知识产权投融资扶持政策，大力开展知识产权质押、出资入股等知识产权金融服务创新。发挥融资担保机构的增信功能，加大对科技型中小微企业的增信服务。充分发挥财政资金的示范和引导作用，通过贴息、担保补贴等形式拓展知识产权转化融资渠道，逐步解决科技型中小微企业信用等级低、贷款难、融资难的问题。进一步加大知识产权质押融资资金投入，完善《知识产权质押融资暂行管理办法》，力争到2020年知识产权年度质押融资达8亿元，专利运营、质押融资、专利许可合同等专利指标达到全国各省平均水平以上。

专利运营体系建设工程。推进建立重点产业知识产权（专利）运营平台，促进专利技术的交易、许可、流转和转化转移。实现专利价值最大化和产业链地位提升。加强专利运营机构培育，引导专利运营机构加强专利储备，建立运营制度，规范运营程序。经过 3～5 年的持续培育，形成一批可以独立完成重大项目运作的专利运营实体。到 2020 年，基本实现产业专利运营规模达 5 亿元。

（八）提升知识产权管理水平，完善知识产权工作体系

知识产权富民强县示范县建设工程。总结"十二五"期间知识产权富民强县专项实施经验，进一步加大省知识产权富民强县示范县建设专项实施力度，不断加强市、县（区）知识产权人员配备和机构建设，强化知识产权工作机制，建立健全管理制度。指导、督促设区市和有条件的县（区）制订本级知识产权战略行动计划或实施意见，推进知识产权战略在广大基层的落地实施。

知识产权管理规范国家标准推广工程。积极推动企业、高校、科研机构开展知识产权管理规范国家标准工作。大力贯彻实施《企业知识产权管理规范》国家标准，将贯彻《企业知识产权管理规范》作为高新技术企业培育工作的重要内容，引导企业挖掘创新潜能，提升运用知识产权制度的能力，力争到"十三五"末全省申请"贯标"企业累计达 200 家以上，通过认证的企业达 80 家以上。选取 10 所省内高校（院所）开展高校、科研机构知识产权管理规范国家标准试点工作，引导和提升省内高校（院所）的知识产权管理能力。通过企事业单位的"贯标"工作，推动企业、高校、科研院所成立知识产权管理部门，配备专门人员，制定管理制度，明确管理职责，逐步实现知识产权管理工作的规范化、标准化，打造一批知识产权强企、强校和强所。

专利导航试点工程。"十三五"期间，在完成电动汽车和锂电池产业导航、触控产业集群导航、变电设备产业集群导航的基础上，继续开展其他产业导航试点工作。到 2020 年，完成 10 个左右具有区域特色、优势明显、专利密集、布局合理的专利导航产业。充分发挥专利信息对产业运行决策的导向作用，确立产业发展的新优势。通过专利导航示范作用，引领其他产业，建立"1＋N"的产业专利导航项目体系。

国家知识产权试点示范城市、强县引领工程。以南昌建设国家知识产权示范城市为契机，通过南昌国家知识产权示范城市建设的示范引领作用，进一步推动各市提升知识产权创造、运用、保护和管理的能力与水平，带动 3～5 个设区市建成国家知识产权示范城市，支撑知识产权强省建设。同时借鉴试点示范城市建设经验，加强县域知识产权的组织领导，提升管理能力，增加经费投入，结合县域经济和支柱产业的发展，培育 20～30 个国家知识产权强县工程试点示范县。通过试点示范城市和强县工程试点示范县建设，打造若干个知识产权强市、强县、强区。

（九）健全知识产权保护体系，构建知识产权保护长效机制

专利行政司法保护"纵横协同"工程。落实《关于加强知识产权行政与刑事执法衔接配合工作的暂行办法》，健全专利行政执法与刑事执法衔接机制、重大案件会商通报机制，畅通专利行政保护与司法保护通道。加强与法院、教育、工信、国资等部门的沟通合作，探索特定领域专利保护的"横向协同"机制。强化省、市、县三级知识产权执法联络体系。加强知识产权纠纷调解、仲裁等非诉讼解决模式建设。

知识产权执法队伍建设工程。进一步落实执法提升工程的各项举措，完善市、县知识产权执法队伍和条件建设，加大执法人员培训力度，提升执法人员素质和能力，力争到2020年江西省专利行政执法工作绩效等专利保护指数达到全国专利保护实力指数中上水平。

知识产权维权平台建设工程。不断完善专利维权援助分中心和工作站的服务机制，在现有新余、抚州、宜春、鹰潭和九江5个设区市知识产权维权援助分中心基础上，增设其他6个设区市知识产权维权援助分中心和10个县级知识产权维权援助工作站。增设3~5个专业市场知识产权快速维权援助中心。依托国家企业信用信息公示系统（江西），建立省内专利侵权行为信用惩戒，将重大专利侵权行为向社会公开。

（十）推进知识产权服务业发展，助推产业结构转型升级

知识产权服务体系建设工程。加快培育知识产权服务品牌机构，系统构建知识产权代理服务、信息咨询服务、交易服务、融资服务、法律服务、培训服务等多层次服务体系，积极引进国内外高端服务机构，促进知识产权服务业跨越式发展。继续推进设区市专利代理机构消零行动。大力培育专利代理人，全面提升执业代理人的职业技能。力争到2020年全面完成知识产权服务机构和服务专业人才建设目标任务。

专利公共服务平台建设工程。在完善现有4个战略性新兴产业专利数据库的同时，加快建成其他6个战略性新兴产业专利数据库。加快江西知识产权基础信息公共服务平台建设，完善江西省专利信息服务中心，加强互联网知识产权政务服务。

（十一）加强知识产权人才培养，建设知识产权人才队伍

知识产权人才培养引进工程。积极协同教育等有关部门尽快出台"江西省知识产权人才培养规划"，支持高等院校在管理学和经济学中增设知识产权专业，加强知识产权专业学位教育。鼓励支持华东交通大学等有条件的高校设立江西省知识产权学院和知识产权研究院。在加快江西省人才培养的同时，努力吸引海内外专利人

才来赣创业。制定江西省知识产权高端人才引进规划，将知识产权高端人才和专业人才作为紧缺人才列入全省重点人才引进目录。进一步加强省级知识产权人才库建设。

（十二）强化民众知识产权意识，营造知识产权文化氛围

通过新闻媒体及时对知识产权相关知识、活动进行宣传报道，提高广大民众的知识产权意识和认知度。利用"3·15"国际消费者权益日、"4·26"世界知识产权日、"12·4"全国法制宣传日等日期，开展知识产权进高校、企业、社区活动，充分发挥省科技馆科普教育基地的示范作用，在科技馆设立知识产权科普互动专区。制作知识产权宣传动漫片，加强中小学生知识产权知识教育，从小培养知识产权意识。

（十三）加强知识产权海外布局，拓展知识产权国际合作

围绕"一带一路"战略，着力引导外向型企业加强知识产权海外风险防控，开展海外防控教育培训。支持企业加大知识产权投资，扩大 PCT 国际专利申请和布局，推动企业、高等院校和科研院所联合建立海外专利布局合作机制，建立企业海外知识产权维权援助机制，搭建境外知识产权保护与维权服务平台。引导知识产权服务机构拓展涉外知识产权信息服务，为涉外贸易企业和涉外投资企业及时收集发布主要贸易目的地、对外投资目的地知识产权相关信息，先期做好知识产权评议和预警分析，为企业"走出去"提供知识产权服务。

三、实施步骤

（一）第一阶段：加大投入，打好基础（2016～2017 年）

根据特色型知识产权强省试点要求，做好总体部署，夯实工作基础：一是加强顶层设计，制定出台《江西省贯彻〈国务院关于新形势下加快知识产权强国建设的若干意见〉的实施意见》；二是省财政要加大知识产权强省建设资金投入；三是强化制度建设，建立强省工程进展阶段性调度督察工作机制，制定出台《江西省知识产权维权援助暂行办法》和《知识产权质押融资暂行管理办法》；四是研究布局推进知识产权体制机制改革试点工作开展；五是出台强省试点建设总体方案，制订年度推进计划。

（二）第二阶段：打造亮点，形成实效（2017～2019 年）

按照特色型知识产权强省建设的总体部署和目标任务，突出江西特色打造工作亮点，形成实效。一是在知识产权惠农工程方面建成 1～2 个农业知识产权转化交易平台，助力绿色农业发展；二是全省专利行政执法绩效和维权援助绩效指数达到

全国专利保护实力指数中上水平；三是知识产权综合改革试点工作初见成效；四是知识产权运营体系基本建立；五是知识产权金融服务初具规模，全省年度知识产权质押融资金额达到全国平均水平以上。

（三）第三阶段：巩固提高，跨越升级（2019～2020年）

进一步梳理特色型知识产权强省建设的目标任务，认真总结经验，查找不足，巩固提高。一是针对特色型知识产权强省的目标任务搞好调度；二是进一步检查梳理在推进过程中是否有落实不到位、完成任务打折扣的现象和问题；三是更加注重问题导向，进一步巩固目标任务的全面完成；四是总结经验，突出特色，形成制度规范，推进强省建设持续深入开展，支撑创新型省份建设目标的落实到位。

四、保障条件

（一）加强强省建设的领导和推进工作

由省知识产权工作部门联席会议统筹协调推进强省建设，及时解决推进工作中遇到的问题。加快推进知识产权智库建设。

（二）加强经费保障

进一步加大知识产权强省建设投入力度，其中用于深化体制机制改革，知识产权强市强县、专利运营、知识产权密集型产业、行政执法、知识产权示范优势园区企业等工作经费，占省级知识产权专项经费的1/2以上。

（三）强化督促检查

对各有关单位、各市县（区）的贯彻落实情况建立督促检查工作台账，及时跟进督促、检查。根据督促检查情况及时反馈、通报，并根据相关规定强化绩效考核和问责机制。通过"事前动员、过程督办、结果检查问责"机制，确保重点工作任务按时完成。

江西省知识产权入园强企
"十百千万"工程实施方案

赣知组发〔2014〕1号

为深入实施《江西省知识产权战略纲要》和省委、省政府《中共江西省委江西省人民政府关于大力推进科技协同创新的决定》及《江西省人民政府关于进一步加强协同创新提升企业创新能力的实施意见》，充分发挥知识产权对经济发展的支撑作用，促进江西省产业加快转型升级和经济社会发展升级步伐，提升园区和企业核心竞争力，经省政府领导同意，决定实施知识产权入园强企"十百千万"工程，着力培育10个专利过千的园区（大型企业）、100家专利过百的高新技术企业、1000家专利过十件的规模以上企业、10000家专利消零的中小微企业。具体实施方案如下。

一、指导思想

以邓小平理论、"三个代表"重要思想和科学发展观为指导，全面贯彻落实党的十八大、十八届三中全会和省委十三届七次、八次会议精神，围绕新形势下江西省"发展升级、小康提速、绿色崛起、实干兴赣"的要求，以提升园区和企业核心竞争力为主线，以知识产权制度建设为载体，以实现全省专利申请和授权量翻番为目标，以体系完善、政策引领和队伍建设为保障，深化知识产权宣传教育，深入推进实施《江西省知识产权战略纲要》，加快建设四大体系，加快培养全省知识产权特派员和知识产权专员两支队伍，为建设富裕和谐秀美江西提供有力的知识产权支撑。

二、总体目标

通过知识产权入园强企"十百千万"工程的实施，鼓励园区和企业建立知识产权管理工作体系，使全省创新氛围不断浓厚，创造活力进一步迸发，主导产业和战略性新兴产业知识产权优势明显，充分实现创新驱动发展。到2015年，着力培育10个核心竞争力强、知识产权制度健全、专利过千的园区（大型企业）；培育100

家专利过百的高新技术企业，形成知识产权意识强、管理规范、运用效果明显的优势企业群体；培育 1000 家专利过十件的规模以上企业，大力提升规模以上工业企业自主创新能力，提升企业知识产权创造、运用、保护和管理能力；培育 10000 家专利消零的中小微企业，切实增强广大中小微型企业的知识产权内生动力。要以知识产权特派员和知识产权专员两支队伍建设为主要抓手，深入园区和企业开展点对点服务，从知识产权服务机构和高校、科研院所遴选 100 名特派员，在"十百千万"工程企业中培养 1000 名专员，大力宣讲知识产权制度，培训专利申报、管理、维权保护等实用技能，营造良好的知识产权创新创业文化氛围，促进"专利翻番"目标的实现。

三、具体任务

2014 年、2015 年"十百千万"工程各地具体的目标任务如下：

1. 专利过千件的园区（大型企业）

要以国家级高新区、国家级经济技术开发区、省级重点园区为工作重点。

2014 年目标：南昌 5 个（家）、新余 1 个（家）、宜春 2 个（家）、鹰潭 1 个（家）。重点对象是：南昌高新区、小蓝经开区、南昌经开区、新余高新区、宜春经开区、萍乡经开区、樟树工业园、江铜集团、南昌欧菲光科技有限公司、洪都航空集团等。

2015 年目标：南昌 5 个（家）、新余 1 个（家）、宜春 3 个（家）、萍乡 1 个（家）、抚州 1 个、鹰潭 1 个（家）。相比 2014 年，新增重点对象是：景德镇陶瓷工业园、丰城工业园、江铃汽车股份有限公司、泰豪科技股份有限公司等，以及当前专利申请量已超过 400 件的其他园区（大型企业）。

2. 专利过百的高新技术企业

2014 年目标：各设区市高新技术企业专利申请量超百件的占比达到 15%（含 2013 年新认定的高新技术企业）；

2015 年目标：高新技术企业专利申请量超百件的占比达到 20%。

3. 专利过十件的规模以上工业企业

2014 年目标：全省总数超 700 家，其中：南昌市 120 家，景德镇市 30 家，萍乡市 50 家，九江市 80 家，新余市 30 家，鹰潭市 30 家，赣州市 100 家，吉安市 70 家，宜春市 80 家，抚州市 70 家，上饶市 70 家；

2015 年目标：全省总数超 1000 家，其中：南昌市 150 家，景德镇市 40 家，萍乡市 70 家，九江市 130 家，新余市 40 家，鹰潭市 30 家，赣州市 130 家，吉安市 100 家，宜春市 120 家，抚州市 160 家，上饶市 100 家。

4.10000 家专利消零的中小微企业

2014 年目标：全省超 6000 家，其中：南昌市 1000 家，景德镇市 400 家，萍乡市 500 家，九江市 600 家，新余市 400 家，鹰潭市 400 家，赣州市 700 家，吉安市 600 家，宜春市 600 家，抚州市 600 家，上饶市 600 家；

2015 年目标：全省超 10000 家，其中：南昌市 2000 家，景德镇市 800 家，萍乡市 1000 家，九江市 1200 家，新余市 800 家，鹰潭市 800 家，赣州市 1400 家，吉安市 1200 家，宜春市 1200 家，抚州市 1200 家，上饶市 1200 家。

四、主要措施

实施全省知识产权入园强企"十百千万"工程，事关全省经济社会发展全局和区域未来竞争力，既是全省科技和知识产权系统的工作目标，也是各市县区的重要任务。要以培育 10 个专利过千的园区（大型企业）、100 家专利过百的高新技术企业、1000 家专利过十件的规模以上企业、10000 家专利消零的中小微企业为契机，切实增强企业熟练掌握和运用知识产权国际国内竞争规则的意识和能力，提升全省园区和企业的核心竞争力。

1. 加强组织领导

省知识产权工作领导小组办公室负责统筹、部署、指导、协调知识产权入园强企"十百千万"工程实施的各项工作。成立"十百千万"工程推进协调小组，由省知识产权局局长担任组长，分管局长任副组长，省知识产权局各处室、各设区市知识产权局为成员单位。推进协调小组办公室设在省知识产权局专利管理处，负责日常工作。

2. 建立督查调度机制

在协调小组领导下，根据"十百千万"工程的目标要求，每季度对目标完成情况进行一次调度，适时组织设区市和园区、企业等有关单位召开专项调度会或现场办公会，及时交流、深入分析实施进展，协调解决实施过程中遇到的困难和问题。建立工作推进信息报送和调度系统。

3. 实行目标管理机制

省知识产权局与各设区市知识产权局签订目标任务责任书。各地要根据"十百千万"工程总体部署，提出年度组织实施的具体项目，领导小组对各地各部门项目完成情况进行定期通报和考核，考核目标纳入各设区市年度考核评先指标体系。

4. 建立知识产权特派员制度

在全省高校、科研院所和知识产权服务机构选聘 100 名知识产权特派员，根据各设区市、园区的需求，适时组织园区、企业与特派员对接活动。加强知识产权特派员的工作调度和管理，签订目标责任书。组织特派员培训并深入园区和企业开展点对点服务，重点是指导和帮助企业建立健全知识产权制度，挖掘专利，提供知识产权维权和信息服务。

5. 加强知识产权专员管理

以培养 1000 名骨干知识产权专员为重点，建立全省企业知识产权专员队伍，开展知识产权知识的宣传和普及。以骨干知识产权专员为突击手，推进企业组织实施知识产权相关工作，建立和完善企业知识产权制度。以提高知识产权专员能力为突破口，促进企业知识产权意识提升和能力建设。

6. 加强调查统计与发布

协调小组办公室要尽快建立全省企业专利申请和授权信息的按月动态发布制度；要尽快完善园区和企业知识产权状况调查系统；各设区市要努力将专利信息纳入园区统计体系，及时掌握园区专利动态。

7. 落实奖惩机制

省设立"十百千万"工程目标完成奖。对完成目标任务的设区市知识产权局和园区给予 5 万～10 万元的相关奖励，园区授予"省级知识产权示范园区"；对专利申请突出的企业，在省专利产业化项目中予以重点支持并授予"省级知识产权重点保护企业"；根据知识产权特派员的目标任务完成情况，给予一定的目标完成奖励，成绩突出的企业在其申报的专利研发引导及软科学项目立项上予以倾斜支持。开展优秀知识产权特派员和专员评比表彰工作。

对没有完成目标任务的有关单位进行通报，取消年度评先评优资格。

8. 强化工作经费保障

各级政府及相关部门要确保知识产权入园强企"十百千万"工程实施的工作经费投入，加强专利申请授权费用资助和产业化项目的导向引领作用。省知识产权局设立"十百千万"工程实施专项工作经费，根据各设区市目标任务数，给予各设区市知识产权局一定的工程实施经费，签订任务合同书后，先期安排部分工作启动经费。

五、有关要求

1. 高度重视，形成共识

实施知识产权入园强企"十百千万"工程，是提升园区和企业核心竞争力，促进发展升级和创新升级，加快转变经济发展方式、增强区域发展后劲的必然要求；是落实省委、省政府"专利翻番"目标要求的重要举措和有效途径。各地要切实提高认识，统一思想，围绕工程的实施，调整发展思路和部署，采取有力措施，确保抓出成效。

2. 紧密配合，形成合力

各地要进一步加强沟通、协调、配合，切实形成上下联动、部门协同、产学研协作的工作合力。作为工程实施的责任主体，各级知识产权（科技）管理部门务必高度重视，加强领导，充实力量，认真谋划，落实举措。在充分利用省有关推进措施，加大工程推进、加强服务对接的同时，积极发挥主观能动性，争创本地先进经验。

3. 把握重点，形成特色

各地要以实施知识产权入园强企"十百千万"工程为抓手，按照工程实施的总体部署和各自的目标任务，充分发挥职能作用和资源优势，紧密结合实际，选准工作方向和重点对象，创新形式、形成特色，突出重点、打造亮点。要制定切实可行的实施办法，将具体目标任务分解落实到县域、园区、企业和有关单位。

4. 加强督查，形成实效

在推进知识产权入园强企"十百千万"工程中，各地要加强对本地实施情况的督促检查和进展调度，着力解决实施中的困难和问题，注重交流工作经验，加快推进各项目标任务的完成，并及时向领导小组办公室反馈进展情况和实施成效。

第三篇　调研报告篇

部分省市知识产权工作调研报告

熊绍员*　　葛松如*　　胡智政*　　储怡士**

摘　要：本文针对江西省知识产权现状和发展形势，赴安徽、江苏、浙江、上海部分市县（合肥、南京、宁波等地）就知识产权情况进行调研，总结了各地知识产权创造、管理、运用、保护及服务的经验措施，并结合江西省情况，提出了政策举措，以知识产权跨越发展支撑江西发展升级、中部崛起。

2013 年 9 月 23 日至 29 日，对安徽省、江苏省（含无锡市、苏州市）、上海市、浙江省宁波市等省市及相关园区和企业的知识产权工作进行了考察调研。考察期间，考察组通过富有针对性的走访、召开座谈会、实地考察等形式，对所考察地区各省市知识产权工作的思路、做法、特点、经验有了比较全面的认识和感受。受益匪浅，经验宝贵，启发颇多，触动很大。

一、基本情况

所考察地区各省市知识产权事业与经济建设同步发展，均走在全国前列。其主要表现为各级领导高度重视，战略定位高，经费投入大，工作基础好，机构队伍健全，服务体系完善，企业创新活跃，人才培养通畅，实现了知识产权创造、运用、保护和管理各项工作稳步推进、协调发展的良性格局。主要表现如下：

（一）率先打造经济发展升级版，知识产权支撑作用大

所考察地区尤其是以上海为中心的长江三角洲地区，落实中央"两个率先"的战略定位，提前部署动作快，顶层设计定位高，正在走出一条知识产权战略引领科学发展、专利技术支撑发展升级的率先现代化之路。上海市委、市政府于 2013 年初提出创建"亚太地区知识产权中心"，已与世界知识产权组织、国家知识产权局签订框架协议；江苏省于 2013 年在全国率先打造"知识产权强省"，专利拥有量占

＊　作者单位：江西省知识产权局。

＊＊　作者单位：江西省专利事务所。

全国近 1/4，省委、省政府领导每年到国家知识产权局走访会商；安徽省着力创建"合芜蚌国家自主创新示范区"，2012 年全省专利申请和授权增幅分别达 54.2% 和 32.6%，强力支撑了该省科技创新综合水平，当年由全国第 15 位提升为第 7 位。

（二）专利申请和授权量增长迅速，区域自主创新能力强

所考察地区各省市都十分注重以专利改造提升传统产业，培育战略性新兴产业，知识产权创造能力不断增强，专利申请量和授权量增长迅速。安徽省专利申请情况为：2012 年申请专利 74888 件，同比增长 54.2%（其中申请发明专利 19391 件，实用新型 36641 件，外观设计 18856 件），居全国第 7 位。授权专利 43321 件，同比增长 32.6%（其中发明专利 3066 件，实用新型 27191 件，外观设计 13064 件），居全国第 7 位。江苏省专利申请情况为：2012 年全省专利申请量和授权量分别达到 47.27 万件和 6.99 万件（发明专利申请量和授权量分别达到 11 万件和 1.6 万件），分别占全国总的 24.72% 和 23.21%。其中实地考察苏州市专利申请量和授权数量分别为 139965 件和 98276 件（其中发明专利申请量和授权量分别为 31984 件和 4309 件），分别比上年增长 37% 和 27.2%，连续 10 年增长 30% 以上，位居全国大中城市首位；无锡市专利申请量也呈现由 2010 年的 3 万件、2011 年的 5 万件到 2012 年的 8 万件快速增长趋势。上海市专利申请情况为：2012 年全年专利申请量为 82682 件，其中发明专利申请量为 37139 件，同比增长 15.5%；专利授权量为 51508 件，其中发明专利授权量为 11379 件，增长 24.2%。浙江省宁波市专利申请情况为：2012 年专利申请量为 73647 件（发明专利 7387 件），同比增长 54.8%，授权量为 59175 件（发明专利 2065 件），同比增长 58.5%，专利申请量和授权量居全国副省级城市前列。仅宁波市鄞州区 2012 年专利申请量和授权量分别为 22095 件（发明专利 2461 件）和 18955 件（发明专利 472 件），同比分别增长 33.7% 和 49.3%，专利申请量和授权量连续 3 年在全省县级单位中排名第一，并是全国首个受省政府通报表彰的专利大区。这些数字充分说明所考察地区各省市自主创新能力大幅度提升，专利申请已进入高速增长阶段。

（三）健全了管理和服务体系，知识产权管理服务水平高

所考察地区各省市高度重视知识产权管理体系建设、人才队伍建设、专利代理机构建设，使知识产权工作体系不断完善，知识产权专业人才培养逐步规范化、制度化、经常化、专业化。

安徽省知识产权局隶属于安徽省科技厅，副厅级建制，全省 16 个设区市均成立了知识产权局（其中 6 个正县级，9 个副县级，1 个科级），105 个县（市、区）中有 67 个县（市、区）成立了知识产权局，大部分与科技局两块牌子一套人马。全省共有专利代理机构 20 家，专利代理人 273 人。江苏省知识产权局为相对独立

的副厅级行政建制，机关共有行政编制 62 名，事业单位有工作人员 87 名。全省 13 个省辖市全部设立知识产权局（苏州市成立了主管全市专利、版权工作并为政府组成部门的一级局），103 个县（市、区）全部挂牌成立知识产权局。此外，还成立了南京理工大学知识产权学院、国家知识产权人才培训基地（南京工业大学、江苏大学）和 9 个省级知识产权人才培养基地等。上海市知识产权局为正厅级行政单位，机关在职在编 48 人，13 个区县均成立了知识产权局。全市有代理机构 85 个，代理人达 850 余人，培养专利管理工程师 600 余人，上海大学、复旦大学、上海交通大学、华东理工大学等高校建立了知识产权学院，先后成立上海市知识产权发展研究中心、上海知识产权仲裁院等专业机构。拟协调设立世界知识产权组织分部（亚太知识产权中心）。宁波市知识产权局为正处级建制。全市注册的专利代理机构达 9 家，还有 10 余家专利代理分支机构。[1][2]

（四）加强了知识产权保护，创新发展环境好

知识产权保护工作从单一的行政执法转向执法与服务并重，单部门独立执法转向多部门联合执法并重，属地管理转向与区域间协作并重，这是所考察地区各省市知识产权保护的一个显著特点。各省市都为地市配备了统一标识的执法车以及移动执法设备等，无锡市还注重执法人员的培训和实践工作，组织部分人员到复审委挂职学习，这样大大改善了执法条件，提高了依法行政水平和执法能力。2012 年安徽省知识产权系统共受理专利案件 162 件，办案量比上一年度年增长两倍，结案率高达 80%。中国（安徽）知识产权维权援助中心帮助该省重点企业成功维权，为企业挽回经济损失近 10 亿元。上海市浦东新区还成立了由律师、行业专家及政府官员组成的知识产权调解委员会，2012 年完成了 100 多件案件，大大提高了知识产权案件的结案率。

（五）知识产权优势企业培育工程长足进展，企业创新主体作用优

所考察地区各省市以提升自主创新能力和核心竞争力为重点，加速知识产权优势企业培育，逐步形成具有地方特色和产业特点的自主知识产权企业群。安徽省下发了《合芜蚌自主创新综合试验区知识产权托管试点工作指导意见》，合肥、芜湖、蚌埠专利申请量和授权量占全省的 50% 以上。目前，安徽省有全国企事业知识产权试点单位 46 家，示范单位 2 家，全国专利工作交流站 3 家，省知识产权优势企业 60 多家。江苏省高新技术企业超过 6000 家，共有 600 多家企业参与年度知识产权管理标准化示范创建，90 多家企业被评为示范创建先进单位。上海市漕河泾开发区为国务院批准的国家级高新技术产业开发区、经济技术开发区和国家级出口加工区，2011 年被认定为首批上海市知识产权试点园区之一，园区有 270 多家高新技术企业；2013 年荣获国家知识产权服务业集聚发展试验区的称号。这些省市在知识产

权优势企业培育方面起步早、动作大、见效快，在专利总量和质量上都具有很大的优势。

二、主要经验

所考察地区各省市始终把知识产权战略摆在经济社会发展战略高度，作为转型升级、提升自主创新能力和核心竞争力的关键环节，形成了各级领导高度重视、投入力度不断加大、省直相关部门配合、省市县上下联动、企事业单位扎实工作、社会公众关注和支持知识产权工作的良好社会氛围。

1. 领导重视列入考评是关键

所考察地区各省市切实把知识产权工作作为地方经济腾飞之翼、创新型省份建设之魂，不论是地方党委、政府，还是园区企业，都高度重视知识产权工作，并均将年度专利申请和授权总量逐级纳入对市、县（区）、乡镇及街道领导的考核指标体系。2011 年开始，安徽省政府对市县目标考核总分 100 分，其中科技指标占 8 分，专利申请、授权量各占 2 分。江苏省政府对市县目标考核总分 100 分，其中知识产权的指标也占 2 分（其中万人发明专利拥有量占 1 分，自主发明专利量占 1 分）。苏州市每月统计局统计的指标中，都含有专利指标。该指标还纳入创新型城市建设、转型升级、科学发展的考核指标中。上海市成立由省人大代表、政协委员、企业代表组成的评估组对知识产权战略实施年度推进计划进行考核。宁波市市长及时掌握各地专利授权动态，并就专利任务完成情况与区长约谈。这些强有力的措施，极大地调动了各市县开展知识产权工作的积极性。

2. 经费投入加大资助是保障

所考察地区各省市坚持把加大知识产权投入作为推动知识产权事业发展的重要保障，设立了专利发展专项资金，逐步建立健全多元化的资金保障体系，用于专利申请、实施的资助和专利奖励。安徽省逐年增加知识产权工作经费，2012 年省本级仅专利资助专项资金增加到 3000 多万元，省、市财政对授权发明专利资助资金达1.6 亿元。江苏省专利发展专项资金达到 1.56 亿元，年均增长 36.9%，各市县财政投入 4.5 亿元，年均增长 57.9%。省局对授权发明专利奖励资金达 6200 多万元。2012 年仅无锡市本级专利发展专项资金达到 4000 多万元，其中 3000 多万元用于专利资助，对超过 1000 件的专利大户企业奖励 50 万元，对 200 件和 500 件以上的企业给予不同级别的奖励补助。2008 年开始，市政府还设立了专利奖，对金奖给予10 万元奖励，优秀奖给予 3 万元奖励。

3. 出台政策强化抓手是基础

所考察地区各省市从建立政策法规体系入手，保证专利工作的有效开展。安徽省相继出台了《安徽省专利保护和促进条例》《安徽省专利发展专项资金管理办法（试行）》《安徽省专利行政执法办案细则》等一系列政策法规，建立了一整套较为完善的内部工作规程。江苏省政府办公厅每年下发知识产权战略年度推进计划，科技系统协同推进知识产权工作，在所有计划项目申报和验收中要有知识产权指标。江苏省知识产权局还制订了企业知识产权贯标计划、专利技术实施计划、知识产权服务能力提升计划等 9 大项目计划。这些政策措施有力地促进了所考察地区知识产权事业快速发展。

4. 搭建平台发展服务业是途径

所考察地区各省市知识产权系统注重为企业搭建知识产权信息服务平台，引进代理机构，帮助企业了解本行业专利布局情况，借鉴或规避他人的专利技术，把握企业技术创新发展方向。无锡市知识产权局实施园区推进计划，鼓励代理机构进园区，并对进园区的代理机构提供免租金等优惠政策。宁波市鄞州区 2007～2013 年引进了 7 家代理服务机构，对引进的知识产权代理机构提供办公场所、3 年免租等优惠政策，区委、区政府也高度重视服务平台建设，为宁波华智知识产权代理有限公司等代理机构颁发"科技创新重点平台"牌匾。考察中还了解到江苏省及宁波市鄞州区委托局下属单位信息服务中心及代理机构帮助企业建专利数据服务平台，以便企业及时了解同行业知识产权情况，规避风险，抢占竞争市场的先机。宁波市知识产权服务平台为 750 家企业定制了 1130 个中外企业专利特色库。南京通用电器有限公司成立了知识产权领导小组，内设知识产权部，专门负责企业专利申请、联络、检索等工作；贯彻落实了《企业知识产权管理规范》国家标准，建立了企业的个性化专利信息平台，加强了包括专利信息数据库、软件商标信息登记和知识产权信息平台的应用。该公司 2012 年销售额 1.1 亿元，拥有 100 余项自主知识产权，在同行业内处于领先地位。

5. 宣传培训是前提

安徽省知识产权局组建了知识产权专家讲师团，编辑了《安徽省知识产权讲师团专家论文汇编》，开展了知识产权进机关、进企业、进党校、进高校、进社区的"五进"活动，扩大了宣传工作的辐射面，进一步增强全社会的知识产权意识；还针对性地对企业负责人、专利联络员、执法人员进行培训。上海市卫生系统成立了知识产权宣讲团，推动医疗卫生机构开展知识产权工作。苏州市知识产权局与苏州大学合建培训基地，在高新区知识产权研究院加大知识产权人才培养。为了提高执法人员的素质和能力，每个月派一个人到苏州市相关法院挂职培训。宁波市鄞州区依托专利服务中心和知识产权发展中心从高校中挑选 10 多名相对固定的专家，他们结合知识产权有着自己相对固定的研究课题，按企业要求进园区、企业、乡镇有针对性地免费开展培训，每年开展培训达 100 多次。这些宣传培训既普及了知识产权知识，又为企事业单位培养了知识产权实务人才。

6. 企业创新是重点

立足企业，长入经济，才能切实找准知识产权工作的出发点和立足点。安徽省知识产权局从全省 2000 多家企业中挑选出 2033 人组建成首批企业专利联络员队伍，颁发证书，年度评优，促进企业专利工作逐步走上网络化、组织化、专业化轨道；省局还开展千家工业企业发明专利"消零"计划，每月定期公布各地企业"消零"进度，对专利量过千的企业给予嘉奖。上海市知识产权局相关负责人认为要搞好企业知识产权工作，就要对企业的情况烂熟于胸；市知识产权局与市经信委联合发文，2013 年将评选认定 150 家市级知识产权优势企业，并安排 5000 万元专项资金。苏州市开展知识产权密集型企业培育、企业知识产权战略推进和实施等计划，制定了《苏州市知识产权密集型企业培育计划管理办法》，苏州市企业专利申请量占全市总量的 94.8%，专利申请量超百件的达 348 家，申请量超过 500 件的达 25 家。宁波市开展知识产权托管服务工作，既为企业与知识产权中介机构提供了面对面交流的机会，搭建了企业与知识产权服务机构开展紧密合作的平台，又提高了企业知识产权保护的能力，进一步增强了企业的知识产权战略意识。

三、主要差距

相较于所考察地区各省市知识产权工作，江西省在很多方面都存在明显的差距。

1. 知识产权专项经费投入不足

江西省专利专项资金远远低于所考察地区，2012 年仅 1200 万元，省本级 2013 年才增加到 1700 万元，仅为安徽省的一半左右，江苏省、上海市的 1/10。设区市专利专项资金就更低了，个别设区市甚至连一分钱都没有。

2. 知识产权管理体系不完善

全省 11 个设区市知识产权局，只有 4 个为副处级，其余均为科级，人员一般不超过 5 人，个别市局只有 1 名工作人员。2012 年底 100 个县（市、区）仅有 15 个县设立了知识产权局或挂牌（股），2013 年才增加到 56 个。

3. 知识产权执法能力较弱

省局和大部分市局都没有单列的专利执法专项经费，甚至没有执法专项经费，无法满足执法工作的需要。执法机构建设也滞后，全省 11 个设区市知识产权局中，只有南昌、九江、新余、鹰潭 4 个市局成立了专门的执法部门，其他市局都没有专门执法部门。全省真正在专利行政执法岗位上工作的也不足 20 人。

4. 知识产权创造能力不强

以企业为主体的职务申请仅占全省总量的 40%，所考察地区均超过了 70%。2012 年江西省专利申请量首次突破 10000 件大关，达到 12458 件，授权 7971 件。专利申请量和授权量仅为安徽省的 1/5，不足江苏、浙江等省的一个县区。

5. 知识产权服务机构缺乏

从机构数量上看，江西省 2013 年只有 10 家专利代理机构，处于中部六省第 5 位，略高于山西。实际从业人员只有 30 人左右，已无法满足事业发展需求。

四、几点建议

当今，知识产权已成为衡量国家和地区经济、科技、文化实力和核心竞争力的关键要素和重要的战略性资源，在江西省发展奋力迈出"发展升级，小康提速，绿色崛起，实干兴赣"的新步伐和发展战略性新兴产业中，知识产权工作具有不可替代的支撑和服务作用。为此，江西省应学习借鉴所考察地区各省市的经验，解放思想，创新思维，进一步加强对知识产权工作重要性的认识，增强责任感、紧迫感和使命感。现结合工作实际，提出以下建议。

1. 切实加强知识产权战略导向，加大考核权重

特别要加强各级领导对知识产权的重视，各级党政领导、经济和科技管理部门领导、企事业单位领导应当更加重视知识产权；各级政府应当将专利申请量和授权量、每万人发明专利拥有量等指标纳入政府工作报告和对下一级政府，特别是对县（区）政府的考核指标体系，签订目标责任状；各级经济管理部门应当特别重视重大经济活动中的知识产权分析、监督和管理；各级科技管理部门应当切实将专利纳入科技项目管理的全过程，从立项到合同签订再到项目验收全过程对专利产出的数量和质量进行引导、约定、监督和管理，促进科技成果知识产权化；省知识产权局要紧贴全省经济社会发展战略，将知识产权融入中心工作；每年举办一期"总裁培训班"，促进企业决策层更加重视知识产权在提升企业竞争力中的核心作用，企业应当将知识产权规划纳入企事业单位总体发展战略，将专利指标纳入研发人员的年度考核。

2. 切实加强机构队伍建设，完善省市县三级知识产权工作体系

针对江西省县域知识产权局工作机构比较薄弱的情况，要继续大力实施知识产权富民强县专项。自该专项实施以来，江西省县域知识产权机构由 2012 年底的 15 个县（区）增加到 56 个县（区）。但是，由于起步晚、底子薄，大部分机构都是刚刚成立，在管理上处于空白，已经成为制约江西省知识产权事业加速发展的瓶颈，对发展区域经济、县域经济也非常不利。尤其是全省 11 个设区市知识产权局中，除了配置低外，管理人员大多由是市科技局人员兼职，经费、人员、工作条件都难以保障，有的甚至没有知识产权专项经费，工作积极性很难调动。因此，要采取超常规措施，着力加强江西省知识产权工作机构建设，设区市知识产权局不能少于3名专职工作人员，县级不能少于1名专职工作人员，切实完善省市县三级知识产权工作体系，为发展知识产权事业提供组织和人员资源保障。

3. 切实加强园区和企业知识产权能力建设，提升园区和企业核心竞争力

要以园区为主战场，以企业为主阵地，以高新技术企业为主山头，启动实施好"十百千万"工程，培育10个专利过千的园区、培育100家专利过百的创新型企业、培育1000家专利过十的规模以上工业企业、开展万家企业专利消零计划。各设区市知识产权局应高度重视掌握企业专利情况的动态，着手开展规模以上工业企业专利状况专项调查。加强对知识产权试点示范园区、试点示范企业的培育，加强对企业贯彻《企业知识产权管理规范》国家标准的引导、帮助和扶持。建立全省企业知识产权专员培养和管理体系。

4. 切实增加财政投入，为知识产权事业跨越发展提供必要的资金保障

所考察地区各省市近年来知识产权工作之所以取得跨跃式发展，其重要原因之一是专利发展资金大幅度增加，对专利申请、授权的资助力度和奖励力度增大，极大地调动了全社会开展自主创新和知识产权工作的积极性。江西省应进一步增加专利资金的投入，为实现专利申请量一年翻番的目标提供资金保障。各级知识产权局也要紧扣区域发展战略，切实把知识产权融入经济发展中心，凸显知识产权影响、争取知识产权更多投入。

5. 切实加强知识产权人才培养和宣传培训，营造良好文化氛围

建立知识产权人才培养培训制度，分层次、分领域培养知识产权专门人才。可参照所考察地区各省市的做法，在全省高校开设知识产权法律课程，将知识产权教育纳入高校素质教育体系，鼓励高校设立知识产权学科，在理工科专业学生中开展知识产权双学位教育。支持有条件的高校创办知识产权学院，开设知识产权本科专业，设立知识产权硕士、博士学位授予点，使知识产权人才培养工作常态化、系统化。加大知识产权宣传力度，丰富宣传方式，充分发挥各类知识产权服务中介机构的宣传发动作用，成立"知识产权讲师团"，深入企业、学校等基层一线广泛宣传，增强宣传效果。要注重宣传导向，重点宣传知识产权正面典型案例和成功经验。建立专利统计发布制度。

6. 切实加强知识产权政策理论研究，引领指导全省顶层设计

参照所考察地区各省的普遍做法，设立知识产权软科学研究计划，重点围绕全省经济社会发展的重大问题、知识产权战略实施和知识产权中心工作开展研究，为

决策提供依据。

7. 切实加强维权援助中心建设，为企业、公众提供权威、高效的知识产权维权援助服务

不断加强知识产权援助中心建设，提升专利信息服务水平，建设知识产权公务信息服务平台，整合知识产权信息资源，支持行业组织和企业建设专业专题数据库；提升专利信息资源在知识产权宣传、培训、执法、服务中的重要支撑作用。

8. 切实加强专利分析和知识产权评议工作，为党委、政府科学决策提供重要依据

为有效防止江西省在重大经济活动和经济决策中出现知识产权侵权等问题，将围绕战略性新兴产业重大经济、科技活动在项目可行性研究报告中增加知识产权风险评估章节或提供知识产权风险评估报告，并在项目可行性论证时邀请有关专家进行论证，逐步建立知识产权评议制度，完善"知识产权预警"机制，形成政府统一领导、部门相互配合、行业协会协同、社会公众参与的知识产权工作格局。

9. 切实加强知识产权行政执法条件建设，优化知识产权保护环境

加大知识产权投入，设立知识产权执法专项资金，加强执法条件建设，为全省各地市配备执法车以及移动执法设备等；注重知识产权行政执法队伍的培养，定期选派执法人员到法院、国家知识产权局专利复审委员会等单位挂职实践学习，提高执法能力；建立与司法相协调的专利纠纷调解机制，会同有关部门每年发布知识产权发展与保护状况白皮书。

10. 切实加强中介服务平台建设，大力发展知识产权服务业

鼓励和支持兴办专利申请代理、商标代理、版权登记、司法鉴定、知识产权战略研究、知识产权信息咨询、知识产权质押融资等各类中介机构，培养知识产权经纪人群体；积极引进国内外知名专利代理机构在江西省各地设立分支机构，支持现有专利代理机构发展壮大；大力支持知识产权代理机构进园区、进企业；充分发挥各类知识产权中介服务组织的桥梁和纽带作用，发挥中介服务组织在知识产权宣传培训、交流合作、企业服务等方面的积极作用。

参考文献

［1］杨忠耿，彭顺昌. 宁波、上海知识产权公共服务平台建设调研报告［J］. 厦门科技，2009（03）.

［2］王立彤. 浙江省基层实施知识产权战略调研报告：以宁波杭州湾新区和温州市鹿城区为例［J］. 浙江工贸职业技术学院学报，2013（13）.

湖北、湖南两省知识产权工作调研报告

熊绍员* 李 岭* 王 军* 王海宇* 张海涛* 周建军*

摘 要：考察组对江西省知识产权现状和发展态势，赴湖北、湖南两省就知识产权工作开展情况进行调研，学习、借鉴两地知识产权创造、管理、运用、保护及服务的经验和举措，并结合江西省实际，提出政策措施，以知识产权跨越发展支撑江西科技创新升级和产业升级。

为深入贯彻落实中共江西省委十三届七次全会会议精神，实施创新发展战略，加快科技创新升级，学习借鉴外省先进经验和做法，江西省知识产权局局长熊绍员带领部分局领导班子成员、部分处室及设区市知识产权局负责人等一行 15 人于 2013 年 10 月 22 日至 26 日，赴湖北、湖南两省，对武汉大学、湖北省知识产权局、三环集团公司、岳阳市知识产权局、中联重科股份有限公司（以下简称"中联重科"）、湖南省知识产权局、湘潭市知识产权局等机关、园区、企业、大学的知识产权工作进行考察调研。考察组通过走访交流、召开座谈会、实地考察等形式，对湖南、湖北两省知识产权工作的思路、做法、特点、经验进行深入的了解和学习，达到了扩眼界、长见识、拓思路、学知识、强管理、促工作的效果。

一、湖北、湖南两省知识产权工作基本情况

（一）专利申请量和授权量

湖北省在促进专利数量增长、提高专利申请质量上，通过建立专利申请预期目标管理，签订目标责任书，保证专利的申请量和质量。2010~2012 年，专利申请量先后突破了 3 万件、4 万件、5 万件大关。2013 年前 8 个月，专利申请量为 29429 件，同比增长 16.48%，其中发明 9368 件，同比增长 29.95%；专利授权量 21013 件，同比增长 39.89%。截至 2013 年 8 月有效发明专利拥有量位居中部六省第一，达 14310 件，每万人拥有发明专利 2.485 件。

---

* 作者单位：江西省知识产权局。

湖南省根据形势发展变化，及时调整专利激励政策，将资助重点放在授权发明专利和 PCT 国外公开与授权阶段，进一步强化专利质量导向。2013 年 1～9 月，专利申请量 27414 件，同比增长 12.27%；专利授权量 18736 件，同比增长 19.22%，其中发明专利授权量 2791 件，同比增长 11.42%；2013 年 9 月，每万人发明专利拥有量由 2012 年底的 1.72 件上升到 2.07 件。

（二）知识产权管理体系情况

湖北省知识产权局为副厅级行政机构，设局党组，有办公室、协调管理处（政策法规处）、规划发展与外事处、专利代办处共三处一室，行政编制 29 名（含 2 名军转编制），工勤编制 3 名，实有干部职工 32 人，代办处、办公室聘用人员 10 名。另外，湖北省知识产权局还有一家直属事业单位——湖北省专利发展服务中心，同时加挂中国（湖北）知识产权维权援助中心、国家知识产权局湖北专利信息服务中心两个牌子，有全额拨款编制 15 名，自收自支编制 10 名，现实有工作人员 14 名。在工作经费上，直接对口省财政厅，省财政设立全省专利发展与引导专项资金，年工作经费约为 1800 万。全省 17 个市州中，武汉市知识产权局为市政府工作部门，年工作经费 7000 余万元，其他 16 个市州有 8 个为科技局管理的二级事业单位，另外 8 个与科技局以"一套班子、挂两块牌子"方式实行管理。全省 102 个县市区全部成立了知识产权局，均与当地科技局合署办公。全省共有专利代理机构 22 家，分支机构 7 家，执业专利代理人约 160 人。

湖南省知识产权局于 2007 年由副厅级升格为正厅级，为省政府直属参公管理机构。2000 年湖南省成立了由 23 个部门和单位组成的省知识产权协调领导小组，办公室设在省知识产权局。2012 年 2 月，省政府将省打击侵犯知识产权和制售假冒伪劣商品工作领导小组办公室设在省知识产权局。按"三定方案"，核定该局参公管理的全额拨款事业编制 50 名，内设职能处室有办公室、综合管理处、专利执法处（专利行政执法队）、专利产业化处、代办处、人事处，按需要设置了机关党委、监察室和双打办（协调办）。下属事业单位 2 个：一是省知识产权维权援助中心（副处级），核定全额拨款事业编制 5 名；二是省知识产权信息服务中心（副处级），核定自收自支编制 6 名。省局年知识产权专项经费 4500 万元。14 个市、州都设立了知识产权局，其中有 4 个正处级，4 个高配正处级，其余均为相对独立的副处级单位。全省 122 个县有 100 个县成立知识产权工作机构，80 个县（市）挂了知识产权局牌子。全省共有 31 家专利代理机构，有专利代理资格证的是 500 多人，有执业证的是 100 多人。

（三）知识产权保护情况

湖北省注重省、市、区三级专利行政执法力度，并专门与各市州就专利行政执法工作目标签订协议，重点对武汉市知识产权局就专利行政执法工作绩效进行考核评价。2012 年，全省知识产权系统立案 324 件，同比大幅增长 215%。截至 2013 年 10 月底，专利行政执法办案量达到 467 件。充分发挥专利维权援助举报投诉中心的作用，全省共设立湖北、武汉、宜昌、襄阳 4 个知识产权维权援助中心，开通"12330"维权援助服务热线。

湖南省知识产权局积极整合执法资源，不断创新执法模式，逐步形成全省联动、各方协同、行政与司法密切配合的专利保护机制。一是成立了省专利执法队，安排 200 万元经费，为 14 个市（州）知识产权局配备了专利行政执法车，解决了专利行政执法工作中交通不便的困难，有效地调动了市、州开展专利行政执法工作的积极性，规范了执法行为，提高了执法效率和水平；二是形成了省、市、县三级联动，相关职能部门密切配合，行政与司法并进的"双打"工作态势，并把"双打"办设在湖南省知识产权局内；三是加大执法人员培训，通过与法制办合作，为市县执法人员颁发执法证。2013 年受理专利侵权 1600 多件，其中专利纠纷 100 多件，查处假冒专利 1500 多件，基本上由县区办理。

（四）高校知识产权工作开展情况

武汉大学作为一所重点大学，非常重视学校知识产权管理工作，由科学技术发展研究院负责该校的知识产权申报、管理和产业化。每年安排专项资金用于专利申请的奖励，每项授权专利奖励 5000 元。截至 2013 年 10 月，当年授权发明专利 400 件，申请 600 件。专利产业化的转让费 70% 给发明人，每年专利产业化 10 项左右，约占总专利数量的 10%。

湖北省科教实力排在全国前列，高校作为自主创新能力的重要主体，为湖北省知识产权事业的发展作出了非常重要的贡献。通过出台具体措施和办法，加强对高校知识产权工作的指导和扶持，鼓励高校申请、保护知识产权；开展企校项目评审工作，鼓励高校抓住高新技术企业认定的契机，推动校企专利对接，实现专利成果落地转化；出台专利创业扶持政策或资金，鼓励高校、高技术人才及高职院校的应用型人才通过专利创业，落户本地；鼓励高校培养律师和代理人为一身的综合型知识产权人才，为知识产权工作服务。

湖南省知识产权局、湖南省教育厅联合出台了《关于加强高校专利工作的若干意见》（以下简称《意见》）。《意见》要求把高校专利工作与深入实施知识产权战略结合起来，作为推进该省"四化两型"建设的有效途径和增强大学竞争力的重要措施落实。湖南省知识产权局还依据《湖南省专利条例》启动对高校专利工作绩效考评，通过结合高校近年专利工作实际，经广泛调研、综合评价，科学确定了专利管理、专利数量与质量、专利运用、专利保护 4 个方面的一级指标，针对人才培养、当年专利申请量、当年发明专利申请比例、专利许可转让、专利实施转化、维权与信息利用等方面建立了 11 个二级指标，尤其对专利拥有量及专利技术实施转化等衡量高校核心竞争力及科技创新水平的指标提出了目标定量考核与工作定性考核的标准。另外，湖南省知识产权局还非常注重开展校局合作、校际联合和校内知识产权培训，例如在湘潭大学设立知识产权学院，培养知识产权方面的专业人才。

二、湖北、湖南两省知识产权主要成效

（一）湖北省突出工作重点，先行先试，知识产权工作亮点频出

一是在全国率先开展知识产权评议工作。出台了《湖北省关于开展重大经济科技活动知识产权评议工作指导意见》，成立了全国首家省级知识产权评议与研究中心，为省内重大经济科技活动提供咨询和参考。

二是探索专利运用服务新模式。省知识产权局会同武汉光谷联合产权交易所，联合建设湖北省专利投融资综合服务平台，整合全省知识产权托管、展示、交易、投融资、中介等各种服务资源，打造专业化、多功能、一站式综合服务平台。

三是提高专利电子申请率。省局通过牵线搭桥，让省内的专利代理机构和没有设立代理机构的市州进行合作，由专利代理机构负责电子申请的递交和转交服务，大大地提高了专利电子申请率。

四是争取国家知识产权局支持。国家知识产权局依托东湖高新区设立了湖北审查协作中心，人员编制 2000 人，将极大推动湖北创新发展。

（二）湖南省知识产权局以特色服务为抓手，加大企业知识产权工作推进力度，收到良好效果

一是优势企业培育成效显著。2007 年开展实施知识产权优势企业培育工程以来，累计投入 1 亿元的优势企业培育工程专项资金，分 4 批对 101 家企业围绕"制度建设、人才培养、信息利用、专利布局、维权援助"等多方面进行了重点培育和支持。例如中联重科就是优势企业培育工程的一个成功典范，专利申请由 2008 年的 160 件激增到 2013 年的 1600 件。优势企业培育工程也受到省委、省政府高度重视，连续 3 年被列为省政府重点工作。

二是建立服务企业的长效机制。湖南省知识产权局先后建立了企业知识产权服务小分队、知识产权特派员、知识产权讲师团，采用"集中宣传培训和上门服务相结合，政策信息咨询和转变企业意识相结合，现场指导和座谈交流相结合"的服务方式帮助企业解决在自主创新中遇到的知识产权问题。

三是专利代理人队伍培养取得突破。湖南省投入大量经费培训急需专业人才。

为加强专利代理人队伍建设，该省每年都与中国知识产权培训中心联合举办专利代理人考试考前培训班，在对考生不收任何费用的基础上，还给予经费资助，对专利事务所从业人员通过考试者奖励5000元，2门考试1门通过者奖励3000元，对全省知识产权系统工作人员通过考试者奖励3000元，通过1门考试者奖励1000元。在此政策激励下，报名考试人数大幅度增加，通过率大幅度提高。

四是执法工作扎实有效。湖南省知识产权局专门出台《关于加强专利行政执法工作的意见》，规范专利执法工作流程、信息报送、人才培养、维权援助等方面工作。充分利用省"双打办"设在省知识产权局的优势，建立省"双打办"主要成员单位联络员联席会议制度，整合资源，共同打击侵犯知识产权和制售假冒伪劣商品。

三、湖北、湖南两省知识产权工作给我们带来的启示

（一）立足企业，长入经济，才能切实找准知识产权工作的出发点和立足点

知识产权制度是市场经济的产物，是知识产权经济时代保护知识创新的重要的不可替代的法律制度。湖北、湖南两省的经验告诉我们，知识产权工作的出发点和立足点必须定位于企业、定位于园区、定位于为经济发展服务，必须主动进入经济建设主战场，为自主创新提供有力的支撑，才能有所作为。

（二）领导重视，部门配合，才能真正把知识产权工作落到实处

针对知识产权局系统建立不全、工作机构不健全、工作体系不完整、协调不够有力的现状，开展知识产权工作必须取得省委、省政府领导的高度重视和各相关部门的大力支持和密切配合，才能推进知识产权工作的快发展和大发展。湖北省注意加强与各相关部门合作，通过成立省知识产权工作领导小组，使很多工作得以顺利开展，有力推进，尝到了合作出生产力、合作出效率、合作出政绩的甜头。湖南省知识产权局已经深刻体会到，经常向省领导汇报工作，能开阔视野、拓宽思路，每汇报一次，工作就上一个台阶。

（三）未雨绸缪，超前谋划，才能更好地发挥知识产权工作应对严峻挑战的作用

随着世界范围的知识产权竞争的加剧，知识产权国内外诉讼高发期即将到来，社会各界对知识产权服务的需求将大幅度增加。作为知识产权主管部门只有提早做好提供处理知识产权国际纠纷、参与重大项目审议论证、进行知识产权预警、开展知识产权资产评估等知识含量高的各种知识产权公共服务的准备，加强平台、人才、技术、信息、研究等方面的建设，才能更好地在挑战到来时从容应对，体现知

识产权工作的价值。

（四）解放思想，大胆创新，才能不断提升知识产权工作的影响力

湖北省率先成立知识产权评议与研究中心的做法是很好的创新，是未来知识产权局职能拓展的一个新领域。湖南省的优势企业培育、企业知识产权专员、知识产权特派员、知识产权讲师团、服务企业的效果非常明显，值得学习和借鉴。

（五）重视人才，培养队伍，是持续推进知识产权工作上台阶的关键

湖北省通过运用远程教育平台，为全省各地政府、企业、科研单位、边远山区、众多高校 9 万多人次进行知识产权网上培训。湖南省知识产权局不仅在鼓励专利代理考试方面给予奖励，还支持湘潭大学建立了知识产权学院，在湖南大学建立了知识产权培训基地，在中南大学设立了知识产权专业。这些工作既较好地缓解了当前专利代理人缺乏的局面，又为知识产权后备人才的培养搭建了平台，更为大学生就业开辟了新渠道，非常值得学习和借鉴。

四、下一步工作打算

借鉴"两湖"先进经验，结合当前江西省知识产权工作面临的形势和现实状况，下一步全省知识产权工作要围绕"咬定一年翻番，加大两个专项，长抓四大体系，强攻十百千万"的目标任务，踏实有为，赶超进位。

（一）创新方法，千方百计激励知识产权（专利）创造

有效整合各级专利资助资源，调整优化专利资助政策，发挥最大政策效应，有效激励专利创造；实施全省专利申请预期目标管理，明确目标任务，层层分解到市、县、园区、企业，定期跟进通报完成情况；制定专利奖励政策，对目标任务完成情况进行总结评优，对专利创造大户进行物质、精神奖励，如奖励资金，提供政策倾斜，给予荣誉称号、授牌等；加大优势园区和优势企业培育，锚定一批创新能力强的研发型企业进行重点扶持，引导产生专利创造的自觉行为；挖掘高校、科研院所创新潜力，激励高校、科研院所专利创造；探索领导分片分区挂点帮扶制度，指导帮助发明主体或发明人提炼和形成有效专利申报，提高专利申报质量；加大宣传，营造氛围，激发全社会的创新意识。

（二）真抓实干，想方设法推动知识产权（专利）运用

继续推进企业贯彻《企业知识产权管理规范》国家标准工作，做好贯标工作的宣传、启动、指导及人员培训工作，提高企业知识产权运用能力；实施好江西省专利产业化示范专项，做好跟踪问效，通过项目带动，切实促进专利技术的转化实施和产业化运用；搭建专利展示交易平台，充分发挥现有知识产权展示交易中心和交

易周的推介作用，促进专利技术转化交易和产业化生产，实现专利与资本的有效融合；加强专利质押融资工作，推动专利成果向现实生产力转化，提高专利运用能力和产出效率；取得与发改委、工信委、中小企业局等部门的沟通合作，通过项目支持与政策扶持等途径，共同推动专利技术的产业化实施。

（三）全省联动，依法高压开展知识产权（专利）保护

创新执法模式，形成省市县三级联动的知识产权保护机制，以弥补执法人员相对匮乏、执法能力不足的现状；形成多方协同的保护格局，进一步加强与省双打领导小组成员及省新闻出版局、省工商局等知识产权保护相关部门间的协作交流，共同推进并积极开展知识产权保护专项行动；加强专利行政执法与刑事司法的衔接配合，加强与省高院、省公安厅等部门的沟通协作，保持高压态势，依法对侵犯知识产权的违法犯罪活动进行严厉打击；加强专利行政执法工作督导，形成督导机制，促进提高办案水平和办案效率；加强执法队伍建设，通过强化执法知识培训，提高执法人员业务素质，逐步建立一支专业化、职业化、规范化、信息化的专利行政执法队伍；改善执法条件，通过能力提升工程项目，支持地方改善执法装备和执法条件，推动县区执法；充分发挥维权援助中心的作用，继续加大知识产权保护宣传力度，提高企业、园区乃至全社会知识产权保护意识，努力维护正常的市场秩序和发明人合法权益。

（四）积极善为，有序高效提升知识产权（专利）服务

加强知识产权中介服务机构建设，大力扶持专利代理机构的发展，加快完成全省专利代理机构"清零"工作，促进专利代理机构的快速发展；建立适应江西省发展需要的重点领域、重点产业、重点企业专利数据库，开展专利布局、专利预警等分析，帮助实现江西省专利导航产业、引领发展的内涵式发展格局；加快培育知识产权专门人才，打造一支素质过硬、能力过硬、作风过硬的知识产权人才队伍：加快培养专利管理工程师，加大专利代理人培养力度，建立企业专利专员和专利特派员工作机制，加快专业互补、结构优化的知识产权专家库建设，提高知识产权自身管理人才素质，加快培养一批站着能"指挥"、坐下能"演奏"的管理人才队伍；采取灵活可行的办法切实提高电子申请率；加快信息中心建设，有效开展信息服务和统计分析工作，提升信息化服务水平；加强局官方网站建设，可通过完善或增设网上课堂、专利技术展示、网上举报投诉等模块，充分发挥网络在知识产权管理服务中的窗口作用。

我国陶瓷外观设计专利保护现状调研及对策研究

熊绍员*　　鄢春根**　　罗晓宁**　　杨志民***　　何红耀****　　何妍**

摘　要: 本研究报告比较全面地介绍了我国陶瓷外观设计专利的申请分布情况、专利保护情况、专利行政执法与司法保护情况以及陶瓷企业的设计创新与保护现状, 找出了存在的主要问题, 分析了基本成因; 在此基础上, 就如何加强我国陶瓷外观设计专利保护的宣传与培训、加强执法力度、建立陶瓷外观设计专项资金鼓励设计创新、构建陶瓷知识产权保护战略联盟、建立陶瓷知识产权鉴定中心以及建立全国跨区域的陶瓷外观设计快速维权机制等方面提出了一些意见与建议。

一、项目研究的背景、目的和意义

我国陶瓷行业是一个古老又现代的行业, 也是一项有全球影响的行业, 陶瓷产量、消费量和出口量已连续多年遥居世界第一。随着我国陶瓷产业规模的快速发展, 陶瓷行业的创新能力也得到迅速提升。但除高技术陶瓷领域外, 我国传统陶瓷行业的创新主要还在于产品设计的创新。因此, 外观设计专利的申请数量可作为我国陶瓷行业创新速度的风向标, 也是陶瓷文化产业发展的价值体现。

但是由于我国陶瓷行业知识产权运用、保护的能力较弱, 近些年来, 陶瓷行业由抄袭、仿冒等引发的无序竞争严重, 企业在国内侵权比较普遍, 在国外市场则相互恶意压价, 导致在欧洲、印度、韩国、泰国、巴西等国家和地区屡屡遭遇反倾销, 企业损失惨重。这种情况严重制约了我国陶瓷行业的持续健康发展, 并在一定程度上打击了一些龙头企业对外观设计进行专利保护的积极性。

面对如此严峻的国内外形势, 对我国陶瓷外观设计保护现状进行全面的调研, 查找与分析存在的问题, 研究相应的对策措施, 以增强陶瓷企业自主创新能力, 增

---

　　* 作者单位: 江西省知识产权局。
　 ** 作者单位: 中国陶瓷知识产权信息中心。
　*** 作者单位: 景德镇陶瓷大学。
**** 作者单位: 景德镇市科技局。

加产品的附加值，并加强外观设计专利保护，促进企业快速发展，是一个亟待探讨的现实问题。因此，我们 2012 年底向国家知识产权局申报了本项目，得到了国家知识产权局的批准并予以立项。

本项目研究的目的和意义在于：研究、规划和完善我国陶瓷行业外观设计专利的综合保护体系；为我国陶瓷企业建立完善的管理制度、制定和实施专利战略提供指导意见，为国家知识产权局，各产瓷区省市知识产权局，陶瓷行业协会、商会及其他组织制定和实施陶瓷外观设计专利的综合保护战略与政策措施提供参考依据，为司法机关和仲裁机构更好地依法审判或裁决提供对策性的建议参考；增强我国陶瓷行业外观设计专利的创新和保护能力，提高我国陶瓷产业的整体竞争力，促进我国陶瓷产业的持续繁荣和稳步发展。

二、项目研究的主要方法

本项目采取文献研究法、调查研究法、专利分析法、专家咨询和会议研讨法、综合分析与归纳论证法等多种方法开展研究。项目组广泛而有针对性地查阅了相关文献资料，派人对江西景德镇、高安和黎川，广东佛山、潮州，湖南醴陵，江苏宜兴等主要产瓷区开展了我国陶瓷行业外观设计专利保护现状的调研，获得了大量的第一手信息资料；通过专利分析，掌握了目前我国外观设计专利申请保护的基本现状；通过专家咨询和会议研讨的方法，征求专家和行业的意见，寻求可行的保护途径；最后运用综合分析与归纳论证法，提出了相应的对策建议。

三、我国陶瓷外观设计专利保护现状

（一）我国陶瓷外观设计专利信息分析

为了解我国陶瓷产品外观设计专利的保护现状，我们首先对陶瓷外观设计专利的申请与授权情况进行分析。以国家知识产权局中国专利数据库为数据源，应用知识产权出版社专利信息分析系统，对 2003 ~ 2012 年向我国国家知识产权局申请的陶瓷外观设计专利信息进行检索、统计与分析。分析结果总结如下：

随着世界各国对知识产权的日益重视和产品外观设计对产品销售价格提升的影响日益凸显，中国陶瓷产品外观设计专利申请量得到快速增长，仅 2003 ~ 2012 年我国国家知识产权局公告的陶瓷产品外观设计专利达 27606 件，总体来说是一个典型的上升趋势，尤其是 2008 年后，专利申请量快速上升，2012 年达到 5542 件，但专利失效率高达 59%。一方面说明陶瓷产品的花色造型变化快，产品更新换代迅速；另一方面也说明这些外观设计专利的质量有待提高，因为有相当一部分专利是被宣告无效的。

中国陶瓷外观设计专利主要集中在日用陶瓷与建筑陶瓷领域。从区域分布来看，国内申请占99%，主要集中在江苏、广东、湖南、浙江、上海、福建和山东等发达或较发达省市，具体为广东佛山（4875件）、江苏宜兴（3093件）、湖南醴陵（1916件）和广东潮州（961件）等产瓷区；国外专利申请主要来源于日本、美国、西班牙、德国和韩国等国家，主要集中在卫生陶瓷领域，西班牙和意大利等少数国家则以建筑陶瓷外观设计专利为主。尤其是日本对中国市场具有强烈的占有欲，申请专利达171项，应引起我们的重视。

我国陶瓷产品外观设计专利中个人申请最多，约占51%；其次为企业申请，约占47%。这反映出我国陶瓷企业设计创新和申请外观设计专利的意识还有待进一步提高，且民营陶瓷企业已经具有隐藏自身设计创新能力的竞争意识。

我国陶瓷产品外观设计专利申请比较集中，前20位申请人的专利申请量占总量的31.6%。企业与个人平分秋色，各有10位，其中前3名为星谊精密陶瓷科技（昆山）有限公司、霍镰泉（新中源公司董事长）和湖南华联瓷业股份有限公司。大量的陶瓷外观设计集中在少数创新能力强的设计师手中，前20位设计人参与设计的中国陶瓷外观设计专利占总量的36.9%，其中前9位参与的外观设计均达400件以上。

（二）陶瓷企业外观设计专利侵权与保护情况

目前，除大型知名陶瓷企业外，一些中小陶瓷企业和个体经营者还不够重视专利权的保护，造成我国陶瓷行业专利侵权现象依然比较普遍。许多中小陶瓷企业和个体经营者不愿把大量资金投入产品的外观设计之中，经常怀着侥幸心理，喜欢"跟风"，在陶瓷产品的研发设计中大多是以往陶瓷产品的简单复制与再现，一旦某种独特陶瓷产品出现，马上就有很多低质和劣质的仿制产品随之充斥陶瓷市场。

我国陶瓷企业内部大多没有设置独立的专利权管理与维权机构。除了少数大中型陶瓷企业设有专门法律顾问和知识产权管理机构，大部分企业都没有专门的知识产权管理机构，一般都是由公司某些高管分管，加上这些负责知识产权管理工作的人员缺乏专业的知识，因此，在实际操作中，很难发现市场有侵犯自己外观设计专利产品的企业。有的虽然发现了，但那些侵权企业已经大规模地生产，不断改进生产技术，生产出来的产品足以误导消费者，有的甚至在市场占有一定的份额，对陶瓷外观设计专利所有权企业已经形成了恶劣影响。

在专利维权方面，陶瓷企业大都没有独立部门负责维权工作，有些企业把维权工作交给某个部门分管，有些企业跟律师事务所、知识产权专业性机构合作维权，这样势必影响陶瓷外观设计专利权的维权力度与效果。

（三）专利行政执法情况

在专利行政执法方面，我国专利行政执法机构近几年来也加大了对包括陶瓷外观设计专利在内的专利执法力度。办案周期不断缩短，办案结构持续调整，办案水平进一步提升。

但在机构设置、人员配备和执法装备方面依然比较薄弱。经调查，全国主要陶瓷产区专利行政执法部门除潮州市知识产权局等少数外，大多经费不足、人员少，缺乏统一的执法服装、车辆与相关设备设施条件，普遍存在执法能力不强、执法效果不明显等问题，影响了陶瓷外观设计专利行政执法工作的开展。

此外，各陶瓷产区专利执法人员整体素质偏低，专业人员少。由于执法者自身素质低，在执法过程中有法不依，使一些陶瓷企业外观设计专利权利无法得到保障，因此产生了一些社会群体性事件。

（四）专利司法保护情况

在我国陶瓷专利的司法保护方面，近些年来，我国司法部门做了大量的工作，加大了司法审判的力度，也出现了一些新的特点，如案件数量大幅增长的势头得到缓解，受理案件总量趋向基本稳定，案件涉及领域越来越广，疑难案件比重增加等。由于陶瓷产品的特殊性，其花色品种变化快，时效短，而专利诉讼历时较长，因此陶瓷外观设计专利侵权情况虽较普遍，但诉讼案件少。其中，影响较大的案件主要有：2004～2008 年广州维纳斯陶瓷发展有限公司与罗马瓷砖有限公司侵犯瓷砖外观设计专利权纠纷案、2005 年广东省高级人民法院审理的江苏罗马瓷砖有限公司与广州维纳斯陶瓷发展有限公司之间的外观设计专利侵权纠纷案、❶ 2009 年景德镇法蓝瓷实业有限公司诉吴兰英侵犯外观设计专利权案、2011～2012 年朱少琦诉宜兴市九鼎精密陶瓷厂侵害陶瓷插头外观设计专利权纠纷案等。此外，还有以调解方式结案的和最终达成和解协议的案件。

（五）陶瓷外观设计专利维权成本高，处罚力度不够

对于专利行政执法维权，需要一定的执法人员和相应的装备，尤其是路程遥远的乡镇，行政执法的成本较高；在司法维权方面，对于专利侵权认定存在很大争议，全国没有统一的标准，给权利人增加了举证的难度，而一审、二审时间跨度特别长，有些案件即使判决下来还存在执行问题。同时，专利行政执法机关查处假冒专利产品时，很少对侵权者进行罚款，大都以警告、整改为主；专利侵权诉讼不能给侵权者刑罚，对赔偿处罚的力度也较轻。

---

❶ 中国陶瓷联盟. 陶瓷行业专利纠纷有继续扩散的趋势 ［EB/OL］. (2008 – 12 – 17) ［2011 – 01 – 05］. http：//www.tclm168.com/arti/wenzhang1.asp？id=643.

由于维权成本高、侵权成本低，而陶瓷新产品的设计工作烦琐复杂，前期需要大量的资金支持与多方面的投入，影响了企业的创新热情，因此导致很多企业不愿意冒着高风险去搞创新设计。

四、我国陶瓷外观设计专利保护存在的主要问题与原因分析

近几年来，国家知识产权局和各产瓷区知识产权局、陶瓷行业协会以及中国陶瓷知识产权信息中心等行业知识产权服务机构在提高陶瓷行业的专利意识、促进陶瓷产品设计创新、加强专利保护等方面做了大量的工作，2013 年四部委共同出台的《关于加强陶瓷产业知识产权保护工作的意见》的实施也取得了一定的效果，陶瓷行业的专利意识有了明显的提高，外观设计专利申请大幅增长，专利侵权现象有所减少，但依然存在不少问题有待解决和改善。存在的问题主要包括：

1. 专利意识弱。我国陶瓷行业的整体专利意识依然比较薄弱，很多中小陶瓷企业根本没有专利申请（包括外观设计专利申请），产品模仿跟风现象仍较普遍，大部分企业都没有专门的知识产权管理机构，更没有独立部门负责维权工作，局部地区还有群体性事件阻碍专利执法。

2. 专利总量少。2003 ～ 2012 年陶瓷产品外观设计专利只有 27606 件，对于产品更新换代迅速的传统陶瓷行业来说，这个数量是明显不匹配的；还有很多中小陶瓷企业尚未实现外观设计专利申请零的突破。

3. 专利质量差。专利分析结果显示，截至 2013 年 12 月底，处于授权状态的有效外观设计专利只有 11212 件，占 41%，有相当一部分专利是被宣告无效的，严重影响了我国陶瓷外观设计专利的质量。

4. 侵权处罚与打击力度不够。专利行政执法机关查处假冒专利产品时，很少对侵权者进行罚款，大都以警告、整改为主；还有群体性事件阻碍专利执法；专利侵权诉讼不能给侵权者刑罚，对赔偿处罚的力度也较轻。这样的侵权处罚与打击力度，使陶瓷外观设计专利侵权成本低，难以真正有效遏制专利侵权行为。

造成以上现状、存在以上问题的原因主要有以下几个方面：

1. 知识产权保护的整体环境尚有欠缺

由于我国知识产权制度建立与实施较晚，目前全国尚未形成非常良好的知识产权保护的公民素质、文化、心理、经济、社会和法治的环境，整体知识产权文化氛围还不够浓厚，知识产权保护制度还有待完善，因此对陶瓷领域专利权保护无论是在保护的意识、范围、措施方面，还是保护的力度和水平等方面不尽如人意。知识产权保护的环境还需要较长的时间培育，绝非朝夕之功。

2. 专利宣传培训尚未到位

由于专利的宣传与培训工作在陶瓷领域还未完全到位，因此一些中小陶瓷企业和个体经营者的专利意识还很薄弱，对专利权的认识还不够深入。这也是陶瓷领域外观设计专利总量少、专利质量差、侵权现象比较严重的重要原因之一。

3. 外观设计专利审批时间较长与陶瓷产品更新换代迅速存在矛盾

目前专利的正常申请手续比较多、历时较长，外观设计专利授权可能需要 6 个月或更长的时间，而陶瓷产品的更新换代相当快，可能半年后产品就已经改良，一年后，产品就更新换代了。这种矛盾既影响了陶瓷产品外观设计的保护，也影响了陶瓷企业申请外观设计专利的积极性。

4. 相关部门对陶瓷外观设计专利重视不够，激励措施未到位

产瓷区的知识产权管理部门与行业管理机构大多对陶瓷产品外观设计专利的重视程度不够高，激励措施未到位，也在一定程度上影响了陶瓷企业设计创新并申请外观设计专利的热情。

5. 现行的专利法律中没有关于侵犯专利权的刑罚规定，对赔偿处罚的力度也较轻

《专利法》对侵权行为的惩罚力度很低，不仅没有关于侵犯专利权的刑罚规定，在对专利侵权行为的赔偿数额方面，采取的也是"补偿性赔偿"原则，而不是像美国那样采取"惩罚性赔偿"原则（美国法律规定：除了补偿专利权人损失外，法院可以将损害赔偿金额增加到原决定或估定数额的 3 倍）。

6. 产瓷区专利行政执法条件较差，专利诉讼历时较长，维权成本高

多数产瓷区知识产权局在机构设置、人员配备和执法装备等方面条件较差，专利执法人员整体素质偏低，专业人员少；专利诉讼历时较长，且没有形成专门针对陶瓷知识产权保护的法律框架，侵权认定方面存在争议，全国没有统一的标准，给陶瓷外观设计专利产品维权、执法增加了一定的难度，造成维权成本高。这些都影响了陶瓷产品外观设计专利权的有效保护。

五、我国陶瓷外观设计专利保护的措施与建议

（一）多渠道开展陶瓷外观设计专利保护宣传与培训工作，提高陶瓷行业整体专利意识，培育知识产权文化，改善知识产权保护的整体环境

（1）加强宣传推介，营造保护陶瓷领域知识产权的舆论氛围，培育知识产权文化，改善知识产权保护的整体环境。

（2）广泛、深入开展陶瓷知识产权培训工作。

（3）在陶瓷知识产权行政执法与司法过程中宣传外观设计专利保护。

（二）完善陶瓷外观设计专利相关法律法规体系

通过出台专门保护陶瓷知识产权的地方法规、缩短外观设计专利申请审批和侵权案件审理的时间、在修订专利法与相关法律条款时加大侵权惩罚力度等途径，完善陶瓷外观设计专利相关法律法规体系，以形成专门针对陶瓷知识产权保护的法律框架。

（三）设立陶瓷外观设计专利专项资金，提高产品外观设计创新能力

建议各产瓷区所在省市知识产权局设立陶瓷外观设计专利专项资金，用于资助与奖励有创新的外观设计，以提高我国陶瓷产品外观设计创新能力。

（四）加强陶瓷产品设计师的培养、支持与管理

加强陶瓷产品设计师的培养、支持与管理，以提高陶瓷产品设计创新能力与知识产权保护水平。

（1）定期举办陶瓷产品设计培训班。

（2）每年举办几次陶瓷产品设计大赛，对获奖设计作品给予重奖，并资助其申请外观设计专利。

（3）制定与实施针对陶瓷产品设计的奖励制度，如将陶瓷产品设计与基于其设计产生的超额利润挂钩，将艺术类职称的评聘与陶瓷产品设计水平和创造利润挂钩等。

（五）加强专利行政执法机构设置、人员队伍、装备条件建设，提高行政执法能力和水平

加强各产瓷区专利管理机构人员队伍建设，地市级知识产权局未设置执法科室的，尽快设置，并配置 4 名以上专职执法人员；县级机构也应设置知识产权局或在科技局下设置知识产权管理科（或专利管理科），配备 1～2 名专利执法人员，配合地市级知识产权局进行专利执法。

积极推进专利执法人员业务素质和工作水平的提高，经常性不定期举办专利执法论坛，推选工作勤勉、认真负责、肯钻研的专利执法骨干参加各类执法培训、研修与考察活动。

建议各产瓷区专利执法部门尽快配备高清摄像机、高清照相机和录音笔等现代调查取证设备，并借此证明执法人员调查取证的正当与合法性。

要共同推进全国专利执法保护专家库的建设工作，探索成立陶瓷专利执法保护专家咨询委员会，可以就一些执法工作中存在的和潜在的法律、政策和执法技术问题提供有效的咨询和培训，推动专利执法水平的提高。

（六）构建陶瓷知识产权保护战略联盟，建立陶瓷行业专利保护沟通协调机制，以实现区域和全国范围内的有效保护

为更有效保护陶瓷外观设计专利权、打击侵犯陶瓷外观设计专利权的行为，建议在全国各产瓷区之间建立专利保护沟通协调机制，构建陶瓷知识产权保护战略联盟。

沟通协调保护机制主要包括两个方面：一是各产瓷区知识产权局之间，二是各产瓷区陶瓷协会之间。

各产瓷区知识产权局之间的协调保护机制，可由国家知识产权局牵头组织构建。各产瓷区陶瓷协会之间的协调机制可由中国陶瓷工业协会促成建立。同时，构建由主要产瓷区行政机关、司法机关、行业协会、知识产权中介机构以及创新性陶瓷企业等致力于知识产权保护的单位和个人联合组成的陶瓷知识产权保护战略联盟，形成"自主保护、行政保护、司法保护"三位一体的知识产权保护格局，促进陶瓷产业快速、健康发展。

（七）积极推动陶瓷产区建立区域和企业知识产权维权中心

目前，我国建有 75 家区域知识产权维权中心，但其中产瓷区只有广东佛山中心、福建泉州中心和山东淄博中心 3 家。建议尽快在江西景德镇、广东潮州、河北唐山、四川夹江和河南鹤壁等主要产瓷区也建立知识产权维权中心，以帮助陶瓷行业知识产权权利人提高维权水平，合理、依法应对知识产权纠纷。

此外，也要把知识产权维权中心设在陶瓷企业，让企业自己积极主动维权，为专利主管机关行政执法和法院诉讼收集相应的侵权线索、证据等，以提高维权效率。

（八）在全国建立 1~2 个陶瓷知识产权司法鉴定中心，提供面向行业的知识产权司法鉴定服务

陶瓷行业最容易遭侵权的专利就是外观设计专利，因为陶瓷产品外观设计在颜色、图案方面稍微有点变化，就很有可能由"复制"转化为"原创"，有些企业、作坊就专门生产相似的外观设计产品。

因此，建议在具备条件的产瓷区（如江西景德镇）成立 1~2 个国家级鉴定中心，提供面向行业的知识产权司法鉴定服务，为陶瓷外观设计专利侵权案件的司法判决或仲裁提供专家鉴定意见。中心可聘用行业与知识产权专家、教授、陶瓷艺术大师等作为鉴定人员，所作出的认证意见具有权威性和法律效力。这些鉴定结果可以作为法定的证据，由司法机关直接采信。

（九）建立全国陶瓷外观设计专利快速维权机制，打造集专利申请、维权援助、调解执法、司法诉讼于一体的一站式综合服务平台

首先，争取国家知识产权局的大力支持与全国各产瓷区知识产权局、中国陶瓷工业协会与各产瓷区陶瓷协会的配合，构建全国主要产瓷区的陶瓷领域外观设计专利申请快速通道，成立全国陶瓷专利快速申请中心，以大大缩短外观设计专利申请时间，争取在半个月内授权。

其次，整合各产瓷区陶瓷产业专利（知识产权）联盟、陶瓷协会、知识产权局、知识产权审判庭、仲裁庭、全国陶瓷专利快速申请中心、陶瓷产品设计中心、陶瓷知识产权司法鉴定中心、知识产权维权中心等资源，开通国家知识产权维权援助公益服务电话"12330"专线，全面开展陶瓷专利申请、快速维权、专利管理、专利信息运用、专利服务、产品设计、专家咨询等工作，打造集专利申请、维权援助、调解执法、司法诉讼于一体的一站式综合服务平台。

（十）积极发挥陶瓷协会在外观设计专利保护中的作用，营造良好的知识产权创造与保护的氛围

通过中国陶瓷工业协会和各产瓷区陶瓷协会建立我国陶瓷行业应共同遵守的保护陶瓷外观设计专利的可行准则（如全国性的陶瓷行业知识产权维权公约），净化陶瓷产业内部竞争环境；配合政府采取措施加大陶瓷对外销售，对陶瓷产品展销进行管理；成立陶瓷产业专利联盟，避免产业内的恶性竞争，共同应对外部专利纠纷，以提高对外竞争力与影响力。

六、结语

日用陶瓷、建筑卫生陶瓷和艺术陶瓷等传统陶瓷产业，其生产工艺相对简单，产品的创新更多的是外观设计的创新，这在一定程度上成为滋生外观设计专利侵权行为的土壤。我国现行的专利法、反不正当竞争法以及相关陶瓷知识产权保护地方性法规对陶瓷外观设计专利权的保护起到了很大的作用；2013年四部委共同出台的《关于加强陶瓷产业知识产权保护工作的意见》在一定程度上促进了我国陶瓷外观设计专利的保护；近几年来，陶瓷外观设计专利保护实践也取得了一定的成绩。但由于我国的知识产权制度建立较晚，知识产权战略上升为国家战略也是2008年的事情，保护知识产权的良好社会与法制环境还需要较长时间的培育；本研究报告完成时四部委出台《关于加强陶瓷产业知识产权保护工作的意见》才一年多，一些建议措施尚未实施到位。但我们相信，只要我们持之以恒地加强宣传与培训，全面贯彻《国家知识产权战略纲要》，切实实施《关于加强陶瓷产业知识产权保护工作的意见》，吸纳和施行本项目研究成果中的可行建议与措施，我国陶瓷领域一定会在不久的将来形成尊重和保护外观设计专利权的良好氛围，我国陶瓷产业也将得到持续、快速、健康的发展。

参考文献

[1] 赵建国，孟家玮. 我国首个民营陶瓷企业知识产权维权中心在景德镇成立：陶瓷业转型升级：知识产权保护至关重要［N］. 中国知识产权报，2014 – 01 – 22（003）.

[2] 于光. 我国知识产权执法工作取得新成效［N］. 中国知识产权报，2014 – 01 – 22（001）.

[3] 中国陶瓷联盟. 陶瓷行业专利纠纷有继续扩散的趋势［EB/OL］.（2008 – 12 – 17）［2011 – 01 – 05］. http：//www. tclm168. com/arti/wenzhang1. asp？id = 643.

[4] 全国知识产权维权中心地址及邮编［EB/OL］.（2012 – 12 – 17）［2014 – 02 – 28］. http：//www. sipo. gov. cn/wqyz/12330ym/201310/t20131025_862540. html.

[5] 庞彩霞. 中国中山（灯饰）知识产权快速维权中心挂牌［EB/OL］.（2011 – 06 – 17）［2014 – 02 – 28］. http：//finance. sina. com. cn/roll/20110617/095810007311. shtml.

[6] 知识产权局、工业和信息化部、工商总局、版权局关于加强陶瓷产业知识产权保护工作的意见［EB/OL］.（2013 – 04 – 22）［2014 – 02 – 28］. http：//www. gov. cn/zwgk/2013 – 04/22/content_2385913. htm.

[7] 郑成思. WTO 知识产权协议逐条讲解［M］. 北京：中国方正出版社，2001.

[8] 张文登. TRIPS 协议对我国知识产权刑法保护的影响［J］. 江西行政学院学报，2006（1）：23 – 24.

[9] 万鄂湘. 国际知识产权法［M］. 武汉：湖北人民出版社，2001.

[10] 穆伯祥. 美国知识产权的协调保护与刑事保障［J］. 法制与经济，2008（5）：43 – 44.

[11] 赵秉志. 侵犯知识产权犯罪研究［M］. 北京：中国方正出版社，1997.

[12] 李晓. 中美知识产权刑事保护比较研究［J］. 法律适用，2006（5）：52 – 55.

[13] 党建军. 侵犯知识产权犯罪［M］. 北京：中国人民公安大学出版社，1999.

[14] 梁华仁，朱平. 知识产权犯罪若干问题的探讨［J］. 政法论坛，2000（1）：55 – 63.

[15] 周德明. 知识产权导论［M］. 上海：立信会计出版社，1986.

[16] 韦之. 知识产权论［M］. 北京：知识产权出版社，2002.

[17] 张今. 知识产权新视野［M］. 北京：中国政法大学出版社，2000.

[18] 阿瑟·R. 米勒，等. 知识产权法概要［M］. 周林，等译. 北京：中国社会科学出版社，1998.

[19] 吴汉东. 知识产权法学［M］. 北京：北京大学出版社，2000.

[20] 刘春田. 知识产权教程［M］. 北京：中国人民大学出版社，1995.

[21] 孔祥俊. WTO 知识产权协定及其国内适用［M］. 北京：法律出版社，2002.

[22] 吴汉东. 关于知识产权私权属性的再认识：兼评"知识产权公权化"理论［J］. 社会科学，2005（10）：58 – 64.

[23] 朱雪忠. 知识产权协调保护战略［M］. 北京：知识产权出版社，2004.

[24] 梅术文. 知识产权的执法衔接规则［J］. 国家检察官学院学报，2008（4）：123 – 128.

[25] 周佑勇，刘艳红. 行政执法与刑事司法相衔接的程序机制研究［J］. 东南大学学报（哲学社会科学版），2008（1）：47 – 52.

［26］姚颉靖，陈剑锋. 浅析知识产权诉前禁令制度的不足与完善［J］. 郑州经济管理干部学院学报，2007（4）：62－65.

［27］张志强，吴建中. 企业竞争力及其评价［J］. 管理现代化，2005（2）：35.

［28］李东红. 企业联盟研发：风险与防范［J］. 中国软科学，2002（10）：24.

［29］冯晓青. 企业知识产权战略［M］. 2版. 北京：知识产权出版社，2006.

专利资助政策调查报告

徐 彬* 王海宇* 程 俊** 崔晶鑫**

摘 要：专利资助政策，作为专利制度的补充，是我国知识产权事业发展的一项重要举措，对社会公众专利意识的提高与专利申请量的增长起到了积极的促进作用。本文选取江西省各地市知识产权局、各县区知识产权局、高校和科研机构为调查对象，对专利资助政策的制定、实施、效果环节进行梳理和比较分析，探索专利资助政策中存在的主要问题，进而为后期的决策参考和经验借鉴打下前期基础，有望为解决江西省现存专利资助政策问题厘清思路，找准方向。最后，在分析问题的基础上，进一步探讨专利资助政策，提出改善建议。

一、总述

（一）立项背景和依据

近年来，我国大部分省市相继出台了专利资助政策，这些资助政策对鼓励发明创造和专利申请起到了积极的推动作用，最直观的效果表现为专利申请量的快速增长，但也存在政策导向不明确、专利申请质量不高、政策监督不力等问题。鉴于此，国家知识产权局于2008年颁发了《关于专利申请资助工作的指导意见》（国知发管字〔2008〕11号文件），要求各地按照指导意见精神，适时制定或修订当地的专利申请资助政策。遵循《关于专利申请资助工作的指导意见》精神，江西省于2011年连续颁布了《江西省专利实施资助项目管理暂行办法》和《江西省专利申请及实施资助暂行办法》；随后，2013年江西省对专利资助政策进行调整，颁布了《江西省专利促进条例》和《江西省知识产权局遏制和防范非正常专利申请管理办法》，强调在确保专利申请总量稳步增长的前提下，注重对专利质量的目标管理。2015年江西省颁布了《江西省专利奖励办法》，顺应中央提出"让知识产权制度成为激励创新的基本保障"这一战略思路。同年，国务院颁布了《关于新形势下加快

* 作者单位：江西省知识产权局。
** 作者单位：江西省子轩科技有限公司。

知识产权强国建设的若干意见》（国发〔2015〕71 号），提出"加快知识产权强国建设"。因此，江西省知识产权的下一步工作重心就是有效地实现专利授权量质并举，进一步激发创新活力，充分发挥知识产权制度的杠杆作用。

（二）调查对象及样本选取

为进一步完善专利资助政策，更好地发挥资助政策的激励作用，促进江西省专利事业健康快速发展，现在全省范围内开展专利资助情况调查统计工作。此次调查对象涉及全省 11 个市（区、县）共计 239 家单位，主要为各市级知识产权局、各县区知识产权局、高校和科研机构。调查内容覆盖专利资助政策的制定、实施、效果环节，涉及发明专利、实用新型专利、外观设计专利和 PCT 国际申请 4 类。

本次调查发出 239 份调查问卷，调查问卷由附件 1 和附件 2 组成，最终回收 131 份，回收率为 54.8%。其中附件 1 共计 103 份，有效问卷 75 份，附件 2 共计 125 份，有效问卷 119 份。本次调查统计数据基于各调查对象的反馈信息，材料组成分别是附件 1、附件 2 和反馈信息（相关执行政策和工作开展报告），详情见表 1 和图 1。

表 1   调查问卷统计表 单位：份

	市级知识产权局	县区知识产权局	高校	科研院所	合计
调查问卷数量	11	110	75	43	239
纸件数量	9	65	26	12	111
电子件数量	9	63	23	6	101
既有纸件又有电子件	8	49	20	5	82
附件 1 数量	9	65	26	3	103
附件 2 数量	9	75	28	13	125
相关执行政策数量	5	20	15	1	40
工作开展报告数量	4	11	12	2	29

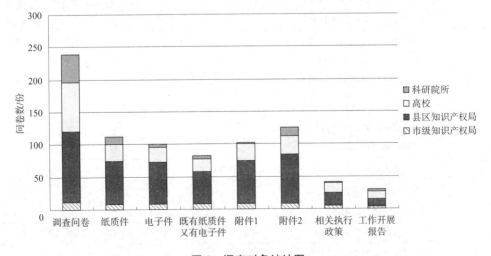

图 1   调查对象统计图

详细单位名称及反馈状态请见表2。

表2　调查样本

单位名称		纸件	电子件	合计
市级知识产权局	抚州市知识产权局	无	有	有反馈10家,其中纸件9家,电子件9家,既有纸件又有电子件8家,无反馈1家
	赣州市知识产权局	有	有	
	吉安市知识产权局	有	有	
	景德镇市知识产权局	有	有	
	九江市知识产权局	有	有	
	南昌市知识产权局	有	有	
	萍乡市知识产权局	有	有	
	上饶市知识产权局	有	无	
	新余市知识产权局	有	有	
	宜春市知识产权局	有	有	
	鹰潭市知识产权局	无	无	
县区知识产权局	抚州市崇仁县知识产权局	有	有	有反馈79家,其中纸件65家,电子件63家,既有纸件又有电子件49家,无反馈31家
	抚州市东乡县知识产权局	无	有	
	抚州市广昌县知识产权局	有	无	
	抚州市金溪县知识产权局	有	有	
	抚州市乐安县知识产权局	无	有	
	抚州市黎川县知识产权局	有	有	
	抚州市临川区知识产权局	无	有	
	抚州市南丰县知识产权局	有	无	
	抚州市宜黄县知识产权局	有	有	
	抚州市资溪县知识产权局	有	有	
	抚州市南城县知识产权局	无	无	
	赣州市安远县知识产权局	有	有	
	赣州市崇义县知识产权局	有	有	
	赣州市赣县知识产权局	无	有	
	赣州市龙南县知识产权局	无	有	
	赣州市南康市知识产权局	有	无	
	赣州市全南县知识产权局	有	有	
	赣州市瑞金市知识产权局	无	有	
	赣州市石城县知识产权局	有	有	
	赣州市兴国县知识产权局	有	有	
	吉安市安福县知识产权局	有	有	
	吉安市吉安县知识产权局	有	无	
	吉安市吉水县知识产权局	有	有	

续表

	单位名称	纸件	电子件	合计
县区知识产权局	吉安市吉州区知识产权局	有	无	有反馈 79 家，其中纸件 65 家，电子件 63 家，既有纸件又有电子件 49 家，无反馈 31 家
	吉安市井冈山经济开发区知识产权局	有	有	
	吉安市井冈山市知识产权局	有	有	
	吉安市青原区知识产权局	有	无	
	吉安市遂川县知识产权局	有	有	
	吉安市泰和县知识产权局	有	有	
	吉安市万安县知识产权局	有	有	
	吉安市峡江县知识产权局	有	有	
	吉安市新干县知识产权局	有	无	
	吉安市永丰县知识产权局	有	无	
	吉安市永新县知识产权局	有	有	
	景德镇市昌江区知识产权局	有	有	
	景德镇市浮梁县知识产权局	有	有	
	景德镇市乐平市知识产权局	有	有	
	景德镇市珠山区知识产权局	有	有	
	景德镇陶瓷工业园区管委会知识产权局	有	无	
	九江市德安县知识产权局	有	有	
	九江市共青城知识产权局	有	有	
	九江市湖口县知识产权局	无	有	
	九江市经济开发区科技技术局	有	无	
	九江市九江县知识产权局	有	无	
	九江市庐山区知识产权局	无	有	
	九江市彭泽县知识产权局	有	无	
	九江市瑞昌市知识产权局	有	无	
	九江市武宁县知识产权局	有	有	
	九江市星子县知识产权局	有	有	
	九江市修水县知识产权局	有	有	
	九江市浔阳区知识产权局	有	无	
	九江市永修县知识产权局	有	无	
	南昌市安义知识产权局	有	有	
	南昌市南昌县知识产权局	有	有	
	南昌市青山湖区知识产权局	有	有	
	萍乡经济技术开发区知识产权局	有	有	
	萍乡市安源区知识产权局	有	有	
	萍乡市莲花县知识产权局	有	有	

续表

	单位名称	纸件	电子件	合计
县区知识产权局	萍乡市芦溪县知识产权局	有	有	
	萍乡市上栗县知识产权局	有	有	
	萍乡市湘东区知识产权局	有	有	
	上饶市德兴市知识产权局	有	有	
	上饶市横峰县知识产权局	有	有	
	上饶市鄱阳县知识产权局	有	有	
	上饶市婺源县知识产权局	有	有	
	上饶市弋阳县知识产权局	无	有	
	上饶市玉山县知识产权局	有	有	
	新余市分宜县知识产权局	有	有	
	新余市渝水区知识产权局	有	无	
	宜春市丰城市知识产权局	有	有	
	宜春市高安市知识产权局	无	有	
	宜春市经济技术开发区知识产权局	有	有	
	宜春市靖安县知识产权局	无	有	有反馈79家，其中
	宜春市铜鼓县知识产权局	有	有	纸件65家，电子件
	宜春市万载县知识产权局	有	有	63家，既有纸件又
	宜春市宜丰县知识产权局	有	有	有电子件49家，无
	宜春市袁州区知识产权局	无	有	反馈31家
	宜春市樟树市知识产权局	无	有	
	鹰潭市贵溪市知识产权局	无	有	
	鹰潭市余江县知识产权局	有	有	
	赣州市大余县知识产权局	无	无	
	赣州市定南县知识产权局	无	无	
	赣州市会昌县知识产权局	无	无	
	赣州市宁都县知识产权局	无	无	
	赣州市上犹县知识产权局	无	无	
	赣州市信丰县知识产权局	无	无	
	赣州市寻乌县知识产权局	无	无	
	赣州市于都县知识产权局	无	无	
	赣州市章贡区知识产权局	无	无	
	景德镇市高新技术开发区知识产权局	无	无	
	九江市都昌县知识产权局	无	无	
	南昌市东湖区知识产权局	无	无	
	南昌市高新区管委会	无	无	

单位名称		纸件	电子件	合计
县区知识产权局	南昌市红谷滩新区文化事业发展局	无	无	有反馈79家，其中纸件65家，电子件63家，既有纸件又有电子件49家，无反馈31家
	南昌市进贤县知识产权局	无	无	
	南昌市经济技术开发区经济贸易发展局	无	无	
	南昌市青云谱区知识产权局	无	无	
	南昌市桑海开发区经贸局	无	无	
	南昌市湾里区知识产权局	无	无	
	南昌市西湖区知识产权局	无	无	
	南昌市新建县知识产权局	无	无	
	上饶市广丰县知识产权局	无	无	
	上饶市铅山县知识产权局	无	无	
	上饶市上饶县知识产权局	无	无	
	上饶市万年县知识产权局	无	无	
	上饶市信州区知识产权局	无	无	
	上饶市余干县知识产权局	无	无	
	宜春市奉新县知识产权局	无	无	
	宜春市上高县知识产权局	无	无	
	鹰潭市月湖区知识产权局	无	无	
高校	东华理工大学	有	有	有反馈29家，其中纸件26家，电子件23家，既有纸件又有电子件20家，无反馈6家
	赣南师范学院	有	有	
	赣南医学院	有	有	
	华东交通大学	有	有	
	江西财经职业学院	有	有	
	江西传媒职业学院	有	有	
	江西电力职业技术学院	有	无	
	江西服装学院	有	有	
	江西环境工程职业学院	有	无	
	江西科技师范大学	无	有	
	江西理工大学	有	有	
	江西旅游商贸职业学院	有	无	
	江西生物科技职业学院	有	无	
	江西省经济管理干部学院	有	有	
	江西医学高等专科学校	无	有	
	江西应用工程职业学院	有	有	
	江西制造职业技术学院	有	有	
	井冈山大学	有	有	

续表

单位名称		纸件	电子件	合计
高校	景德镇陶瓷大学	有	有	有反馈29家，其中纸件26家，电子件23家，既有纸件又有电子件20家，无反馈6家
	九江学院	有	无	
	九江职业技术学院	有	有	
	南昌工学院	有	有	
	南昌航空大学	有	有	
	南昌理工学院	有	有	
	南昌师范学院	有	有	
	萍乡学院	无	有	
	上饶师范学院	有	无	
	新余学院	有	有	
	宜春学院	有	有	
	东华理工大学长江学院	无	无	
	华东交通大学理工学院	无	无	
	江西财经大学	无	无	
	江西工程学院	无	无	
	江西工程职业学院	无	无	
	江西工业工程职业技术学院	无	无	
	江西工业贸易职业技术学院	无	无	
	江西工业职业技术学院	无	无	
	江西航空职业技术学院	无	无	
	江西机电职业技术学院	无	无	
	江西建设职业技术学院	无	无	
	江西交通职业技术学院	无	无	
	江西警察学院	无	无	
	江西科技师范大学理工学院	无	无	
	江西科技学院	无	无	
	江西科技职业学院	无	无	
	江西农业大学	无	无	
	江西农业工程职业学院	无	无	
	江西省电子信息工程学校	无	无	
	江西省水利水电学校	无	无	
	江西省通用技术工程学校	无	无	
	江西省冶金工业学校	无	无	
	江西省医药学校	无	无	
	江西师范大学	无	无	

	单位名称	纸件	电子件	合计
高校	江西师范大学科学技术学院	无	无	有反馈29家，其中纸件26家，电子件23家，既有纸件又有电子件20家，无反馈6家
	江西司法警官职业学院	无	无	
	江西泰豪动漫职业学院	无	无	
	江西陶瓷工艺美术职业技术学院	无	无	
	江西外语外贸职业学院	无	无	
	江西先锋软件职业技术学院	无	无	
	江西现代职业技术学院	无	无	
	江西新能源科技职业学院	无	无	
	江西信息应用职业技术学院	无	无	
	江西冶金职业技术学院	无	无	
	江西应用技术学院	无	无	
	江西应用技术职业学院	无	无	
	江西中医药大学	无	无	
	江西中医药大学科技学院	无	无	
	江西中医药高等专科学校	无	无	
	景德镇学院	无	无	
	九江职业大学	无	无	
	南昌大学（含医学院）	无	无	
	南昌大学科学技术学院	无	无	
	南昌工程学院	无	无	
	南昌航空大学科技学院	无	无	
	宜春职业技术学院	无	无	
科研院所	江西省林业科学院	有	有	有反馈13家，其中纸件12家，电子件6家，既有纸件又有电子件5家，无反馈30家
	江西省职业病防治研究院	有	有	
	江西省医疗器械检测中心	有	无	
	江西省化学工业研究所	有	无	
	江西省棉花研究所	有	无	
	江西省红壤研究所	有	有	
	江西省水利科学研究院	有	无	
	江西省建筑材料工业科学研究设计院	有	有	
	江西省环境保护科学研究院	有	无	
	江西省农业机械研究所	有	无	
	江西东华计量测试研究院	无	有	
	赣州有色冶金研究所	有	无	
	江西省水土保持科学研究所	有	有	

单位名称		纸件	电子件	合计
科研院所	江西省科学院	无	无	有反馈13家,其中纸件12家,电子件6家,既有纸件又有电子件5家,无反馈30家
	江西省农业科学院	无	无	
	中国瑞林工程技术有限公司	无	无	
	中德联合研究院	无	无	
	江西省蚕桑茶叶研究所	无	无	
	江西省粮油科学技术研究所	无	无	
	江西省煤炭工业科学研究所	无	无	
	江西省计量测试研究院	无	无	
	江西省轻工业研究所	无	无	
	江西省滨湖农业科学研究所	无	无	
	江西省医学科学研究所	无	无	
	江西省水产科学研究所	无	无	
	江西省陶瓷研究所	无	无	
	江西省国防科技情报研究所	无	无	
	江西省工艺美术研究所	无	无	
	江西省食品发酵研究所	无	无	
	江西省机械科学研究所	无	无	
	江西省交通科学技术研究院	无	无	
	江西省电子科学研究所	无	无	
	江西省饲料科学研究所	无	无	
	江西省寄生虫病研究所	无	无	
	江西省建筑科学研究院	无	无	
	江西省中医药研究院	无	无	
	江西省养蜂研究所	无	无	
	江西金世纪新材料股份有限公司(省稀土研究所)	无	无	
	江西省人防工程设计科研院	无	无	
	江西省商业科学技术研究所	无	无	
	江西省公安厅刑科所	无	无	
	南昌矿山机械研究所	无	无	
	中国轻工业陶瓷研究所	无	无	

(三)研究环境及意义

合理地开展科学的政策评估关系到专利资助政策制定、继续或调整的好坏。国外对科技创新政策(包含专利资助政策)的制定、执行、管理等方面拥有较成熟的实践经验与研究成果,对我国进行专利政策评价研究具有重要的借鉴意义。近些年国外学者研究热点主要是创新政策的功能作用和创新政策的评价。从国内研究来看，随着我国知识产权事业的飞速发展，国内对专利资助政策相关研究较为丰富，其中研究的两个主要热点是区域性专利资助政策与政策评价指标体系。但是国内研究在专利资助政策对专利发展的影响评估上并不是很到位，而且没有深入分析专利资助政策影响专利质量提升的具体因素，特别是没有针对江西省进行单独分析的案例。因此，对专利资助政策的合理设计与科学管理，特别是与江西省各级政府专利资助政策有效衔接从而发挥政策运行的协同效应，并促进专利申请量与专利质量的协调发展，是未来试图分析和解决的问题。本次调查旨在准确地把握省内专利资助政策动向，了解现存的优势和不足，进而为后期的决策参考和经验借鉴打下前期基础，有望为解决江西省现存专利资助政策问题厘清思路，找准方向。

二、研究调查方法

（一）设计原则

1. 系统性

要求指标体系具有足够的涵盖面，能充分反映知识产权政策绩效的系统性特征，各指标之间逻辑严密、层次分明。既要包括反映专利资助政策绩效活动结果的静态指标，也要包括反映专利资助政策制定、实施的动态过程指标。

2. 可操作性

一是充分考虑指标数据的可获得性，要求能够通过资料查阅、问卷调查等方式采集到指标数据，尽可能避免评估主体在评价时的主观随意性；二是合理控制指标体系的规模，避免形成庞大的指标群或层次过于复杂的指标体系。

3. 有效性

指标体系必须与被评估专利资助政策的内涵与结构相符合，能够反映专利资助政策绩效的主要特征，经得起指标的效度检验。

4. 可扩展性

指标体系要具有适当的可扩展性，能够根据不同的评估对象、评估要求和评估阶段灵活地增加或删减指标。

（二）调查的流程与方法

长期以来，由于知识产权管理职能分散，各方面的数据得不到汇总和统一，导致不能为专利资助制度建立和实施路线制定提供可靠、全面的事实依据。从而造成知识产权工作的薄弱环节不够明晰、突破点难以明确，这一急需解决的问题。

为此，本次调查工作将从以下几个方面开展：

（1）汇总各地资助政策情况。主要包括：市本级及县级资助政策的实施和修订时间及政策导向变化、发展趋势等；资助政策产生的经济效益和社会影响；当地专利申请资助政策存在的问题及解决办法措施等。

（2）多元化定位分析问题：分别从专利创造聚积行业、专利申请的量质、专利资助资金的监管等方面寻求解决方法。

（3）以各地资助政策及资金调查情况为基础，对如何实现江西省专利申请量质提升进行分析研究。

（4）借助先进的统计方法，结合自身案例分析，能够准确定位问题，具有较强的指导性，可直接运用于地方政府决策。

就统计模型而言，采用政策制定、政策实施、政策结果及其影响的政策过程框架。政策投入主要用来衡量各类公共服务所投入的人力、物力和财力，在各地方政府专利资助政策风行的情况下，对政策的实施情况可以反映各地对专利资助政策的态度；产出测量的是"行动或努力的表格、测量或者记录"，它们可以用质与量的标准加以表示；效果衡量的则是专利资助政策实施后所产生的最终影响，以及各个群体享受政策是否公平等。在实践中政策产出和政策效果经常是难以区分的，一般将政策短期的效果归入产出，将政策产生的长期影响归入效果。

（三）指标体系建立

依据上述设计流程和过程框架，最终建立"三层叠加、逐层收敛"的统计指标体系。其结构如下：第一层为总目标层，用以描述专利资助政策的综合绩效水平。第二层为一级指标层，反映专利资助政策绩效的外显特征，包括专利资助政策的制定、专利资助政策的实施以及专利资助政策实施的效果三个指标。第三层为二级指标层，通过与第一层、第二层的紧密结合，逐层细化出可测三级指标，以反映政策制定、实施及效果的状况，详见表3。

表3　统计指标体系

目标层	一级指标	二级指标	三级指标
专利资助政策绩效	专利资助政策制定	政策程序	政策依据
		政策方案	政策目标
			政策内容
	专利资助政策实施	政策实施机制	政策传达
			政策落实
		政策实施成本及效率	资源投入
			资源利用效率

目标层	一级指标	二级指标	三级指标
专利资助政策绩效	专利资政策效果	政策直接效果	政策目标的实现程度
			出现问题的解决方案
		政策附带效应	社会影响
			满意度

三、调查实施过程

自课题立项后，共使用 3 个多月的时间来完成调查过程。

本次调查历时 3 个多月采用资料调查法和问卷调查法综合进行。

首先，设计了专利资助情况统计表和调查问卷，涉及的问题有：近几年专利资助金额及数量，专利申请量和有效量，专利资助的实施方式、对象及标准，专利资助政策方案的完备性、公平性、主客体的明确性，后期政策监督机构及能力等。

其次，确定调查对象范围。

再次，给调查对象发放调查问卷，与对象进行互动。

共发出 239 份调查问卷，其中科研院所 43 份，省内高校 75 份，市级知识产权局 11 份，县区级知识产权部门 110 份。

共返回 131 份调查问卷（纸质版 112 份），其中科研院所 13 份，省内高校 29 份，市级知识产权局 10 份，县区级知识产权部门 79 份。

共收集相关执行政策资料 41 份，其中科研院所 1 份，省内高校 15 份，市级知识产权局 5 份，县区级知识产权部门 20 份。

在 131 份调查问卷中，附件 1《2015 年专利资助情况统计表》有 103 份，其中科研院所 3 份，省内高校 26 份，市级知识产权局 9 份，县区级知识产权部门 65 份，共有空表 28 份，未返回。

在 131 份调查问卷中，附件 2《专利资助情况调查统计表》有 125 份，其中科研院所 13 份，省内高校 28 份，市级知识产权局 9 份，县区级知识产权部门 75 份，共有空表 6 份。

最后，对所有能够获得的资料进行研究调查，形成本次专利资助政策调查报告。

四、统计结果

（一）附件 1 情况统计

专利资助可以划分为专利费资助、专利实施与产业化资助、专利奖励和专项资助四种。专利奖励是指对专利，尤其是发明专利的申请、实施与产业化等完成较好的企事业单位、机关、团体或个人进行的物质奖励。

调查显示，2015 年专利资助金额总计 4214.15 万元，其中市级知识产权部门资助 1306.22 万元，县区级知识产权部门资助 2292.64 万元，高校资助 614.82 万元，科研院所资助 0.45 万元，详情见表 4 和图 2。

表 4　配套专利资助大体情况统计表

单位类型	申请资助		授权资助		奖励金额		其他金额
	数量/家	金额/万元	数量/家	金额/万元	数量/家	金额/万元	金额/万元
市级知识产权部门	4	92.45	8	894.52	5	29.25	290.00
县区级知识产权部门	25	680.80	40	594.33	22	982.83	34.66
高校	13	187.95	13	75.58	20	330.98	20.31
科研院所	3	0.45	0	0	0	0	0

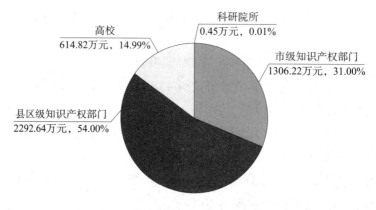

图 2　2015 年各级单位专利资助金额分布图

1. 2015 年专利资助金额

2015 年发明资助金额总计 1333.77 万元，其中市级知识产权部门资助 655.70 万元，县区级知识产权部门资助 376.98 万元，高校资助 300.84 万元，科研院所资助 0.25 万元，详情见表 5。

表 5　发明资助金额统计表　　　　　　　　　　　　　　　　　　单位：万元

单位类型	发明				
	申请资助金额	授权资助金额	奖励金额	其他金额	合计
市级知识产权部门	29.35	319.25	17.10	290.00	655.70
县区级知识产权部门	24.02	127.84	223.20	1.92	376.98
高校	150.39	20.48	124.16	5.81	300.84
科研院所	0.25	0	0	0	0.25

2015 年实用新型资助金额总计 2228.52 万元，其中市级知识产权部门资助478.43 万元，县区级知识产权部门资助 1470.46 万元，高校资助 279.43 万元，科研院所资助 0.2 万元，详情见表 6。

表 6　实用新型资助金额统计表　　　　　　　　　　单位：万元

单位类型	实用新型				
	申请资助金额	授权资助金额	奖励金额	其他金额	总计
市级知识产权部门	45.60	426.68	6.15	0	478.43
县区级知识产权部门	567.25	324.32	558.55	20.34	1470.46
高校	29.98	48.34	188.43	12.68	279.43
科研院所	0.20	0	0	0	0.20

2015 年外观设计资助金额总计 612.46 万元，其中市级知识产权部门资助133.29 万元，县区级知识产权部门资助 444.62 万元，高校资助 34.55 万元，详情见表 7。

表 7　外观设计资助金额统计表　　　　　　　　　　单位：万元

单位类型	外观设计				
	申请资助金额	授权资助金额	奖励金额	其他金额	合计
市级知识产权部门	17.50	109.79	6.00	0	133.29
县区级知识产权部门	89.55	141.57	201.10	12.40	444.62
高校	7.58	6.76	18.39	1.82	34.55
科研院所	0	0	0	0	0

调查显示，2015 年专利资助金额总计 4214.15 万元，其中发明资助 1333.77 万元，实用新型资助 2228.52 万元，外观设计资助 612.46 万元，PCT 国际申请资助39.4 万元，详情见表 8 和图 3。

表 8　2015 年各级单位不同专利类型资助金额统计表　　　　单位：万元

专利类型		发明		实用新型		外观设计		PCT 国际申请		合计
		职务	非职务	职务	非职务	职务	非职务	职务	非职务	
市级知识产权部门	申请资助	28.85	0.50	43.20	2.40	17.20	0.30	0	0	92.45
	授权资助	284.35	34.90	337.63	89.05	92.65	17.14	38.80	0	894.52
	奖励金额	17.10	0	3.00	3.15	6.00	0	0	0	29.25
	其他金额	290.00	0	0	0	0	0	0	0	290.00
县区级知识产权部门	申请资助	17.45	6.57	549.25	18.00	59.50	30.03	0	0	680.80
	授权资助	110.10	17.74	288.82	35.50	113.04	28.53	0.60	0	594.33
	奖励金额	179.40	43.80	466.25	92.30	71.85	129.25	0	0	982.85
	其他金额	1.42	0.50	8.04	12.30	12.40	0	0	0	34.66

续表

专利类型		发明		实用新型		外观设计		PCT 国际申请		合计
		职务	非职务	职务	非职务	职务	非职务	职务	非职务	
高校	申请资助	136.79	13.60	25.18	4.80	7.58	0	0	0	187.95
	授权资助	19.28	1.20	43.19	5.15	6.51	0.25	0	0	75.58
	奖励金额	110.96	13.20	137.94	50.49	18.14	0.25	0	0	330.98
	其他金额	5.81	0	12.68	0	1.82	0	0	0	20.31
科研院所	申请资助	0.25	0	0.20	0	0	0	0	0	0.45
	授权资助	0	0	0	0	0	0	0	0	0
	奖励金额	0	0	0	0	0	0	0	0	0
	其他金额	0	0	0	0	0	0	0	0	0

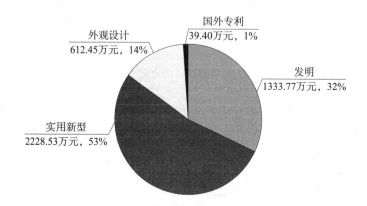

图3 2015年各级单位不同专利类型资助金额分布图

2.2015 年专利资助数量统计

调查显示，2015 年发明资助数量总计 2572 件，其中市级知识产权部门 956 件，县区级知识产权部门 692 件，高校 925 件，科研院所 2 件，详情见表 9。

表9 发明资助件数统计表 单位：件

单位类型	发明			
	申请资助	授权资助	奖励	其他
市级知识产权部门	231	673	37	15
县区级知识产权部门	316	199	142	32
高校	529	139	235	22
科研院所	2	0	0	0
合计	1078	1011	414	69

2015 年实用新型资助数量总计 12320 件，其中市级知识产权部门 4540 件，县区级知识产权部门 5957 件，高校 1821 件，科研院所 2 件，详情见表 10。

表10 实用新型资助件数统计表　　　　　　　　　　　　　　单位：件

单位类型	实用新型			
	申请资助	授权资助	奖励	其他
市级知识产权部门	423	4004	113	0
县区级知识产权部门	1960	2617	1028	352
高校	548	393	843	37
科研院所	2	0	0	0
合计	2933	7014	1984	389

2015年外观设计资助数量总计7478件，其中市级知识产权部门2079件，县区级知识产权部门5110件，高校289件，详情见表11。

表11 外观设计资助件数统计表　　　　　　　　　　　　　　单位：件

单位类型	外观设计			
	申请资助	授权资助	奖励	其他
市级知识产权部门	240	1739	100	0
县区级知识产权部门	1704	2599	501	306
高校	83	94	98	14
科研院所	0	0	0	0
合计	2027	4432	699	320

2015年PCT专利资助数量总计22件，市级知识产权部门20件，县区级知识产权部门2件，详情见表12。

表12 PCT专利资助件数统计表　　　　　　　　　　　　　　单位：件

单位类型	PCT			
	申请资助	授权资助	奖励	其他
市级知识产权部门	0	20	0	0
县区级知识产权部门	0	2	0	0
高校	0	0	0	0
科研院所	0	0	0	0
合计	0	22	0	0

调查显示，2015年专利申请资助数量总计6041件，其中发明1081件，实用新型2933件，外观设计2027件。2015年专利授权资助数量总计12479件，其中发明1011件，实用新型7014件，外观设计4432件，PCT专利22件。2015年专利奖励资助数量总计3097件，其中发明414件，实用新型1984件，外观设计699件。2015年专利其他资助数量总计778件，其中发明69件，实用新型389件，外观设计320件。详情见表13。

表13 2015年专利资助件数统计表   单位：件

专利类型		发明		实用新型		外观设计		PCT	
		职务	非职务	职务	非职务	职务	非职务	职务	非职务
市级知识产权部门	申请资助	225	6	375	48	234	6	0	0
	授权资助	593	80	3314	690	1546	193	20	0
	奖励件数	37	0	50	63	100	0	0	0
	其他件数	15	0	0	0	0	0	0	0
县区级知识产权部门	申请资助	203	113	1498	462	983	721	0	0
	授权资助	150	49	2326	291	2296	303	2	0
	奖励件数	117	25	871	157	315	186	0	0
	其他件数	23	9	311	41	306	0	0	0
高校	申请资助	514	15	531	17	83	0	0	0
	授权资助	137	2	374	19	89	5	0	0
	奖励件数	210	25	732	111	93	5	0	0
	其他件数	22	0	37	0	14	0	0	0
科研院所	申请资助	2	0	2	0	0	0	0	0
	授权资助	0	0	0	0	0	0	0	0
	奖励件数	0	0	0	0	0	0	0	0
	其他件数	0	0	0	0	0	0	0	0

3. 2015年度专利资助资金预算及执行情况

调查显示，只有部分单位制定预算，其中科研院所10份，省内高校24份，市级知识产权局6份，县区级知识产权部门51份，详见表14和图4。

表14 专利资助资金预算及执行情况表   单位：万元

对象	市级知识产权部门	县区级知识产权部门	高校	科研院所	合计
2015年度专利资助资金预算	254.00	970.22	534.32	0.10	1757.64
2015年度专利资助资金执行金额	566.81	1317.75	560.59	0.05	2445.20

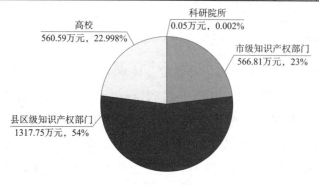

图4 专利资助资金执行情况

4. 2015 年度专利资助实施方式

从资金拨付方式、资助对象、资助额度标准等方面进行调查，详见表 15 和图 5、图 6、图 7。

表 15　专利资助实施情况统计表　　　　　　　　　　单位：家

内　容		市级知识产权部门	县区级知识产权部门	合计
专利资助资金拨付方式	本级直接支出	9	42	51
	下拨	0	12	12
专利资助对象	辖区内的单位和个人	9	48	57
	特定对象	0	5	5
专利资助标准	固定额度	9	50	59
	按实际缴费比例	0	2	2
已经制定实施资助政策的单位数量		1	225	226

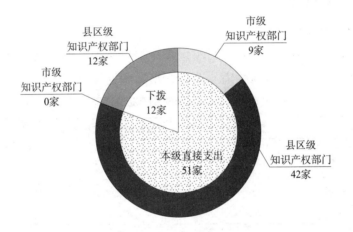

图 5　专利资助资金拨付方式

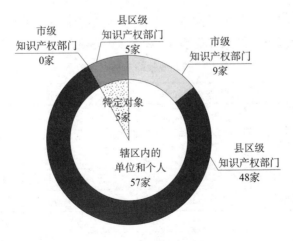

图 6　专利资助对象

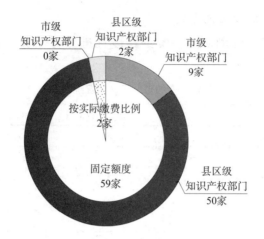

图7　专利资助标准

（二）附件2情况统计

1. 资助政策配套情况

调查显示，目前资助金的发放对象仅是专利申请人，而未直接对专利代理机构给予援助，近一半调查对象认为需要改进，结果详见表16。

表16　资助政策配套情况统计表　　　　　　　　　　　　　　　单位：家

内容	市级知识产权部门	县区级知识产权部门	高校	科研院所	合计
有配套资助	7	49	9	1	66
拟修改资助政策，设立专项资金对本地专利代理机构给予直接援助/配套资助	2/1	22/11	/	/	/

2. 资助政策重点资助需求

基于重点资助原则，对于资助政策是否需要予以重点资助产业单位、试点示范单位这一观点进行调查，结果详见表17和图8、图9。

表17　资助政策需求重点调查表　　　　　　　　　　　　　　　单位：家

内容		市级知识产权部门	县区级知识产权部门	高校	科研院所	合计
认为资助政策需要对产业单位、试点示范单位予以重点资助		9	68	23	14	114
认为倾斜的幅度	10%	3	13	6	1	23
	20%	3	21	4	8	36
	30%	3	19	10	4	36
	40%	0	15	3	1	19

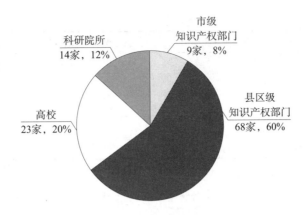

图8　资助政策需求重点

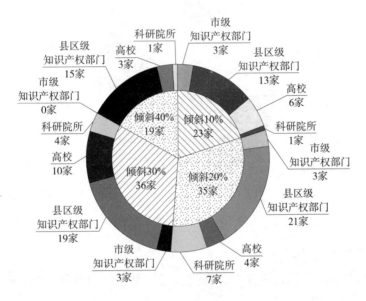

图9　倾斜幅度调查

3. 专利资助类型

调查显示，目前知识产权资助的种类繁多，主要分为专利资助、软件著作权资助及其他技术成果资助。本次调查主要从专利资助方面收集数据，结果详见表18和图10。

表18　知识产权资助类型统计表　　　　　　　　单位：件

资助类型	市级知识产权部门	县区级知识产权部门	高校	科研院所	合计
发明专利申请	5	32	11	6	54
实用新型专利申请	3	29	13	5	50
外观设计专利申请	3	25	11	3	42
发明专利授权	7	51	23	8	89

续表

资助类型	市级知识产权部门	县区级知识产权部门	高校	科研院所	合计
实用新型专利授权	7	48	21	7	83
外观设计专利授权	5	43	20	7	75
PCT 国际申请	4	17	5	4	30
国外发明专利授权	0	1	1	0	2
软件著作权登记	0	0	3	0	3

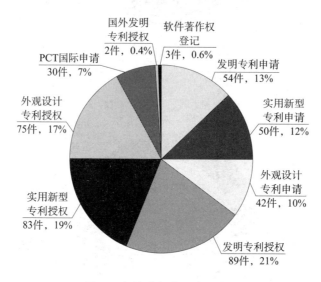

图 10　知识产权资助类型统计

4. 专利资助经费来源方式

调查显示，专利资助经费主要来源方式是市县本级财政和上级部门拨付的专项资金，详情见表 19 和图 11。

表 19　专利资助经费来源方式统计表　　　　　　　　单位：家

来源方式	市级知识产权部门	县区级知识产权部门	高校	科研院所	合计
中央财政预算	0	3	0	2	5
省级财政预算	0	8	9	4	21
市级财政预算	8	22	4	1	35
上级部门拨付的专项资金	1	32	3	6	42
社会团体和个人的捐赠	0	3	1	0	4
县级财政资金	0	29	0	0	29
单位预算	0	0	15	4	19

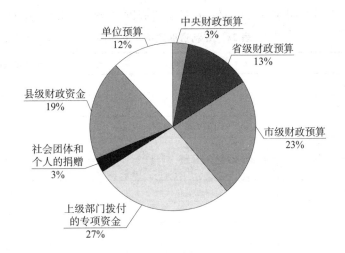

图11 专利资助经费来源方式

5. 市级专利资助总体效果

调查显示，市级专利资助总体效果较好，由于各地政策不一，还有改进提升的空间，有部分调查对象不了解专利资助政策，详情见表20。

表20 市级专利资助总体效果调查表 单位：家

效果	市级知识产权部门	县区级知识产权部门	高校	科研院所
很差	0	2	2	0
一般	2	17	2	3
比较好	4	25	7	1
很好	2	18	1	0
不了解	0	4	14	8

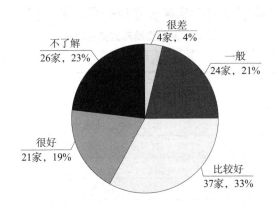

图12 市级专利资助总体效果

6. 专利资助政策建立时间

调查显示，江西省知识产权部门最早于2000年建立了专利资助政策，截至

2016年，共有57家知识产权部门建立了专利资助政策，详情见表21。

表21 专利资助政策建立时间   单位：家

年份	市级知识产权部门	县区级知识产权部门
1999	0	0
2000	0	1
2001	0	0
2002	0	0
2003	0	0
2004	1	0
2005	0	1
2006	1	2
2007	3	3
2008	1	1
2009	0	1
2010	1	3
2011	0	3
2012	0	4
2013	0	11
2014	0	11
2015	1	6
2016	0	2

7. 专利资助政策实施时间

调查显示，江西省知识产权部门最早于2002年实施了专利资助政策，截至2016年，共有53家知识产权部门实施过专利资助政策，详情见表22。

表22 专利资助政策实施时间   单位：家

年份	市级知识产权部门	县区级知识产权部门
2002	0	0
2003	0	0
2004	0	0
2005	0	2
2006	1	2
2007	3	4
2009	1	2
2010	0	2
2011	1	1

年份	市级知识产权部门	县区级知识产权部门
2012	0	4
2013	0	9
2014	0	11
2015	1	6
2016	0	3

8. 专利资助政策现行政策起始时间

调查显示，江西省知识产权部门现行专利资助政策最早于 2006 年实施，截至
2016 年，共有 49 家知识产权部门正在实施专利资助政策，详情见表 23。

表 23　专利资助政策现行政策起始时间　　　　　　　　　　　　单位：家

年份	市级知识产权部门	县区级知识产权部门
2006	0	2
2007	0	1
2009	1	0
2010	1	0
2011	1	0
2012	0	1
2013	0	8
2014	2	8
2015	2	14
2016	1	7

9. 发放资助情况统计

针对获批资助金的使用方向、申请专利的途径、后期监管条款等问题进行调
查，详情见表 24。

表 24　发放资助情况统计表　　　　　　　　　　　　单位：家

	相关内容	市级知识产权部门	县区级知识产权部门	高校	科研院所
获批资助金的使用方向	作为单位经营收入	7	54	12	4
	作为发明人奖励	3	45	18	4
	作为单位专利申请资金	2	13	2	0
	作为知识产权部门工作经费	0	7	3	2

相关内容		市级知识产权部门	县区级知识产权部门	高校	科研院所
申请专利的途径	正规专利代理机构	7	63	26	5
	企业内部自行申请	5	46	7	1
	委托他人申请	2	30	3	0
	未做过调查	1	0	2	2
专利资助的促进作用	提高专利申请量	8	62	17	6
	增强知识产权保护意识	7	58	15	3
	鼓励科技创新	8	61	18	6
	加速专利实施	6	49	11	3
	减轻申请人负担	7	56	15	5
发放专利资助资金	现金	0	9	11	1
	直接扣抵专利相关费用	1	5	5	1
	向法人申请人转账	6	48	4	2
	向代理机构转账	0	10	4	0
	一次性发放	5	40	12	3
	分期发放	0	5	2	1
后期监管条款	获得资助或奖励的单位或个人应在接受资助或奖励后定期提供专利授权和实施情况简要说明	7	45	16	3
	对弄虚作假的单位和个人,建立档案并拒绝继续资助	7	49	14	5
	对弄虚作假的单位和个人追回已资助和奖励的费用,并依法追究法律责任	5	45	14	4

10. 目前专利资助政策评价

针对目前专利资助政策,就合理性和可调性进行调查,详情见表25。

表25 专利资助政策评价   单位:家

内 容	市级知识产权部门	县区级知识产权部门	高校	科研院所	备注
认为目前专利申请资助标准设置合理	6	56	32	5	1. 资助额度偏低; 2. 过高
认为目前专利申请资助程序设置合理	7	62	16	5	申请收费项目过多
认为目前专利申请资助发放方式合理	7	61	16	5	1. 政府财政资助程序过多; 2. 发放给发明人

内　容		市级知识产权部门	县区级知识产权部门	高校	科研院所	备注
企业最希望得到政府哪些资助支持	专利检索费	5	42	13	2	
	专利代理费	5	49	12	4	
	授权6年后年费	4	42	10	6	
	质押贷款贴息	8	43	5	0	
	专利海外预警	0	13	3	1	
专利资助政策哪些方面需要作出变化	资助的受理和申报程序	1	17	11	3	
	资助金审批和发放方式	1	16	5	3	
	优化资助金资助范围和标准	6	36	13	3	
	资助金的监督和管理	1	14	3	2	
	通过政策倾斜，对本地重点发展的技术领域和行业进行专项资助和奖励	8	41	3	2	
	通过政策倾斜，扶持本地中小型企业发展	8	40	3	1	
	通过政策倾斜，推动专利技术产业化	7	46	8	3	
	完善向国外申请专利的资助规范	2	10	3	1	

11. 对现行专利资助政策的意见和建议

对于目前的专利资助政策及其实施过程和实施机制的意见和建议进行汇总总结，提出次数最多的是建议增加资助额度，调高发明奖励额度，详情见表26。

表26　意见和建议统计表

内　容	出现次数
建议增加资助额度，调高发明奖励额度	11
扩大资助范围（如费用、专利类型、阶段、对象）	8
建议简化程序	7
加大专利产业化扶持、成果转换力度力度	6
加强资助金的监督和管理	5
完善专利资助政策	3
希望上级部门能在财力或政策上给予更多的支持	2
实施过程都存在一些不足	1
建议建立专门的省、市县专利详细数据共享库，以便县一级掌握专利动态	1
需要给各县级知识产权单位申报省级补助进行培训，传授科技人员有关专利方面的知识	1
建议将政府对申请及授权专利的资助发放给发明人，发明人以排名第一的人为代表领取	1

12. 2013～2014 年专利申请和授权状况

调查显示，2013～2014 年专利申请 12385 件，2013～2014 年专利授权 9668 件，详情见表 27。

表 27　2013～2014 年专利申请和授权状况统计表　　　　单位：件

单位部门	年份	发明		实用新型		外观设计		国外专利		合计
		申请	授权	申请	授权	申请	授权	申请	授权	
市级知识产权部门	2013	53	2	0	332	0	91	0	0	478
	2014	48	34	93	544	0	181	0	0	900
县区级知识产权部门	2013	261	191	1136	977	1453	1261	879	578	6736
	2014	525	197	2150	1808	2886	1749	1538	869	11722
高校	2013	310	135	161	158	39	24	0	0	827
	2014	346	118	231	188	240	220	0	0	1343
科研院所	2013	8	1	8	6	0	0	0	0	23
	2014	12	0	8	4	0	0	0	0	24

13. 2015 年专利申请量和有效量

调查显示，2015 年专利申请量总计 7329 件，专利有效量为 18781 件，专利失效数为 3515 件，详情见表 28。

表 28　2015 年专利申请量和有效量　　　　单位：件

单位部门		发明	实用新型	外观设计	国外专利	合计
市级知识产权部门	申请中，未授权	338	278	159	0	775
	有效	607	617	1141	0	2365
	未缴费失效	189	220	324	0	733
	超过年限	6	81	0	0	87
县区级知识产权部门	申请中，未授权	558	2311	3114	16	5999
	有效	792	6441	7668	59	14960
	未缴费失效	45	1031	627	9	1712
	超过年限	22	71	334	8	435
高校	申请中，未授权	401	86	16	1	504
	有效	383	691	325	1	1400
	未缴费失效	76	238	196	0	510
	超过年限	2	7	18	1	28
科研院所	申请中，未授权	50	1	0	0	51
	有效	33	22	1	0	56
	未缴费失效	5	1	3	0	9
	超过年限	1	0	0	0	1

14. 2015 年申请专利主要集中行业

调查显示，2015 年申请专利主要集中行业是先进制造与自动化、新材料、电子信息，详情见表29。

表29　2015 年申请专利主要集中行业统计表　　　　单位：件

行业	市级知识产权部门	县区级知识产权部门	高校	科研院所
电子信息	87	2176	379	0
生物与新医药	306	1867	106	1
航空航天	0	36	58	0
新材料	575	2654	571	7
高技术服务	89	345	201	0
新能源与节能	919	1396	106	0
资源与环境	276	209	438	29
先进制造与自动化	1039	1765	811	0
其他	948	5069	377	0

15. 2015 年专利申请人情况

调查显示，2015 年专利申请人主要是企业和事业单位，详情见表30。

表30　2015 年专利申请人情况统计表　　　　单位：件

单位	政府和事业单位	科研机构	院校	企业	个人	其他	总计
市级知识产权部门	4	321	491	1965	1950	0	4731
县区级知识产权部门	8134	157	423	6151	3579	0	18444
高校	0	0	2038	0	0	0	2038
科研院所	0	31	0	0	0	0	31

（三）执行政策情况统计

调查显示，大部分地方政府都没编制独立的知识产权执行政策。详情见表31。

表31　执行政策情况统计表

地级市	所辖县（区）	所辖乡镇（街道）	文号	文件名称
抚州市	崇仁县	县（区）本级	崇府发〔2015〕8 号	《崇仁县人民政府管理稳增长促升级若干政策措施》
	东乡县	县（区）本级	东发〔2011〕26 号	《中共东乡县委、东乡县人民政府关于大力优化工业产业布局、推进园区发展和加快形成主导产业的实施意见（试行）》
	资溪县	县（区）本级	资府字〔2007〕35 号	《资溪县人民政府关于印发资溪县科学技术奖励办法的通知》

续表

地级市	所辖县（区）	所辖乡镇（街道）	文号	文件名称
抚州市	金溪县	县（区）本级	金发〔2014〕15号	《中共金溪县委、金溪县人民政府关于大力推进企业科技创新的实施意见》
	金溪县	县（区）本级	金办发〔2016〕18号	《中共金溪县委办公室、金溪县人民政府办公室关于大力推进企业科技创新的实施意见》
吉安市	安福县	县（区）本级	安府发〔2013〕1号	《安福县人民政府关于印发安福县科学技术奖励办法的通知》
	吉水县	县（区）本级	吉水县府办字〔2015〕338号	《吉水县人民政府关于印发〈加快科技创新，促进产业转型升级实施意见〉的通知》
	遂川县	县（区）本级	遂办发〔2012〕48号	《中共遂川县委办公室、遂川县人民政府关于印发〈关于进一步激励创新促进科技入园工作的意见〉的通知》
	泰和县	县（区）本级	泰府字〔2012〕124号	《泰和县人民政府关于印发泰和县推进科技入园实施意见的通知》
	万安县	县（区）本级	万府发〔2015〕12号	《万安县人民政府关于印发万安县促进经济平稳健康发展若干措施的通知》
	峡江县	县（区）本级	峡办发〔2012〕56号	《中共峡江县委办公室、峡江县人民政府关于印发〈新形势下进一步加强科技创新工作意见〉的通知》
	永丰县	县（区）本级	永府字〔2015〕27号	《永丰县人民政府关于印发永丰县促进经济平稳健康发展若干措施的通知》
	井冈山经济开发区	县（区）本级	井开字〔2013〕79号	《关于印发〈井冈山经济开发区关于推进企业科技创新工作的实施意见〉的通知》
景德镇	市本级	/	/	《景德镇市专利资助暂行办法》
	乐平市	县（区）本级	乐办字〔2013〕74号	《中共乐平市委办公室、乐平市人民政府关于印发〈乐平市进一步鼓励和促进科技创新奖励暂行办法〉的通知》
	陶瓷工业园区管委会	县（区）本级	景瓷园管发〔2015〕12号	《关于印发〈景德镇陶瓷工业园区关于推进转型升级创新发展财政扶持若干政策〉的通知》
	珠山区	县（区）本级	珠府字〔2015〕21号	《关于印发〈珠山区关于促进经济平稳健康发展的若干措施〉的通知》

地级市	所辖县（区）	所辖乡镇（街道）	文号	文件名称
九江市	市本级	/	九知字〔2015〕15号	《关于加大对发明专利资助奖励力度的通知》
	市本级	/	九科字〔2009〕79号	《关于印发〈九江市专利资金管理办法〉的通知》
	市本级	/	九知字〔2014〕32号	《关于调整市级专利费资助政策的通知》
	九江市经济技术开发区管委会	县（区）本级	九开管字〔2015〕13号	《关于印发〈九江市经济技术开发区关于推进企业科技创新实施办法（暂行）〉的通知》
	德安县	县（区）本级	德知发〔2014〕10号	《关于下发德安县专利申请资助管理办法的通知》
	武宁县	县（区）本级	武府办发〔2015〕16号	《关于印发〈武宁县专利专项奖励资金管理办法（暂行）〉的通知》
	修水县	县（区）本级	/	《修水县专利申请资助办法》
萍乡市	市本级	/	萍符发〔2015〕9号	《萍乡市人民政府关于稳增长促发展的实施意见》
	莲花县	县（区）本级	/	《莲花县专利申请补助及奖励实施细则》
	萍乡经济技术开发区	县（区）本级	萍开管字〔2010〕153号	《关于印发加快推进科技创新"六个一"工程的扶持政策的通知》
新余市	市本级	/	/	《新余市专利专项资金管理办法》
	分宜县	县（区）本级	分府字〔2015〕81号	《分宜县人民政府办公室关于印发〈分宜县专利专项资金管理办法〉的通知》
	高校	新余学院	/	《新余学院知识产权促进与保护办法》
上饶市	市本级	/	/	《上饶市专利专项资金管理办法》
南昌市	市本级	/	/	《南昌市知识产权专项资金管理办法》
	高校	江西应用工程职业学院	工程学院字〔2013〕81号	《江西应用工程职业学院科研项目管理办法（修订）》
	高校	南昌工学院	/	《南昌工学院知识产权管理办法》
	高校	华东交通大学	/	《华东交通大学科研业绩量化及成果奖励办法》
	高校	江西服装学院	/	《江西服装学院科研管理办法》
	高校	江西生物科技职业学院	赣生科院字〔2016〕12号	《江西生物科技职业学院科研工作管理办法（修订）》
	高校	江西经济管理干部学院	/	《江西经济管理干部学院科研成果确认与登记管理办法》

地级市	所辖县（区）	所辖乡镇（街道）	文号	文件名称
南昌市	高校	南昌理工学院	南理科研字〔2014〕1号	《南昌理工学院专利管理办法（试行）》
	高校	南昌师范学院	南师院发〔2016〕	《南昌师范学院专利管理和专利资助办法（试行）》
	科研院所	江西省建筑材料工业科学研究设计院	/	《院科研技术创新实施及奖励办法》
赣州市	市本级	/	/	2015.7.1~2016.6.30赣州市专利资助项目汇总
	高校	赣南医学院	赣医发〔2011〕12号	《赣南医学院科技奖励暂行办法（修订）》
	高校	江西理工大学	理工发〔2015〕88号	《江西理工大学专利管理办法（修订）》
	高校	赣南师范学院	师院发〔2014〕2号	《赣南师范学院科研奖励办法（修订）》
吉安市	高校	井冈山大学	/	《井冈山大学科研工作奖励办法》
抚州市	高校	东华理工大学	东华理工发〔2014〕13号	《东华理工大学专利和软件等级基金管理办法》
	高校	东华理工大学	/	《东华理工大学科研成果奖励办法》
宜春市	高校	宜春学院	/	《宜春学院专利管理暂行条例》

五、江西省专利资助政策的现状分析

（一）专利资助总体概况

根据省知识产权局官方网站披露，"十二五"期间，江西省共申请专利101592件。年专利申请量由"十二五"初（2011年）的9672件上升到"十二五"末（2015年）的36936件，增长了3倍，年均增幅30.7%，高于全国11.3%的平均水平。共获授权专利61474件，年专利授权量由"十二五"初的5544件上升到"十二五"末的24161件，增长了4倍，年均增幅34.2%，高于全国平均水平。江西省知识产权工作一路走来步履稳健，专利综合实力排名从第22位上升到了第19位，进入全国专利实力二类地区。认真分析相关专利数据，不难得出江西省在专利结构、质量、原始创新技术等方面与先进省份还存在差距，例如早在2010年，安徽省的专利申请量达到了47128件，2013年安徽省专利申请量上升为93353件，居全国第6位，中部第1位，同比增长24.7%。其中申请发明专利34857件，居全国第7位，中部第1位。

调查显示，全省有7个市出台和完善了专利资助等相关政策，49个县（市、区）出台了专利资助政策，专利资助政策的覆盖面还有待扩大。

（二）现行专利资助政策主要特征

（1）资助的专利类型较多，以国内专利申请、授权和 PCT 国际申请为资助重点。针对国内专利申请，有 27 个地区对三类专利进行资助，3 个地区仅资助发明专利和实用新型，5 个地区仅对发明专利进行资助，9 个地区只对专利申请进行资助；针对国内专利授权，有 46 个地区对三类专利进行资助，5 个地区仅资助发明专利和实用新型，7 个地区仅对发明专利进行资助，31 个地区只对专利授权进行资助；有 21 个地区对 PCT 国际申请予以资助，仅 8 个地区资助政策覆盖全部专利类型。针对发明专利以及 PCT 国际申请，对其申请予以资助的地区多于仅授权后予以资助的地区；针对实用新型和外观设计专利，大多数地区施行授权后资助。

（2）资助方式以定额资助为主，并不区分费用类别，一次性给予资助。对于国内专利资助，除吉安市青原区和萍乡市经济技术开发区外，其他 59 个地区采取了定额资助方式；另外，针对国内专利申请和国际专利申请，分别有部分地区采用额外资助方式作为一般资助方式的补充，以鼓励申请量较大、排名靠前以及专利质量或价值高的单位。

（3）授权后资助和多级资助模式较为普遍。在反馈的 68 个地区中，仅 27 个地区采取了授权前资助程序，其余地区为授权后资助。所谓授权后资助，是指以专利申请最终是否被授权为依据，只要专利获得授权，凭相关证明材料就可申请获得资助。除个别专项资金外，大部分资助政策都支持多级资助。

（4）资助对象较广，突出对重点对象的优先资助。大部分地区专利申请资助对象不局限于企事业单位，还包括有关自然人。此外，为了帮助和促进企业专利申请、提高专利申请质量，还有小部分地区将专利中介机构纳入到资助范围，对符合条件的专利代理机构给予一定资助。部分地区对重点对象、示范企业申请给予优先资助。

（5）专利申请和授权主要集中在实用新型和外观设计专利，发明专利申请和授权所占比例不高。取得的国外专利数较少，专利国际竞争力不强。2015 年专利申请资助数量总计 6041 件，其中发明专利 1081 件，实用新型 2933 件，外观设计 2027 件。2015 年专利授权资助数量总计 12479 件，其中发明专利 1011 件，实用新型 7014 件，外观设计 4432 件，PCT 专利 22 件。

（6）专利主要分布在江西省传统技术领域，新兴技术领域专利数量少。分布数量最多的是先进制造与自动化、新材料、电子信息领域，新能源与节能和生物与新医药领域次之，航空航天领域最少。

（7）资助专利的申请人近八成是政府事业单位和企业，个人和高校其次，科研机构还不到一成。从申请量看，高校的发明专利占比较大，数量增长较慢；从专利存活率看，高校的有效专利和未缴费专利比例达到了4:1，远超10:1的平均比例。

（8）各地专利资助政策新旧不一，其中19个地区的资助政策变更过1次，24个地区的资助政策变更过2次，5个地区的资助政策变更过3次。现行政策起始时间在2010年以前的有5个地区（未能及时更新），在2010~2013年的有11个地区，在2014~2016年的有34个地区。

（9）市级专利资助总体效果较好。由于各地经济水平不一，且专利资助经费大部分来自本级财政预算，导致结合当地情况制定的资助政策各不相同，专利资助政策协同性差，还有需要改进提升的空间，有部分调查对象甚至不了解专利资助政策。

（三）专利资助政策存在的问题

（1）资助对象积极性不高。目前，申请专利的大户往往是经济和技术实力较强的大中型科技型企业，以及获得大量国家财政支持的高校及科研单位。这些企事业单位要么已被认定为高新技术企业、拥有高新技术产品，获得知识产权（专利）试点示范，要么享有政府优先采购以及融资补贴等多个方面的直接或间接优惠政策，对专利申请资助热度不高，起不到发动机的作用。而江西省大量中小微型企业、势单力薄、持续创新能力弱、平均专利产出量少，在当前"大众创新"的状况下，政府还需加大引导力度，挖掘小微企业专利潜力。在此形势下，如何优化配置专利资助政策是一个关键问题。

（2）资助管理方式简单化。各地在制定专利费用资助政策时，往往注重政策的激励作用，忽略了政策的导向功能；注重政策的短期效应，失去了政策的前瞻性效应。一直以来，定额资助是江西省地方政府普遍采用的资助方式，在现行资助体系下，专利资助政策诱发投机的可能性一直存在，不甄别专利申请质量，只注重专利申请数量，提高专利申请质量只能是一种空谈。随着江西省专利申请量的快速增长，越来越多的申请人提出由政府资助申请，而政府资金的投入相对有限，限额或降低单项资助力度就成为不得已而为之的"对策"。因此，与专利质量不挂钩的定额资助主导方式将面临考验。

（3）资助范围有待扩大，资助类型有待优化。目前江西省专利申请总体数量不高、质量较低，部分地区还未推行专利资助政策。专利分布领域缺乏均衡性，科研院所提出的专利申请数还不到申请总量的一成。除此之外，江西省申请发明专利比重、发明专利授权率不高，还需要不断通过改进区域专利资助政策来辅助调整专利产出的比例结构，加强专利竞争力，提高专利转化质量。

（4）资助政策灵活性不足。专利资助政策的灵活性对于专利资助政策具有非常重要的意义，它意味着在技术上，专利资助政策可以根据需要随时加以修订。政府可以与时俱进，学习先进经验，根据本地社会经济文化条件的变化和专利事业的发展随时进行相应的调整，以便不断完善专利资助政策，从而更好地完成资助政策的引导职能。

（四）改善建议

（1）进一步发挥政府宏观调控的职能和资金引导的作用。目前已有部分省市采用了专利服务券模式，加强政府调控手段，对各类企业以服务券金额来进行不同程度的资助调控。服务券是政府补助持券企业自主选择认定服务机构，签订服务合同的有效凭证，用于持券企业购买签约机构相应服务时等额抵扣规定比例内的合同金额。政策按照"政府支持代理机构、机构服务企业"的原则，以券代补、以券提质，由政府向企业发放专利服务券，企业使用专利服务券向服务单位购买服务，最后由服务单位向政府兑换财政补助。这种以政府资助、服务商让利的方式既减少了企业专利代理的成本支出，同时为企业提供实用、安全、价廉和信誉好的服务产品，提高了企业申请专利的积极性，有助于发明专利授权通过率的整体提升，实现专利申请"量质并举"的初衷，又能迫使代理机构加强规范管理，提升代理机构服务水平。

（2）平衡专利结构，提高申请质量。在专利资助政策实施初期，主要在于鼓励申请专利，对每件专利申请进行资助，达到了促进专利申请数量提升的目的，发明专利、实用新型专利和外观设计专利申请量和授权量也在资助政策的鼓励下出现了较大幅度的增长。当专利申请数量达到一个较高水平之后，为进一步提升专利申请质量，资助重点开始向授权专利转移，尤其是对已产业化的专利给予资助，使资助的专利申请更具有实质的技术含量。要积极鼓励和引导申请人申请发明专利，逐步减少对实用新型和外观设计的资助比例，改善专利结构。对申请的发明专利、实用新型及外观专利进行严格审查和监督，坚决抵制非正常专利申请，防止垃圾专利产生。提高有技术含量的发明专利的有效性及地区有效发明专利的占有量，找到区分出真正有价值的实用新型与垃圾专利的有效方式。

（3）建立专利资助数据库。由于涉及专利资助的种类和数量不断增多，为防止恶意骗取等投机行为扩大化，避免现行专利资助方式的不足之处可能被不断利用，有必要建立一个全省联网的专利资助数据库，实现专利资助运作模式高效合理、实操性增强。数据库通过与各地方的专利资助数据共享或交换，运用完备的数据资源作支撑，减化各级各部门从申报到监管各阶段的资助程序，使数据公开透明。

（4）要进一步完善知识产权领域的相关法律和政策。鼓励科研机构和科研人员将政府资助的研究成果申请专利，支持和保障科研机构、专利发明人的权益，使科研人员成为科技成果转化中的最大受益者。鼓励高校、企业和政府建立产学研平台，加快专利的商业开发与应用，促进科技、产业、经济和社会的共同发展。

（5）加强专利申请资助的专项检查和监督。加大行政执法力度，严厉打击扰乱市场秩序的知识产权违法行为，通过科学、有效的综合治理，坚决铲除重复和恶意专利申请、以套取专利资助为目的的申请。通过降低资助成本，加强企业知识产权的法律保护意识，引导企业正确解决专利侵权纠纷，合理、合法使用知识产权法律制度，逐步缩小专利资助政策的援助范围，使专利申请走向一个健康、合法、面向市场的道路上来。

六、结论

专利申请资助是指创新主体也即专利申请人在专利权申请过程中获得的政府财政支持，是政府鼓励发明创造和促进专利申请的一项重要举措，对提高社会知识产权意识、促进专利申请具有积极作用。但从整体上看，无论是政策制定，还是其实施过程都存在一些不足，直接影响到专利申请资助的实施效果及公共财政资源的使用效率。

一方面，专利资助资金的使用应从对专利申请本身的资助向对专利人才的培养、专利市场的转化方面延伸和调整，另一方面，要完善专利资助制度，调整资助对象，从"量化支持"转为"质量支持"，重点资助那些申请后在实际生产生活中发挥作用的专利，从而使资助政策顺应专利的发展及应用，真正做到对专利的市场化与社会经济发展起到促进作用。

江西省知识产权金融现状及对策研究

熊绍员*　胡智政*　赵培钧*　张登华**　祁科峰**

摘　要：知识产权金融，是知识产权制度的创新发展和高端运用，是畅通和激活知识产权交易关键环节。加强知识产权金融服务是知识产权工作服务经济社会创新发展、支撑创新型江西省建设、推动江西省经济社会创新驱动发展的重要手段。伴随着高新技术产业快速发展，金融已成为支持科技产业发展的触发器和加速器。目前来看，江西省的企业，特别是中小企业对资金的需求大，融资难的问题也是日趋严重，知识产权金融业务的开展为它们提供了一项新的融资渠道，因此，实现创新驱动发展亟须激活知识产权金融。

这就要求我们及时在全省范围内开展全省企业知识产权质押融资现状调查，深挖企业知识产权质押融资在实践中存在的问题和不足之处，并提出相应的建议与对策，加快促进知识产权与金融资源融合。

一、前言

科技型中小企业为我国国民经济和科技的发展作出了重要贡献，是我国经济发展过程中的重要支撑力量。然而资金不足往往成为制约科技型企业发展的瓶颈。由于资金限制使得科技型中小企业拥有的大量先进技术无法转化为科技成果，进而影响到企业的整体发展。知识产权质押融资为科技型中小企业解决融资难题提供了一种新的途径，它利用知识产权作为融资担保，可以将知识资本化为资金资本。

2006年10月31日，全国首例知识产权质押融资在北京诞生，由此打破了知识产权质押融资的坚冰。国家知识产权局自2008年12月开展知识产权质押融资试点工作以来，国家知识产权局在全国28个地区开展了知识产权质押融资试点工作，在10个省市、5个市区以及8个高新技术园区开展了企业专利项目与金融机构对接，组建了知识产权投融资服务联盟，整体推进知识产权投融资工作。当前我国发

---

　*　作者单位：江西省知识产权局。

　**　作者单位：南昌金轩科技有限公司。

展正处于经济结构调整和转变经济发展方式时期，贯彻和落实好知识产权质押融资政策和开展好知识产权质押融资工作是其重要保证。

知识产权金融不仅缓解了企业的融资难题，有力地支持了中小企业的发展，还具备以下优势：一是有利于提高企业对知识产权的认识，通过开展知识产权质押融资业务，宣传知识产权保护法律，使中小企业逐渐重视知识产权，加强对知识产权的保护与关注；二是有利于拓展中小企业的融资渠道，利用知识产权质押融资，拓展了中小企业担保物的范围，在一定程度上拓宽了中小企业的融资途径，为中小企业的发展创造了一个良好的金融环境；三是有利于促进金融业的发展，知识产权质押融资的潜在价值日益显现，知识产权质押融资为金融机构创新提供了一种新的方式；四是有利于推进创新型国家的建设，开展知识产权质押融资业务，可以促使中小企业积极创新并保护创新成果，从而加快我国创新型国家的构建。综上所述，研究和推动知识产权金融意义重大。

二、知识产权金融政策落地，科技型中小企业融资迎来机遇

当前环境下，对于企业尤其是没有固定资产作为抵押物的科技型企业而言，传统融资方式已经遇到瓶颈，党的十八报告明确指出要创新资源支持中小企业特别是科技型中小企业的发展。因此，创新性地探索新型融资方式是社会各方面都应关注的一个现实问题，在政府的推动和支持下，知识产权金融应运而生，形成主要以北京、上海浦东、武汉、江苏为代表的四种知识产权质押融资模式。

2013 年 3 月 1 日，我国正式出台实施《企业知识产权管理规范》；2014 年 12 月 16 日，我国首家"五位一体"知识产权金融服务体系，即中技知识产权金融服务体系正式发布；2015 年 4 月 20 日，汇桔网建立了全国首家互联网知识产权金融平台——知商金融，开启了"IP + P2P"互联网金融新模式；2015 年 4 月 24 日，由西安金知网知识产权电子商务有限公司和陕西金开贷金融服务有限公司共同成功发起了知识产权（专利）质押 P2P 融资；2015 年 7 月 22 日，经国务院批准，中国人民银行会同国家发改委、科技部、财政部、国家知识产权局、银监会、证监会、保监会、外汇局等部门印发了《武汉城市圈科技金融改革创新专项方案》，确立了国内首个区域科技金融改革创新专项方案；2015 年 8 月 27 日，重庆市科委、市财政局、市金融办和市知识产权局联合发布《重庆市知识产权质押融资管理办法（试行）》，确立了对企业知识产权质押贷款提供不超过每笔贷款 1% 的担保费和保险费补助，并给予不超过审定企业知识产权质押贷款坏账本金损失 30%、每笔贷款损失补偿不超过人民币 150 万元的补偿；2015 年 9 月 24 日，广东省人民政府印发《广东省深入实施知识产权战略推动创新驱动发展行动计划》提出了到 2017 年全省有

效发明专利量超过 16 万件，年发明专利授权量达到 3 万件，年均增长 10% 等系列目标。2015 年 10 月 22 日，江西省知识产权局、江西省银监局共同印发了《江西省中小微企业知识产权质押融资管理办法（暂行）》，提出了江西省将着力构建融资服务平台，大力加强政府引导和银担合作，综合运用资本投入、代偿补偿等方式，加大财政支持力度，引导和促进融资服务机构和银行业金融机构为四众企业提供快捷、低成本的融资服务，建立健全知识产权质押融资风险多方分担机制。

综上所述，从 2008 年国家公布《国家知识产权战略纲要》至今，知识产权金融服务工作也取得显著成效，如 2014 年专利权质押金额达 489 亿元人民币，较上年增长 92.5%；惠及 1850 家中小微企业，较上年增长 31.3%。因此，无论是国家层面还是地方层面，都在积极探索知识产权金融发展之路，可以说中国的知识产权环境已经大有改善，科技型中小企业的融资问题迎来了曙光。

三、江西省知识产权金融工作机遇与问题并存

为贯彻落实国家知识产权局《关于进一步推动知识产权金融服务工作的意见》（国知发管〔2015〕21 号）精神，切实加快促进知识产权与金融资源有效融合，更好地发挥知识产权对经济发展的支撑作用，进一步推动江西省知识产权金融服务工作，有效解决江西省企业融资难、融资贵问题，及时掌握全省企业知识产权质押融资需求，同时为江西省研究制定省级中小微企业知识产权质押融资相关办法等相关扶持政策提供决策依据，江西省知识产权局在全省范围内开展了企业知识产权质押融资需求调查，参与企业知识产权融资需求调查的企业共 843 家。

（一）知识产权质押融资需求状况

受调查企业中有 524 家企业（占 62.16%）迫切需求开展知识产权质押融资工作，期望通过专利权质押方式实现专利权的市场价值，具体情况见表 1。

表 1　调查企业知识产权质押融资需求情况

类型	有知识产权质押融资需求	无知识产权质押融资需求	合计
数量/家	524 其中：得到政府支持24家	319	843
占比	62.16%	37.84%	100%

（二）知识产权质押融资意识状况

通过调查发现（调查结果见表 2），企业普遍缺乏知识产权质押融资意识以及对质押融资业务模式不熟悉、不了解，甚至有 543 家的企业没有听说过知识产权可以质押融资，其占全部企业的 64.41%；另外，47 家企业不愿将自有知识产权作为

质押标的，占全部企业的 5.58%；105 家企业反映本地区金融机构没有开展此项业务，占全部企业的 12.46%；25 家企业反映本地区金融机构融资成本高、融资手续繁杂、审贷严格，占全部企业的 2.97%；35 家企业认为自己的知识产权质量不高，没有质押价值，占全部企业的 4.15%。其他类型有 88 家企业，占全部企业的 10.43%。知识产权管理尚未制度化和规范化，企业知识产权意识淡薄将导致企业创新乏力，创新动力不足，而知识产权质押融资意识没有跟上，难以解决科技企业的融资难问题。

表2 调查企业目前未开展知识产权质押融资的原因

类型	不知道知识产权可以质押融资	企业不愿将自有知识产权作为质押标的	本地区金融机构融资成本高、融资手续繁杂、审贷严格	本地区金融机构没有开展此项业务	本企业知识产权质量不高，没有质押价值	其他	合计
数量/家	543	47	25	105	35	88	843
占比	64.41%	5.58%	2.97%	12.46%	4.15%	10.44%	100%

注：由于数值经过四舍五入，占比的和不等于 100%。

调查情况表明，一方面，企业知识产权质押融资需求非常明显，另一方面，大部分（73.24%）企业还没有把专利权和商标权等知识产权作为企业最重要的资产来经营。

（三）科技金融政策出台、多措并举拓宽中小企业融资渠道

近年来，江西省委、省政府致力于为科技型中小企业提供金融服务，谢茹副省长在全省科技金融座谈会中指出，要充分认识科技金融工作的重要性，进一步深化科技体制改革，促进科技与金融融合，使科技金融服务于创新驱动战略、服务于经济发展大局。要不断创新科技金融产品、组织和服务模式，通过增加银行科技贷款、设立科技支行、壮大科技创业投资基金、参与多层次资本市场、推进科技保险、加强知识产权质押融资等方式，为科技型企业提供更多融资支持。她要求，要进一步健全科技信贷及担保风险补偿机制，推进科技担保体系建设；健全适合科技型企业特点的信用征集、评级、共享机制和评级结果推介制度，推进科技企业信用体系建设；建立集评估、咨询、法律、财务等功能为一体的科技金融服务平台，推进科技金融中介服务体系建设；着力加强政、企、银之间的协调配合，形成推动科技金融发展的良好环境。

为推进知识产权战略实施，促进知识产权转化，引导知识产权融资工作健康有序发展，江西省委、省政府一直注重强化科技金融政策、多措并举拓宽中小企业融资渠道。

一是努力做好知识产权金融服务和管理工作，2009年11月27日，省十一届人大常委会第十三次会议表决通过了《江西省专利促进条例》，并于2010年1月1日起实施。2010年，江西省人民政府成立了江西省知识产权工作领导小组；2011年江西省人民政府出台《江西省专利奖励办法》，并评选出首届省专利奖；2012年6月，《江西省知识产权战略纲要》经过两年多的编制正式出台。

二是加强制定知识产权与金融结合的相关政策和法规。江西省先后出台了《南昌市科技保险补助资金使用管理办法（暂行）》《江西省推动产业技术创新战略联盟构建与发展的实施方案》《关于推进南昌市知识产权质押融资工作的实施意见》《江西省战略性新兴产业投资引导资金管理暂行办法》《江西省科技型中小企业信贷风险补偿资金管理办法（试行）》《江西省人民政府关于全力支持南昌发展打造核心增长极的若干意见》《江西省知识产权质押融资试点工作方案（试行）》《江西省中小微企业知识产权质押融资管理办法》等一系列推进科技金融结合的政策和法规。

三是推进担保体系建设和保险体系建设，初步建成了省、市、县三级中小企业信用担保体系，该举措是江西省知识产权金融信用担保体制发展史上的一个重要里程牌，全省现已备案的中小企业信用担保机构178家，省科技担保公司截至2014年底，累计为86家科技企业提供科技担保贷款5.398亿元；与此同时，江西省科技厅通过与中国人民银行南昌中心支行、中国人民财产保险股份有限公司江西省分公司、中国出口信用保险公司南昌营业管理部、交通银行江西省分行签订合作协议，与中国进出口银行江西省分行建立科技信贷合作机制，充分发挥保险在科技型企业科技金融结合过程中的保障作用。

四是设立科技企业信贷风险补偿金制度。经与省财政厅协商，省科技厅设立了"江西省科技型中小企业信贷风险补偿资金"，并报省政府审批通过了《江西省科技型中小企业信贷风险补偿资金管理办法（试行）》。2014年安排补偿资金1000万元，要求合作银行按放大8~10倍的规模，提供8000万元到1亿元的科技贷款，并以补偿金为限给予风险补偿。

五是开展银企对接活动和入园指导工作。2011年起，每年举办一届"百园千企"政银企对接活动，累计为3147家企业授信610.8亿元；同时，省科技金融促进会深入开展科技金融入园试点工作，一方面根据差别化融资需求帮助科技企业有效对接金融机构，另一方面提供技术咨询帮助金融机构充分了解企业。据不完全统计，2014年各试点单位科技金融服务中心共计为277家企业提供帮助实现银行贷款31.25亿元，其中担保贷款6.89亿元。转化科技成果148项，并为447家科技型企业提供905次免费咨询服务，充分发挥了服务科技企业发展的作用。

2015 年 8 月 15 日，省科技厅召开科技金融工作座谈会，副省长谢茹指出要进一步健全科技信贷及担保风险补偿机制，推进科技担保体系建设等，形成推动科技金融发展的良好环境。

2015 年 10 月 12 日，出台《江西省知识产权质押融资试点工作方案（试行）》，确定九江市知识产权局、新余市知识产权局、赣州市知识产权局及共青城市知识产权局 4 家单位为第一批江西省知识产权质押融资试点单位，这些举措都标志着江西省企业知识产权质押融资工作向前迈出了实质性的一步。

2015 年 10 月 22 日，省知识产权局与省银监局共同印发了《江西省中小微企业知识产权质押融资管理办法（暂行）》，正式启动开展中小微企业知识产权质押融资工作。这是江西省推进"四众"（众创、众包、众扶、众筹）健康发展和进一步推动江西发展升级和产业创新升级所推出的一项重要举措，每家企业享受贴息总额上限为 50 万元。这将有效缓解省内中小微企业尤其是科技型企业融资难、融资贵的难题。

四、政策举措和建议

以知识产权资产作为融资渠道已经成为全球趋势，江西省在这条路上走得很早，知识产权融资意愿也较高，但受锢于全省偏慢的知识产权发展步伐和薄弱的企业知识产权意识，大量的知识产权资产仍在"沉睡"，转化率不高，远不能满足企业的需求，要推广知识产权质押融资，克服理论与实践方面的问题与困难，还需要从以下几个方面加以改进。

（一）进一步规划好知识产权质押融资的空间布局

全省应以《江西省中小微企业知识产权质押融资管理办法（暂行）》和《江西省人民政府关于全力支持南昌发展打造核心增长极的若干意见》为指引，规划开展知识产权质押融资业务的空间布局，梯队推进全省的知识产权质押融资业务。南昌市全国首批知识产权质押融资试点城市之一，应为江西省开展知识产权质押融资工作的排头兵，推广经验，吸取教训。同时以九江、新余、赣州及共青城为第二梯队和培育单位，积极创造发展知识产权质押融资的良好条件。在前两梯队积累经验的基础上，以其他地级市为第三梯队，并推动江西省全面开展知识产权质押融资工作。

（二）完善知识产权金融中介机构功能

知识产权价值评估需要经过一系列高度专业化且复杂的程序，如市场调查、市场预测、市场分析、估算知识产权资产的未来收益等，才有可能使评估趋于大致准确。而且知识产权价值的实现在受到多种因素综合影响的同时．也会影响到担保机构功能的发挥。因此，应从四方面努力完善中介机构的功能。一是政策扶持。如对银行、中介组织适当进行补贴；对于符合条件的企业实行知识产权质押贷款贴息政策；探索性地引入保险公司等。进行引导和激励，既推动知识产权贷款，又有效降低银行风险，调动银行放贷积极性，真正实现"知本"向"资本"的转变。同时，应该避免融资企业、中介以及银行等发生寻租行为。江西省近期出台的《江西省中小微企业知识产权质押融资管理办法（暂行)》中规定，省知识产权局在省专利专项资金中列支专利权质押融资资助资金，用于补助中小微企业以专利权质押方式向银行贷款所支付的利息和因质押贷款所发生的评估、担保、保险等中介服务补贴。凡在江西省区域内注册的具有独立法人资格、拥有自主专利权的中小微企业用自有专利权向银行申请知识产权质押贷款后，可申请贴息补助和评估、担保、保险补助。二是建立风险共担机制。如担保公司、银行、评估机构共同承担风险。同时，担保机构通过知识产权交易市场将知识产权变现或继续向融资企业追偿。而融资企业主或主要企业股东对贷款负无限责任。三是建立完善流通市场。解决知识产权质押中最大的难题——质押物处置问题。四是推进知识产权信用增级机制的建设。可以成立知识产权金融创新服务公司。以政府为主导并联合民间力量成立信用保证基金。以提供直接资助或全额担保的方式，保证质押知识产权的处置价值，进而提升企业的债信水平。

（三）提升科技型中小业自身的融资条件

科技型中小企业是知识产权质押融资的主体。其自身融资条件对于融资能否成功非常关键。融资条件主要包括企业信用、科技创新能力、科技成果转化能力、规范化的企业运作等。提高企业信用度是对知识产权价值不确定性的有效补充。能够缓解银企双方信息不对称，降低银行贷款风险，提高银行贷款积极性。科技创新能够保证技术的先进性以及后续的技术维护与发展，使自主知识产权顺利转化为现实生产力，提升企业核心资源的内在价值，保证质押的知识产权资产的有效性、稳定性和增值性。规范化企业运作，完善企业治理结构，强化"经营层的知识产权责任"，这样企业知识产权价值才能体现出来。

（四）创新知识产权质押融资方式

鼓励银行、担保机构、保险公司开展知识产权质押融资，创新知识产权质押融资方式。在大力培育和支持企业发展、转变经济发展方式的关键时期，完全采用政府鼓励下的市场化运作模式还不具备条件，完全采用政府主导型模式，政府可提供的资金有限，无法惠及所有企业。因此必须根据江西省的特点，发掘出适合江西省发展的知识产权质押融资的有效模式。例如，对我国重点培育发展的战略性新兴产业领域内具有核心技术的知识产权使用政府主导型模式，由科技支持基金担保，承担全部质押融资风险；对属于国家产业政策鼓励发展的产业领域具有核心技术的知识产权采用政府推动型模式，由担保公司或保险公司担保，政府给予一定的补贴；对不符合上述条件的知识产权采用政府鼓励下的市场化模式，由担保公司担保，按照市场化的原则由各参与机构分摊风险。

（五）完善知识产权金融服务平台和中介服务

知识产权质押融资业务还涉及法律方面、评估方面、担保方面等中介服务机构，这些中介机构在知识产权质押融资中有不同的功能，是知识产权质押融资中必不可少的部分。信用担保公司主要为申请质押融资的企业提供资金担保，它们通常比银行更熟悉需要融资的中小企业，风险控制手段也更为灵活便捷，因此知识产权质押融资中，信用担保公司发挥了很重要的作用：一项复杂的知识产权或者金融业务的开展，离不开律师的帮助，律师是最精通知识产权和金融业务并具备良好职业道德的专业服务人员，特别是现在具有专业的知识产权律师，对于降低融资风险和交易成本起到至关重要的作用，同时也从法律层面保障了银行和企业的利益，保证了企业知识产权质押融资业务的顺利开展；知识产权评估机构的价值评估结果直接关系到知识产权质押融资的金额，因此评估机构在评估时一定要重视评估价值的准确性，最好形成标准化、规范化的作业流程，从而提高评估机构的专业性、公正性和规范性。

近几年来，江西省知识产权金融发展从整体上看处于起步阶段，还有较大的发展空间。江西省要抓住科技金融发展的大好时机，努力汲取国内相关经验，不断健全知识产权金融服务体系，开创出对江西省科技金融发展更加有利的局面。

参考文献

[1] 杨莲芬，董晓安. 浙江省科技型中小企业知识产权质押融资意愿分析 [J]. 浙江大学学报理学版，2014（3）：243.

[2] 李国强，徐彬，吴小草，赵培钧，吴方，李坊道，詹绍维. 江西省知识产权质押融资现状与对策研究 [J]. 科技广场，2012（12）：18.

[3] 黄晖. 江西省科技金融发展的对策研究 [J]. 经济研究导报，2013（123）：159.

[4] 郭恺妍，宋沅昱，卜冠文，郭静，刘璐. 关于国内知识产权质押融资若干问题的研究 [J]. 科技创新导报 2015（10）：203.

第四篇　研究成果篇

知识产权支撑江西发展升级研究

黄世贤* 晏 辉* 罗 天* 李 维* 徐 涛*

摘 要：创新是一个民族进步的灵魂，是国家兴旺发达的不竭动力。要转变经济发展方式，推进创新型江西建设，自然离不开知识产权战略的实施和江西知识产权事业的大步向前发展。

本课题主要基于江西省面板数据的检验，将知识产权保护引入内生经济增长模型中，测算出江西省专利对产业利润、劳动生产率、出口、产业聚集的影响作用。得出的一个基本结论是：强化知识产权保护能够促进产业发展升级。

笔者认为，《江西省知识产权战略纲要》和《中共江西省委、江西省人民政府关于大力推进协同创新的决定》这两个文件是全面指导江西省知识产权事业发展的纲领性文件，必将把江西省带到一个全面创新的时代。伴随着这个时代的到来，必将催生知识产权的变革与创新，而知识产权的变革与创新又将支撑发展升级。

一、江西省知识产权发展现状

（一）全省知识产权工作取得显著成效

随着各项法律法规的制定出台，江西省知识产权创造、运用、保护和管理能力逐步提高，知识产权工作进入了发展的快车道。"十一五"以来，以贯彻落实《江西省专利促进条例》和《江西省知识产权战略纲要》为抓手，紧紧围绕科技创新"六个一"工程，坚持创新驱动，坚持协同创新，在知识产权激励创造、有效运用、依法保护和科学管理各方面取得了显著成绩。

2013 年，江西省知识产权在快速发展的基础上跃入高速增长期：全省共申请专利 16938 件，同比增长 36.0%，是全国增幅的 2.26 倍，全国排第 6 位；获授权专利 9970 件，同比增长 24.9%，是全国增幅的 5.41 倍，全国排第 9 位。申请量和授权量增幅均首次进入全国前 10 位。2014 年，在全国专利申请量和授权量负增长的大环境下，全省专利申请 25594 件、增幅 51.1%，授权 13831 件、增幅 38.7%，申

---

* 作者单位：江西省委党校。

请量、授权量增幅双双名列全国第一。专利申请量和授权量这两个创造能力的重要指标呈现跨越式增长，标志着江西省自主创新能力显著增强，"江西创造"支撑经济发展和转型升级的重要性日益凸显。

2014年全省职务专利申请15750件，同比增长64.8%，占全省申请总量的61.5%，职务专利申请占比稳定增长。从数据特点看，江西省专利申请结构进一步优化，科技含量最高的发明专利增幅明显，全省有效发明专利4091件，全省万人发明专利拥有量为0.91件。企业成为主力军，全年申请专利12180件，同比增长幅度达62.8%，创新主体地位进一步得到稳固。高校专利申请3063件，同比增长76.0%。从申请质量上看，高校的申请专利中发明占比39.5%，远远高于全省平均水平，成为优化专利质量的主力军。27个县（市）增幅翻番，幅度最高的南丰县增长了727.3%。

（二）江西省知识产权制度供给现状

2009年11月27日，《江西省专利促进条例》在省第十一届人民代表大会常务委员会第十三次会议上通过，江西省知识产权发展工作迎来了第一部具有全局指导性的纲领文件。条例出台后，根据《国家知识产权战略纲要》的总体要求，经过2年多的修订，2012年6月省政府印发《江西省知识产权战略纲要》，旨在全面提升江西省知识产权创造、运用、保护和管理能力，推动经济发展方式转变，增强区域竞争能力。此外，针对不同行业领域和经济转型升级实际，江西省还陆续出台了《江西省专利广告出证管理办法》《江西省专利申请及实施资助暂行办法》《江西省专利费资助暂行办法》《江西省专利实施资助项目管理暂行办法》《江西省知识产权富民强县示范县建设专项资金项目和资金管理暂行办法》《江西省战略性新兴产业专利技术研发引导与产业化示范专项资金项目和资金管理暂行办法》《江西省促进专利代理行业发展的意见（暂行）》等管理办法和实施意见，进一步细化指导全省知识产权工作发展，发挥知识产权促进江西省产业转型升级的支撑作用。

近年来，江西省知识产权工作建构了《江西省知识产权战略纲要》《江西省专利促进条例》、省专利奖、专利职称、企事业单位及园区知识产权试点等支撑全省知识产权持续发展的五大支柱，知识产权工作全面融入经济社会发展大局。

（三）知识产权工作存在的问题

当前江西省也存在管理和服务体系不够健全，特别是知识产权资源较为匮乏，自主知识产权拥有量少，著名商标、驰名商标数量相对较少，知识产权融入标准程度较低，专利、版权产业尚未形成规模，应用和保护能力偏低，人才队伍建设滞后等亟待解决的问题。

1. 知识产权的拥有量低

目前，江西省的有效发明专利偏低，万人发明专利拥有量与全国的 3.3 件有很大差距。万人发明专利拥有量指标是指每万人拥有的经国内外知识产权行政部门授权且在有效期内的发明专利件数，是衡量一个国家或地区科研产出质量和市场应用水平的综合指标，体现了一个国家或地区自主创新能力。江西省专利申请量与授权量虽连年高速递增，但发明专利授权量过少，所占比例仅为 11% 左右，在全国排名靠后，在中部六省中，直到 2011 年专利总量才稍微超出山西，专利综合实力在全国排第 22 位。但发明专利所占比率仍然落后山西，在中部六省中垫底。

2. 知识产权归属分布不合理

江西省近年来授权专利归属主要集中在企业、个人，由此可见企业、个人专利意识较强，而高校院所授权专利不足全省总数的 10%，其知识产权转化运用意识亟待加强。2012 年，江西省当年累计申请专利只占国内申请总量的 0.6%，累计授权专利只占国内授权专利总量的 0.6%，在中部六省中也是垫底，注册商标也只占全国总量的 1% 左右。进入产业化阶段专利比例只有 10.1%，在全国只比西藏强一点。另外，地区发展不平衡，南昌、赣州、九江、宜春 4 个设区市专利申请量与授权量分别占到全省总量的 60% 以上。

3. 知识产权中介服务机构弱小

江西省知识产权代理服务机构有 78 家，专业的专利交易服务机构仅有 12 家，注册资本仅 361 万元。通过 2011 年年检的专利代理机构仅 10 家，注册资本仅 256.4 万元，其中官办机构江西省专利事务所注册资本就有 202 万元，从事专利代理人数仅 42 人，基本集中在南昌市及下属区县。我国历年专利代理机构 50 强中，全部为发达地区机构。江西省的专利代理机构数量、代理人数量、服务质量、经济效益、社会中介服务实力远远落后于发达省份，在中部六省中仅稍强于山西。

4. 知识产权转化运用体系不完善

全省 11 个设区市知识产权局，除南昌市等少数县区为副处级外，其余均为科级，人员一般不超过 5 人。全省设区市知识产权局中，只有南昌、九江、新余、鹰潭 4 个市局成立了专门科室开展执法工作，全省专门从事专利行政执法的工作人员不足 20 人，执法资源不充分，没有统一的执法装备、服装等，执法条件相对落后，省局和大部分市局都没有单列的专利执法专项经费，甚至没有执法专项经费，无法满足执法工作的需要，大部分设区市难以正常开展执法工作。

5. 高技能人才非常短缺

江西省人才资源难以满足产业发展升级的需要，高技能人才非常短缺，尤其是高级人才、专业服务型人才和企事业单位的复合型人才非常匮乏。以技能人才为例，一是目前江西省高级技工比例低于20%，与发达国家高级技工的比例40%相差还很远。二是结构不合理，技师、高级技师这类高技能人才普遍存在青黄不接现象。三是在产业结构中分布不合理，高技能人才都集中于国有企业，而非公有制经济中所占比例很小。四是专业结构不合理。从事工程技术、农业技艺、电脑游戏设计、中央空调和电梯维修、市场营销等方面的专业技术人员缺口非常大。五是人才流失比较严重。当前一个普遍现象是：江西省的高职院校、中等专业学校培养的毕业生，绝大多数在广东、浙江、江苏等发达省份就业，省内各类技校毕业生每年赴外省的就业率也超过了80%。

二、江西省知识产权与经济发展升级相关计量分析

（一）专利对产业利润的影响

1. 专利与利润定量关系分析

通过统计分析与计量分析工具，从相关系数和计量模型角度，分析专利与产业利润之间的关系。相关系数是衡量两个变量线性相关关系程度的指标。按照公式1计算相关系数。

$$r = \frac{\sum_{t=2006}^{2013}(x_t - \bar{x})(y_t - \bar{y})}{\sqrt{\sum_{t=2006}^{2013}(x_t - \bar{x})^2 \cdot \sum_{t=2006}^{2013}(y_t - \bar{y})^2}} \qquad （公式1）$$

其中 x_t 表示 t 年变量 x 的数据取值，$\bar{x}$ 表示变量 x 在样本期间均值；y_t 表示 t 年变量 y 的数据取值，$\bar{y}$ 表示变量 y 在样本期间均值；r 表示变量 x 和变量 y 在样本期间的相关系数。该系数越高，表明两个变量相互影响、相互依赖的程度越高。专利数量与产业利润的相关系数越大，表明行业拥有的专利数量越多，该行业高产业利润的概率则较大；反之，则概率较小。

除少数行业如林业、牧业、渔业、非金属矿物制品业、有色金属冶炼及压延加工业外，其他行业利润与新增专利数量相关系数均为正。农业子行业、黑色金属矿采选业等37个子行业相关系数大于0.8，表明超过60%的行业其专利数量与行业利润高度相关。

林业、牧业、渔业相关系数为负，可能的解释是农林牧渔行业知识产权保护较弱，产品技术溢出效应较强，国内研发企业以国企、科研机构等非纯盈利性企事业为主，使得研发水平与企业利润成负相关关系，这与胡锦涛总书记提出知识产权应服务、让利"三农"的讲话相一致。以上从统计角度粗略地表明了专利与行业利润之间定量关系。但为了更加精确地衡量二者的数量关系，下面使用计量经济学方法

加以分析，具体表现为建立如公式2一元回归线性模型。

$$\ln y_{it} = \beta_0 + \beta_1 x_{it} + \varepsilon \qquad \text{（公式2）}$$

其中，y_{it} 为被解释变量，表示行业 i 在第 t 年的利润，单位为万元；x_{it} 为解释变量，表示行业 i 在第 t 年的新增专利数量，单位为件；β_0 表示常量；β_1 为待估系数；ε 表示随机扰动项；ln 表示取对数。公式2未能考虑到资本、股权、税率等其他影响因素，主要是基于数据的不可获性，这是未来努力的一个方向。公式2主要用于估计农、林、牧、渔四个子行业的专利效应。将农、林、牧、渔行业整体考虑的主要原因是行业特征的相似性。考虑到行业间生产活动可能存在向前或向后关联，从而导致不同行业之间的同期经济获得可能存在相互影响，首先对面板数据进行组间的 LR 检验和组间截面相关的 Pesaran 检验，检验结果表明组间存在异方差和截面相关。因此，公式2将采取允许个体扰动项存在异方差和同期相关的可行广义最小二乘法进行估计。

对于工业行业建立估计模型如公式3所示。

$$\ln y_{it} = \beta_0 + \sum_{k=1}^{3} \beta_k \ln x_{kit} + \beta_4 \ln x_{4it} + \varepsilon \qquad \text{（公式3）}$$

其中 y_{it} 为被解释变量，表示行业 i 在第 t 年的利润，单位为万元；x_{1it} 为解释变量，表示行业 i 在第 t 年的主营业务收入，单位为万元；x_{2it} 表示行业 i 在第 t 年的负债，单位为万元；x_{3it} 为解释变量，表示行业 i 在第 t 年的税金，单位为万元；x_{4it} 为解释变量，表示行业 i 在第 t 年的新增专利数量，单位为项；β_0 表示常量；ε 表示随机扰动项；β_1、β_2、β_3 和 β_4 为待估系数；ln 表示取对数。公式3用于估计非农、林、牧、渔行业即工业的专利效应。考虑到单个行业样本数量太少（从 2006～2013 年，只有8个样本量），同时又考虑到部分行业高度相似，因此归为一个大类较为合理。其他子行业的归类也基于以上两个原因。

对于公式3，也考虑到行业间生产活动可能存在向前或向后关联，从而导致不同行业之间的同期经济获得可能存在相互影响，首先对面板数据进行组间的 LR 检验和组间截面相关的 Pesaran 检验，检验结果表明组间存在异方差和截面相关。因此，公式3将采取允许个体扰动项存在异方差和同期相关的可行广义最小二乘法进行估计（见表1）。

表1 行业利润与专利数量模型（公式2和公式3）估计结果

归类及其行业构成	业务收入（万元）	税金（万元）	资产（万元）	负债（万元）	新增专利（件）	样本量（个）
农林牧渔					0.09 (0.94)	32
农业					−0.005*** (−9.31)	8

续表

归类及其行业构成	业务收入（万元）	税金（万元）	资产（万元）	负债（万元）	新增专利（件）	样本量（个）
林业					−0.008 *** (−7.71)	8
牧业					−0.007 *** (−10.18)	8
渔业					−0.007 *** (−6.61)	8
所有工业行业	0.88 *** (20.87)	0.17 *** (8.83)	0.97 *** (7.86)	−0.94 *** (−10.10)	0.0001 ** (2.37)	283
开采与采选业	1.62 *** (8.65)	0.001 (0.01)	−0.46 (−1.53)	0.20 (0.93)	−0.004 ** (−2.19)	32
煤炭开采和洗选业	0.40 *** (2.41)	0.22 (0.68)	1.10 (1.49)	−0.60 (−0.76)	−0.002 (−0.90)	8
黑色金属矿采选业	1.61 *** (2.69)	0.25 (1.16)	−0.20 (−0.30)	−0.11 (−0.38)	−0.004 (−1.27)	8
有色金属矿采选业	1.30 * (1.98)	0.88 (0.50)	0.76 (0.64)	−0.71 (−0.57)	0.001 (0.12)	8
非金属矿采选业	4.18 *** (3.05)	−1.00 * (−1.89)	−1.56 ** (2.08)	0.11 (0.13)	−0.02 ** (−2.03)	8
农业加工业	0.62 *** (4.30)	0.19 *** (5.73)	0.65 ** (2.15)	−0.28 * (−1.87)	0.002 *** (3.00)	32
农副食品加工业	0.41 (1.18)	0.62 *** (5.76)	−1.15 (−1.63)	2.04 * (2.98)	−0.009 *** (−4.08)	8
食品制造业	2.57 *** (8.06)	−0.48 * (−1.93)	−1.60 *** (−3.12)	0.11 (0.12)	0.001 * (1.75)	8
饮料制造业	4.79 *** (2.59)	−3.2 *** (−3.95)	−0.28 (−0.10)	0.042 (0.04)	0.01 * (2.00)	8
烟草制品业	2.55 (1.77)	−1.29 *** (−2.82)	−2.31 (−0.24)	2.06 (0.38)	−0.02 *** (−4.08)	8
轻纺业	2.06 *** (8.05)	−0.13 (−0.84)	0.11 (0.23)	−0.75 *** (−2.69)	−0.001 *** (−5.23)	24
纺织业	2.20 ** (10.48)	−0.089 (−1.21)	−0.35 (−0.43)	−0.39 (−0.50)	−0.002 *** (−2.59)	8
纺织服装鞋帽制造业	0.98 *** (4.53)	−0.40 (−0.86)	0.94 (1.22)	0.84 (0.76)	−0.002 (−0.53)	8

归类及其行业构成	业务收入（万元）	税金（万元）	资产（万元）	负债（万元）	新增专利（件）	样本量（个）
皮革、毛皮、羽毛（绒）及其制品业	1.40 *** (15.57)	0.24 *** (4.21)	−0.14 (−0.39)	−0.19 * (−0.55)	−0.001 (−1.62)	8
林业加工业	0.92 *** (5.22)	0.13 *** (11.88)	0.69 (1.90)	−0.41 (−1.90)	0.0004 (1.46)	40
木材加工及木、竹、藤、棕、草制品业	0.72 (0.89)	−0.06 (−0.05)	0.30 (0.30)	0.23 (0.21)	−0.00002 (−0.02)	8
家具制造业	0.94 *** (8.17)	0.07 (0.46)	0.09 (0.15)	0.12 (0.31)	0.00005 (0.17)	8
造纸及纸制品业	1.03 (1.11)	−0.15 (−0.18)	1.09 (1.65)	−0.53 (−1.39)	−0.0008 (−0.40)	8
印刷业和记录媒介的复制	0.72 *** (8.79)	0.80 (1.48)	0.79 *** (7.11)	−1.51 (−2.01)	−0.001 (−1.07)	8
文教体育用品制造业	1.06 * (2.96)	0.04 (0.31)	1.08 (1.65)	−0.42 (−1.08)	−0.005 ** (−2.05)	8
石油化工业	1.55 *** (10.04)	−0.30 *** (−2.48)	1.41 *** (2.56)	−1.32 *** (3.25)	−0.0005 (−1.04)	40
化学原料制品制造业	0.31 ** (2.45)	0.16 (2.61)	1.92 *** (6.39)	−1.11 *** (−5.12)	−0.0002 (−1.38)	8
化学纤维制造业	1.06 *** (8.06)	0.19 ** (2.43)	0.35 (0.90)	−0.37 (−1.31)	0.001 (1.28)	8
橡胶制品业	−0.24 (−0.25)	1.23 * (1.87)	2.33 *** (3.29)	−2.09 *** (−3.14)	0.003 (0.23)	8
塑料制品业	2.18 ** (2.54)	0.11 (1.01)	−5.03 * (−1.95)	4.14 * (1.82)	−0.001 (−0.74)	8
矿物加工业	1.41 *** (2.78)	−0.64 * (−2.07)	2.18 *** (2.05)	−1.94 *** (−2.16)	0.00004 (1.12)	31
非金属矿物制品业	1.68 (1.30)	0.15 (0.18)	−0.46 (−0.18)	0.02 (0.01)	−0.002 (−0.58)	7
黑色金属冶炼及压延加工业	0.35 (0.47)	0.06 (0.04)	0.97 (0.20)	−0.17 (−0.04)	0.0008 (1.08)	8
有色金属冶炼及压延加工业	1.58 *** (4.24)	−0.35 ** (−2.05)	0.73 (1.41)	−0.44 (−1.87)	−0.0004 (−1.58)	8
金属制品业	−0.69 (−0.11)	−0.06 (−0.02)	3.05 (0.44)	−1.44 (−0.34)	0.0009 (0.59)	8

续表

归类及其行业构成	业务收入（万元）	税金（万元）	资产（万元）	负债（万元）	新增专利（件）	样本量（个）
机械制造业	0.83 *** (4.98)	0.13 (1.63)	1.07 ** (2.49)	- 0.86 ** (- 2.46)	0.0001 ** (3.42)	56
通用设备制造业	- 0.71 (- 0.56)	0.17 (1.27)	5.56 (1.29)	- 3.54 (- 1.24)	- 0.00006 (- 0.20)	8
专用设备制造业	1.47 *** (5.15)	- 0.08 (- 0.66)	- 1.01 (- 1.34)	1.56 * (2.98)	- 0.004 * (- 3.85)	8
交通运输设备制造业	0.16 (1.06)	0.69 *** (10.54)	6.79 *** (13.40)	- 5.67 *** (- 12.70)	0.00004 (1.85)	8
电气机械及器材制造业	1.96 ** (2.27)	- 0.36 (- 1.06)	- 1.54 (- 1.24)	0.51 (0.69)	0.001 ** (4.93)	8
通信设备、计算机及其他电子设备制造业	1.08 (1.71)	- 0.18 (- 1.15)	4.23 (1.20)	- 3.50 (- 1.44)	- 0.0001 (- 1.51)	8
仪器仪表及文化、办公用机械制造业	0.69 *** (6.08)	- 1.02 *** (- 4.87)	7.44 *** (5.39)	- 5.76 *** (5.39)	- 0.001 (- 1.69)	8
工艺品及其他制造业	0.46 (1.66)	0.81 (2.65)	0.68 *** (2.89)	- 0.96 *** (- 6.26)	0.0002 (2.33)	8
水电产业	2.35 (1.62)	- 0.55 (- 0.45)	0.21 (0.94)	- 0.52 (- 0.76)	0.0001 (0.05)	28
电力、热力的生产和供应业	3.56 (1.32)	- 0.88 (- 0.39)	- 0.36 (- 0.15)	- 0.68 (- 0.30)	- 0.01 (- 0.31)	8
燃气生产和供应业	2.40 *** (13.26)	4.24 *** (6.79)	- 29.19 *** (- 10.0)	16.98 *** (8.85)	0.01 * (3.08)	8

注：括号内为对应的 t 值（小类（如农）时间序列统计值）或 z 值（大类面板数据（如农林牧渔）统计值）；*、** 和 *** 分别表示在1%、5%和10%的水平上显著；行业利润数据来源于2007~2014年版《江西统计年鉴》。行业专利数据来源于中国专利数据库（知网版）整理。

　　农林牧渔样本显示专利变量估计系数为正但不显著，而农业、林业、牧业和渔业的样本显示专业与产业利润显著负相关，该结果有待商榷，因为这些行业利润水平的影响因素众多，由专利单因素得出的计量结果可能会遗漏变量等从而导致严重问题，但二者之间的定性关系大致可以确认。

　　工业样本估计结果显示专利数量变量显著不为零，表明保持其他条件不变，提高专利水平能够显著提高工业平均利润水平。开采与采洗业样本估计结果显示，煤炭开采和洗选业、黑色金属矿采选业、有色金属矿采选业和非金属矿采选业专利变量估计系数为负且显著，因此专利难以提高该行业利润，该结论能够推广；轻纺业与开采洗选业专利变量估计系数类似，系数显著为负，提高专利水平降低行业利润。

林业加工业、石油化工、矿物加工业和水电产业样本估计结果十分类似，均为估计系数不显著，且符号缺乏一致性，表明提高专利水平难以提高行业利润水平，或者说在总体上专利促进行业利润的结论难以推广。

与农产品加工业类似，机械制造业样本专利变量估计系数为正，并在5%水平显著。因此认为保持其他条件不变，增加该行业专利数量1个单位，能够提高该行业利润0.01%，具体表现在电气机械及器材制造业，该类的其他行业则不显著。深入分析这两个行业的专利运行机制，对于提高专利的经济促进作用具有重要意义。

2. 专利与投资利润率定量关系分析

应用公式1，分析专利数量与行业投资利润率相关系数，结果表明利润率与专利数量二者的较高正相关关系难以成立，几乎一致地表现为负相关关系。在表2中，相关系数为负的行业高达19个，占比超过一半；相关系数大于0.5的行业为6个，占比约为16%，低于20%；而相关系数大于0.8即高度相关的行业没有。因此，局部暗示行业专利数量并没有转化为行业竞争力，激发和改善专利在企业技术进步、市场盈利方面还有较大潜力。

为定量分析专利数量与行业利润之间的关系，建立如公式4所示的多元线性回归模型。

$$y_{it} = \beta_0 + \sum_{k=1}^{3} \beta_k \ln x_{kit} + \varepsilon \qquad （公式4）$$

其中 y_{it} 为被解释变量，表示行业 i 在第 t 年的投资利润率；x_{1it} 为解释变量，表示行业 i 在第 t 年的资产负债率；x_{2it} 表示行业 i 在第 t 年的销售利税率；x_{3it} 为解释变量，表示行业 i 在第 t 年的新增专利数量，单位为件；β_0 表示常量；β_1、β_2 和 β_3 为待估系数；ε 表示随机扰动项。由于数据的不可获得性，农、林、牧、渔行业未包括在样本内。行业归类原则和最终结果也与公式3完全一致。

同前面估计公式2和公式3类似，对于公式4，也考虑到行业间生产活动可能存在向前或向后关联，从而导致不同行业之间的同期经济获得可能存在相互影响，首先对面板数据进行组间的LR检验和组间截面相关的Pesaran检验，检验结果表明组间存在异方差和截面相关。因此，公式4将采取允许个体扰动项存在异方差和同期相关的可行广义最小二乘法进行估计（见表2）。

表2 工业行业投资利润率与专利数量模型（公式4）估计结果

归类及其行业构成	资产负债率	销售利税率	新增专利	样本量（个）
所有工业行业	−0.002 *** （−21.52）	0.01 *** （4.86）	0.00003 *** （6.99）	295
开采与采选业	−0.004 ** （−2.16）	0.01 *** （3.84）	0.00008 （0.30）	32
煤炭开采和洗选业	−0.002 *** （−3.17）	−0.0004 （−0.24）	−0.0001 （−0.97）	8
黑色金属矿采选业	0.001 （0.54）	0.025 *** （3.70）	0.00003 （0.08）	8
有色金属矿采选业	−0.0003 （−0.18）	0.01 *** （5.59）	−0.00009 （−0.26）	8
非金属矿采选业	0.001 （0.83）	0.01 *** （5.23）	0.0006 ** （4.05）	8
农业加工业	−0.001 *** （−4.01）	0.0006 ** （1.99）	0.0006 *** （9.84）	32
农副食品加工业	−0.002 （−0.82）	0.02 **** （3.53）	0.0002 （1.29）	8
食品制造业	−0.001 （−0.81）	0.0 *** （11.86）	−0.00006 （−0.51）	8
饮料制造业	−0.001 （−1.90）	−0.002 （−0.19）	0.002 （1.17）	8
烟草制品业	−0.001 （−0.30）	0.02 （1.92）	0.002 （1.76）	8
轻纺业	−0.002 *** （−7.05）	0.03 *** （13.70）	0.0001 *** （4.40）	24
纺织业	−0.0006 （−0.25）	0.04 * （2.42）	0.00008 （0.35）	8
纺织服装鞋帽制造业	−0.004 *** （−3.10）	0.01 （1.65）	0.0007 *** （3.07）	8
皮革、毛皮、羽毛（绒）及其制品业	−0.004 （−0.65）	0.03 *** （5.01）	0.001 （1.21）	8
林业加工业	−0.003 *** （−3.06）	0.01 （1.97）	0.0002 *** （6.13）	40
木材加工及木、竹、藤、棕、草制品业	−0.0003 （−0.06）	−0.005 （−0.71）	0.0002 （2.10）	8

归类及其行业构成	资产负债率	销售利税率	新增专利	样本量（个）
家具制造业	-0.005^{**} (-2.47)	-0.01 (-1.03)	0.0002^{***} (6.37)	8
造纸及纸制品业	-0.0009 (-0.65)	0.01 (1.01)	0.0007 (0.89)	8
印刷业和记录媒介的复制	-0.002 (-1.31)	0.004^{**} (2.30)	0.0004^{***} (3.10)	8
文教体育用品制造业	-0.006^{***} (-3.51)	0.008 (1.74)	0.0009^{***} (3.20)	8
石油化工业	-0.005^{***} (-4.67)	0.004^{***} (2.94)	0.0003^{***} (3.42)	48
石油加工及核燃工业	0.0003 (0.25)	0.007^{**} (3.10)	0.000001 (0.01)	8
化学原料制品制造业	-0.006^{***} (-10.46)	-0.2^{**} (-3.07)	0.0001^{***} (8.47)	8
医药制造业	-0.003^{*} (-2.27)	0.007^{***} (7.26)	0.0007 (1.63)	8
化学纤维制造业	-0.005^{***} (-6.64)	0.007 (2.05)	0.0005 (1.59)	8
橡胶制品业	-0.006^{**} (-3.55)	-0.003 (-0.44)	0.002^{**} (3.72)	8
塑料制品业	-0.006^{**} (-3.06)	-0.002 (-1.18)	0.0003^{***} (6.36)	8
矿物加工业	-0.002^{***} (-7.85)	0.009^{***} (8.43)	0.0001^{***} (3.86)	32
非金属矿物制品业	-0.004 (-1.37)	0.01 (1.98)	0.0004^{***} (5.52)	8
黑色金属冶炼及压延加工业	-0.001 (-1.25)	0.004 (1.81)	0.00008^{*} (2.19)	8
有色金属冶炼及压延加工业	-0.003^{**} (-3.26)	0.02 (1.40)	0.00005 (0.81)	8
金属制品业	-0.004 (-1.09)	0.006 (1.46)	0.00006 (0.72)	8
机械制造业	-0.002^{***} (-7.47)	0.01^{***} (5.00)	0.00002^{***} (3.04)	56

续表

归类及其行业构成	资产负债率	销售利税率	新增专利	样本量（个）
通用设备制造业	− 0.002 * （− 2.17）	0.009 ** （2.84）	0.00003 （1.83）	8
专用设备制造业	− 0.01 *** （− 6.48）	− 0.01 * （− 2.24）	0.000 ** （2.99）	8
交通运输设备制造业	− 0.001 ** （− 4.40）	0.0004 （0.16）	0.00003 *** （13.75）	8
电气机械及器材制造业	− 0.0006 （− 0.26）	0.003 （1.09）	0.0001 ** （3.68）	8
通信设备、计算机及其他电子设备制造业	− 0.001 （− 0.51）	0.02 ** （3.02）	0.0003 * （2.10）	8
仪器仪表及文化、办公用机械制造业	− 0.009 *** （− 4.56）	− 0.004 （− 0.92）	2.32e − 06 （0.01）	8
工艺品及其他制造业	− 0.002 *** （− 6.29）	0.011 ** （3.24）	0.00006 *** （5.58）	8
水电产业	− 0.002 *** （4.86）	0.02 *** （14.03）	0.0001 *** （4.72）	31
废弃资源和废旧材料回收加工业	− 0.0008 （− 0.94）	0.006 *** （5.71）	0.00006 * （2.52）	8
电力、热力的生产和供应业	0.01 *** （6.04）	0.04 *** （7.96）	− 0.004 *** （− 7.71）	8
燃气生产和供应业	0.01 （2.11）	0.01 ** （3.26）	0.0004 * （2.74）	8

注：括号内为对应的 t 值（小类（如农）时间序列统计值）或 z 值（大类面板数据（如农林牧渔）统计值）；*、** 和 *** 分别表示在1%、5%和10%的水平上显著；行业利润数据来源于 2007～2014 年版《江西统计年鉴》。行业专利数据来源于中国专利数据库（知网版）整理。

结果显示整个工业样本专利变量估计系数显著为正，表明从整体而言，保持其他条件不变，每新增 1 件专利，能够提高工业行业投资利润率 0.003%，暗示知识产权有利于促进江西省工业发展，提高产业竞争力；知识产权极大地提高了江西省林业加工业的产业竞争力；石油化工业专利变量估计系数显著为正，化学原料制品制造业、橡胶制品业、塑料制品业该变量估计系数也显著为正，其他行业估计系数为正，但不显著，表明专利增强了江西省石油化工业的产业竞争力；矿物加工业、机械制造业和水电产业分析类似，这里不再一一分析。

（二）专利对劳动生产率的影响

专利表现为生产技术，其具体表现形式或借助于物质资本，或借助于人力资本。提高相关系数和多元线性回归模型分析了专利数量与投资利润率的定量关系，认为二者相关性较强。下面将分析专利与人力资本的相关关系，具体体现为专利数量与劳动生产率相关关系，劳动生产率由人均实现利润表示，具体计算方法为公式1。结果表明所有工业行业的专利数量与劳动生产率存在正相关关系。其中相关系数大于50%的行业数量高达32个，超过总行业数的85%；相关系数大于80%，即高度相关的行业数量为27个，超过总行业数的70%；相关系数大于90%的行业数量为20个，占比超过50%。因此可以清楚地表明行业专利数量越高，其劳动生产率越高。这与江西省工业产业普遍属于劳动力密集型而非资本密集型的现状相一致。

为定量分析专利数量与行业劳动生产率之间的关系，建立如公式5所示多元线性回归模型。

$$\ln y_{it} = \beta_0 + \beta_1 \ln x_{1it} + \beta_2 x_{2it} + \varepsilon \qquad （公式5）$$

其中y_{it}为被解释变量，表示行业i在第t年的人均实现利润，单位为万元；x_{1it}为解释变量，表示行业i在第t年的人均实现利税，单位为万元；x_{2it}表示行业i在第t年的新增专利数量，单位为件；β_0表示常量；β_1和β_2为待估系数；$\ln$表示取对数；ε表示随机扰动项。由于数据的不可获得性，农、林、牧、渔行业未包括在样本内。行业归类原则和最终结果也与公式4完全一致。

同前面估计公式2、公式3和公式4类似，对于公式5，也考虑到行业间生产活动可能存在向前或向后关联，从而导致不同行业之间的同期经济获得可能存在相互影响，首先对面板数据进行组间的LR检验和组间截面相关的Pesaran检验，检验结果表明组间存在异方差和截面相关。因此，公式5将采取允许个体扰动项存在异方差和同期相关的可行广义最小二乘法进行估计。

所有工业行业样本新增专利变量估计系数为正，但不显著，表明在整个工业样本中该变量显著影响人均实现利润的结论难以推广；开采与采洗业类别中，新增专利变量估计系数为负，其子类煤炭开采和洗选业、非金属矿采选业样本该变量估计系数甚至为负，表明新增专利难以提高人均实现利润；农业加工业、轻纺业、机械制造业、水稻产业样本估计结果十分类似，都表明专利难以显著影响人均实现利润。但石油化工业和矿物加工业样本新增专利变量估计系数为正，且在10%水平显著，说明在保持其他条件不变，新增专利数量1个单位，则提高石油化工业和矿物加工业样本平均人均实现利润水平若干个单位，并且该结论能够在总体中得到推广。

（三）知识产权与产业聚集

目前，江西省正在形成一定规模的产业群，2014年江西省推进新型工业化领导小组办公室下发了《全省重点产业集群推进工作方案》，其中 7 个有色产业集群入选，分别是贵溪（鹰潭）铜及铜加工产业集群、鹰潭铜合金材料产业集群、赣州稀土磁性材料及永磁电机产业集群、龙南（赣州）稀土精深加工产业集群、丰城（宜春）再生铝产业集群、宜春锂电新能源产业集群、横峰（上饶）有色金属综合回收利用产业集群。除南昌外，鹰潭、赣州、宜春的有色金属产业相关专利数量各为 63 件、211 件、103 件，明显高于其他的市，特别是赣州和宜春两市。这部分证明政府部门在制定产业扶持政策时，充分考虑到了地区之间生产技术的差异性，强调产业比较优势（见表3）。

同时，江西省着力发展其他产业群。其中，包括南昌高新区着力发展的光电及通信产业，南昌市拥有该产业的相关专利数量是其他市的 10～30 倍。类似，景德镇在陶瓷产业生产专利技术具有绝对优势，远远高于其他市。相反，石化产业在各市技术差异都不显著（除南昌市），因此选择发展该产业群时，并不是重点考虑该产业生产技术的地区间差异性。

表3　2006～2013 年部分产业专利总数分布统计　　　　　　　　单位：件

产业	南昌	景德镇	萍乡	九江	新余	鹰潭	赣州	吉安	宜春	抚州	上饶
光电及通信产业	1598	51	117	218	130	51	187	261	195	116	152
陶瓷产业	117	157	98	27	21	2	37	7	29	13	19
有色金属产业	690	58	58	79	99	63	211	48	103	47	35
石化产业	100	5	13	8	11	5	15	8	18	15	11

注：行业专利数据来源于中国专利数据库（知网版）整理。

三、知识产权支撑江西经济发展升级路径对策

（一）完善知识产权制度体系，优化科技创新环境

1. 加强知识产权法律法规体系建设

进一步健全知识产权法律法规，严格执行《江西省知识产权战略纲要》的战略方针，贯彻落实《江西省专利促进条例》的各项政策，积极制定出台支持战略性新兴产业和江西优势产业创新发展的知识产权专项政策，设立知识产权创新项目资金，引导专利创新、成果转化向战略性新兴产业、向高新企业园区集中，形成优势产业和龙头企业的带动效应。出台知识产权中介服务业发展指导意见，规范知识产权中介市场，提高知识产权中介服务机构业务水平。支持区域技术转移中心、技术交易所、资产评估公司等技术转移服务机构的发展，强化其知识产权服务内涵，提高服务能力。

2. 加强知识产权管理和执法体系建设

一是进一步健全知识产权管理机构，形成省、市、县三级联动的管理执法体系，特别是要加强县级知识产权管理机构建设，力争到 2015 年底 80% 以上的县（区、市）建立知识产权管理机构，60% 以上县级工业园区和 50% 以上的骨干龙头企业建立知识产权管理机构。

二是严格落实《江西省专利行政执法能力提升项目实施方案》，建立专利行政执法工作督查制度，加强知识产权行政执法体系的机制、条件和队伍建设，提高专利行政执法能力，形成专利日常行政执法规范化管理。

三是进一步消除公共政策上残存的所有制歧视和规模化导向，使得中小企业能切实享受权利、机会和规则三个平等的政策待遇。

四是在知识产权保护方面，要提高实施效率，提高违法成本，降低维权成本；执法时应提升执法能力，提高透明度和惩罚力度，统一执法标准，弱化地方保护。

五是以促进创新和公平竞争为目标、协调发展为导向，进一步完善知识产权制度，加强对中小企业知识产权工作的指导和服务，提高中小企业运用知识产权的能力。通过政策引导和辅导服务，鼓励中小企业加大知识产权创造投入力度。

六是建立和完善跨部门、跨区域的知识产权行政保护协调机制，形成保护合力，提高专利行政保护效能。加强与公安、工商、版权、海关、文化、广电、质检、农业、林业等部门的执法协作。

3. 加强知识产权转化运用体系建设

一是完善知识产权转化运用政策。制定非职务发明人转化激励政策。

二是建立合理的成果转化收益分配制度。建立信息畅通、交易活跃、秩序良好的知识产权交易系统，促进知识产权的流动和转移。

4. 健全知识产权中介服务体系建设

一是制定知识产权中介服务地方性法规，促进知识产权中介服务体系健康规范发展。

二是培育知识产权中介服务机构。引导和扶持省内企业知识产权联盟、行业协会、知识产权社团开展知识产权中介服务。

三是建立知识产权中介服务执业培训制度。加强中介服务职业培训，规范执业资质管理。

5. 推进知识产权文化体系建设

充分发挥报纸、期刊、广播、电视、网络等媒体的作用，加强知识产权重大事件、典型案件的报道，广泛传播知识产权知识，形成尊重知识、崇尚创新、诚信守法的知识产权文化，提高社会公众的知识产权意识和文化氛围。定期发布年度《江西省知识产权发展与保护白皮书》，将知识产权内容纳入中小学教育课程体系。充分利用"4·26"知识产权宣传周和"12330"平台开展知识产权宣传，进一步拓宽宣传渠道，重视宣传实效，以灵活多样的形式开展宣传工作，提高知识产权保护意识，营造良好的知识产权保护环境，形成尊重知识、崇尚创新、诚信守法的知识产权文化。成立知识产权保护基地，基地设立专利、商标、版权、名牌产品保护典型事例案例和侵权产品集中展示 5 个主题区。

（二）构建知识产权综合服务平台，激活社会创新动能

江西省目前的知识产权服务平台建设相对滞后，在一定程度上影响了知识产权保护工作的发展。要加快构建多层次、多功能的综合性知识产权服务平台，激活社会创新动能，支撑经济发展升级。

1. 建立知识产权政务服务平台

尽快参照上海、广东等地的成功模式，成立江西省知识产权服务中心。建成集专利申请、商标注册、版权登记，以及提供专利、商标、版权的法律信息、市场信息和服务信息查询服务为一体的知识产权政务服务平台。采取灵活多样的整合方式和共享模式，建立综合的信息服务平台，实现部门间的网络信息、数据库共建共享。

2. 完善知识产权交易平台建设

以信息平台为主，结合定期、不定期的实体展示平台，组织专利技术及产品现场或网上展示、推介活动，举办专利或知识产权咨询、研讨活动；提供专利信息服务。建立一批涉及医药、新能源、环保等专业化的知识产权交易机构，鼓励知识产权通过交易机构进行转移和转化，推动信息对称、交易活跃、秩序良好的知识产权交易市场的发展。第一步是逐步建设网上交易与现场交易相结合的知识产权贸易市场，吸引国内外知识产权成果向省内转移；第二步是加强知识产权市场与金融市场、产权市场的衔接，促进涉及战略性新兴产业的知识产权成果尽快转化。

3. 建立多渠道的知识产权人才培养平台

一是充分发挥省知识产权培训中心作用。利用部委对口支援赣南苏区振兴有利时机，建立国家知识产权人才江西培训基地，大力推进知识产权管理与应用人才的开发与培养。

二是打造高校知识产权人才培养平台。贯彻实施"百千万知识产权人才工程"，做好专利工程师的职称评审工作。积极推进高等教育教学改革，鼓励和引导高等院校积极创造条件开设知识产权方面的必修课程，鼓励条件成熟的高等院校开设申报知识产权专业，加强知识产权研究领域的硕士、博士研究生培养。

三是建立知识产权人才库和专业人才信息网络平台。发布知识产权专业人才信

息，引导知识产权人才合理配置。完善吸引、使用和管理知识产权专业人才的相关制度，优化人才结构，促进人才合理流动，在全省范围内集聚一批知识产权优秀人才。

（三）提高知识产权工作水平，强化科技创新保障

1. 提高知识产权行政管理能力

加强知识产权组织领导，建立完善联席会议制度，完善统筹协调机制，形成政府统一领导、部门相互配合、行业协会协同、社会公众参与的知识产权工作格局。建立重大经济活动知识产权事前审查制度，在重大技术装备引进、重大项目或者重大投资立项，以及涉及重要企业的资产并购、技术转移等工作中，知识产权管理部门应当积极进行知识产权事前审查、评估活动。建立知识产权公共服务平台，加快知识产权数据库建设，促进知识产权系统集成、资源整合和信息共享。建立健全重点企业、重点产业及战略性新兴产业知识产权预警体系，制订知识产权纠纷、争端和突发事件应急预案，妥善应对知识产权突发事件，确保对各类知识产权的保护。

2. 提高知识产权保护执法水平

一是加强知识产权行政执法能力建设。进一步落实行政执法机关与公安、检察、法院等司法机关的工作衔接，完善联合执法机制，加强对涉嫌刑事犯罪案件的移送力度，建立工商、版权、专利、公安、检察、审判等知识产权行政机关与司法机关信息共享机制和联席会议制度，形成知识产权保护的整体合力。

二是加强知识产权司法保护。依法加大对重复侵权和恶意侵权的损害赔偿力度；加大对知识产权犯罪行为的惩处力度，严厉打击侵犯知识产权的犯罪行为。加大海关知识产权执法保护力度，进一步加强侵权货物信息收集分析、侵权货物布控查扣、案件调查处理、进出口企业信用评级及后续监督管理等方面的协作协调，提升江西省进出口商品的知识产权保护水平和声誉。

3. 提高知识产权创造创新水平

一是建立以企业为主体、市场为导向、产学研相结合的自主知识产权创造体系。引导企业逐步转变竞争观念，加大创新投入，激发企业创新能力。确立企业在技术创新和科研投入中的主体地位，探索企业－企业、企业－高校、企业－科研机构联合开发等多种形式的知识产权创造机制。

二是鼓励企业通过合作研发、技术贸易及知识产权转让等方式，在吸收、消化和再创新的基础上取得自主知识产权。设立创新基金，资助中小企业技术创新，加大对中小企业和风险投资企业的知识产权培训和咨询，使更多具有创新意识和创新能力的中小企业和风险投资企业能够脱颖而出。

三是加强政府支持力度，围绕鄱阳湖生态经济区、赣南苏区振兴计划、科技创

新"六个一"工程建设，以光伏、风能核能及节能、新能源汽车及动力电池、航空制造、半导体及绿色照明、金属新材料、非金属新材料、生物和新医药、现代农业及绿色食品、文化及创意等领域，组织专项资金，加大科技攻关力度，加快形成一批拥有自主知识产权的示范企业。

（四）以知识产权为黏合剂促进产业集聚，提高产业发展水平

培育战略性新兴产业知识产权优势集聚区是培育和发展战略性新兴产业、实现创新驱动发展的重要举措，体现为集聚区知识产权工作做到"五有"：发展有战略、创新有协作、支撑有平台、产品有专利、竞争有优势。

1. 实施知识产权集群管理

知识产权集群管理是培育战略性新兴产业知识产权优势集聚区的核心内容。通过知识产权集群管理，建立由相关管理部门牵头组织、关联企业参与实施、专门机构承担专业化服务的一体化知识产权集群管理模式。

（1）建机制。制订知识产权集群管理工作方案，建立工作协调机制和业务支撑机制，组织力量开展知识产权集群管理试点。（2）搭平台。依法合规遴选优质知识产权专门机构进驻集聚区，建立知识产权集群管理支撑平台，承担知识产权集群管理各项具体业务。（3）定战略。系统梳理特定产业在全球的知识产权态势，调查集聚区企业的知识产权资源状况，分析集聚区的知识产权优劣势和发展空间。基于产业集聚区的发展资源禀赋特点和产业总体规划制定集聚区知识产权战略，形成"一产业一战略"的工作格局。（4）促落实。建立知识产权战略协调推进机制，加强知识产权工作对其他产业工作的支持。为企业提供知识产权专业化服务。制定集聚区知识产权集群管理章程，加强产业联盟的知识产权互助与合作，实现"合作创新、有序竞争、国际发展"。

2. 发展知识产权产业集聚区经济

产业集聚区是促进"三化"协调发展、构建"四大体系"，实现科学发展的有机载体和重要依托。一是针对特色知识产权集聚区建立行业知识产权保护体系。在集聚区内建立行业的知识产权保护协会、专利池、技术创新联盟或者知识产权联盟。二是统一产业集聚区企业知识产权发展战略。组建企业知识产权战略研究专家队伍，按照对口指导原则，分批分阶段为企业选派专家，加强知识产权保护，针对产业集聚区工业企业构建知识产权保护快速反应机制，建立专利案件调解处理绿色通道，进一步简化程序，加快办案速度，提高办案质量，加大执行力度。创建以专利文献为主的各类知识产权信息数据库，开展专利信息分析、专利预警等工作，建立健全服务机制，指导和协助产业集聚区工业企业创建知识产权数据库，为企业研发提供有力的支撑。

3. 提升产业集聚区企业创新能力

一是实施全省知识产权入园强企"十百千万"工程，强化龙头企业技术创新主体地位。着力培育核心竞争力强、知识产权制度健全、专利过千的工业园区和大型企业各 10 家；培育 100 家专利过百的高新技术企业，形成知识产权意识强、管理规范、运用效果明显的优势企业群体；培育 1000 家专利过 10 件的规模以上企业，大力提升规模以上工业企业自主创新能力，提升企业知识产权创造、运用、保护和管理能力；培育 10000 家专利消零的中小微企业，切实增强广大中小微企业的知识产权内生动力。二是开展全省知识产权"企业升级年"活动。坚持"四以三化"（以数量布局、以质量占优、以效益取胜、以服务支撑，推动创新成果产权化、知识产权产业化、专利资源资本化）和"三宽两融入"（做到眼界宽、思路宽、举措宽，融入党委政府中心工作、融入创新升级总体部署）的工作方针，以申请授权"3615"工程为总目标，确保全省 2015 年专利申请受理 3 万件，其中企业申请专利 1.5 万件，企业专利申请量占比达到 50%；企业授权专利 7500 件，企业专利授权占比达到 50%。

（五）以知识产权为催化剂促进技术进步，推动产业转型升级

1. 知识产权制度促进研发投资，推动技术创新

知识产权制度通过授予发明创造者以私人产权，为权利人提供了最经济、有效和持久的创新激励动力，保证了科技创新活动在新的高度上不断向前发展，从而促进创新成果所蕴藏的先进生产力的快速增长。一方面，由于创造者的权利得到了保护，创造者可以得到相应的经济效益，从而激励了企业和个人投入更多资源从事发技术研发和发明创造，并使其积极地将新知识投入社会；另一方面，整体上看，知识的增长将会带动整个社会经济的增长，促进国家科技与文化的进步，提高人民的生活水平。

2. 推动知识产权工作与产业转型升级相融合

依靠知识产权助推产业转型升级，关键在于政策引导。要引导地方政府高度关注研究与发展经费的投入，提高自主创新能力；要建立健全自主创新评价体系和指标体系；要坚定不移地实施知识产权战略，关注专利质量，特别是关注发明专利和有效专利。加强科技政策、产业政策和知识产权政策的衔接协调，特别是要强化科技重大专项、产业重大创新工程和知识产权布局之间的联系，突出知识产权对技术创新、产业发展和技术进步的促进作用。

3. 加强战略性新兴产业中的知识产权工作布局

要在关键技术领域形成知识产权比较优势，实施科研生产项目的知识产权全过程管理，开展知识产权战略规划、专利分析及风险评估，抓好创新成果和专利技术

的产业化与应用，有力推动战略性新兴产业发展。依靠科技创新启动产业转型战略，从培育战略性新兴产业入手，重点发展技术含量高、特色鲜明的战略性新兴产业链，建设战略性新兴产业基地，组织实施重大自主创新和产业化项目，培育重大自主创新产品。

4. 建立以知识产权为核心的新兴产业技术创新战略联盟

通过组建由政府、上下游企业、科研院所、金融机构、行业协会等组成的产业技术联盟，可以推动技术创新主体之间的技术学习与合作，扩大企业边界和影响力，在一定程度上降低交易成本，促进"官、金、产、学、研"各方围绕产业技术创新链在战略层面建立持续稳定的合作关系。

（六）以知识产权为驱动力推动协同创新，增添经济发展升级活力

1. 构建"产学研用"的协同创新机制

一是突出政府角色，谋求政府与企业间"双向互动"。采用灵活多样的共享模式，削减和破解条块分割、相互封闭、重复分散的障碍弊端，为推进协同创新打造公平竞争的市场基础。二是明确企业的创新主体地位。引导企业成为技术创新投入的主体，通过财政、税收、政府采购等各种政策工具，引导企业加大科技创新投入。要支持企业建立研发中心，提高创新运用能力，通过兼并重组国内外企业、快速提升企业创新能力和水平，提高市场综合竞争能力。三是打造高校为知识产权创新高地。要消除高校在专利创新的评价标准、管理体制及激励机制等方面的制约因素，加大"产学研用"体制机制创新，使得大量知识产权不再闲置于"象牙塔"内，加快知识产权产业化。

2. 优化支持协同创新政策环境

一是出台知识产权创新财税激励政策。对认定的高新技术企业采取"先征后奖"形式，由同级财政全额奖励给企业用于新产品研发或扩大再生产。二是支持企业利用资本市场多渠道、多方式融资。支持企业开展技术创新融资和知识产权质押融资，采取买（卖）方信贷、知识产权和股权质押贷款、公司（企业）债券、科技小额贷款、集合信托、科技保险等方式在资本市场融资。

3. 实施重大协同创新科技成果转化战略

一是推动重大科技成果产业化。支持企业与科研机构、高校联合承担国家重大科技任务、建立研发平台、共享创新资源，消除科技创新中的"孤岛现象"。

二是制定和落实促进重大科技成果转化的专项政策。加大对拥有自主知识产权核心技术和配套技术的高新技术企业的扶持力度，对具有较好市场前景的专利技术和产品，优先纳入各级各类计划，从资金上给予支持和资助。

江西省科技协同创新中的知识产权问题研究

王新华*　　王晓军**

摘　要： 协同创新是突破自主创新的机制体制障碍的重要方式，受到了各方高度重视，江西省在全国率先启动省级"2011 协同创新中心"建设。协同创新是个新兴事物，存在许多知识产权方面的问题：协同创新中心及其科研项目缺少知识产权论证和评估，已认定的协同创新中心普遍没有设立知识产权机构，协同创新过程中合作协议不完善，易产生知识产权权属纠纷等。针对问题提出：提高知识产权管理水平，注重加强项目管理；改革高校单一科研评价体制，推行分类评价机制；增强合作协议的完备性，规范协同创新各方行为；确立沿创新链条各个节点贡献比例分配利益的机制；落实中央、江西省新出台的鼓励科技成果转化的奖励法律、政策，降低研发成果私有化风险等对策。

自 2012 年全国各地开展协同创新工作以来，中央和各省公共财政对已通过评审认定的高校"协同创新中心"投入经费少则数百万元，多则数千万元，甚至数亿元。对于科研创新项目如此的重视，如此的投入，在我国前所未有，协同创新能否取得预期设想，投入能否获得收效，广受世人关注。

科技协同创新与知识产权密切相关，从协同创新中心申报、研究，到最后验收、成果转化等各个环节都存在专利、版权、技术秘密等诸多知识产权问题，若不妥善处理，都将会影响协同创新项目成效。因此，研究和探索科技协同创新组织建立和运行，防范知识产权风险，使协同创新不仅卓有成效，而且具有可持续性，是非常必要的。

本文所研究的"协同创新"，仅指高校协同创新，是以高校为主导的，有效汇聚创新资源和要素，通过突破创新主体间的壁垒，充分释放彼此间"人才、资本、信息、技术"等创新要素活力而实现深度合作。以科研单位或企业为主导的科研深度合作，尽管也属于协同创新范畴，但不在本文研究范围内。

---

　* 作者单位：华东交通大学。

　** 作者单位：郑州铁路检察院。

一、协同创新的成因

进入 21 世纪，随着我国经济社会发展和调整经济结构、转变经济增长方式需要，提高自主创新能力越来越受人关注。中国人勤劳但不致富，根本原因是我国整体上缺乏自主创新能力，知识产权的创造、管理、运用和保护的水平较低。近年来我国政府高度重视创新工作，把提高自主创新能力作为调整经济结构、转变经济增长方式、提高国家竞争力的中心环节，把建设创新型国作为面向未来的重大战略选择。但长期以来，我国创新力量各成体系，创新资源分散重复，创新效率不高，迫切需要突破自主创新的机制体制障碍，促进社会各类创新力量的协同创新，促进教育与科技、经济、文化事业的融合发展，提高国家整体创新能力和竞争实力。

协同创新是突破自主创新的机制体制障碍的重要方式，它能够促进高等教育与科技、经济、文化的有机结合，提升高等学校的创新能力，引领和支撑创新型国家和人力资源强国建设，因此，受到了党和国家领导人高度重视。胡锦涛同志在 2011 年 4 月 24 日清华大学百年校庆大会上提出要"积极推动协同创新"，习近平总书记在 2014 年 6 月 9 日中科院第 17 次院士大会、工程院第 12 次院士大会上的讲话中明确要求"要更好发挥政府作用，加强统筹协调，大力开展协同创新，集中力量办大事，抓重大、抓尖端、抓基本，形成推进自主创新的强大合力。"党中央、国务院多次在科技体制改革方面的文件中要求各部门、各地推进协同创新工作，2012 年中共中央、国务院印发的《关于深化科技体制改革加快国家创新体系建设的意见》提出："支持和鼓励各创新主体根据自身特色和优势，探索多种形式的协同创新模式。"党的十八大报告则从国家战略的高度提出要"更加注重协同创新"。为扎实推进协同创新，全面深化改革，党的十八届三中全会更是强调要建立产学研协同创新机制，建设国家创新体系。

二、江西省协同创新及其组织设置情况

全国大规模将协同创新作为一种产学研协同创新机制来推广，始于 2012 年。2012 年 3 月，教育部、财政部联合发布《教育部　财政部关于实施高等学校创新能力提升计划的意见》，决定实施"高等学校创新能力提升计划"，即"2011 计划"，2013 年 4 月、2014 年 10 月教育部、财政部分二批认定了 38 个国家级"2011 协同创新中心"。与此同时，各省也纷纷行动，出台了本省的"2011 计划"。

2012 年，江西省在全国率先启动省级"2011 协同创新中心"建设。2012 年 9 月 6 日江西省教育厅、江西省财政厅联合颁发了《关于印发〈江西省高等学校创新能力提升计划实施意见〉的通知》，该文件明确总体目标是：按照"国家急需、世

界一流"、鄱阳湖生态经济区建设和科技创新"六个一"工程发展战略要求，充分发挥高等学校多学科、多功能的优势，有效聚集创新要素和资源，形成协同创新的新优势，推动高等学校在人才培养、学科建设、科学研究等领域得到全面提升；通过建立一批"2011协同创新中心"，加快高等学校机制体制改革，集聚和培养一批拔尖创新人才，产出一批重大标志性成果，逐步形成在国内外具有重要影响的学术高地、行业产业共性技术的研发基地、区域创新发展和文化传承创新的主力阵营。重点任务：一是"构建协同创新平台与模式"，二是"建立协同创新机制与体制"。"2011协同创新中心"类型分为科学前沿、行业产业、区域发展和文化传承创新四种类型。

江西省首批省级"2011协同创新中心"于2012年9月18日对外公布，此后又评审认定了三批省级"2011协同创新中心"。四批共计认定了50个省级"2011协同创新中心"，分布在全省20所高校。具体见表1～表4。

表1 首批江西省"2011协同创新中心"名单

序号	协同创新中心名称	牵头单位
1	猪牛羊良种培育及高效扩繁	江西农业大学
2	MOCVD装备与工艺	南昌大学
3	功能材料与精细化学品	江西师范大学
4	离子型稀土资源高效开发及应用	江西理工大学
5	铀资源勘查与开发	东华理工大学
6	景德镇陶瓷文化传承创新	景德镇陶瓷大学
7	江西创新药物与高效节能制药设备	江西中医大学
8	江西省航空制造业	南昌航空大学
9	交通基础设施环境与安全	华东交通大学
10	江西省战略性新兴产业发展监测、预警与决策支持	江西财经大学

注：该名单发布于2012年9月18日。

表2 第二批江西省"2011协同创新中心"名单

序号	协同创新中心名称	类别	牵头单位
1	绿色食品精深加工与食品安全协同创新中心	区域发展	南昌大学
2	双季稻现代化生产协同创新中心	区域发展	江西农业大学
3	鄱阳湖流域绿色崛起水安全保障协同创新中心	区域发展	南昌大学
4	江西省重大生态安全问题监控协同创新中心	区域发展	江西师范大学
5	江西民族传统药现代科技与产业发展协同创新中心	行业产业	江西中医药大学
6	质谱科学与仪器协同创新中心	科学前沿	东华理工大学
7	钨资源高效开发及应用协同创新中心	行业产业	江西理工大学

序号	协同创新中心名称	类别	牵头单位
8	陶瓷材料绿色生产技术协同创新中心	行业产业	景德镇陶瓷大学
9	红色文化研究与传承应用协同创新中心	文化传承	井冈山大学
10	赣南脐橙产业化工程技术协同创新中心	行业产业	赣南师范学院

注：该名单发布于 2013 年 9 月 26 日。

表3 第三批江西省"2011 协同创新中心"名单

序号	协同创新中心名称	类别	牵头单位
1	消化、心血管及神经疾病诊疗协同创新中心	行业产业	南昌大学
2	基于大数据的江西省教师质量监测、评估与服务协同创新中心	区域发展	江西师范大学
3	近地空间环境与信息协同创新中心	科学前沿	南昌大学
4	江西特色林木资源培育与利用协同创新中心	区域发展	江西农业大学
5	体外诊断试剂及仪器协同创新中心	行业产业	江西科技师范大学
6	南方山地果园智能化管理技术与装备协同创新中心	区域发展	华东交通大学
7	环鄱阳湖流域污染物控制与资源化协同创新中心	区域发展	南昌航空大学
8	灸疗研究与临床转化协同创新中心	科学前沿	江西中医药大学
9	江西发展升级推进长江经济带建设协同创新中心	区域发展	南昌大学
10	社会发展与治理协同创新中心	区域发展	江西师范大学
11	江西全面建成小康社会决策支持协同创新中心	区域发展	江西财经大学
12	江西现代农业及其优势产业可持续发展的决策支持协同创新中心	文化传承	江西农业大学
13	客家文化传承与发展协同创新中心	文化传承	赣南师范学院
14	陶瓷产品设计协同创新中心	行业产业	景德镇陶瓷大学
15	庐山文化传承与传播协同创新中心	文化传承	九江学院
16	朱子文化协同创新中心	文化传承	上饶师范学院
17	江西省电子商务与产业升级协同创新中心	区域发展	江西经济管理干部学院
18	移动互联网 APP 技术协同创新中心	行业产业	江西先锋软件职业技术学院

注：该名单发布于 2014 年 7 月 8 日。

表4 第四批江西省"2011 协同创新中心"名单

序号	中心名称	类别	牵头单位
1	江西陶瓷文物遗存保护暨御窑研究协同创新中心	文化传承	景德镇陶瓷大学
2	江西省大学生思想政治教育（德育）协同创新中心	文化传承	南昌大学
3	法治江西建设协同创新中心	区域发展	江西财经大学

序号	中心名称	类别	牵头单位
4	中国社会转型研究协同创新中心	区域发展	江西师范大学
5	江西省生物药物与生物技术协同创新中心	行业产业	南昌大学
6	江西省果蔬采后处理关键技术与质量安全协同创新中心	区域发展	江西农业大学
7	先进传感器件与系统集协同创新中心	行业产业	江西师范大学
8	稀有金属冶金全流程一体化控制协同创新中心	行业产业	华东交通大学
9	铜资源开发利用及精深加工协同创新中心	行业产业	江西理工大学
10	经济犯罪侦查与防控技术协同创新中心	行业产业	江西警察学院
11	赣南油茶产业开发协同创新中心	行业产业	赣南医学院
12	天然药物活性成分研发与应用协同创新中心	区域发展	宜春学院

注：该名单发布于 2015 年 7 月 24 日。

已认定的 50 个协同创新中心，从类型看，科学前沿类 3 个、行业产业类 22 个、区域发展类 17 个、文化传承类 8 个，主要是为行业产业和江西区域经济社会服务，这反映出目前江西高校实际科研水平距科技前沿乃有相当距离；从分布来看，南昌大学最多 8 个，其次江西师范大学 6 个，江西农业大学 5 个，景德镇陶瓷大学 4 个，华东交通大学等 4 所高校各 3 个，其他 12 所高校各 1～2 个，反映出江西各高校科研实力。具体见表 5。

表5 江西省"2011 协同创新中心"类型和分布情况

序号	学校	科学前沿	行业产业	区域发展	文化传承	合计
1	南昌大学	1	3	3	1	8
2	江西师范大学		2	4		6
3	江西农业大学		1	3	1	5
4	景德镇陶瓷大学		2		2	4
5	华东交通大学		2	1		3
6	江西中医药大学	1	1	1		3
7	江西理工大学		3			3
8	江西财经大学		1	2		3
9	南昌航空大学		1	1		2
10	东华理工大学	1	1			2
11	赣南师范大学		1		1	2
12	江西科技师范大学		1			1
13	井冈山大学				1	1
14	赣南医学院		1			1

序号	学校	科学前沿	行业产业	区域发展	文化传承	合计
15	九江学院				1	1
16	上饶师范学院				1	1
17	宜春学院			1		1
18	江西警察学院		1			1
19	江西经济管理干部学院			1		1
20	江西先锋软件职业技术学院		1			1
	总计	3	22	17	8	50

三、江西省科技协同创新中存在的知识产权问题与风险

协同创新实施起来难度很大，加之协同创新是个新兴事物，推行时间较短，不可避免存在许多问题。在知识产权方面尤其突出，从协同创新中心申报、研究，到最后验收、成果转化等各个环节都存在专利、版权、技术秘密等诸多知识产权问题。

（一）协同创新中心及其科研项目缺少知识产权论证和评估

协同创新中心的经费由政府行政部门统一划拨，数额巨大，对于高校极具诱惑力。据笔者调查，我国有实力、有资格申报国家级、省级协同创新中心的高校，为了获得巨额的科研资金支持，都集中本校精兵强将、优秀科研成果，集中攻关，而对欲立项的未来研究领域的专利、版权等知识产权检索、查新和评估工作重视不够。无论是国家级还是省级协同创新中心，在评审时都没有知识产权方面的指标体系和审查环节。因此在以后的研究中，很有可能受制于他人已有专利，或者重复劳动，缺少应有的学术价值和应用价值，从而造成人、财、物的浪费。

（二）已认定的协同创新中心普遍没有设立知识产权机构

本项目组通过对获批准成立的首批 14 个国家级"2011 协同创新中心"进行调查，发现仅北京航空航天大学牵头的"先进航空发动机协同创新中心"设立了专门的知识产权管理机构。据对江西省认定的省级协同创新中心调查，还未发现一家成立了知识产权管理机构。由于没有相应的知识产权管理机构，很可能出现知识产权管理不到位，很容易导致知识产权泄露或流失、合法权益得不到有效保障。

（三）协同创新过程中合作协议不完善，易产生知识产权权属纠纷

在协同创新体系中，政府、高校、企业、科研院所等众多主体积极投入、共同参与创新事项，其中的利益关系错综复杂。由于协同创新中心的申报工作时间短、

任务繁重，再加上各方的知识产权意识不强，协同创新各方所签订的合作协议往往不够完善，对研发成果的知识产权归属以及具体的利益分享比例等都缺乏明确的规定。协同创新要想高效进行，各方应将自己最好的成果拿出共享，才能在此基础上协同攻关形成更高水平的创新。如果使用已有创新成果，而又无相应作价计量约定，会为日后留下纠纷隐患。合作协议不够完善，对新产生的知识产权及改进技术归属易产生纠纷；合作协议不完善，研发成果还存在被私有的风险。协同创新各方在出现矛盾或者纠纷时，基于自身利益最大化考虑，极有可能实施机会主义行为，将研发成果独占，损害其他协同方以及协同创新中心的利益。合作协议的不明确也弱化了协议对发明人的约束力，加之协同人员法律认识不够，不能有效区分职务发明与非职务发明的差异，单纯以为自己只要参与了创造就理所当然地成为权利所有人，极易使其从自身利益最大化出发，将成果据为己有，以自己的名义申请专利或者私自转让给他人。

（四）协同创新中心保护不力，研发成果有被窃取的风险

关于高校知识产权流失的调查研究表明，除"化公为私"外，"外单位窃取"是造成知识产权流失的又一重大原因，比重高达40%。协同创新主要着眼于高水平研究项目，取得的成果也往往是高精尖技术，或者是能够解决当前所面临突出问题的关键性方案，市场应用前景广阔，这无疑增加了研发成果被窃取的巨大风险，而协同创新中心保护不力，进一步加大了该风险。研发成果被窃取的风险主要有以下两种类型：一是研发成果被同质性竞争单位窃取。高校协同创新中心普遍未设立专门的知识产权管理机构，有些中心甚至未将知识产权管理事项等职责明确赋予某一已设机构或部门。因此，协同创新中心很难实现对协同创新成果知识产权的有效管控和保护。非成员单位，尤其是同质性竞争企业可能趁机实施成果窃取行为。该窃取行为的具体方式可以分为自己直接窃取和引诱内部人员窃取两种方式。由于第二种方式较之第一种方式而言，风险相对较小，成功率高，因而在实践中较为常见，应当引起足够重视。二是研发成果被评估鉴定人员窃取。由于对研发成果水平、价值及应用等方面无法确切估计市场价值，协同创新体往往需要聘请第三方对创新成果进行综合评估和鉴定。在此过程中，评估鉴定人员不可避免接触到相关核心技术资料。如果协同创新中心事前未考虑成果流失的风险，提前采取申请专利保护或者与评估鉴定人员签订保密协议等防范措施，极有可能导致研发成果被不良评估鉴定人员窃取，造成不可估量的损失。

（五）学术论文发表，研发成果被公知的风险

在协同创新体中，企业主要属于产业界，而高校则主要属于学术界，科研机构则二者兼具，这使得各方在协同创新过程中的定位、资源、能力和发展目标等方面

均存在一定差异，从而产生不一致甚至是潜在的、对立的行为准则。将经营利润作为导向的企业一方，在协同中侧重关注协作所带来的经济价值以及竞争优势；而以科研成果为导向的高校一方，在协同中则更多将注意力放在提升学术研究水平和学术影响力上。这种差异化的利益诉求决定了员工绩效考核指标体系的不同：企业往往将利润创造的多少作为员工绩效考核的主要指标，而高校则主要从论文、奖项、课题的多少以及级别的高低等方面来对教师进行考核。因此，在协同创新中，高校一方往往会将产出成果撰写成学术论文并以自己的名义发表，而论文一旦发表，研发技术等就成为公知技术，失去了新颖性而无法获得专利法的保护。这就使得其他协同方尤其是企业一方的利益诉求——技术独占或者垄断无法得到满足，而且协同创新中心的权利也将受到侵犯。

（六）协同创新的成果转化率不高，科技成果转化渠道不通畅

协同创新的最终目的在于将科研成果运用于工业生产，但目前高校科技成果的转化率偏低。据统计，2010 年我国大学拥有发明专利 4.83 万件，在国家重大科技成果产出方面，大学的科技成果产出成绩优异，占成果总数的 20.27%。但在科技成果的转化方面还不足 20%，与国外大学 60% 的转化率相比差距甚远。由于高校的主要任务是教学和科研，科技成果的评估、专利代理、供需沟通等方面都需要中介机构的积极参与。尽管江西省近年来加大支持社会新设知识产权中介机构力度，已经有专利事务所 20 多家、设立了"国家专利技术江西展示交易中心""江西省青年知识产权交易中心"等中介机构，但由于知名度不高、服务层次低、竞争乱、与高校联系少，协同创新中心科技成果通过知识产权中介机构成功转化的案例不多，这也直接影响了协同合作与创新发展。

四、协同创新中知识产权风险防范对策

（一）提高知识产权管理水平，注重加强项目管理

第一，加强协同创新中心立项审查与验收评估。无论是协同创新中心评审认定，还是协同创新中心成立后科研选题立项，都应加强对文献的检索查新，力求项目新颖性和创造性，避免重复研究。要通过动态追踪与相关的国内外知识产权信息，随时掌握本研究领域动态，不断调整研发方案。在对协同创新中心目标管理和绩效评价时，要结合科技成果产生知识产权的数量、质量以及转化率等指标，对项目成果作出合理、科学的评估。

第二，在管理机构设置上，协同创新中心可组建"中心理事会"。"中心理事会"由协同创新主体和政府等方面的代表组成，作为创新中心的最高权力机构，负

责中心重大事项的决策。"中心理事会"下设"管理委员会"负责协同创新中心的日常决策管理，制定有关知识产权权益归属和分享制度。

（二）改革高校单一科研评价体制，推行分类评价机制

改变高校"重论文、奖项，轻专利、成果转化"的科研评价体制。高校应积极推行分类评价机制，实行多元化评价，即依照基础研究、应用研究等不同工作的特点，对不同的对象采用科学合理、各有侧重的评价标准。具体到参与协同创新的科研人员而言，高校应当将协同创新的合作创新绩效部分纳入科研评价体系中，将该部分人员职称、待遇等考察的重点放在其对协同创新的贡献程度上，包括对协同创新成果产出的贡献程度和对协同创新成果转化的贡献程度两方面。鉴于协同创新等科研项目的周期比较长，短期内产出成果不太现实，因而应当考虑适当延长绩效考核周期。此外，考虑到高校发展的两个方面——教学和科研，应该是一种耦合关系，在设置参与协同创新的科研人员的评价指标时，应当增加科研与教学有效融合度指标。

（三）增强合作协议的完备性，规范协同创新各方行为

强化用契约管事、管人的原则，增强协同创新合作协议的完备性，通过合作契约的约束力来规范协同创新各方的行为，以避免各方将创新成果据为己有。要增强合作协议的完备性，必须处理好以下三方面的问题：一是明确协同各方投入资源的价值以及利益分享比例。对协同各方投入的资源，尤其是知识产权，必须委托独立第三方进行评估作价，以增强各方的认可度；此外，为避免出现利益纠纷，必须明确约定协同各方享有的利益分享比例。该比例的确定应该综合考虑协同各方"所投入资源的价值"和"对协同创新的贡献"两部分。二是明文规定协同创新产出成果的知识产权归属于协同创新中心，同时也要对各方享有的权利义务作出明确规定。三是增设保密条款并明确违约责任。通过增加保密协议条款并明确违约责任可以在一定程度上避免协同人员的机会主义行为。

（四）确立沿创新链条各个节点贡献比例分配利益的机制

首先，大胆承认重大研究成果的经济价值，真正实现作出突出贡献的科研人员的个人贡献与利益分配、资源配置相联系。其次，要推行"沿创新链条各个节点贡献的比例分配利益"的原则，调动参与人员的积极性。最后，对于基础性、公益性或者以论文、获奖等知识产权形式呈现的科研成果，同样要注意充分考虑参与人员在成果产出过程中的贡献，依据贡献大小排名，建立合理的利益分享机制。

（五）落实中央、江西省新出台的鼓励科技成果转化的法律、政策，降低研发成果私有化风险

虽然法律规定了对科技成果完成人的"一奖两酬"制度，但是由于我国长期以

来对创新成果的转化不够重视，科研成果的平均转化率不仅不及发展中国家的1/3，更不及发达国家的1/6，使得该项制度因缺乏物质保障而多停留于纸质层面，科技成果完成人的权益无法得到保障，其创造积极性被削弱，同时也增加了创新成果被私有的风险。2015年8月29日，第十二届全国人民代表大会常务委员会第十六次会议通过了对《中华人民共和国促进科技成果转化法》的修改，加大了对科技人员科技成果转化奖励的力度，中央、江西省也出台了一系列加快科技成果转化工作的政策，不仅明确了对为科技成果转化作出重要贡献人员的各种奖励方式，而且将原有奖励比例20%以内大幅度提升到50%～90%。全面落实国家法律法规和中央、各级政府政策，必将调动各方参与创新和成果转化的积极性，促进科技成果真正转化为现实生产力，从而降低研发成果的知识产权被协同人员（主要指发明人）私有的风险。

（六）完善协同创新中心内部管理机构，加大知识产权保护力度

要做好协同创新成果的知识产权保护工作，在协同创新中心内部设立专门的知识产权管理机构十分必要。具体而言，应做好以下三个方面工作：其一，在中心理事会层级下设立专门的"知识产权管理科室"，配套专职的的知识产权人员。该科室由"中心理事会"直接管理，确保中心对知识产权管理事项的有效领导和监督，避免协同创新各方各自为政。其二，协同创新中心应与其全部员工签订完备的知识产权保密协议，明确保密事项和法律责任，防患于未然。其三，明确研发成果的知识产权保护和运营等管理职责。除了明文规定知识产权管理科室的职责以外，还需要明确分工，将职责细化到个人。为了调动该科室人员有效管理研发成果的积极性，中心也应设立相应的奖励机制，对工作业绩突出的人员予以奖励。

除高校协同创新中心应设立专门的知识产权管理机构，高校也应加强对所属科研单位和科研人员的知识产权和技术转让工作的指导和管理，有条件的学校应设立知识产权管理和技术转让办公室，有专人负责处理专利权许可、转让相关事务以及知识产权入股等事宜，负责与中介机构接洽、协商，增强知识产权运营能力，以顺利将科技成果转化为现实生产力。

（七）强化知识产权保护意识，营造良好社会环境

长期以来，很多企业缺乏知识产权保护的法律意识，社会公众包括协同创新各方的知识产权保护意识比较淡薄。加强协同创新人员乃至社会公众的知识产权保护意识十分必要。具体而言，要做好以下工作：

一是要加强知识产权法律法规的正面宣传。通过宣传教育，可以增强其对知识产权法律法规的了解，进而在法律的指引、预测等规范作用下，树立知识产权保护观念，规范自身行为。

二是定期举办高校协同创新中心和重大科研项目骨干人员知识产权培训班。针对协同创新的知识产权问题与风险，教育、科技和知识产权等行政主管部门应定期举办"2011 计划"等重大科研项目的骨干人员参加的知识产权培训研讨班，聘请知识产权专家讲授，参会人员共同探讨防范解决科研过程中的知识产权问题与风险，从而促进高校协同创新健康、可持续和卓有成效地开展。

三是要加大对知识产权侵权行为的惩处力度。国家有关部门通力合作，有效打击知识产权侵权行为，不仅可以维护公平竞争的市场环境，还可以实现对侵权人以及社会公众的教育和警示，从反面强化它们的知识产权保护意识。通过有效开展正反两个方面工作，能够提升协同创新人员和社会公众的知识产权意识，为"2011 计划"协同创新工程的持续、深入推进营造一个良好的社会环境。

当前，协同创新刚刚起步，其成果的产出尚需时日，此时研究协同创新成果知识产权问题及风险，从表面上看似乎为时尚早，然而鉴于协同创新的重要性和社会各界的重视程度、投入力度以及高期望度，同时考虑到合作创新、集群创新等在实践中出现的诸多问题，开展协同创新中的知识产权研究具有一定的前瞻性，可以做到防患于未然，否则，待研发成果知识产权归属纠纷发生时再来探讨该问题，为时已晚。本研究提出的协同创新中的知识产权问题和对策并非臆造，而是在借鉴合作创新、集群创新知识产权纠纷案例的基础上，通过对协同创新中心的调查研究并结合协同创新自身特点而提出的，笔者坚信妥善处理好协同创新中的知识产权问题及其风险，必会促进高校协同创新健康、有序、顺利地开展。

江西省知识产权战略实施的阶段性评价研究

邹开亮[*]　汪　萍[*]

摘　要：阶段性评价是推进知识产权战略实施的有效手段。按照"激励创造、有效运用、依法保护、科学管理和综合服务"5项一级指标下的25项二级指标，对《江西省知识产权战略纲要》（以下简称《纲要》）实施1周年作阶段性评价。总体上，各项工作能够紧扣《纲要》目标和要求，成绩显著，开局良好。在25项二级评价指标中，有3项达到"良好"，6项达到"中等"，10项达到"合格"，4项因未能获取相关数据不作判断，2项未启动"不合格"。在未来推进《纲要》实施工作中，要充分发挥江西省知识产权工作领导小组的统筹、协调作用，加快完善地方性知识产权规划制度体系；以"四大体系"建设为"抓手"，完善《纲要》实施工作体制、机制；优化知识产权结构，提高知识产权质量；着力打造知识产权人才队伍，加大知识产权宣传教育；密切关注各地市知识产权发展不平衡的问题。

2008年6月5日，《国家知识产权战略纲要》由国务院颁布实施；2012年6月13日，江西省人民政府发布《纲要》。在《国家知识产权战略纲要》发布实施逾5周年、江西省《纲要》实施逾1周年之际，国家知识产权局、国家工商行政管理总局（以下简称"国家工商总局"）、国家版权局联合下发了《关于组织开展全国地方性知识产权战略实施情况阶段性总结评价的通知》（国知发协〔2013〕57号）（以下简称《通知》）。江西省知识产权局在省知识产权领导小组的指导下，会同省工商局、省版权局等相关单位，成立由科技评估专家、知识产权专家、有关领导等组成的工作组，对2012年6月至2013年6月《纲要》的实施情况进行阶段性总结评价，并形成如下报告。

一、阶段性总结评价的说明

（一）总结评价的目的

落实《通知》精神，全面掌握江西省知识产权战略实施起步阶段的基本情况和

---

* 作者单位：华东交通大学。

实际效果，及时总结战略推进的阶段性经验，查找战略实施过程中的问题和不足，适时调整战略目标和政策方向，进一步推进《纲要》的顺利实施。

（二）总结评价期间

2012 年 6 月 13 日至 2013 年 6 月 30 日。

（三）总结评价组织

由省知识产权局（对外合作与协调处）牵头负责，在省知识产权工作领导小组的指导下，会同省工商局、省版权局等相关单位，成立由科技评估专家、知识产权专家、有关领导等组成的工作组。同时委托华东交通大学知识产权研究所等专业机构开展第三方评价。

（四）总结评价方式、方法

由工作组确定评价内容、方式方法、程序步骤，确定总结评价方案；专家组开展总结评价调研、数据采集等工作，执笔人撰写《江西省知识产权战略实施阶段性总结评价报告（初稿）》。结合第三方评价报告，在征询各方意见的基础上，修改完善形成《江西省知识产权战略实施阶段性总结评价报告（审定稿）》，提交江西省知识产权工作领导小组审议。在具体方法上，坚持定量研究与定性研究相结合、纵向比较与横向比较相结合、分类评估与综合评估相结合，综合运用实绩分析和专题访谈等方法。

（五）总结评价指标

总结评价指标主要反映《纲要》的量化目标、专项任务、重点领域、专项工程等，坚持全面性、系统性、可比性和硬指标与软指标相结合等原则，兼顾数据的可取性，并借鉴了国内其他省市的有关经验。指标体系从激励创造、有效运用、依法保护、科学管理和综合服务 5 个方面入手，共含 5 项一级指标和 25 项二级指标（具体见表 1）。

表 1　江西省知识产权战略实施阶段性总结评价指标体系

一级指标	二级指标	测评方式
知识产权创造	三类专利申请量、授权量及增长率	统计（定量）
	发明专利受理、授权量及增长率	统计（定量）
	每百万人口有效发明专利拥有量	统计（定量）
	注册商标总量及增长率	统计（定量）
	地理标志注册件数	统计（定量）
	中国驰名商标及省级著名商标数量及增长率	统计（定量）
	版权合同登记量及增长率	统计（定量）
	植物新品种授权量及增长率	统计（定量）
	形成具有自主知识产权的高新技术标准数量	统计（定量）

一级指标	二级指标	测评方式
知识产权保护	知识产权案件行政查处数量	统计（定量）
	公安立案侦查、侦破知识产权案件数量，处理人数等	统计（定量）
	法院受理、审结知识产权案件数量	统计（定量）
	知识产权案件结案率	统计（定量）
	海关采取知识产权保护措施次数，查缴涉嫌侵犯知识产权货物件数或货物价值等	统计（定量）
知识产权运用	知识产权在政府主要经济政策中的导向作用情况	专家评分（定性）
	知识产权产值贡献率	统计（定量）
	知识产权转让许可收益占地区生产总值比重	统计（定量）
知识产权管理	职责明确、机构完善、协调配合的工作机制	专家评分（定性）
	省、市、县三级知识产权管理机构建制、完善情况	统计（定量）
	重大经济活动中知识产权特别审查情况	统计（定量）
	地方（市县级）知识产权战略制定情况	统计（定量）
知识产权服务	知识产权中介服务机构及从业人员数	专家评分（定性）
	政府知识产权公共信息平台及企业知识产权信息系统建设情况	专家评分（定性）
	知识产权预警机制建设情况	专家评分（定性）
	知识产权社会服务情况及知识产权公众认知度	统计及问卷

二、江西省知识产权战略实施1周年总体评价

（一）方向明确，规划有序

2013 年，省知识产权工作领导小组下发《江西省知识产权战略纲要推进计划(2013—2015 年)》（以下简称《推进计划》），从"提升知识产权创造能力""鼓励知识产权转化运用""加大知识产权保护力度""加强知识产权宏观管理""提升知识产权服务水平""加强知识产权人才队伍建设""推进知识产权文化建设"和"深化知识产权合作与交流"8 个方面，分 35 小点对近期推进《纲要》的主要任务进行分解，并明确了具体的负责单位。

（二）建章立制，组织跟进

在现有国家相关法律法规、政策以及地方相关法规、规章和政策的基础上，为推进《纲要》实施，有效落实近期工作目标，江西省委、省政府有关部门（联合）先后发布了《江西省人民政府关于进一步实施商标发展战略的意见》《鄱阳湖生态经济区建设专利推进工程方案》《江西省战略性新兴产业专利技术研发引导与产业化示范专项资金项目和资金管理暂行办法》《江西省知识产权富民强县示范县建设

专项资金项目和资金管理暂行办法》《江西省知识产权"四大体系"建设规划（2013—2015 年)》《关于进一步加强高等学校知识产权工作的意见》等规章制度。同时，部分地市也出台了《纲要》实施文件，如《九江市知识产权战略纲要》《萍乡市加快推进知识产权战略的实施意见》《新余市专利奖励办法》等。

组织机构积极跟进完善。在《纲要》制定伊始，省政府成立了由副省长谢茹任组长，科技厅厅长、省政府副秘书长任副组长，25 家省、厅级单位正、副职负责人任委员的"江西省知识产权工作领导小组"。《纲要》发布后，成员单位增加到 30 个，并就实施任务分解、体系建设、战略实施等，由领导小组对市县政府、成员厅局提出了明确要求。在全省 100 个县（市、区）中，共有 71 个成立了知识产权管理机构（截至 2013 年 6 月底，新增 34 家），58 个为副科级以上单位。新增机构基本上按要求做到了"六个一"：一块牌子、一班人马、一枚章子、一笔经费、一套制度、一个办公场所。

（三）支撑有力，服务优化

在《国家知识产权战略纲要》发布后，江西省知识产权工作建构了《纲要》《江西省专利促进条例》、省专利奖、专利工程师、企事业单位及园区知识产权试点等五大支柱；为落实近期战略目标，配合《推进计划》实施，江西省又及时确立了以"四大体系"建设为支撑的推进思路，并发布了《江西省知识产权"四大体系"建设规划（2013—2015 年)》，这"四大体系"为："知识产权管理与执法体系""知识产权转化运用体系""专利公共信息服务体系"和"专利代理中介服务体系"。

知识产权服务进一步优化。省知识产权局经过更名、升格、扩编，专利管理人员从不足 30 人，发展到 100 人以上。全省 11 个设区市相继成立了知识产权局和版权局。专利代理机构从 2000 年的 3 家发展到 10 家，商标、版权等其他相关服务机构发展至近 70 家。在服务内容上，"江西省知识产权服务中心"作为经省政府有关人事部门批准成立的综合性知识产权官方服务机构，在《纲要》实施 1 周年内完成代理专利申请案 800 件，提供各种科技查新报告、专利文献检索报告 300 余项。"国家专利技术江西展示交易中心"举办 25 场展示推介、宣传、培训等活动。

（四）强化保护，改善环境

截至《纲要》实施周年之际，全省初步形成行政执法、行业自律、企业维权的"三位一体"知识产权保护长效机制。一是加强市场执法检查，查处假冒专利行为。二是强化专利纠纷调处机制，维护专利权人的合法权益。三是加大展会知识产权保护力度。四是积极开展知识产权维权援助，开通"12330"知识产权维权援助公益服务电话，明确维权援助单位和专家队伍。五是加强行政执法协作，整合执法资源，认真履行"十六省市专利行政执法协作协议"，与泛珠三角区域各省市建立了专利行政执法协作机制。

加大知识产权宣传报道，提升公众知识产权认知度。一是复刊《江西知识产权》；二是创刊《知识产权分析专报》；三是积极沟通、利用《江西日报》《江西科技》《中国知识产权报》等纸质媒体和国家知识产权局、省知识产权局、省科技厅官网主页等网络媒体，主动发布相关信息；四是印制了知识产权维权援助宣传单页、《江西12330知识产权问答》宣传读本、环保袋、纸巾、纸杯等宣传品；五是开设国家知识产权培训中心的网络课程《知识产权法律基础》，普及知识产权基础知识。

三、江西省知识产权战略纲要完成情况

（一）完成情况

1. "近5年目标"完成情况

（1）知识产权数量稳步增长，质量明显提高。三类专利申请总量稳步增加，每万人有效发明专利密度持续提高，PCT申请量增加（详见表2）；商标申请量和注册量稳步提高，驰名商标由2012年底的66件增加至2013年底的98件，省著名商标总数增至543件（详见表3）。

表2　2012年6月至2013年6月江西省专利事业发展状况

月份	发明专利受理		发明专利授权		有效发明专利状况			PCT受理量/件	三类专利申请总量/件
	数量/件	增长率/%	数量/件	增长率/%	有效量/件	专利密度（件/百万人）	增长率/%		
2012.6	200	8.5	82	37.1	2254	50.6	43.5	0	1007
2012.7	227	6.1	66	37.2	2312	51.9	44.1	14	1145
2012.8	273	8.3	81	37.2	2379	53.4	44.2	5	903
2012.9	216	6.7	108	42.0	2478	55.6	45.5	9	936
2012.10	240	5.5	91	46.6	2557	57.4	47.4	5	1241
2012.11	359	8.0	63	37.7	2613	58.2	45.1	5	1282
2012.12	420	8.1	56	31.5	2651	59.1	42.4	9	1387
2013.1	229	36.3	78	136.4	2703	77.9	43.5	2	1034
2013.2	166	-1.5	46	15.9	2737	61.0	40.5	1	587
2013.3	312	12.8	97	32.3	2823	62.9	41.4	2	1185
2013.4	290	17.0	102	32.9	2911	64.9	41.0	0	1347
2013.5	331	22.1	98	22.7	3001	66.9	37.4	9	1435
2013.6	322	28.1	72	16.0	3050	68.0	35.3	2	1385

数据来源：国家知识产权局官网公开的统计数据。

表3　2012～2013年江西省商标事业发展状况　　　　　　单位：件

截止时间 ＼ 项目	商标申请件数	商标注册件数	有效注册量	驰名商标件数	地理标志件数	著名商标件数
2012.6.30					35	
2012.12.31	22055	13699	76682	66	37	
2013.6.30					38	
2013.12.31				98		543
2012.12.16～2013.6.15	12224	6776	82206			

注：① 以上数据根据国家工商总局商标局官网公布的统计数据得出。

② 由于相关部门数据统计节点等原因，表3中的相关商标数据未能如表2中专利数据那样分月份列出，有一定的重叠性，且无2013.6.16～2013.6.30的商标申请数、注册数、有效注册量三方面的数据。

（2）知识产权促进经济发展方式转变和推动产业结构调整的作用显著增强。2012年7月开始"贯标"试点工作；2013年初启动"江西省战略性新兴产业专利技术研发引导与产业化示范专项工程"；省内12家企业获首批被认定为国家级知识产权示范、优势企业；启动"知识产权入园强企'十百千万'工程"。

（3）知识产权法制与政策环境进一步优化。省委、省政府有关部门先后发布《江西省人民政府关于进一步实施商标发展战略的意见》《鄱阳湖生态经济区建设专利推进工程方案》《江西省知识产权富民强县示范县建设专项资金项目和资金管理暂行办法》《江西省知识产权"四大体系"建设规划（2013—2015年)》等，《九江市知识产权战略纲要》《萍乡市加快推进知识产权战略的实施意见》《新余市专利奖励办法》《景德镇陶瓷知识产权保护管理规定》等地市层面的战略推进制度先后颁布实施。

（4）知识产权管理体系逐步健全。全省专利管理人员从不足30人，发展到上百人；全省11个设区市相继成立了知识产权局和版权局。全省100个县（市、区）中，71个成立了知识产权管理机构（截至2013年6月底，新增34家）；新增县（市、区）知识产权部门具备"六个一"的工作条件和"五项"主要职责任务要求。

（5）知识产权中介服务体系得到较快发展。专业专利代理机构从2000年的3家发展到2013年10家，商标、版权等其他相关服务机构发展至近70家。全省现有专利代理人资格证人员183人，执业人数42人，享受倾斜/试点扶持政策人数40人。

2."专项任务"完成情况

（1）专利。推动《江西省专利促进条例》的全面实施；制定了《江西省战略性新兴产业专利技术研发引导与产业化示范专项资金项目和资金管理暂行办法》等专利扶持政策；启动省十大战略性新兴产业专利数据库的建设工作；8 家大中型企业建设了专利专题数据库。中介服务体系建设稳步推进。积极推进行政执法队伍、条件和体制机制建设，下达项目经费 67 万元，出动专利行政执法人员 1800 余人次，查处假冒专利案件 166 起，同比增长 48%；受理专利侵权纠纷 58 起，同比增长 123%。

（2）商标。省政府下发了《江西省人民政府关于进一步实施商标发展战略的意见》，从指导思想、发展目标、发展重点、扶持政策、保障措施 5 个方面作出全面、科学的规划。具体工作正稳步开展中，相关绩效见上表 3。

（3）版权。2012 年 6 月 13 日至 2013 年 6 月 30 日，全省各类作品自愿登记数量为 421 件。动漫产业快速发展，截至 2012 年，全省登记在册且初具规模的动漫企业有 20 家，从业人员 3000 多人；已建和规划中的动漫基地有 5 家，通过国家认定的国家级动漫企业有 11 家，占全国的 2%；国家级重点动漫企业有 2 家，占全国的 5%；国家级重点动漫产品有 2 部，占全国的 3%；获进口动漫开发生产用品免税资格的动漫企业有 2 家，占全国的 9%；获得国家广电总局推荐的 2012 年度第二批优秀国产动画片有 2 部，登上中央电视台少儿频道的原创动漫作品有 3 部。

（4）植物新品种。省林业厅发布了《关于严厉打击侵犯植物新品种权行为的通知》（赣林办发〔2012〕44 号），九江、上饶等市先后开展了打击侵犯植物新品种权行为专项行动。江西省拥有植物新品种权 45 件，其中 2012 年 10 月 31 日至 2013 年 10 月 31 日止新申请 10 件。

（5）商业秘密。国家知识产权局专利局南昌代办处 2013 年 1～8 月已受理向外国申请专利的保密审查案件达 392 件，与去年同期相比增长 32 倍。企业申请量占申请总量的 99%，其中南昌欧菲光科技有限公司提交的保密审查请求案件达 327 件，晶科能源控股有限公司的保密审查请求案件达 38 件。

（6）特定领域的知识产权。新获得地理标志注册 3 件；2012 年底，江西省 13 人入选第四批国家级非遗代表性传承人。南昌市充分发挥地区文化优势，大力加强非物质文化遗产保护，拟建非遗博物馆。

3. "专项工程"完成情况

（1）知识产权信息平台建设推进工程。国家知识产权局批准在江西省设立了中国陶瓷知识产权信息中心，并在 2009 年增挂江西省陶瓷知识产权信息中心，成为江西省在专利信息服务方面的一项特色工作；江西省十大战略性新兴产业专利数据库建设工作已完成 4 项，其余 6 个专题数据库已经由省知识产权局支持 6 个设区市分担实施，并支持了 11 个设区市建设地方性专利管理平台。江西省已有 8 家大中型企业建设了专利专题数据库。

（2）中介服务机构建设强化工程。新增专利代理机构 3 家，新增拥有专利代理人资格证人员 35 人；商标、版权等其他相关服务机构发展至近 70 家。从代理专利申请状况来看，2012 年江西省专利申请量为 12458 件，其中由专利代理机构代理的专利申请量为 5938 件，占总量的 47.7%。

（3）知识产权行政执法和维权援助促进工程。开展了"雷雨""天网"知识产权专项行动。选取抚州市生物医药专业市场、萍乡市矿山用品专业市场、上栗县鞭炮烟花专业市场、湘东区工业陶瓷专业市场作为典型向国家知识产权局申报专业市场知识产权保护项目。加强展会知识产权保护，在"景德镇瓷博会""中博会"等会展中设立了保护知识产权工作机构。"12330"接听量明显上升，超过历年总和，其中 14 起投诉内容符合维权援助案件立案标准，并移交相关执法部门办理，已被执法部门立案 5 件，结案 3 件。在新余、抚州、宜春和鹰潭等市建立 4 个维权援助分中心。在赣州市南康家具专业市场设立维权援助举报投诉工作站。

（4）鄱阳湖生态经济区知识产权推进工程。发布《鄱阳湖生态经济区建设专利推进工程方案》《江西省战略性新兴产业专利技术研发引导与产业化示范专项资金项目和资金管理暂行办法》等制度、方案。

（5）知识产权行政管理机构建设完善工程。省知识产权局经过更名、升格、扩编，专利管理人员从不足 30 人，发展到 100 人以上，11 个设区市相继成立了知识产权局和版权局，25 个县设立了知识产权局或挂牌（股），新增机构基本上做到了"六个一"。

（6）知识产权人才培养强化工程。发布了《江西省专利管理专业技术资格评价办法》，完成了省内首次专利工程师中、高级职称申报、评审工作；即将启动实施"521"知识产权人才培养工程；加强华东交通大学"江西省知识产权培训中心"建设；征集了一批高级专业人才组建知识产权科技特派员队伍，深入基层为县域工业园区、重点企业及基层机构开展知识产权服务。

（7）知识产权入园入企推进工程。泰豪科技股份有限公司及江西洪都航空工业集团有限责任公司被认定为第一批国家级知识产权示范企业；江西德宇集团、江西天施康中药股份有限公司、江西本草天工科技有限责任公司、南昌弘益科技有限公司、汇仁集团有限公司、江西济民可信集团有限公司、江西稀有金属钨业控股集团有限公司、晶能光电（江西）有限公司、仁和（集团）发展有限公司、江西赛维太阳能高科技有限公司共 10 家单位被认定为第一批国家级知识产权优势企业。

（8）知识产权证券化试点前期工程。2012 年 9 月 29 日，江西省丰和营造集团有限公司以 5 项专利对南昌银行股份有限公司科技支行出质并作登记；2013 年 6 月 20 日，江西省交通工程集团公司以其与陕西中大机械集团有限责任公司共有的 2 项专利对重庆市三峡担保集团有限公司西安分公司出质并作登记。

（二）存在的问题

1. 知识产权总量和质量整体上仍亟须提高，知识产权地区间发展水平严重失衡

在专利方面，与发达省份比较，全省发明专利申请受理及授权数量、三类专利申请及授权总量、特别是有效发明专利密度，都相去甚远，即使在中部六省中也基本位列下游。同时，全省各设区市发明专利指标也严重失衡，2013 年 1 月至 6 月，江西省全省共申请发明专利 1650 件，其中，南昌市发明专利申请为 848 件，占到全省总量的一半以上，其他仅有宜春市和赣州市半年的申请量超过百件。

在商标方面，驰名商标总量仍不高，省内著名商标数量离近期目标的要求也有一定距离。同时，商标注册和驰名商标分布上也存在严重的地区间不均衡性。江西省地理标志注册无论是总量还是增长速度都不尽人意。此外，在版权、植物新品种权、商业秘密等领域，江西省的总量和增长水平仍须尽快提高。

2. 知识产权管理体系不完善，知识产权执法力量太弱，保护能力不足

全省 11 个设区市知识产权局，除南昌市等少数县区为副处级单位外，其余均为科级单位，人员一般不超过 5 人，100 个县（市、区）仍有 29 个县（市、区）未设立知识产权管理机构。执法经费不足，严重影响了执法工作的正常开展。在全省 11 个设区市知识产权局中，只有南昌、九江、新余、鹰潭 4 个市知识产权局成立了专门科室开展执法工作。全省专门从事专利行政执法的工作人员不足 20 人，除南昌、鹰潭等市外，大部分设区市难以正常开展执法工作。

3. 知识产权转化运用"瓶颈"多

第一，知识产权的拥有量低，转化运用基础薄弱。江西省发明专利授权量过少，所占比例仅有11%左右，在全国排名靠后，在中部六省中，直到 2011 年专利总量才稍微超出山西省，专利综合实力在全国排第 22 位，稍强于山西省（第 25位），在中部六省中垫底。

第二，知识产权归属分布不合理。江西省近年来授权专利归属主要集中在企业、个人，且个人持有专利的比例较高；高校院所的授权专利不足全省总数的10%。

第三，知识产权中介服务机构弱小且分布失衡，转化运用服务能力薄弱。江西省知识产权方面代理服务机构有 78 家，仅南昌就有 51 家。江西省专业的专利交易服务机构仅有 12 家，注册资本仅 361 万元。通过 2011 年检的专利代理机构仅 10家，注册资本仅 256.4 万元，其中官办机构江西省专利事务所注册资本就有 202 万元，从事专利代理人数仅 42 人，基本集中在南昌市及下属区县。

4. 专利信息公共服务体系建设有待进一步加强

现有专利信息服务平台提供的产品存在简单开发和产品结构单一等问题，专利信息的简单开发模式和服务方式亟待改变。同时，缺乏针对政府机构和企事业单位个性化需求的高端专利信息服务，对经济发展重点领域和重大项目的专利信息服务尚未实现经常化和全面化，专利信息服务供给不足，服务能力与用户需求不完全相适应。

5. 专利中介代理服务体系亟须完善

全省代理机构仅占全国总数的 1%，执业人数仅占全国 0.5%；代理机构平均执业人数仅为 4.2 人，低于全国 8.7 人/家的平均水平，规模普遍偏小。地域分布不平衡，仍有 5 个设区市尚无专利代理中介服务机构。执业代理人年龄老化现象严重，平均年龄达 53 岁。专利代理率低，业务范围狭窄，专利代理服务主要集中在传统产业和领域，对于新兴领域的相关专利中介服务业务难以胜任。

6. 各级政府、各政府部门间的沟通协调有待加强

在总结评价中发现，《纲要》发布后，贯彻实施工作在实际上完全成了省知识产权局及部分地市知识产权局的责任，原来被列入省知识产权工作领导小组的其他成员单位主动参与或被动参与的情形并不多见。有的单位（部门）还未形成固定的工作机制，有的则根本未予启动，导致在总结评价时相关数据的缺失。在各项知识产权工作任务和目标的分解上，不少单位（部门）要么敷衍应付，要么久拖不动，束之高阁，影响了《纲要》实施的整体步调和进度。

四、江西省知识产权战略纲要阶段性总结评价结论及建议

（一）阶段性总结评价结论

1.《纲要》确定的近期目标、专项任务和专项工程整体上符合江西省经济社会发展的现实条件和客观要求，具有全面性、前瞻性、科学性和可行性特点。

2.《纲要》实施 1 周年里，各项工作总体上能够紧扣《纲要》的目标和要求，成绩显著，开局良好。

3. 按照 25 项二级评价指标的要求，《纲要》1 周年实施工作有 3 项能达到"良好"；6 项能达到"中等"；10 项能达到"合格"；4 项因未能获取相关数据不便作出判断；2 项未启动，须加快实施步伐。

4.《纲要》的 1 周年实施中也存在发展不平衡的现象以及需要在下一步实施过程中引起重视的问题。

（二）阶段性总结评价建议

1. 充分发挥省知识产权工作领导小组的统筹、协调作用，强化其领导核心凝

聚作用和任务分解与督导功能。

2. 加快推动《纲要》所提出的相关地方性行政法规、政府规章及其他规范性文件的制定、颁行进程，尽快形成完善的战略纲要实施制度保障体系。

3. 以推进"四大体系"建设规划为"抓手"，积极完善本省《纲要》实施工作的体制和机制。

4. 优化知识产权结构，提高知识产权质量，协调省内各地区知识产权工作相对平衡发展。

5. 加大培养知识产权人才队伍力度，坚持自身培养与对外引进相结合原则，创新知识产权人才引进模式。

6. 继续加大知识产权宣传教育，创新工作方法，提高民众的知识产权意识和能力，夯实《纲要》实施的社会基础。

江西省知识产权司法保护的现状、问题及反思

徐聪颖*

摘　要: 党的十八大提出要实施创新驱动发展战略,明确指出要把科技创新摆在国家发展全局的核心位置,并强调要"实施知识产权战略,加强知识产权保护"。为深入实施知识产权战略,实现江西省各项产业在新形势下的转型升级,江西省委在十三届六次全会上提出,要加快转变经济发展方式,深入实施创新驱动战略,大力推动科技协同创新。为此,江西省高级人民法院下发了《关于积极服务鄱阳湖生态经济区建设的若干意见》,要求各级法院重点加强区内企业知识产权司法保护,促进企业提升核心竞争力。

创新是一个国家在社会、经济、文化等各方面继续向前的源动力,而加强知识产权司法保护对于江西省实施创新驱动发展战略、推动江西省文化发展、维持江西省经济快速发展具有十分重要的作用。为了能够较为全面地了解江西省知识产权司法保护的现状及问题,本课题组依托"北大法宝"数据库,从中收集了近300份江西省2010~2015年的知识产权民事判决文书,并通过对判决书中相关信息的统计与分析,力求从多个角度呈现江西省知识产权司法保护的面貌。

本研究报告共分3个部分。第一部分对江西省2010~2015年知识产权案件审理的总体情况进行了初步的统计与分析;第二部分对江西省2010~2015年的商标权、专利权和著作权领域民事判决的具体情况进行了多元化的解读;第三部分总结了江西省知识产权司法保护的现实差距并提出了相应的完善对策。

必须指出的是,受相关信息源的局限,课题组未能对江西省2010~2015年的知识产权民事判决文书进行全面彻底的梳理,致使研究样本规模相对较少,研究结论难免有失偏颇,其中的谬误敬请相关专家、学者指正。

---

* 作者单位:江西财经大学。

一、江西省2010～2015年知识产权案件审理的总体情况

（一）江西省2010～2015年知识产权司法保护的案件数量

为了解江西省知识产权司法保护的总体情况，此次调研主要依托"北大法宝"法律信息数据库完成。通过在北大法宝网站的"司法案例"栏目（http：//www.pkulaw.cn/Case/）收集相关裁判文书，课题组截至2016年3月初，共收集到江西省在2010～2015年的知识产权民事司法判决文书297份，相应案件的具体时间分布情况如图1所示。

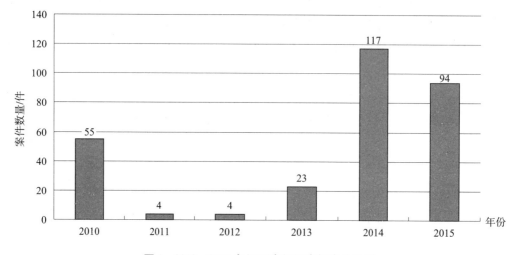

图1 2010～2015年江西省知识产权案件数量

必须指出的是，受研究样本的局限，图1中的数据远未能全面地反映出江西省知识产权司法保护案件数量的真实状况。例如，根据江西省高级人民法院公开的资料显示，仅在2014年，全省法院系统就受理一审、二审知识产权民事案件412件，审结365件。在新受理的案件中，著作权纠纷124件，商标权纠纷208件，专利权纠纷71件，技术合同纠纷3件，其他知识产权纠纷6件。2015年全省法院共受理知识产权民事案件789件，审结466件。其中，受理知识产权民事一审案件744件，审结424件，其中调撤193件；受理知识产权民事二审案件45件，审结42件，其中调撤9件。但"窥斑见豹"，图1中的数据仍具有以下两方面的启示意义。

（1）从"北大法宝"对江西省2010～2015年的知识产权民事判决书的收集数量的变化情况看，自2014年以来，江西省知识产权司法裁判的总体案件数量以及能够透过公开渠道查找的案件数量都有明显的增加。案件数量的上升，从侧面反映出，随着江西省经济的快速发展以及知识产权普法和执法力度的增强，该省对知识产权的管理和保护工作取得较为明显的成效，并且民众的知识产权维权意识也日益

提高。

（2）尽管自2014年以来，江西省各级法院系统受理、审判的知识产权民事纠纷案件相较于以往在数量上有了较大幅度的增长，但能够通过公开渠道可供查找的民事判决案件仍相对较少，这在一定程度上表明，江西省在知识产权司法保护队伍建设方面仍存在一定的滞后性，特别是在知识产权案件行政管理人员方面可能存在较大缺口，以至于无法及时、全面地向社会公开知识产权民事纠纷案件的审理情况。

（二）江西省2010～2015年各类知识产权司法保护的基本情况

在此次调研所收集的样本材料中，江西省的知识产权民事案件主要集中于知识产权权属、侵权纠纷，而与知识产权相关的特许经营合同纠纷、技术合同纠纷、专利合同纠纷、商标纠纷等案件数量则相对较少（参见图2）。虽然从总体上看，一方面，知识产权权属、侵权纠纷一直是我国知识产权民事审判的重要工作，但另一方面，随着民众知识产权权利意识的提高，积极借助知识产权许可协议充分挖掘知识产权的市场价值业已成为商事活动领域的重要内容，而与之相关的合同纠纷在知识产权民事审判领域中也日渐增多。从江西省的情况来看，知识产权合同纠纷相对较少的现实表明，当前江西省在引导民众加强知识产权管理、加大知识产权市场化的推进力度方面仍有许多的工作可做。

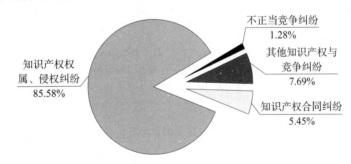

图2 江西省知识产权案件案由占比

不仅如此，从江西省知识产权权属、侵权纠纷的情况来看，其中以商标权权属、侵权纠纷占比最高，高达64.31%；之后是著作权权属、侵权纠纷，占比为20.07%；占比相对较少的是专利权权属、侵权纠纷，占比为14.87%（参见图3）。从全国民事知识产权具体类型案件总数量各年的走势来看，著作权案件最多，其次是商标案件和专利案件；并且著作权案件几乎是商标案件和专利案件两者的总和（参见图4）。

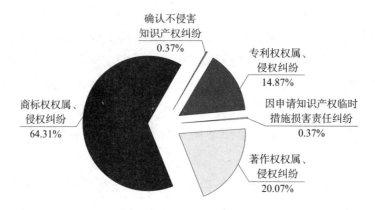

图3 2010～2015年江西省知识产权权属、侵权类案件具体占比

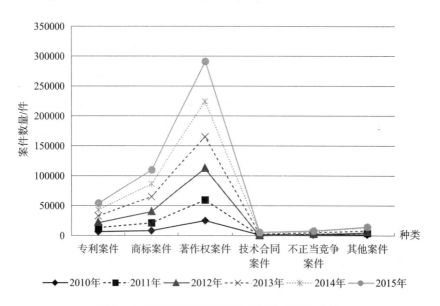

图4 全国知识产权民事案件中具体类型案件数

　　商标权权属、侵权纠纷的占比相对较高，一方面，与江西省的文化版权产业不发达及科技创新水平相对落后具有密切关系，另一方面，也与此三类知识产权的司法审判现实有关。总体而言，著作权领域和专利权领域的侵权认定相对更为复杂，所花费的诉讼成本也更加高昂，这会在一定程度上对权利人的维权积极性产生抑制作用。特别是当一个地区的总体司法裁判水平相对偏低、判赔数额难以满足维权成本时，权利人选择放弃维权也不失为"理性选择"。从这一角度观察，江西省今后还应围绕知识产权维权环境的建设问题开展具体而有针对性的工作。

（三）江西省知识产权案件的地域分布情况

　　从此次调研的情况来看，江西省的知识产权类案件主要集中在省会城市——南昌，在总共收集到的 297 份民事判决书中，南昌的知识产权案件数量高达 151 件，占总统计数量的 50.84%。排在南昌之后的依次是萍乡、九江、景德镇，占比分别为 20.54%、8.41% 与 6.06%。一般而言，知识产权纠纷案件数量与经济发展水平有极为密切的关系，经济水平越高，知识产权案件越多，反之亦然。这一规律在江西省的省会城市南昌体现得较为明显，其作为江西省的政治、经济、文化中心，经济发展水平相对较高，因而在知识产权案件数量上也会明显多于其他地级市（参见图 5）。

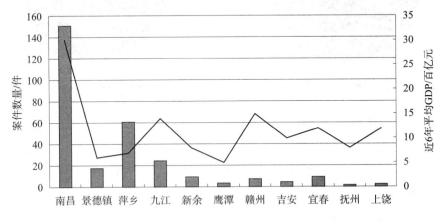

图 5　江西省各地知识产权案件数量与其 GDP 关系

上述分析具有的另一启示意义还在于，鉴于江西省当前经济社会发展相对不均衡，且知识产权创造、管理、运用、服务以及保护水平仍处于较低层次，当前正在推行的《江西省实施知识产权战略行动计划（2015—2020 年）》应当结合区域经济发展现状有明确的主次、详略之分，利用有限的资源保障重点地区知识产权战略工作的顺利推进。

二、江西省各类知识产权案件审理的具体情况

（一）江西省商标权案件的审理情况

1. 商标案件的诉讼主体

从此次调研的统计情况来看，在商标权案件中，原告、被告主体为自然人的占比与为法人的占比相差较大。其中在商标权案件一审中，原告为法人的占比 93.88%，自然人占比仅为 6.12%；而在被告中自然人占比 73.47%，法人占比 26.53%（参见图 6、图 7）。该数据充分说明，在商标权的保护问题上，法人的商标保护意识相较于自然人更强，并且具备相对充足的人力、物力对商标在市场上的使用情况进行实时监控，也更有意愿对侵犯其商标权的行为人提起民事诉讼。与原告的情况相比，在被告中却是自然人占比较高，这在一定程度上反映出江西省自然人或个体

工商户的商标权意识不强，因而存在大量的商标侵权行为。从推进江西省品牌战略、净化商标权使用环境的角度来看，以上数据为今后的工作指明了方向和重点。

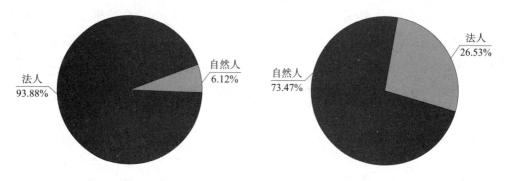

图6　江西省商标案件诉讼主体——原告　　**图7　江西省商标案件诉讼主体——被告**

2. 商标权案件的判赔情况

在此次统计中，江西省商标权案件的平均判赔率为 12.78%，最低判赔率为 0，而最高判赔率为 50.00%。依据统计的 98 件商标案件，有效统计的数据为 76 个，在这 76 个案件中，最大的请求额为 300 万元，最小的请求额为 3000 元，平均请求额为 14.97 万元；判赔额中最大的判赔额为 82 万元，最小的判赔额为 0 元，平均判赔额为 2.36 万元（参见图 8）。

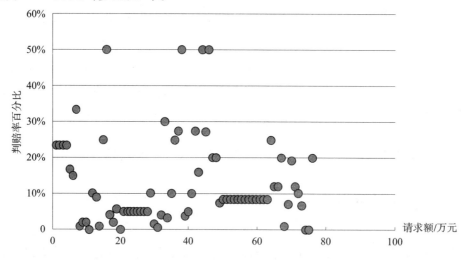

图8　江西省商标案件判赔率

与全国其他省市相比，江西省的商标权案件赔偿数额仍相对偏低，且判赔理由相对简单，多采用法定赔偿。从完善商标权司法保护环境的角度来看，江西省法院系统今后应当围绕商标权司法判赔问题开展专项研究，在对商标权的损害给予充分救济的同时，切实加大判赔数额对侵权人和潜在侵权人的震慑力度，避免商标权人"赢了官司输了钱"。

3. 江西省各地法院审理的商标权案件数量

在此次统计的商标权案件中，南昌市辖区法院的商标权案件数量最多，占全部统计案件的50%，在这之后是省高级人民法院、九江、宜春、萍乡法院等市辖区。案件的分布情况在一定程度上反映了该地区的经济状况和经济活力（参见图9）。鉴于江西省经济发展水平的不均衡性，在今后的商标品牌工程建设中，应当结合经济发展现状实施"重点突破"，对重点区域、重点企业、重要品牌开展有针对性的商标指导、管理、服务和保护工作。

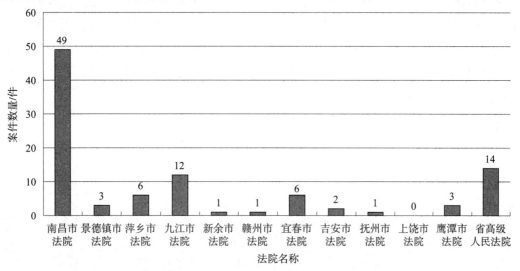

图9　江西省各地法院审理的商标权案件

4. 商标案件的二审上诉情况

在此次收集的商标案件中，上诉的案件共有22件，占统计样本总量的27.50%。而在这22起上诉的案件中，二审法院作出"驳回上诉，维持原判"与"依法改判"决定的案件各占一半，分别占统计样本总量的13.75%（参见图10）。这在一定程度上反映出江西省法院系统在商标权案件的审判水平上存在高低不一的问题，部分法院法官的审判业务素质有待提高。

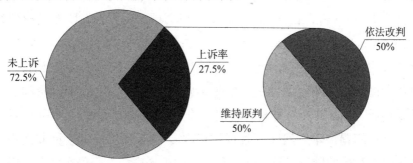

图10　江西省商标案件二审情况

（二）江西省专利权案件的审理情况

1. 江西省专利案件数量相对偏低，与逐年增长的专利权申请授权量不相匹配

自 2008 年以来，随着《国家知识产权战略纲要》的颁布，江西省的专利权申请与授权数量均有了较大幅度的增长。然而与之形成鲜明对照的是，江西省审理的专利案件数量却一直在低位徘徊（参见图 11）。其中的原因主要有二：第一，虽然江西省的专利创造能力较以往有了明显的提高，但在专利管理和专利转化环节上，专利权人的能力仍存在不足，相关专利的商业价值未能获得充分挖掘与市场认可，因此与专利利用相关的侵权纠纷自然相对较少；第二，即便对于那些利用专利技术从事商业活动的经营者来说，由于当前江西省的专利技术信息平台建设以及专利中介机构和从业人员的服务水平都相对滞后，这在一定程度上限制了专利权人及时发现专利侵权行为的能力。

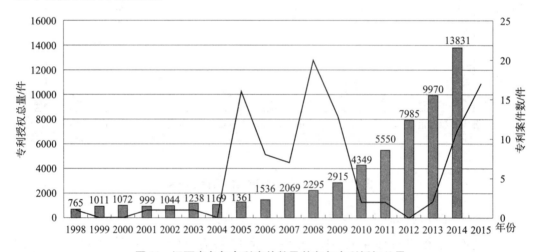

图 11　江西省各年专利案件数及其各年专利授权总量

2. 专利案件的案由

在此次调研所统计的 102 件专利案件中，有 40 件涉及侵犯外观设计专利权纠纷，占比高达 39.22%；另有 3 件是侵犯商标权和外观设计专利权纠纷，占比为 2.94%，两者共计 43 件，占比为 42.16%。与之相比，侵犯发明专利权纠纷占统计样本的 26.47%，侵犯实用新型专利权纠纷占统计样本的 25.49%，而与专利有关的不正当竞争和合同纠纷占统计样本的 5.88%（参见图 12）。从专利权所应当具有的市场价值角度来看，外观设计专利的创造性和价值应当远低于发明和实用新型专利，然而却构成了当前江西省专利纠纷案件的主体，这也从侧面反映了江西省当前所面临的一个突出问题，即虽然江西省现阶段在专利申请及授权数量方面均有较大增幅，但在提升专利权的质量以及加强专利技术的市场推广方面仍有极大的提升空间。

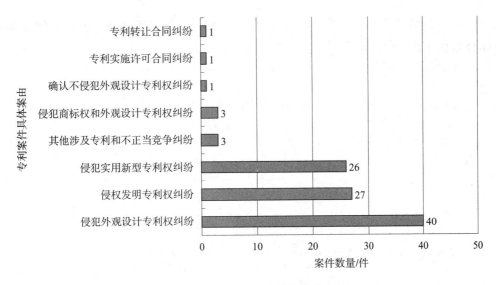

图12　江西省专利案件具体案由

3. 专利案件的二审情况

在此次统计的 51 份涉及专利纠纷的民事判决中，共有 22 起上诉案件（上诉率为 43.14%），其中 9 起案件的上诉结果是"驳回上诉，维持原判"，上诉驳回率为 40.91%；而二审"撤销原判决，依法改判"的案件共有 13 起，上诉改判率为 59.09%，其中改判的内容大多为赔偿额度的减少（参见图13）。一般而言，专利案件的高上诉率与专利纠纷的技术性和复杂性具有密不可分的关系，而专利案件在二审中的高改判率则在一定程度上表明，江西省法院系统在专利案件的审理水平上仍有较大改进空间。

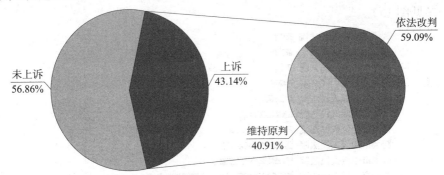

图13　江西省专利案件二审情况

4. 专利案件的判赔情况

在此次统计的 51 件专利纠纷案件中，江西省专利案件的平均判赔率为 24.25%，平均请求额为 54.24 万元，平均判赔额为 36.96 万元。这其中，有一起案件原告的求偿额和法院的最终判赔额均为 1300 万元，如果剔除这起特殊的案件，则江西省专利案件平均请求额为 22.29 万元，平均判赔额为 4.57 万元（判赔率的具体分布如下图 14 所示）。

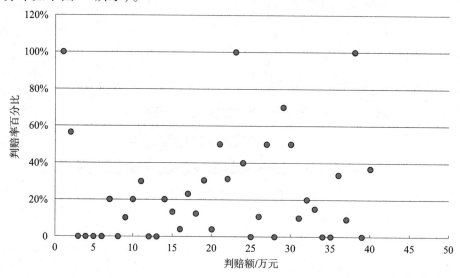

图 14　江西省专利案件判赔率

（三）江西省著作权案件的审理情况

1. 各地法院审理著作权案件的数量

从此次调研的情况来看，江西省著作权案件的分布情况与文化产业的分布状况基本呈正相关关系，相关案件主要集中在南昌、景德镇、九江等文化产业相对发达的地区。其中，南昌地区受理的著作权案件数量占所统计样本总量的 36.22%（相关数据参见图 15）。

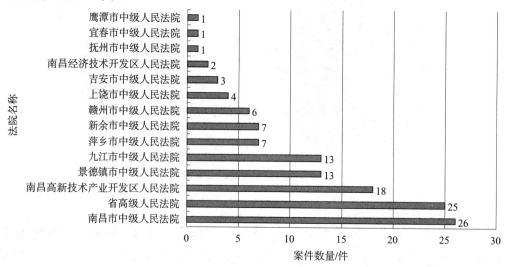

图 15　江西省各地法院审理著作权案件数量

2. 著作权案件的争议焦点

从此次调研的情况来看，江西省的著作权纠纷主要集中在"是否构成侵权"以及"赔偿数额的认定"这两大问题上。其中，"赔偿数额的认定"在著作权纠纷中成为最为突出的问题。在众多的著作权侵权案件中，被告对其行为构成侵权并不持异议，即承认侵犯对方当事人的著作权，但对侵权行为所造成的损失以及赔偿数额的认定持有异议，因此导致实践中关于"赔偿数额认定"的争议高于"是否构成侵权"的争议（参见图16）。

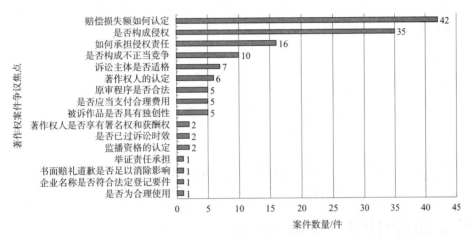

图16　江西省著作权案件争议焦点情况

3. 著作权案件的二审上诉情况

在此次统计的著作权案件中，上诉案件共27起，上诉率达21.43%。在这27起上诉案件中，"驳回上诉，维持原判"的有12件，上诉驳回率约为44.44%；依法改判的有15件，改判率约为55.56%（参见图17）。由上述数据可知，虽然江西省当前著作权案件的整体上诉率较低，但二审改判率的相对偏高却在一定程度上表明，江西省著作权案件的一审法院在审判水平上参差不齐，相关审判人员的业务素质有待进一步提高。

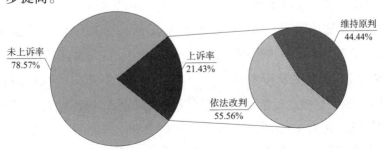

图17　江西省著作权案件二审情况

4. 著作权案件的判赔情况

总体而言，江西省著作权案件的求偿数额和损害赔偿数额均相差较为悬殊，具有明显的差异性。针对具体案情的不同，当事人的求偿额以及法院的判赔额分别从数十万元到几千元不等，而法院的平均判赔率则维持在 35.37% 左右（参见图 18）。

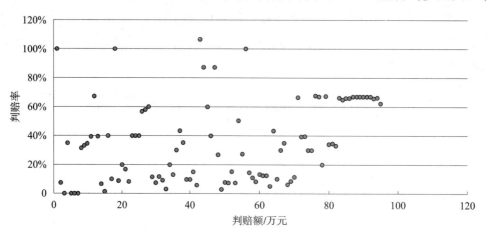

图18 江西省著作权案件判赔率

三、当前的形势、差距及建议

（一）当前的形势

自 2010 年以来，我国知识产权民事案件的数量呈逐年增加之势，到 2015 年已经增至十多万件。与此同时，知识产权行政案件和刑事案件数量也稳中有升（相关数据参见图 19 ~ 图 21）。面对全国知识产权审判工作的新形势和新要求，我国法院系统也在不断探索、总结知识产权审判工作的经验，力求为建设创新型国家提供健全完善的司法环境。从最高人民法院近 6 年公布的《〈中国法院知识产权司法保护状况〉白皮书》（以下简称《白皮书》）的内容看，《白皮书》除了包含有对知识产权民事、行政、刑事案件审理情况的总结，更多的是对我国知识产权司法审判政策、知识产权法律适用问题、知识产权司法队伍建设、知识产权审判监督等问题的阐述。例如，在知识产权司法保护政策和法律适用问题方面，最高人民法院曾经先后在 2009 年和 2011 年发布了《关于当前经济形势下知识产权审判服务大局若干问题的意见》和《关于充分发挥知识产权审判职能作用推动社会主义文化大发展大繁荣和促进经济自主协调发展若干问题的意见》，这两份意见对于知识产权审判工作具有极其重要的指导意义。而在知识产权司法审判工作的创新与改革方面，针对知识产权审判工作专业性极强的特点，最高人民法院正在全国主导推进

"三审合一"的审判试点改革，并已经在北京、上海、广州三地率先建立知识产权法院，通过对知识产权案件实行集中管辖审理，解决知识产权审判思路不统一、法律适用不一致的问题。在落实知识产权司法审判监督方面，最高人民法院以加强司法公开、规范审判行为为基本目标，对我国法院系统提出了司法裁判文书公开、细化审判流程、规范法律适用情况、加强知识产权审判队伍建设等具体而明确的要求。

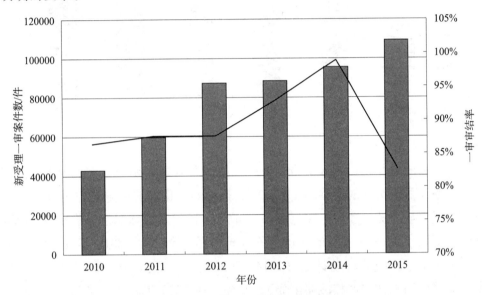

图 19　近 6 年全国知识产权民事案件审理情况

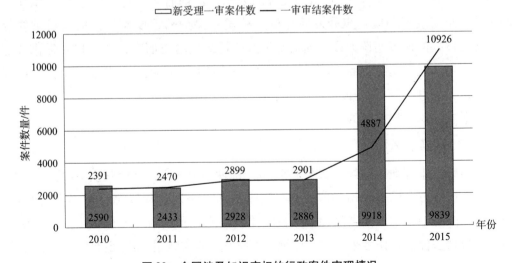

图 20　全国涉及知识产权的行政案件审理情况

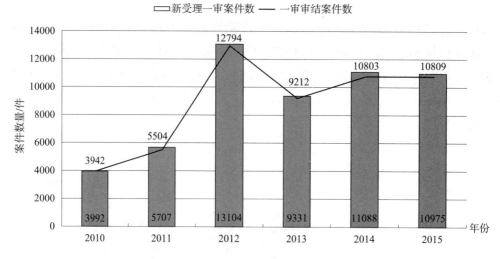

图 21 全国涉及知识产权的刑事案件审理情况

从江西省的情况看，深入实施知识产权战略是在新形势下实现产业转型升级、建设创新型江西、实施创新驱动发展战略、推动赣文化发展的重要抓手，同时也是实现知识产权与经济、社会、文化等各方面有序高速发展和深度融合的重要保障。为贯彻落实国家 2008 年发布的《国家知识产权战略纲要》、2014 年发布的《深入实施国家知识产权战略行动计划（2014—2020 年)》的相关要求，江西省于 2012 年发布了《江西省知识产权战略纲要》，并先后于 2013 年和 2015 年分别发布《江西省知识产权战略推进计划（2013—2015 年)》和《江西省实施知识产权战略行动计划（2015—2020 年)》。根据相关文件的要求，江西省当前应当进一步优化知识产权的法制与政策环境，充分发挥知识产权司法保护的重要作用，加大对重复侵权、恶意侵权的损害赔偿力度，加强知识产权行政执法与刑事司法衔接，强化各部门间的定期沟通，建立工商、版权、专利等知识产权行政机关与公安、检察、审判等司法机关信息共享机制和联席会议制度，加大涉嫌犯罪案件移交工作力度和惩处力度，形成知识产权保护的整体合力。

（二）现实的差距

作为地处中部地区的经济欠发达省份，江西省在知识产权创造、管理、运用、服务、保护等方面的基础相对薄弱，与我国东部沿海发达地区仍存在不小的差距，即便是在中部地区，江西省的知识产权整体创新能力和创新环境也相对落后。单从知识产权司法保护的角度来观察，江西省当前所面临的突出问题主要体现在以下几个方面。

1. 知识产权案件地域分布不均衡，不同地区法院知识产权司法保护水平参差不齐。受经济发展不平衡的影响，不同地区知识产权案件的数量差异极大。目前，江西省 40% 以上的知识产权案件集中在南昌中级人民法院，客观上造成了各地法院审判水平和案件质量的差异。经济发展水平低的地区案件数量少，法院将更多的时间用来审理非知识产权案件，少有机会积累知识产权案件审理方面的知识、经验和技巧，更不容易把握国家在知识产权保护方面的整体政策取向，因此个别案件的裁判出现偏差的可能性增大。案件数量过少也影响到知识产权审判庭的稳定和审判水平的提高。例如，在全省各中级人民法院中，景德镇中级人民法院民事审判第三庭是唯一一个专门审理知识产权民事案件的审判庭，而其他中级人民法院的民事审判庭除了审理知识产权民事案件外，更多承担的是其他类型民事案件的审判任务。由于知识产权民事案件数量较其他类型民事案件要少，所以审判庭工作重心并没有放在知识产权案件的审判上，这显然不利于审判人员对知识产权案件审判经验的积累和对审判实践中出现的新情况、新问题的钻研。

2. 知识产权审判人员专业化程度不高，审判队伍不稳定。知识产权审判工作在技术上和法律上均具有很强的专业性，和其他传统类型民事案件的审判工作相比，不仅要求法官具备良好的法律素养，还必须具备相应的专业技术知识，这对负责审判知识产权案件的法官提出了更高的要求。从我国当前知识产权审判工作的发展趋势来看，建立一支高素质的知识产权法官队伍，是应对知识产权案件专业化、复杂化的必由之路。然而从江西省的实际情况来看，据不完全统计，全省法院知识产权审判庭共有审判人员 93 人，本科学历以上 82 人（本科学历 68 人，研究生学历 14 人），本科学历以下 11 人；其中法学专业 84 人，其他专业 9 人，其他专业中理工专业 4 人。而从审判人员的选任来看，江西省目前从事知识产权审判的法官队伍与其他民事审判法庭、刑事审判法庭、行政审判法庭的人员结构并无不同，基本上都由具备相应法律知识、取得审判资格的普通法官组成，对知识产权法官未作更高专业上和技术上的要求。此外，法院内部轮岗制往往又把有丰富经验的知识产权法官与经验不足的审判新手轮岗对调，也在一定程度上降低了知识产权审判队伍的专业性和稳定性。

3. 现行知识产权审判体制不协调，影响司法裁判公信力。为保证知识产权民事审判水平，我国当前确立了知识产权民事案件集中管辖制度。然而根据现行《刑事诉讼法》《行政诉讼法》的规定，知识产权普通刑事和行政案件大多由普通基层法院一审，不因其涉及知识产权问题而有所不同。由此产生的问题是，知识产权民事案件主要由中级人民法院审理，而知识产权刑事和行政案件以基层法院审理为主，这就形成了不享有知识产权民事案件管辖权的基层法院却可以受理知识产权刑事和行政案件的现状。以知识产权刑事案件为例，由于其往往涉及对他人人身权利的剥夺，理应比民事案件受到更高、至少不低于民事案件的审级对待，因此现实中知识产权刑事案件的审判级别低于民事案件审判级别的制度安排显然缺乏科学性。不仅如此，由于基层法院刑事审判庭欠缺知识产权专业知识的积累，极易造成对同一被告的刑事判决认定与民事判决认定相互矛盾、冲突的问题，进而对司法裁判的公信力造成极大的负面影响。

4. 知识产权行政执法与司法保护的联动机制尚未获得有效建立，知识产权保护环境未能获得优化。我国对知识产权的保护采取的是行政保护与司法保护的"双轨制"模式。与单一的司法保护模式相比，知识产权行政保护具有主动、高效的优势，能够及时地发现、查处知识产权侵权行为。然而从现实情况来看，受知识产权行政执法机关的人力和物力所限，知识产权行政执法队伍的专业性同样难以获得保障。由此产生的结果是，在侵权行为的认定标准问题上，易于发生行政处理结果与司法认定结果不尽相同甚至相互冲突的问题，出于"趋利避害"的考虑，行政执法机关的执法效率难免会大打折扣。不仅如此，由于现行法律对行政执法与司法保护的有效衔接问题缺乏明确而细致的规定，这也在一定程度上对司法机关及时、有效地制裁、打击知识产权犯罪行为造成了不利影响。

（三）完善知识产权司法保护工作的建议

1. 进一步完善知识产权司法审判体制和工作机制。鉴于江西省当前知识产权案件整体数量偏少、分布不均的现状，法院应当尝试推行跨行政区法院集中管辖知识产权案件的制度。此举不仅符合党的十八届三中全会所提出的"要探索建立与行政区划适当分离的司法管辖制度"的要求，有利于排除地方干扰，促进公正司法，同时还有利于整合江西省有限的知识产权司法审判资源，集中办案力量，提升知识产权司法保护效能。与此同时，为避免知识产权民事、刑事、行政案件审级不一和审判水平不一的问题，江西省应进一步推进知识产权案件"三审合一"的试点工作力度，总结现有的试点经验，积极在全省法院系统内推广实行。

2. 加强司法机关相互之间以及与行政执法机关之间的协作配合，推动形成知识产权保护的整体合力。为此，江西省法院系统应当加强与工商、版权、专利等行政主管部门在知识产权行政执法程序上的衔接，实现司法保护与行政保护的优势互补。建立司法机关与工商、版权、专利、海关等知识产权行政执法部门间的业务交流、信息沟通及工作协调机制，建立联合督办重大侵犯知识产权案件的协作机制，在信息沟通、案件移送、调查取证、事实认定等方面密切配合，形成司法保护与行政执法的良性互动和保护合力。此外，江西省法院系统还应加强与公安机关和检察机关的沟通，加大知识产权刑事司法保护力度，对于《刑法》及相关司法解释中有关知识产权犯罪的法律理解与适用问题，三家机关应当形成统一认识，并以会议纪要等规范性文件的形式，共同下发知识产权司法保护工作的指导性意见，在《刑法》和《刑事诉讼法》规定的范围内，根据知识产权犯罪的实际情况，统一检察机关和审判机关的诉讼标准、追诉标准、证据标准，提高知识产权案件的办案效率和诉讼效率。

3. 加强审判队伍建设，为知识产权司法保护提供可靠的组织保障。为此，江西省法院系统应当加强对现有知识产权审判人员的业务培训力度。通过"请进来、走出去"的方式，为知识产权审判人员提供更多交流学习的机会，帮助其积累审判经验。与此同时，针对知识产权案件技术问题较多且专业性较强的特点，江西省法院系统应当在已有的技术问题专家咨询制度基础上，探索建立常态化的技术专家参与机制，通过专家咨询、专家授课、专家陪审、专业鉴定等各种渠道，将不同领域的专业力量整合进知识产权审判的各环节，增强司法裁判的公信力。

4. 加大知识产权侵权案件的民事赔偿和刑事处罚力度，增强知识产权司法保护的震慑力。为避免知识产权权利人"赢了官司输了钱"的结果，提升其维权积极性，江西省法院系统应当适当放宽权利人在损害赔偿问题上的证明标准，并灵活运用举证规则，使侵权人一方承担更多的举证不利后果。在损害赔偿数额的具体认定方面，应当加大对侵犯重大且具有较高经济效益的发明创造和知名品牌行为的判赔力度，保证权利人利益的充分实现。对于存在重大主观过错的重复侵权和恶意侵权行为，可根据权利人的诉讼请求，综合考虑侵权人的主观过错程度以及恶意侵权的规模、持续时间以及造成的社会影响等因素，加大损害赔偿数额，有效遏制侵权行为的发生。在知识产权犯罪的刑事制裁方面，江西省法院系统应当在遵循"宽严相济"司法政策的基础上，进一步细化知识产权犯罪行为定罪量刑的具体标准，增强刑罚惩治和预防犯罪的功效。

江西省中小企业实施创新驱动发展战略中的知识产权服务问题研究

漆　明[*]

摘　要： 中小企业已成为我国促进经济发展、推进科技创新、增加财政收入、扩大就业岗位、保持社会稳定的生力军。要想保持江西省经济的快速、稳定增长，首先就要服务好并积极推动广大中小企业的发展；然而企业的发展离不开技术的创新，离不开知识产权的创造、管理、保护和运用。一直以来江西省中小企业的知识产权发展存在诸多问题，企业自身法律意识淡薄、政府主导力量不够和法律体系的不完善都导致江西省中小企业在知识产权领域的进展不尽如人意。基于此，江西省中小企业咨询服务中心有限公司利用自身多年来服务中小企业的优势，对江西省中小企业实施创新驱动发展战略中的知识产权服务问题进行了调研，取得了一定的成果。

一、现状

（一）国内外知识产权服务现状

目前，国际上有一些组织正在开展知识产权信息服务标准化工作。

（1）世界知识产权组织（WIPO）管理涉及知识产权保护各个方面的24项国际条约。制定的标准主要覆盖4个方面：信息和文献的通用标准、有关专利信息和文献的标准、有关商标信息和文献的标准、有关工业设计信息和文献的标准等。

（2）欧洲标准委员会（CEN）的TC 389"创新管理"技术委员会，也正在开展知识产权相关标准的制定工作，例如，正在制定知识产权经营方面的国际标准。除此以外，欧盟主要在专利公约的规范、专利医药产品、专利法律法规、专利制度等方面开展相关标准化工作。

（3）美国国家标准协会（ANSI）、美国食品药品管理局等组织正在参与制定知识产权方面的标准，主要包括专利信息管理、专利期恢复等内容。

＊ 作者单位：江西省中小企业咨询服务中心有限公司。

（4）德国标准化协会（DIN）参与的知识产权标准化工作主要集中在专利评估、知识产权管理服务质量以及标准的知识产权保护等方面。

（5）在其他一些发达国家中，例如日本、韩国、英国等，知识产权主管部门都建立了知识产权信息服务基础资源和服务平台，对外提供知识产权信息服务，有详细的信息服务操作规范。但是，尚没有形成知识产权信息服务标准。

综上所述，发达国家的知识产权信息服务标准化体系，从总体上看，已经逐渐形成了政府部门、公益法人和民间盈利机构组成的完整、多层次的服务体系。呈现出的特点主要概括为以下几点：一是从国家战略层面支撑知识产权信息服务标准化体系的建设；二是依托信息化技术手段强化标准化体系的推广和实施；三是企业积极参与知识产权的管理及标准化体系的实施。

（二）我国发达省（市）中小企业创新驱动发展战略中的知识产权战略现状

近几年，我国也逐渐重视企业知识产权标准化的工作。江苏省、广东省等我国部分省（市）的知识产权管理部门已经将推行企业知识产权标准化管理体系作为未来几年的重点。例如，早在 2006 年，江苏省就提出了推动企业建立标准化的知识产权管理体系的目标，并于 2008 年推出企业知识产权管理地方标准，同时开展江苏省企业知识产权管理标准化示范建设工作，引导企业贯彻实施。通过标准的推广和实施，2009 年和 2010 年，江苏省企业专利申请量均居全国第一。我国于 2013 年正式发布了 GB/T 29490—2013《企业知识产权管理规范》国家标准，规定了企业策划、实施、检查、改进知识产权管理体系的要求。在国家标准的规范下，各省结合本省企业知识产权管理的实际情况，引入科学的管理模式，制定切实可行、便于操作的管理标准和指标体系，供企业在知识产权管理过程中参照实行，取得了一定的成效。

（三）江西省中小企业创新驱动发展战略中的知识产权战略现状

与国际发达国家及我国其他省（市）相比较，江西省知识产权信息服务标准化的总体水平依然偏低，主要表现在以下几点。

一是缺乏知识产权标准化政策和方法的研究，导致知识产权标准化工作缺乏系统性、针对性和有序性。虽然江西省也出台了一些促进知识产权信息服务业发展的政策和标准规范，但是政策措施的出台与执行仍存在脱节现状，政策和标准要滞后于产业的发展实际。

二是标准的数量偏少，特别在知识产权服务等重点领域，缺少技术服务流程和服务质量评价等标准。部分标准存在内容简单、原则性强、可操作性不强等问题，没有很好地反映知识产权应用服务的需求。

三是由于社会知识产权标准化意识普遍不高，标准化实施的效果一般。知识产权服务机构、专业代理机构、咨询机构、图书馆等机构在硬件设施、专业知识、信息资源建设、服务能力等方面参差不齐，导致知识产权管理及服务水平无法很好地满足市场需求。

二、知识产权服务与中小企业创新驱动发展

（一）知识产权服务

1. 知识产权服务的内涵

随着知识产权经济的发展，与知识产权产业密切相关的各种服务活动日益增多，主要体现在围绕专利、商标、版权（著作权）（包括计算机软件）、新品种、地理标志与原产地保护等知识产权领域的各种新兴服务业，如对专利、商标、版权、软件、集成电路布图设计等的设计、代理、转让、登记、鉴定、评估、认证、咨询、检索、转化、孵化、融资与产业化服务等活动。

此外，涉及知识产权的资产评估与会计审计服务，与知识产权有关的教育、培训和对外交流等方面的服务，与知识产权相关的金融、房地产、旅游、信用评估、广告会展、现代物流和现代商业方面的服务，与知识产权相关的公共卫生、公共基础设施、环境保护和社会福利方面的服务，其他未列明的知识产权服务等都有可能逐步进入新兴的知识产权服务业领域。

2. 知识产权服务的紧迫性与必要性

一方面知识产权管理体系不完善，实施力度不够。

全省 11 个设区市知识产权局，除南昌等少数县（市、区）为副处级单位外，其余均为科级单位，人员一般不超过 5 人，100 个县（市、区）仅有 25 个县（市、区）设立了知识产权局或挂牌（股）。江西省属大学仅有南昌大学、华东交通大学少数几所大学设立知识产权专业。既懂知识产权又精通法律和市场经济的复合型人才非常匮乏，包括高级人才、专业服务型人才和企事业单位的管理人才。知识产权保护长效机制建设需要不断完善，资源整合力度不够，管理体制机制需要进一步突破和创新，社会公众知识产权保护意识有待进一步增强；相应的知识产权支持资金额度在全国之中较小。

另一方面知识产权执法力量弱，保护能力不足。

执法经费不足，严重影响了执法工作的正常开展。省知识产权局和大部分市知识产权局都没有单列的专利执法专项经费，甚至没有执法专项经费，无法满足执法工作的需要。执法机构建设滞后，目前除省知识产权局建有专门的执法处外，在全省 11 个设区市知识产权局中，只有南昌、九江、新余、鹰潭 4 个市知识产权局成立了专门科室开展执法工作。其他市知识产权局都没有专门执法部门。执法资源不充分，没有统一的执法装备和服装等，执法条件相对落后。执法人员队伍有待充

实，目前全省专门从事专利行政执法的工作人员不足 20 人，除南昌、鹰潭等外，大部分设区市难以正常开展执法工作，完成执法任务。

江西省知识产权代理服务机构有 78 家，仅南昌就有 51 家。江西省专业的专利交易服务机构仅有 12 家，注册资本仅 361 万元。通过 2011 年检的专利代理机构仅 10 家，注册资本仅 256.4 万元，其中官办机构江西省专利事务所注册资本就有 202 万，从事专利代理人数仅 42 人，基本集中在南昌。历年专利代理机构 50 强全部为发达地区的机构。江西省在机构数量、代理人数量、服务质量、经济效益、社会中介服务实力方面远远落后于发达省区市，在中部六省中仅稍强于山西省。

因此，江西省知识产权服务体系亟待建立。

（二）中小企业创新驱动发展

1. 江西省中小企业发展的现状及存在的问题

江西省知识产权局在 2013 年体系建设年的基础上，2014 年全省新增专利代理机构 5 家，同比增长 50%，在多年来 10 家的基础上，总数达 15 家。专利代理人两年增长了 120%，并率先在全国开展了知识产权服务机构入册登记与管理工作，已登记入册 30 家中介服务机构。新认定一批知识产权贯标服务机构，分 3 批将 26 家贯标试点企业材料报送至中知知识产权认证机构进行评审，14 家企业通过《企业知识产权管理规范》国家标准认证审核。

2014 年，江西省知识产权局还积极引导服务机构开展知识产权分析预警、专利导航产业、小微企业托管、质押融资服务等试点示范业务。新增 1 家国家级知识产权服务品牌培育机构。建立了一批省级战略性新兴产业专利数据库和市县知识产权信息平台。开通了网上资助申报系统、项目网上评审系统和网上专利技术交易转化一站式服务平台。5772 家规模以上企业通过"江西省企业专利状况调查"系统参与企业专利状况调查，形成了《江西省企业专利状况调查与分析报告》《江西省高新技术企业专利状况调查报告》《十大战略性新兴产业调查报告》及《11 个设区市企业专利状况调查报告》等共 22 份。"四大体系"规划建设见成效。

2. 中小企业如何建立创新发展机制

（1）实行柔性管理，以人为本，完善人才奖励机制

面对信息技术的快速变化，中小企业需要以人的能力来增加竞争优势。因此，中小企业要以人为本，依靠激励、感召、启发、诱导等方法进行柔性管理，实行一套行之有效的人才激励机制，创造一种人尽其才的制度环境。

第一，实行新产品开发的项目负责制，体现责任大、贡献大、回报大的经济报酬原则；

第二，推行岗位竞争末位淘汰制，增加工作压力；

第三，推行人才合理流动制，保持企业创新活力；

第四，推行管理职务公开竞选制，鼓励人才脱颖而出；

第五，推行员工继续教育制，提高员工的科技文化素质；

第六，建立学科研究、学术会议制度，营造企业良好的科研气氛；

第七，建立企业知识产权保护制度，保护技术人员的劳动成果。

（2）改进和完善监督约束机制

监督约束机制与激励机制是相辅相成、互为依托的。过去中小企业存在约束软化的问题，在重大决策上往往是管理者独自决定，决策风险很大，经常出现"一着不慎，全盘皆输"等现象，甚至还会出现权力寻租、国有资产与集体资产流失等腐败现象。因此，要结合法人治理结构的建立健全，加强以监事会为主导，纪检监察、内审稽核等部门具体实施的监督约束体系建设，将监督融于中小企业决策和执行的全过程。监督的重点应放在以下几点：

第一，监督中小企业重大投资决策行为是否符合国家产业政策，决策过程是否民主；

第二，监督中小企业的发展规划是否体现了各产权主体的利益，是否符合可持续发展战略；

第三，监督中小企业重大资产重组活动和财务状况；

第四，逐步完善职工民主管理监督约束机制，充分发挥工会、职工代表大会的作用；

第五，切实加强以社会审计为主要形式的外部监督。

（三）中小企业创新驱动发展战略与知识产权服务

1. 知识产权在中小企业创新驱动发展过程中的作用

企业要转型、升级必须要创新。在创新的过程中，知识产权扮演非常重要的先导角色，创新失去了先导，就难以实现既定的目标。换句话说，不掌握自主知识产权，创新就是漫无目的、无效的创新。离开了自主知识产权，自主创新将成为无源之水、无本之木。自主创新是提升产业技术水平的关键，而自主知识产权是自主创新的核心，提高企业自主创新能力、促进企业转型升级必须实施自主知识产权战略。

知识产权战略可分为创新战略、应用战略、保护战略和管理战略。其中，创新战略最为关键，当今，科学技术是企业竞争的决定性因素，自主创新是企业发展之魂。自主创新和知识产权战略是密不可分的一个整体，相互依存、相互促进。一方面，自主创新不仅要生产有形的产品，还要形成无形的技术、资产，尤其是自主知识产权，它是产业和企业未来竞争的优势所在；另一方面，产业结构调整、优化升级、自主创新需要比较完善的知识产权制度的支撑，除了国家的法律法规、政策体系，也需要企业自身的相关投入和管理措施。

在建设创新型国家的过程中，自主知识产权是"自主创新"的核心支撑和重要前提条件，是产品和产业自主的基础和关键，也是创新自主和技术标准自主的基础和关键。

2. 知识产权战略对中小企业创新发展的支撑意义

拥有自主知识产权是现代制造业产业升级的核心动力，在世界范围内，通过自主创新获取知识产权，推动产业进入全面发展阶段的案例并不少见。1969 年的圣诞节，日本精工爱普生公司在东京向世人展示了首批 50 块石英电子手表，让人们从此拥有了更加精确、便携式计时工具，同时也推动产业进入了一个全新时代。此后，整个手表制造业的产业结构，随着石英电子时代的来临发生了巨大变化——当日本精工爱普生公司以专利许可的形式，将石英震荡等核心专利技术许可全球一些手表制造企业，石英电子手表很快便风靡全球。日本精工爱普生公司由此获得了丰厚的利润，而当时处于发展瓶颈阶段的手表制造业，也因此恢复了活力。日本精工爱普生公司的成功在于其在石英电子表领域不懈创新所拥有的知识产权。

韩国属于知识产权后发但是通过实施知识产权和企业创新强国政策获得成功的国家。在加强知识产权立法的同时，韩国颁布了《科学技术创新特别法》，鼓励自主技术创新，改变了过去以引进、模仿外国技术为主的方式，开始将重点放在本国自主知识产权的创新开发上。

综上所述，知识产权是知识经济时代的一项重要的无形资产，并逐渐成为经济增长的主动因。我国当前中小企业正处于利用科技创新等手段向高附加值、高产出率转型的阶段，自主创新能力对企业的转型升级意义重大。因此做好中小企业自主知识产权工作，对于企业自身的发展乃至于整个国家经济的发展都有着不可替代的重要作用。

（四）知识产权服务体系的建立机制

1. 促进专利代理机构的培育和发展

（1）鼓励成立专利代理机构

加大力度培育新的专利代理机构，扶持和指导一批专利代理机构逐步形成自己的特色，做到专业求精、特色求强、优势互补，大力扶持发展规模大、实力强、信誉好的专利代理机构，对新设立的专利代理机构给予一定的支持。到 2015 年，实现具有独立法人资格的专利代理机构遍布全省各设区市的目标；适度引入国内知名的专利代理机构到省内设立分支机构，促进其与本地代理机构的竞争、合作与交流，构建科学布局、区域平衡、结构合理的专利代理机构体系，促进全省专利代理行业又好又快地发展。

（2）促进专利代理机构提高业务能力和水平

定期组织召开专利代理机构或专利代理人工作（座谈）会，及时通报相关政策，学习有关管理制度和业务规范；加强业务指导，引导专利代理机构完善内部管理制度，建立内部质量和风险控制体系，建立健全分配激励机制，提高业务能力和经营管理水平。

组织专利代理人专题业务培训，制定和完善江西省执业专利代理人业务能力轮训制度，切实提升专利代理人的执业能力和水平；适时组织专利代理机构管理者参加经营管理、市场开发等方面的专题培训；组织专利代理机构管理者到专利代理行业发达地区观摩学习，学习借鉴专利代理行业先进企业的好经验、好做法，切实帮助专利代理机构管理者提高经营管理能力和市场开拓能力。

（3）建立专利代理优质服务评价制度

研究建立专利代理优质服务评价制度，探索全省专利代理优质服务体系建设，尽快研究、组织制定全省专利代理执业优质服务规范；组织开展全省年度"优秀专利代理机构"和"优秀专利代理人"评比和表彰活动，激励专利代理机构和专利代理人提高服务能力和水平。

2. 改进对专利代理行业的管理与服务

（1）加强对专利代理市场的管理

规范市场秩序，制止压价竞争、商业贿赂、无证（资格）代理等不正当竞争行为，努力营造有利于专利代理人才创新创业，有利于专利代理机构发展壮大的市场氛围和社会环境，建立政府调控、行业自律、市场调节、社会监督四位一体的专利代理监管模式。筹建江西省专利代理人协会，开展行业自律管理、业务指导、行业维权等工作。建立专利代理行业诚信管理制度和专利代理行业信息公开制度，形成专利代理行业的社会监督机制。严禁专利代理机构代理非正常专利申请的行为，对为骗取资质、资助代理提交非正常专利申请的专利代理机构和专利代理人依照有关规定，严加处理。

（2）完善专利代理惩戒制度

完善江西省专利惩戒委员会的工作职责，规范江西省专利惩戒委员会履行职责的工作流程。建立江西省专利惩戒委员会定期会议制度，将定期对专利代理机构的业绩、服务水平与质量、信誉度等进行考核、评比，优秀的专利代理机构给予表彰和奖励，并在资金、项目、人才培养、涉外交流等方面予以政策上的倾斜。

（3）建立和完善信息报送等相关制度

各专利代理机构要建立健全专利申请与授权、专利申请视撤视放、非正常申请、代办资助、落实全省知识产权重点工作情况等信息报送制度；要依照有关规定，及时完善落实机构变更、人员聘用等方面的信息报送备案制度。建立专利代理行业统计调查的工作制度。

（4）加强对专利代理机构的业务指导和工作支持

加强专利代理工作调研，了解专利代理机构的经营管理现状，帮助专利代理机构解决遇到的难题。加强对专利代理机构的业务指导，向专利代理机构传达相关业务的新要求，上门指导专利代理机构开展专利信息分析、企业维权及专利预警等业务工作，指导专利代理机构贯彻落实《专利代理服务指导标准》等有关专利代理服务的规定。

（5）加强对专利代理行业的宣传和推介

加大对专利代理工作的宣传力度，增进社会民众对专利代理中介服务事业的认知与认同，引导社会各界尤其是创新主体真正了解、认同专利代理中介服务，重视其在创新中的巨大功能和作用，并自觉借助其力量促进自身创新成果的运用和转化。在江西省知识产权局门户网站设立专利代理服务平台专栏，提高申请人对专利代理服务和专利代理人价值的认知度，培养社会寻求知识产权专业化服务的理念，提高专利代理行业的信誉，树立专利代理行业良好的社会形象。

3. 发挥专利代理行业在实施知识产权战略中的重要作用

（1）鼓励、支持专利代理机构拓展业务范围

支持专利代理机构以专利代理服务为主，围绕知识产权代理服务、信息服务、法律服务、商用化服务、咨询服务、培训服务等方面，开展全省十大战略性新兴产业及高新企业在重大技术领域和重大技术创新项目中的专利预警分析诉讼、无形资产评估、专利权质押融资、专利信息咨询和检索、专利技术交易转让和许可、知识产权（专利）战略研究、专利分析、人员培训、涉外专利事务代理等业务，全面拓展服务范围，推动专利代理机构向专业化、多元化方向发展。支持专利代理服务机构与律师事务所、资产评估公司、专利技术交易机构、生产力促进中心、担保公司和金融机构等建立战略合作关系。

（2）鼓励专利代理机构为园区、中小企业和微型企业开展知识产权托管服务

建立和完善有利于省内专利代理机构服务园区、企业的相关制度。支持专利代理机构入驻高新技术产业开发区、经济技术开发区、特色产业园、大学科技园等园区，鼓励有条件的专利代理机构设立办事处或与相关机构联合组建知识产权服务机构，为园区企业提供代理、咨询、检索分析等知识产权全方位的"一站式"服务。

4. 加快专利服务人才队伍建设步伐

（1）加大专利代理服务人才培养力度

有针对性地开展对现有专利代理机构从业人员的教育、培训，广辟培训渠道、

创新培训载体、丰富培训内容、拓展培训方式、加强实践锻炼，为全省专利代理行业可持续发展提供人才保障。既要积极争取国家知识产权局、中华全国专利代理人协会的支持，组织开展有针对性的培训活动，又可以引导社会力量进行专利代理人的培养、培训。

（2）做好专利代理人资格考试相关工作

争取自 2014 年起每年在江西省设置全国专利代理人资格考试考点。深入组织、宣传全国专利代理人资格考试制度，鼓励符合条件的社会各界人士参加全国专利代理人资格考试。积极做好考前培训和考务工作，出台奖励政策，努力使江西省成为专利代理人才培训与产出基地。

（3）鼓励专利代理机构多形式、多渠道培养和引进江西省急需的专利代理人才

支持鼓励专利代理机构以多种形式和渠道引进急需的专利代理人才，重点引进江西省十大战略新型产业所需高级专利代理人才以及其他学历高、外语好、能胜任知识产权（专利）战略研究和预警机制研究分析或诉讼服务、涉外服务等复合型专利人才。对引进的专利代理人才建立激励机制，设立专利代理行业高级人才专项基金。建立优秀专利代理人数据库，充分发挥专利代理人在专利申请、项目评审、诉讼维权、课题研究等方面作用。研究制定专利代理特派员制度和专利代理人助理制度，完善专利代理人助理的招聘、使用和培养等方面的制度建设。

5. 加强专利代理领域对外合作

积极开展专利代理领域对外合作与交流。制定专利代理行业对外合作与发展计划，鼓励专利代理机构引进和借鉴国外中介服务的先进经验和运作模式，通过"引进来、走出去"的方法，充分、有效提升专利代理机构办理涉外专利申请代理、处理涉外知识产权纠纷的能力，促进江西省专利代理机构的健康发展。

6. 加强知识产权执法力度的研究

完善知识产权法律制度是实施国家知识产权战略的核心内容之一。经过 20 多年的发展，我国基本建立了现代知识产权法律制度，但是为了国家知识产权战略的有效实施，相关法律制度还需要进一步完善。尽管法律制度要由立法机关制定，但是对我国知识产权事业的发展具有非常重要作用的相关的行政法规，如《专利法实施细则》和《审查指南 2010》等一系列行政法规和政策，则需要政府推动制定。建议政府在完善知识产权法制过程中发挥如下作用。首先，政府要和立法机关协调，建立适应知识产权特点、符合我国国情并遵守相关国际公约的行政法规立法机制，提高行政法规和政策的质量；同时要鼓励研究机构加强知识产权立法的前瞻性研究，做好对行政法规和政策实施效果的评估；另外还要加强知识产权行政法规和政策的修改和立法解释，及时、有效回应知识产权的新问题。其次，政府要研究制

定知识产权基础性行政法规和政策的必要性和可行性，完善现有知识产权行政干预机制，优化管理资源配置，简化救济程序。最后，政府应协调立法机构健全审查机构，完善诉讼制度，改革知识产权行政管理制度。具体而言，要做好三方面工作：一是要进一步健全知识产权审查机构，充实知识产权审查队伍，提高审查和监督能力；二是要针对知识产权案件专业性强等特点，建立和完善司法鉴定、专家证人、技术调查等制度，完善知识产权诉前临时措施制度；三是要改革现有专利和商标确权、授权程序，研究专利无效审理和商标评审流程，提高知识产权授权和评审效率。

三、知识产权服务业发展趋势

（一）知识产权对于商业战略的意义

企业知识产权战略的含义是，企业为获得市场竞争的优势地位，在现有知识产权制度的框架内，针对自身知识产权运用所制订的整体性谋划。而从动态的角度来分析，企业知识产权战略还可以被理解为："为实现自身总体目标，取得竞争优势，谋求最佳绩效，通过规则、执行和评估一系列战略措施以推进于己有关的知识产权工作，发挥知识产权管理、创造、保护和运用中的正效应，遏制其负效应的总体性、根本性和规律性的策略和手段。"

（二）知识产权服务业发展展望

"知识产权服务业的发展，其根本动力在于客户需求。"中华全国专利代理人协会副会长林柏南说。而激发这一需求的因素，国家知识产权局规划发展司有关负责人分析认为，与当前制造业转型和产业升级的宏观环境、国家政策的支持推动、企业知识产权存量增加和知识产权意识提升，以及外国在华研发机构和专利申请量的增加等多种因素有关。

当前，我国正处于加快调整经济结构、转变发展方式的关键时期，全社会对高技术服务的需求日益增长。《国民经济和社会发展"十二五"规划纲要》明确把推动服务业大发展作为产业结构优化升级的战略重点，并提出未来 5 年服务业增加值占国内生产总值比重提高 4 个百分点，这对知识产权服务业而言，无疑意味着巨大的发展空间。据平安证券测算，到"十二五"期末生产性服务业增加值将达到15.8 万亿元，未来 5 年复合增长率将达到21%。

因此，知识产权服务业的未来发展将有广泛的需求和广阔的空间。

（三）知识产权服务业发展建议

1. 构建江西省知识产权标准体系总体框架，解决顶层设计问题

当前最紧要的工作是依据江西省知识产权信息服务发展规划，构建知识产权信

息服务标准体系总体框架，解决顶层设计缺失的问题。知识产权标准体系总体框架将为知识产权信息服务发展提供最基础的标准化工作基础，主要包括基础类标准、数据规范类标准、专利检索类标准、专利分析类标准、应用指南类标准、基础设施类标准及管理类标准等一系列标准。只有建立了统一的知识产权标准体系总体框架，各相关部门和各城市地区才能在各自基础上建立满足自身要求的标准子体系，从而不出现冲突和重复的情况。

2. 加快知识产权信息服务标准的制定

在知识产权信息服务标准体系总体框架的基础上，确定江西省亟需制定的知识产权信息服务标准内容。分层次、分阶段地开展知识产权信息服务标准的制定工作。工作重点应放在数据规范类、专利检索类、专利分析类等标准的制定上。

3. 加快服务标准化进程

江西省的知识产权相关工作发展速度很快，政府支持力度很大，这为知识产权服务标准化提供了有利的基础和条件。除了积极采用国家标准外，还应该积极参与国家知识产权标准化组织的活动，主动获取最新信息。

江西省专利信息统计分析研究

唐　敏[*]

摘　要：根据世界知识产权组织的统计，有效运用专利信息，可缩短60%的研发时间，节省40%的研发费用；90%～95%的研发成果包含在专利文献中，专利文献公开的技术有80%以上未出现在其他技术文献中，全世界90%以上的发明创造信息都是首先通过专利文献反映出来的。专利信息体现了技术创新的规模和水平，体现了科技产业化的能力，体现了科技对经济增长的贡献能力。对江西省专利申请与授权情况进行系统的统计分析，将有助于及时、全面地掌握专利申请和授权的运行趋势与分布情况，在对于各设区市、各级知识产权和科技管理部门制定相应的政策措施，促进江西省科技创新"六个一"工程和创新型江西建设、鄱阳湖生态经济区、赣南等原中央苏区、十大战略性新兴产业的培育壮大，加快经济发展方式转变方面发挥重要作用，更好地促进江西省知识产权事业又好又快地发展。

一、专利检索

本研究以国家知识产权局中国专利数据库为数据源，应用国家知识产权局专利信息分析系统，对江西省近10年，即从2005年1月1日至2014年12月31日在国家知识产权局申请的江西省发明、实用新型和外观设计专利信息进行检索、统计与分析。

检索途径：国省代码和申请日。

检索式：国省代码 = 江西 and 申请日 =（20050101 to 20141231）

检索结果：检出相关专利共71656项。其中发明专利18344项，实用新型专利33221项，外观设计专利20091项。

分析范围：总体趋势分析、专利类型分析、法律状态分析、申请区域分析、专利申请人分析、IPC分类分析等。

＊ 作者单位：景德镇陶瓷大学、江西省知识产权信息中心。

二、专利总体趋势分析

经检索，从 2005～2014 年，最近 10 年历年江西省专利申请情况见表 1。

表 1 江西省专利申请表 单位：件

年份	2005	2006	2007	2008	2009	2010	2011	2012	2013	2014	总数
数量	2115	2459	2862	3153	4326	5303	8024	10560	13030	19824	71656

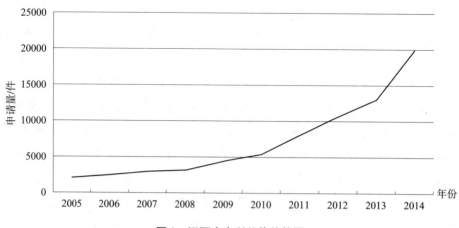

图 1 江西省专利总体趋势图

表 1 给出了江西省近 10 年专利申请数目表；结合图 1，可以看到 2005 年以来，江西省专利申请呈现出一个非常完美的上升通道，从 2005 年的 2115 件，到 2014 年已经达到 19824 件，增长了 8.37 倍。2005～2014 年是江西省专利快速增长的 10 年；同时，在国家经济发展的大环境下，这 10 年也是江西省经济取得显著成绩的 10 年：2011 年，在"十二五"的开局之年，江西省生产总值首破万亿元；预计 2015 年，江西省生产总值将达到 1.8 万亿元。2014 年，生产总值、规模以上工业增加值、进出口总额等指标增幅均进入全国前十位，其中生产总值增幅居中部六省第一位。全省生产总值跃上万亿元的大台阶并保持稳定快速增长，标志着江西省经济发展进入了一个新的阶段。

表 2 2005～2014 年年均增长率

年份	2005	2006	2007	2008	2009	2010	2011	2012	2013	2014
专利申请量/件	2115	2459	2862	3153	4326	5303	8024	10560	13030	19824
年增长率		16.3%	16.4%	10.2%	37.2%	22.6%	51.3%	31.6%	23.4%	52.1%

图 2　2005～2014 年年均增长率折线图

通过表 2 中的专利申请量可以看出，自 2008 年以来，专利申请量快速增加，每年均有不同程度的增长，在 2013～2014 年更是达到了顶峰 19824 件。结合图 2 专利申请年增长率曲线，可以看出，江西省专利申请在 2008～2009 年、2010～2011 年、2013～2014 年有三次明显的增长。众所周知，2008 年 6 月《国家知识产权战略纲要》正式出台，为提升我国知识产权创造、运用、保护和管理能力，建设创新型国家，实现全面建设小康社会目标起了极大的推动作用。在《国家知识产权战略纲要》的指引下，极大地激发了全国（包含江西省）人民的科技创新热情，而科技创新成果亟需专利的保驾护航，促发了江西省第一次专利申请的迅速增长。从 2010 年开始，《江西省专利促进管理条例》等系列文件的实施极大地鼓励了江西省的发明创造，促进了专利的运用，保护了专利权人的合法权益，推进了创新型江西建设，促发了江西省第二次专利申请的迅速增长。从 2012 年开始，《江西省知识产权战略纲要》《江西省专利奖励办法》《江西省专利管理专业技术资格评价方法》系列文件的出台，为全面提升江西省知识产权创造、运用、保护和管理能力，优化专利管理人才培养，推动经济发展方式转变，增强区域竞争能力等起到了很好的促进作用，促进了江西省第三次专利申请的迅速增长。

从图 2 和表 2 可以看出，在江西省经济与专利高速增长的十年中，江西省对知识产权日益重视，各级政府职能部门结合自身情况出台系列政策、文件，大力支持科技创新成果的专利申请，全省整体专利意识明显提高，科技创新能力显著增强，为推进创新型江西建设保驾护航。

三、专利类型分析

2005～2014 年，在江西省申请的 71656 件专利中，发明专利 18344 件，占

25.6%；实用新型专利 33221 件，占 46.4%；外观设计专利 20991 件，占 28.0%。具体情况见表 3、图 3。

表 3　江西省专利分布类型表

	发明专利	实用新型专利	外观设计专利	总数
数量/件	18344	33221	20091	71656
百分比	25.6%	46.4%	28.0%	100.0%

从专利类型分布图可以看出，江西省专利申请以实用新型专利居多，几乎占据总量的 1/2，外观设计专利与发明专利各占 1/4。实用新型专利通常是指对产品的形状、构造或者其结合所提出的适于实用的新的技术方案。相对于科技含量更高的发明专利，实用新型专利与发明专利的最大不同之处在于实用新型专利只限于具有一定形状的产品，不能是一种方法，也不能

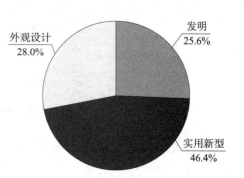

图 3　专利分布类型分布图

是没有固定形状的产品，强调其使用价值。通过专利申请类型，结合江西省的省情、经济发展的实际情况，发现江西省有相当部分的发明创造是科研技术人员在使用、设计、制造相关产品过程中的改进，他们更多的是扮演产品制造者的角色，其发明创造实用性较强，而创造性有待加强。

四、国际国内申请分析

江西省国际国内专利申请类型分布情况见图 4。

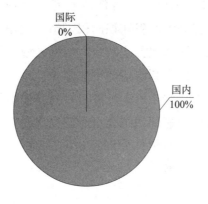

图 4　江西省国际国内专利申请分布

由图 4 可以得出，2005～2014 年，在江西省的专利申请总数 71656 件中，PCT 国际专利申请仅为 28 件，基本为国家申请。说明江西省的专利申请还是以国家申请为主，PCT 国际申请非常稀少。一方面，说明江西省重大企业对核心技术的保护尚未站在全球化视野的高度，仅局限于国内知识产权保护，仅着重对国内现阶段产品的保护，忽略或者放弃国外知识产权保护的相关权益；另一方面，也从侧面说明了江西省的专利代理机构，在挖掘本地的科技发明创新，使其成为含金量较高的 PCT 国际申请方面，专业能力、业务拓展能力等相关素质亟待提高。

五、法律状态分析

图 5 和表 4 显示，截至 2014 年 12 月 31 日，在江西省申请的专利中处于有效状态的 37927 件，占 52.93%；在审专利申请 7062 件，占 9.85%；由于各种原因无效的专利 26660 件，占 37.22%。

表 4　江西省专利申请的法律状态分布情况

	有效	无效	在审	总数
数量/件	37924	26670	7062	71656
百分比	52.93%	37.22%	9.85%	100%

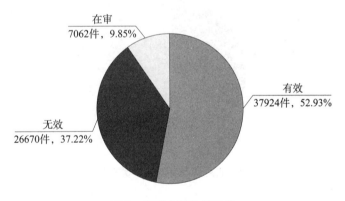

图 5　专利申请法律状态

图 6 和表 5 显示，截至 2014 年 12 月 31 日，江西省的发明专利申请中共申请 18344 件，处于有效状态的 4518 件，占 24.63%；仍在审的发明专利申请 7062 件，占 38.52%；由于各种原因无效的发明专利 6764 件，占 36.85%。

表 5　江西省发明专利法律状态分布情况

发明专利	有效专利	在审专利	无效专利	总数
数量/件	4518	7062	6764	18344
百分比	24.63%	38.52%	36.85%	100.00%

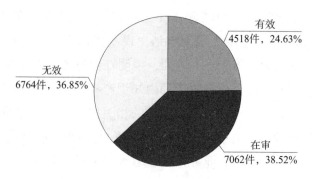

图6 发明专利法律状态分布

图7表6显示，截至2014年12月31日，江西省的实用新型专利申请中处于有效状态的21063件，占63.40%；由于各种原因无效的实用新型专利12158件，占36.60%。

表6 江西省实用新型专利法律状态分布表

实用新型专利	有效专利	无效专利	总数
数量/件	21063	12158	33221
百分比	63.40%	36.60%	100.00%

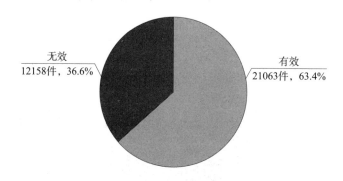

图7 实用新型专利法律状态分布

图8和表7显示，截至2014年12月31日，江西省的外观设计专利申请中处于有效状态的12346件，占61.45%；由于各种原因无效的外观设计专利7745件，占38.55%。

表7 江西省外观设计专利法律状态分布表

外观设计专利	有效专利	无效专利	总数
数量/件	12346	7745	20091
百分比	61.45%	38.55%	100.00%

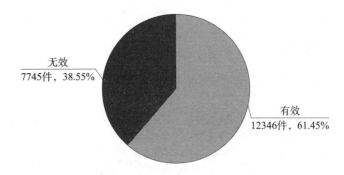

无效
7745件，38.55%

有效
12346件，61.45%

图8 外观设计专利法律状态分布

综上所述，通过各类型专利的法律状态分布表图可以看出，在江西省的专利总体中，无论发明专利、实用新型专利还是外观设计专利均有超过 1/3 的专利因为各种原因无效。专利无效、专利权终止是对专利资源的极大浪费。为了对专利无效进行更深入的了解，制定了专利时效表（见表8），从侧面反映时间（年限）对专利权的影响程度。

表8 专利时效表

有效专利	现在	3 年后	6 年后	10 年后
数量/件	37924	7960	1579	181
有效率	52.93%	28.19%	14.91%	8.56%

由于专利申请的特殊性质，专利权人为维护自身权益，在申请之后每年需缴纳一定费用（简称"年费"）维持其专利有效性。一些专利权人由于不知情，或者错过了缴纳年费而失去专利权。当然更多的是因为其专利素质不高，难以通过产业化获益；或者专利年费每隔 3 年阶梯型的递增，导致专利权维护成本激增，所以不得以而放弃专利权。

根据专利年费资费表，图9 以 3 年、6 年、10 年为时间节点给出了专利时效率。从图9 中看出，现在江西省专利有效率达 52.93%；3 年之后（根据现有样本，实际计算 2005～2011 年）专利有效率为 28.19%；到了 6 年之后（实际计算 2005～2008 年）专利有效率仅为 14.91%；到了 10 年之后，江西省平均专利有效率仅为 8.56%。从图9 看出，在 2005～2011 年申请的专利仍然有效件数仅为 7960 件，从专利申请到 3 年之后，专利有效率从 52.93% 猛降到 28.19%，下降了近 25 个百分点，意味着 100 件专利经过 3 年后，仅有 28 件有效，失效超过 7 成，是专利权失效的最危险期。2005～2008 年申请的专利现仍有效 1579 件，有效率已降至 14.91%，2005 年申请的专利现仍有效仅为 181 件，有效率跌至 8.56%。

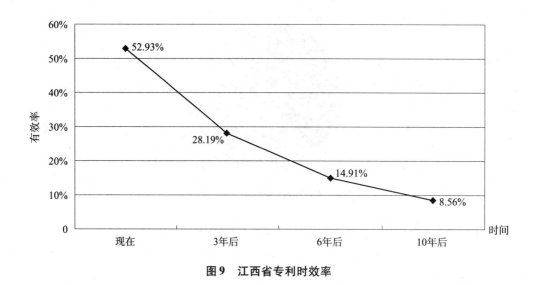

图9 江西省专利时效率

如何提高专利的时效率,使专利能够真正实现拿公开换保护,实现产业化而获取收益的良性循环,成为摆在我们面前的真正难关!在江西省创新驱动发展的要求下,在全省年专利数接近20000件的关口且维持一定专利申报数量的前提下,把握专利的质量已提上日程,而本研究所述时效性可以成为判别专利质量的标准之一。

六、专利申请区域分析

如表9和图10所示,经检索,江西省11个设区市2005~2014年的专利申请,得到了专利申请统计年表。可以看出在江西省这10年总共申请的71656件专利中,省会南昌达到了26389件,占36.8%;赣州达9063件,占12.6%;宜春达6512件,占9.1%;九江达5717件,占8%,其他设区市申请总量在5000件以下,所占比例在3.7%~6.4%。申请量样本均值也有类似的比例关系。从中可以看出,南昌、赣州、宜春、九江位居前四,专利申报占总数的66.5%,大致南昌独占1/3,另3个和占1/3,它们代表着江西省专利申请的活跃地区,同时也是江西省相对发展较好的地区;其他7个设区市总共约占1/3。

表9 江西各设区市2005~2014年专利申请统计 单位:件

序号	设区市	2005	2006	2007	2008	2009	2010	2011	2012	2013	2014
0	总体	2115	2459	2862	3153	4326	5303	8024	10560	13030	19824
1	南昌	927	962	992	1279	1779	2173	3282	3850	4936	6209
2	赣州	152	177	227	234	370	518	892	1656	1937	2900
3	宜春	258	234	286	306	408	403	809	803	1060	1945
4	九江	86	153	262	268	301	475	615	880	1032	1645

序号	设区市	2005	2006	2007	2008	2009	2010	2011	2012	2013	2014
5	吉安	113	94	144	136	250	241	460	586	1001	1573
6	抚州	89	146	114	165	168	185	346	557	701	1292
7	上饶	90	152	127	161	215	304	341	570	730	1154
8	新余	80	77	87	126	147	215	352	494	427	965
9	景德镇	56	157	149	166	257	303	326	475	495	825
10	萍乡	111	114	119	131	164	227	338	354	427	700
11	鹰潭	102	139	346	161	209	242	278	340	290	639

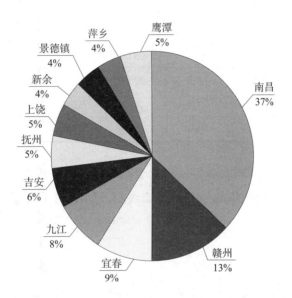

图 10　江西省各设区市 2005～2014 年专利申请比重表

　　表 10 给出了江西省各设区市专利申请基本数字特征表，包括百分比、均值和中位数排序。在统计里面，中位数可以避免个别年份出现极端值的情况，从而更好地了解各设区市的申请情况。从中位数表可以看出，南昌、赣州、宜春、九江依然居前四位，但景德镇从第八升至第五位、鹰潭从第十位升至第六位，而吉安从第五位降至第八位、抚州从第七降至最末。从中可以看出，景德镇、鹰潭在江西省应该属于较早重视专利申请的地区，专利申请量平稳增长；而吉安、抚州近两年专利数突飞猛进，增长量分别达到 987 件、735 件，仅增长量就超过了其 2012 年前的任一年份。

表 10   江西省各设区市专利申请基本数字特征表

序号	设区市	总数/件	百分比	均值	中位数	均值排序	中位数排序
0	总体	71656	100.0	7165.6	4814.5		
1	南昌	26389	36.8	2638.9	1976.0	1	1
2	赣州	9063	12.6	906.3	444.0	2	2
3	宜春	6512	9.1	651.2	405.5	3	3
4	九江	5717	8.0	571.7	388.0	4	4
5	吉安	4598	6.4	459.8	245.5	5	8
6	抚州	3763	5.3	376.3	176.5	7	11
7	上饶	3844	5.4	384.4	259.5	6	7
8	新余	2970	4.1	297.0	181.0	9	10
9	景德镇	3209	4.5	320.9	280.0	8	5
10	萍乡	2685	3.7	268.5	195.5	11	9
11	鹰潭	2746	3.8	274.6	260.0	10	6

　　为了更详细地了解江西省各设区市的专利申请情况，根据各设区市的年专利申请情况，做了各设区市 10 年的专利申请箱线图，如图 11 所示。

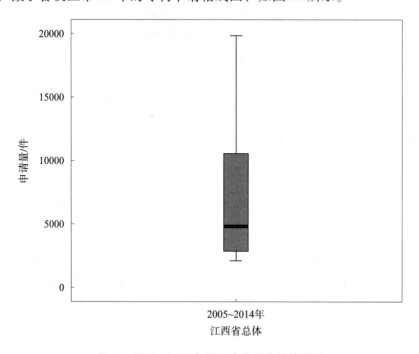

图 11   2005～2014 年江西省专利申请箱线图

如图 11 所示，上线两端点分别表示这 10 年申请量的最大值和最小值，最大值 19824 件（2014 年），最小值 2115 件（2005 年）。中间有一个箱子模型，箱子中的黑色粗线表示中位线，箱子上下两端分别表示第三四分位数（Q3）和第一四分位数（Q1）。从图 11 上看，箱子重心整体偏下，中位数也处在箱子的下部，意味着有 5 个年份集中在最小值和中位数间的狭小空间；而箱子的上端拖了一条长长的细线，其长度接近或超过了箱子长度，意味着从第三四分位数到顶点，这 1/4 的年份，即两年半的时间，就从约 10000 升至约 20000，增幅明显。

其他各设区市也有类似的图形，这和江西省总体申请量也是相符的，如南昌专利申请的箱线图，如图 12 所示。

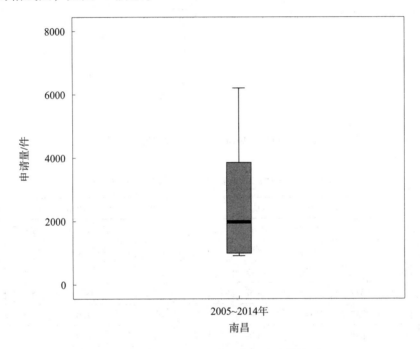

图12 2005～2014 年南昌专利申请箱线图

如图 13 所示的宜春专利申请箱线图，其图像与前几个图像类似，箱子重心和中位数偏下，但其顶点脱离其他点，高悬于上方。这是统计学当中，在数据集中某一个观察值不寻常地大于或者小于该数集中的其他数据，称为疑似异常值。疑似异常值的出现，会对随后的计算结果产生不适当的影响。为避免疑似异常值影响数据的整体性质，计算机统计软件自动给出了修正箱线图。

疑似异常值的出现，说明了宜春近年的申请量有别于以往，需格外引起重视。为了探索江西省 11 个设区市的专利申请是否有无异常值，做出 2014 年江西省各设区市申请量异常表，如表 11 所示。

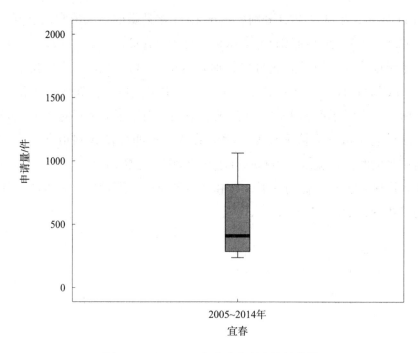

图 13　2005~2014 年宜春专利申请箱线图

表 11　2014 年江西省各设区市专利申请量异常表

序号	设区市	总数/件	2014	Q3	Q1	IQR	Q3+1.5IQR	异常值	是否异常
0	总体	71656	19824	10560	2862	7698	22107.0	−2283.0	
1	南昌	26389	6209	3850	992	2858	8137.0	−1928.0	
2	赣州	9063	2900	1656	227	1429	3799.5	−899.5	
3	宜春	6512	1945	809	286	523	1593.5	351.5	异常
4	九江	5717	1645	880	262	618	1807.0	−162.0	
5	吉安	4598	1573	586	136	450	1261.0	312.0	异常
6	抚州	3763	1292	557	146	411	1173.5	118.5	异常
7	上饶	3844	1154	570	152	418	1197.0	−43.0	
8	新余	2970	965	427	87	340	937.0	28.0	异常
9	景德镇	3209	825	475	157	318	952.0	−127.0	
10	萍乡	2685	700	354	119	235	706.5	−6.5	
11	鹰潭	2746	639	340	161	179	608.5	30.5	异常

　　通过表 11 可以看出在江西省 11 个设区市中，对于 2014 年专利申请量宜春市、吉安市、抚州市、新余市、鹰潭市均出现了异常。这些设区市近两年专利增幅迅猛。一方面说明这些地区专利工作深入开展，专利申请发展势头良好、大有潜力可挖；另一方面考验着这些地区在专利激增的形式下，如何把握专利的质量，从而更

长时间发挥以公开换保护的专利职能，在专利工作的推进下达到经济社会的可持续发展，需要当地职能部门有更多的智慧。

从江西省的各设区市专利申请量异常表中，可以看出上述 5 个设区市中，宜春、吉安、抚州在江西省管辖地域较大、人口多、经济发展相对较差，而新余、鹰潭在江西省又属于较小设区市，人口少、经济发展相对较好、是否专利申请还与当地人口规模、经济发展水平有关联？为此，本研究将经济与人口指标和专利申请指标结合起来，探讨 11 个设区专利申请与经济发展的内在联系，如表 12 所示。

表 12   2012～2014 年江西省经济与人口统计表

2014 年 GDP 排名	设区市	2012 年 GDP/亿元	2013 年 GDP/亿元	2014 年 GDP/亿元	2012 年常住人口/万	2013 人均 GDP/元	2014 人均 GDP/元	人均 GDP 排名
1	南昌	3000.5	3336.0	3668.0	513.2	65009.5	71477.9	2
2	赣州	1508.4	1672.0	1843.6	846.1	19761.0	21789.0	11
3	九江	1420.1	1601.7	1780.0	477.3	33557.4	37291.5	6
4	宜春	1247.6	1387.1	1523.0	546.5	25382.8	27870.1	7
5	上饶	1265.4	1401.3	1550.2	663.3	21125.9	23371.3	10
6	吉安	1006.3	1120.0	1242.1	485.4	23075.7	25591.5	9
7	抚州	825.0	940.6	1036.8	394.9	23820.3	26254.7	8
8	新余	830.3	835.0	900.3	115.1	72545.6	78216.3	1
9	萍乡	733.1	798.3	865.0	187.4	42600.3	46155.3	4
10	景德镇	628.3	680.0	738.2	161.0	42236.0	45851.6	5
11	鹰潭	482.2	560.0	607.2	113.8	49209.1	53337.4	3

从表 12 可以看出，从总量上看 2014 年专利申请排名与 2014 年各设区市 GDP 排名与非常相似，南昌、赣州、九江、宜春仍然占据前四强，新余市、萍乡市、景德镇市、鹰潭市位居尾端。众所周知，由于历史地理等客观原因，排位靠后的 4 个设区市在江西省地域上管辖面积较小、人口较少，专利申请量相对较少；但由于该 4 个设区市有重要产业支撑，人均生产总值反而位居江西省前列，分别为第一位、三位、四位、第五位、第三位，新余人均 GDP 为 78216.3 元，但赣州人均生产总值仅 21789.0 元。常驻人口排名（近年无人口普查，以 2012 年数据为例）也较为类似，所不同的是九江人均 GDP 排在第六位，但是 GPD 排名第三位。如上所述，专利申请其实和该地区的经济总量和人口规模密切相关。要消除地域差异、合理判断江西省专利申请平均水平，需引入万人均专利数和人均 GDP 两大关键指标进行判断。

表 13　江西省专利与 GDP 人均指数表

2014 年 GDP 排名	设区市	2012 年常住 人口/万	2014 人均 GDP/元	专利总数/件	万人均 专利数/件
1	南昌	513.2	71477.9	26389.0	51.4
2	赣州	846.1	21789.0	9063.0	10.7
3	九江	477.3	37291.5	5717.0	12.0
4	宜春	546.5	27870.1	6512.0	11.9
5	上饶	663.3	23371.3	3844.0	5.8
6	吉安	485.4	25591.5	4598.0	9.5
7	抚州	394.9	26254.7	3763.0	9.5
8	新余	115.1	78216.3	2970.0	25.8
9	萍乡	187.4	46155.3	2685.0	14.3
10	景德镇	161.0	45851.6	3209.0	19.9
11	鹰潭	113.8	53337.4	2746.0	24.1

从表 13 可以看出，万人均专利数南昌为 51.4 件，新余市 25.8 件，鹰潭市 24.1 件，景德镇市 19.9 件，萍乡 14.3 件，这 5 个设区市恰好位居人均 GDP 的前五位。万人均专利数与人均 GDP 有充分的相关性。如图 14 所示。

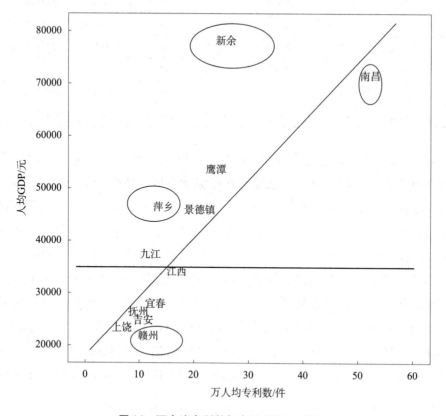

图 14　万人均专利数与人均 GDP 分布图

为方便研究，我们将江西省总体情况纳入图14，平行于横轴水平粗线表示江西省人均GDP。位于水平粗线上方的设区包括新余、南昌、鹰潭、景德镇、萍乡、九江，这些设区市人均GDP超过了江西省的平均水平。尤其要注意，根据线性相关性，穿过江西省均值、在这些样本点中形成了一条从左下至右上的斜线，这条斜线即为万人均专利数与人均GDP的分布线。基本上所有的设区市都在这条分布线周围，唯一的例外就是新余。众所周知，新余市在江西省地域较小、人口较少，但工业相对发达，光伏行业、新余钢铁集团有限公司在江西省有重要地位，近年来逐步将电子信息产业作为带动产业结构调整升级的重要领域。其中新余钢铁集团有限公司的专利申请全为发明专利或者实用新型专利，科技含量较高、专利转移转化利用率较高。图14最右端的南昌，属于人均专利数量较多、人均GDP较高的设区市，这说明南昌正在向科技型城市转变，力争在专利的保护下，激发当地的科技创新，促进经济的健康可持续发展。图14所圈的萍乡和赣州，在万人均专利数基本一致的情况下，人均GDP竟然相差惊人。这两个设区市距离分布线相对较远，可以从侧面说明鹰潭市应该存在不以专利为支撑的其他产业（如第三产业），而赣州市的专利转移转化、产业化前景亟待提高。万人均专利与人均GDP两个指标的引入对于专利申报与保护、专利的转移转化及专利对经济的促进作用有较好的提示作用。

七、总结

本研究从整体趋势、专利申请类型、法律状态、地市分布等方面，全面地研究了江西省2005~2014年专利申请情况。历年专利的申请呈递增趋势与江西省GDP保持协调增长，增长最迅速的年份往往与国家、省市政府职能部门的相关政策密切相关。

本研究不仅阐述了有关江西省专利信息的一般化成果，更重要的是将专利信息与江西省社会、经济、政策、人口等综合考虑，提出专利申请与经济发展、政策指引、人口规模密切相关，构建了设区市万人均专利数与人均GDP分布模型。同时，该研究成果对专利的维权保护、法律状态、设区市分布模型非常重视，提出以专利的时效率来衡量专利的价值，相关研究成果可为上级主管部门政策的制定提供参考。

江西高校知识产权竞争力评价实证研究

张凡永* 贺银娟*

摘　要： 基于调查获取的江西高校知识产权数据，以江西高校作为研究对象，应用现代综合评价的理论模型，抽取出高校知识产权竞争力评价体系的各个要素，建立高校知识产权竞争力具体指标评价体系，将数据经过标准化处理，采用因子分析和数据包络分析法（Data Envelopment Analysis，DEA）分析评价模型，定量评价江西高校知识产权发展实力及其竞争力状况，最后对评价结果进行深入分析，揭示江西高校知识产权产出变动规律及其决定因素。在此基础上，提出江西高校发展知识产权的对策建议。

一、引言

在全球化和知识经济时代，知识产权已经成为组织间竞争的重要武器，知识产权竞争力已成为衡量组织综合竞争力的重要指标之一。高校在知识产权创造、运用、保护和管理中扮演着重要角色。知识产权竞争力已经成为高校间竞争的关键因素，但江西各高校的知识产权竞争力如何？与其他省份高校、省内其他研究机构以及各高校之间相比优势在哪里？差距又在哪里？如何保持自身的竞争优势？就成为一个个亟待解决的问题。为此，在创新型江西建设的战略目标下，构建和评价江西高校知识产权竞争力具有一定的理论意义和现实价值。

研究以江西省知识竞争力的评价为基点，对江西高校知识产权竞争力进行横向评价和纵向分析，挖掘影响高校知识产权竞争力提升的因素，探讨知识产权竞争力提升的路径。通过研究，可对江西高校知识产权竞争力的培育和提升在未来一段时间的发展方向、发展重点作出合理的预测，为政府和高校采取相关措施提供决策参考。

自 2014 年 10 月以来，我们对研究人员进行分工，修订研究计划和调查方案，组建若干调查小组，研究人员集中学习、研讨相关理论。按调查方案分组进行调

---

* 作者单位：江西科技学院。

查，主要调查的数据来源于国家统计局的《国家知识产权局统计年报（1985～2014 年）》，http：//www. sipo. gov. cn/tjxx/；科学技术部的《中国科技统计年鉴》（1989～2014 年），中国统计出版社；《中国知识产权指数报告（2009～2015）》，http：//www. focus－ip－index. com/class. php？classid＝32；《江西省统计年鉴（1991～2014 年）》，中国统计出版社；江西省教育厅〈教育网〉教育统计（1999～2014 年），http：//www. jxedu. gov. cn/jytj/index. html；《中国教育经费统计年鉴（1999～2014）》，中国统计出版社等。经过整理后进行统计分析，应用现代综合评价的理论模型，以江西高校作为研究对象，将数据经过标准化处理，采用因子分析和 DEA 分析评价模型，定量评价江西高校知识产权发展实力及其竞争力状况，最后对评价结果进行深入分析，并揭示江西高校知识产权产出变动规律及其决定因素。在此基础上，提出江西高校发展知识产权的对策建议。

二、江西高校知识产权发展能力状况

高校知识产权竞争力现状分析，是认识高校知识产权竞争力强弱的基础。受所掌握资料的限制，本部分拟选取知识产权竞争力评价体系中部分有代表性的指标，搜集 2006～2014 年的统计数据，对江西高校知识产权竞争力的现状进行分析，为下一步江西高校知识产权竞争力评价研究打下基础。

（一）基础条件及环境支撑能力

1. 专任教师结构明显优化

截至 2014 年底，江西省各类型普通高校总计 93 所。在校本科生仍一直保持较高的增长态势。以本科为主的规模逐步扩大。高校高级职称专任教师比例逐渐上升，学历、学位结构明显优化。与 1999 年相比较，专科学历及以下层次教师数增幅仅为 2.24%；本科学历层次的教师数增幅为 17.19%；博士研究生层次的教师数增幅则为 276.34%，硕士研究生层次的教师数增幅达到了 76.53%。从学历分布情况看，截至 2014 年，博士研究生占 10.47%，硕士研究生占 32.85%，本科和专科以下分别为 54.94%、1.73%。这反映出江西高校教师学历层次虽然上移速度较快，但仍以本科学历为主，1999～2014 年硕士研究生以上学历教师所占的比例逐年快速上升，由 1999 年的 15.51% 上升到 2014 年的 59.48%，年均增长 2.75%。

2. 教育经费投入增长迅速

与规模相适应，江西高校教育的经费投入基本上能与高等教育规模的扩大保持同步增长。1998～2014 年，江西高校教育经费总额、国家财政性教育经费、学杂费总体上持续提升、增长迅速，从调查数据来看，江西高等学校教育经费收入从 1998 年总额 4.3 亿元，增加到 2011 年总额约 178.8 亿元，增加了 40.6 倍，年均增长率为 33.2%。年均增长率是在校生规模的平均增长率的 2 倍；但是从总体情况来看，增长率有下降的趋势，而且增长不够稳定，波动较大。

（二）开发投入能力

1. 研发（R&D）人员投入

（1）江西省高校研发人员投入能力

从调查数据（表 1）可以看出，2009～2013 年江西省研发人员占高校从业人员的比重有上升的趋势，说明江西省高校越来越重视研发人员的投入。高校研发人员中学历层次在逐步提高，其中博士毕业人员的比例增加幅度明显较大，本科毕业人员所占比例越来越小，有明显下降的趋势，但研发人员中全时人员的比例有逐步下降的趋势，江西省高校中研发人员中全时人员的绝对数也在逐年减少。

表 1　2009～2013 年江西省高校研发人员情况　　　　　　　　单位：名

年份	从业人员	研发人员合计	博士毕业	硕士毕业	本科毕业	全时人员
2009	74396	9957	1081	3623	3733	4835
2010	83733	10839	1528	4129	4106	4766
2011	70472	9866	1555	3728	3669	4391
2012	82356	10779	1900	4069	3717	4621
2013	72123	10644	3709	4128	3480	4249

数据来源：国家统计局、科学技术部 .《中国科技统计年鉴》（2010～2014 年），中国统计出版社。

（2）江西省高校研发人员全时当量总量相对较稳定

研发人员全时当量是国际上通用的、用于比较科技人力投入的指标。从表 2 可以看出 2009～2013 年，江西省高校研发人员全时当量总量相对较稳定，在 4600～5000 人/年范围波动。研究人员全时当量总量占整个高校研发人员全时当量总量的 80% 左右，且江西省高校研究人员队伍投入相对稳定。各年份基础研究❶、应用研究❷和试验发展❸的研发人员投入也相对稳定，基础研究的研发人员投入占 40% 左右，应用研究的研发人员投入占 50% 左右，试验发展的研发人员投入接近 10%，可见江西省高校研发人员投入主要在应用研究和基础研究方面，应用研究的投入相对更大一些。

---

❶ 基础研究是指为了获得关于现象和可观察事实的基本原理的新知识（揭示客观事物的本质、运动规律，获得新发展、新学说）而进行的实验性或理论性研究，它不以任何专门或特定的应用或使用为目的。

❷ 应用研究是指为获得新知识而进行的创造性研究，主要针对某一特定的目的或目标。应用研究是为了确定基础研究成果可能的用途，或是为达到预定的目标探索应采取的新方法（原理性）或新途径。

❸ 试验发展是指利用从基础研究、应用研究和实际经验所获得的现有知识，为产生新的产品、材料和装置，建立新的工艺、系统和服务，以及对已产生和建立的上述各项作实质性的改进而进行的系统性工作。

表 2　2009～2013 年江西高校研发人员全时当量　　　　单位：人/年

年份	合计	研究人员	基础研究	应用研究	试验发展
2009	4967	3990	2055	2492	419
2010	5059	4174	2015	2642	403
2011	4606	3711	1673	2549	386
2012	4978	3752	2039	2484	454
2013	4612	3821	2151	2022	440

数据来源：国家统计局、科学技术部.《中国科技统计年鉴》（2010～2014 年），中国统计出版社。

2. 研发经费内部支出逐年增加

高校研发经费内部支出是指高校在报告年度用于内部开展研发活动的实际支出。2009～2013 年江西省高校研发经费内部支出逐年增加，2013 年达 95126 万元，是 2009 年的 1.51 倍，年均增长 7.90%。研发经费内部各类支出尽管逐年都有较大增加，但用于基础研究的比重却逐年增加，而用于应用研究的内部投入比重却逐年减少，用于试验发展的比重也有增加的趋势。尽管 2009～2013 年江西省高校用于日常性支出❶和资产性支出❷每年都有较大增加，但是用于资产性支出的比重有减小的趋势，用于日常性支出的比重有逐年增加的趋势。2009～2013 年江西省高校研发经费内部支出来源于政府资金❸逐年增加的幅度较大，且占比最大，政府资金成为主要来源，来自企业资金❹所占比重较大，但每年波动幅度较大，但利用国外资金则很少。

3. 研发经费外部支出大幅增加

研发经费外部支出是指报告年度调查单位委托外单位或与外单位合作进行研发活动而拨给对方的经费。从表 3 可以看出，江西省高校研发经费外部支出为对境内高校支出，且从 2011 年开始明显地大幅增加，其次是对境内研究机构支出，对境内企业支出也逐年增加，可见江西省高校同境内高校、研究机构、企业境外机构的合作逐步加强，尤其是在国家 2011 年提出协同创新战略之后。

❶ 日常性支出是指调查单位在报告年度为开展研发活动而发生的人员劳务费，及其各项管理费用和购买非资产性的材料、物资费用等其他日常支出。

❷ 资产性支出是指调查单位在报告年度为开展研发活动而进行建造、购置、安装、改建、扩建固定资产，以及进行设备技术改造和大修理等实际支出的费用。

❸ 政府资金是指调查单位研发经费内部支出中来自各级政府部门的各类资金，包括财政科学技术拨款、科学基金、教育等部门事业费以及政府部门预算外资金的实际支出。

❹ 企业资金是指调查单位研发经费内部支出中来自本企业的自有资金和接受其他企业委托而获得的经费，以及科研院所、高校等事业单位从企业获得的资金的实际支出。

表3　2009～2013年江西省高校研发经费外部支出　　　　　　　　单位：万元

年份	合计	对境内研究机构支出	对境内高校支出	对境内企业支出	对境外机构支出
2009	3302	1376	1333	530	0
2010	2936	1027	1186	643	59
2011	4876	699	2103	828	1250
2012	6061	820	3049	957	874
2013	7810	1793	3980	1014	990

数据来源：国家统计局、科学技术部.《中国科技统计年鉴》（2010～2014年），中国统计出版社。

（三）产出能力

尽管知识产权包括专利、商标、版权、商业秘密及其他类型，但由于高校这个竞争主体的特殊性，其知识产权的产出主要是专利。因此，本研究选取高校专利数据作为研究对象，通过对专利数据的定量分析来研究高校的知识产权竞争力。

1. 专利申请量快速增加

2013年江西高校专利申请量为1738项，比2012年减少274项，发明专利申请量为793项，也比2012年减少67项，出现了5年来首次减少的现象；但是发明专利申请量占专利申请总量的比重却提高了2.91%，专利申请质量进一步提高。在此之前，江西省高校专利申请量和发明专利申请量每年均保持较高的增长速度，发明专利申请所占的比重逐年增加，说明申请质量逐年在提高（如图1所示）。

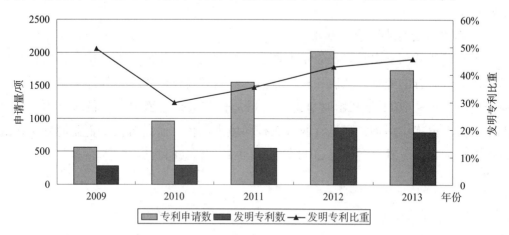

图1　2009～2013年江西省高校专利申请情况

数据来源：国家统计局、科学技术部.《中国科技统计年鉴》（2010～2014年），中国统计出版社。

2. 专利申请授权率逐年提高

如图2所示，2009～2013年江西省高校的专利授权率逐年提高，由2009年的26.11%提高到2010年的44.44%及2012年的45.31%，再到2013年的49.31%，意味着一半的专利申请都可以得到授权。发明专利的授权数也是逐年增加的,2009年江西省高校的发明专利授权数为45项,到2013年已经达到264项,增加了219项,年平均增速为55.65%;发明专利的授权率逐年提高,2013年达到30.81%。发明专利的申请授权率由2009年的16.19%,上升到2013年的33.29%。

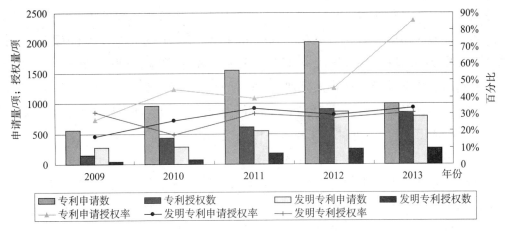

图2 2009～2014年江西省高校专利申请授权情况

数据来源:国家统计局、科学技术部.《中国科技统计年鉴》(2010～2014年),中国统计出版社。

3. 专利有效量的质量明显改善

从表4可以看出,2009～2013年江西省高校发明创造专利有效量逐年增加,2009年为289项,2010年为689项,是2009年的2.38倍,2011年为1162项,比2010年增加了68.65%,2012年为1637项,增加了40.88%,2013年江西省高校拥有专利有效量为1957项,同比增加了19.55%。有效发明专利也从2009年的100项,增加到2013年的726项,增加了6.26倍,年均增长64.15%。2010年发明专利的有效量所占的比重为23.66%,增加到2011年的28.57%,到2012年的33.23%,再到2013年的37.10%,这说明江西省高校专利有效量的质量在逐年提高。

表4 2009～2013年江西省高校专利有效量情况

年份	专利有效量/项	有效发明专利/项	有效发明专利比重
2009	289	100	34.60%
2010	689	163	23.66%
2011	1162	332	28.57%
2012	1637	544	33.23%
2013	1957	726	37.10%

数据来源:国家统计局、科学技术部.《中国科技统计年鉴》(2010～2014年),中国统计出版社。

（四）转化与运用能力

1. 转化与运用能力很弱

专利所有权转让及许可数是指报告年度高校向外单位转让专利所有权或允许专利技术由被许可单位使用的件数。2009～2013 年江西省高校专利所有权转让及许可数分别为 11 项、17 项、5 项、1 项和 14 项，从前文江西省高校各年专利有效量情况可知，2009～2013 年江西省高校专利所有权转让及许可数占当年高校有效专利数的比例分别为 3.81%、2.47%、0.43%、0.06% 和 0.72%。2009～2013 年江西省高校专利所有权转让及许可收入分别为 830 万元、310 万元、17 万元、12 万元和 93 万元，平均转让及许可收入为 75.45 万元/件、18.24 万元/件、3.4 万元/件、12 万元/件和 6.64 万元/件。可见，江西省高校知识产权转化与运用能力很弱。

2. 形成国家或行业标准能力亟待加强

形成国家或行业标准数是指报告年度调查单位在自主研发或自主知识产权基础上形成的国家或行业标准。形成国家或行业标准须经有关部门批准。2009～2013 年江西省高校形成国家或行业标准数仅有 3 件，而且是 2009 年 2 件，2010 年 1 件，2011～2013 年每年均为 0。可见江西省高校形成国家或行业标准的能力亟待加强。

三、江西省高校知识产权竞争力评价实证研究

本研究结合国内外学者对知识产权竞争力内涵及评价指标体系的研究成果，并根据高校知识产权竞争力的内涵及构成要素，构建高校知识产权竞争力评价指标体系，共 20 个指标，指标代码、指标名称和指标说明见表 5。

表 5 高校知识产权竞争力评价指标说明表

指标代码	指标名称	指标说明
X1	研发人员投入强度	高校中从事研发工作人员的比重，反映高校对创新的重视程度。 方法：研发人员数/高校从业人员数×100%
X2	研发全时人员	在报告年度实际从事研发活动的时间占制度工作时间 90% 及以上的人员
X3	研发人员全时当量	研发全时人员（全年从事研发活动累积工作时间占全部工作时间的 90% 及以上人员）工作量与非全时人员按实际工作时间折算的工作量之和。研发人员全时当量是国际上通用的、用于比较科技人力投入的指标
X4	研发经费内部支出	高校在报告年度用于内部开展研发活动的实际支出，是研发人员进行研发活动的物质保证
Y1	专利授权率	高校在报告期内向国内外知识产权行政部门提出专利申请并被受理的件数占专利申请数的比重，反映专利申请质量。 方法：专利申请授权数/专利申请数×100%

指标代码	指标名称	指标说明
Y2	发明专利授权比重	发明专利申请授权数占专利授权总数的比重。 方法：发明专利申请授权数/专利授权总数×100%
Y3	发明专利授权率	发明专利申请授权数占专利申请数的比重。 方法：发明专利申请授权数/专利申请数×100%
Y4	有效发明专利比重	有效发明专利占专利有效量的比重。 方法：有效发明专利/专利有效量×100%
Y5	发明专利申请受理占区域比重	高校的发明专利申请受理数占所在省份专利申请受理总数的比重。 方法：高校的发明专利申请受理数/所在省份专利申请受理总数×100%
Y6	专利授权占区域比重	高校的专利授权数占所在省份专利授权总数的比重。 方法：高校的专利授权数/所在省份专利授权总数×100%
Y7	发明专利有效量占区域比重	高校的发明专利有效量占所在省份发明专利有效量总数的比重。 方法：高校的发明专利有效量/所在省份发明专利有效总量×100%
Y8	专利有效量占区域比重	高校的专利有效量占所在省份专利有效量总数的比重。 方法：高校的专利有效量/所在省份专利有效量总量×100%
X5	专利所有权转让及许可数	报告年度高校向外单位转让专利所有权或允许专利技术由被许可单位使用的件数，一项专利许可多次转让只计1件
X6	专利所有权转让及许可收入	反映高校运用知识产权许可、转让的增值能力，包括当年从被转让方或被许可方得到的一次性付款和分期付款收入，以及利润分成、股息收入等
X7	技术市场技术合同输出输入金额比重	技术市场输出技术合同金额占技术交易合同总额的比重，反映区域技术贸易方向。 方法：输出技术合同金额/技术交易合同总额×100%
X8	查处假冒专利案件	查处假冒他人专利的犯罪案件数，反映区域执法力度。
X9	查处民营企业假冒专利案件数	查处民营企业假冒专利案件数
X10	专任教师中级以上职称比例	中级以上职称专任教师占专任教师数的比重。 方法：中级以上职称专任教师/专任教师数×100%
X11	公共财政预算教育事业费	区域公共财政预算高等教育事业经费总投入
X12	地区生产总值	地区国内生产总值年度数据

（一）横向因子分析综合评价

本研究选取综合因子评价法进行江西省高校与全国其他省、直辖市和自治区（以下简称"省区市"）高校的横向方面评价。在综合评价研究中，各区域知识产权竞争力不能直接观测，而是由若干个抽象、客观存在、不易观测的潜在因子，按照一定的结构综合反映出来，不能直接观测的潜在因子只能通过其他多个可观测的经济指标来间接反映，但多个经济指标间往往具有较大的相关性，这种多个经济指标间的内部关联性，还可能有若干个潜在的因素对观测的变量起支配作用，给分析带来一定的困难，因此需要进行指标的二次设计，即需要从中抽取出具有代表性、独立的指标。因子分析（factor analysis）是解决上述问题的有效方法之一，它通过对原始指标体系内部相关性、结构的研究，借助特定的统计技术，将原始指标转化为与其信息等价、独立的新指标，即因子（factors），通过对因子的研究，达到对事物本质认识的目的。

"旋转后的因子载荷矩阵"显示，20个指标（变量）分别在4个因子上的因子载荷（因子载荷量均大于0.5，可以认为是有效的），并且可以很明显地看出，4个因子对20个指标（变量）的支配关系分别为以下几种情况。

因子1支配的指标变量有10个，分别是：地区生产总值、公共财政预算教育事业费、专任教师中级以上职称比例、专利所有权转让及许可收入、技术市场技术合同输出输入金额比重、专利所有权转让及许可数、研发人员投入强度、全时人员、人员全时当量、研发经费内部支出。这10个变量主要反映各地高校进行知识产权产出的基础条件及开发投入能力状况，故可命名为"条件及投入能力"因子。

因子2支配的指标变量有4个，分别为：专利授权占区域比重、发明专利申请受理占区域比重、专利有效量占区域比重、发明专利有效量占区域比重。这4个变量主要反映各地高校知识产权产出在各区域内部的比重状况，故可命名为"相对产出能力"因子。

因子3支配的指标变量有4个，分别是：专利授权率、发明专利授权率、发明专利授权比重、有效发明专利比重。这4个变量主要反映各地高校产出能力方面的情况，故可命名为"绝对产出能力"因子。

因子4支配的变量有2个，分别是：查处民营企业假冒专利案件数、查处假冒专利案件数。这2个变量主要反映各地知识产权保护的执法情况，于是可以命名为"执法保障能力"因子。

成分得分系数矩阵将4个公共因子表示成20项经济指标的线性形式，可以计算出各地高校在各因子上的得分，根据表5中所示各公共因子在解释总方差中所占比重，乘以各地高校的每个因子得分代入并加总，即可得到高校综合竞争力得分和排名（见表6）。

表6 高校知识产权竞争力得分及排名情况

高校所在地	综合竞争力		条件及投入能力		相对产出能力		绝对产出能力		执法保障能力	
	综合得分	排名	因子得分	排名	因子得分	排名	因子得分	排名	因子得分	排名
北京	1.422	1	3.530	1	-0.173	16	1.641	1	-0.884	30
湖南	0.745	2	0.124	13	0.845	4	0.558	5	4.222	1
黑龙江	0.700	3	0.303	10	3.339	1	-0.039	11	-0.344	21
上海	0.560	4	1.795	2	-0.105	14	0.193	7	-0.984	31
江苏	0.491	5	1.719	3	-1.074	30	-0.794	22	1.832	2
吉林	0.425	6	0.033	15	1.817	3	0.638	4	-0.319	19
陕西	0.353	7	0.199	12	1.840	2	-0.266	16	-0.244	16
湖北	0.324	8	0.609	5	0.472	9	-0.095	12	0.258	6
辽宁	0.240	9	0.429	9	0.646	7	-0.255	15	0.020	8
天津	0.185	10	0.536	6	-0.013	13	0.384	6	-0.647	25
山东	0.017	11	0.444	8	-0.749	24	-0.957	26	1.408	3
四川	-0.089	12	0.264	11	-0.581	23	-0.417	17	-0.081	13
浙江	-0.131	13	0.471	7	-0.302	19	-1.036	27	-0.748	28
广西	-0.168	14	-0.345	18	0.135	10	-0.147	13	-0.416	23
广东	-0.188	15	0.862	4	-1.586	31	-1.076	29	-0.273	17
甘肃	-0.201	16	-0.807	26	0.708	5	-0.036	10	-0.333	20
福建	-0.221	17	-0.582	19	-0.449	21	0.134	8	0.511	5
山西	-0.243	18	-0.611	21	0.027	12	0.035	9	-0.292	18
重庆	-0.252	19	-0.292	17	0.052	11	-0.489	19	-0.719	27
海南	-0.270	20	-1.155	31	-0.260	17	1.254	2	-0.007	9
新疆	-0.291	21	-0.780	24	-0.551	22	0.762	3	-0.225	15
云南	-0.312	22	-0.766	23	0.679	6	-0.614	21	-0.593	24
河南	-0.314	23	-0.593	20	-0.289	18	-0.874	24	0.913	4
河北	-0.357	24	-0.278	16	-0.378	20	-0.899	25	-0.374	22
江西	-0.358	25	-0.893	28	0.538	8	-0.811	23	-0.043	12
安徽	-0.424	26	0.084	14	-1.053	29	-1.047	28	-0.814	29
内蒙古	-0.448	27	-0.900	29	-0.137	15	-0.567	20	-0.033	11
贵州	-0.472	28	-0.782	25	-0.763	25	-0.210	14	-0.086	14
宁夏	-0.710	29	-1.109	30	-0.835	26	-0.458	18	-0.694	26
青海	-0.846	30	-0.863	27	-0.936	28	-2.225	30	0.020	7
西藏	-0.926	31	-0.645	22	-0.866	27	-3.263	31	-0.031	10

从数据处理结果来看，江西高校知识产权竞争力有以下特点。

（1）综合竞争力位于落后水平，与其他省区市高校差距较大

从综合竞争力得分看，只有北京以1.422的综合得分位居首位，远远领先于其余地区的高校，属于超级第一军团，可能由于其得天独厚的高校资源。湖南、黑龙

江、上海 3 个省市得分超过 0.5，分别以 0.745、0.700、0.560 排在第二名、第三名、第四名。得分为正的省市还有江苏（0.491）、吉林（0.425）、陕西（0.353）、湖北（0.324）、辽宁（0.240）、天津（0.185）、山东（0.017），这些省市高校知识产权竞争力排名最为靠前，位列前 11 名；位列后 11 名的是海南、新疆、云南、河南、河北、江西、安徽、内蒙古、贵州、宁夏、青海、西藏，除安徽外，其余各省区市均没有 985 高校。总体上排名与各省区市高等教育实际发展现状较为吻合。

从整体得分情况上看，江西高校综合得分 - 0.358，排名 25，位于落后水平，与其他省区市也存在一定的差距。在 4 项一级指标中，只有相对产出能力（第 8 名）和执法保障能力（第 12 名）排名相对靠前，相对产出能力强，说明江西省高校在江西省内知识产权产出比重上比其余省区市高校大。条件及投入能力较差，在 31 个省区市高校中仅排名第 28 名，严重制约着江西高校知识产权竞争力得分的提高。绝对数产出得分相对也较低，有必要对其进行详细分析，通过比较找出其中存在的问题。

（2）条件及投入能力亟待提高

江西高校条件及投入能力得分 - 0.893，排在第 28 名，相比较于其他 30 个省区市高校，仅比海南、宁夏和内蒙古高校略强，从原始数据中可知，江西高校研发人员投入强度较差，全国倒数第一，其余指标如：研发经费内部支出、研发人员全时当量、研发全时人员、公共财政预算教育事业费、专利所有权转让及许可收入、技术市场技术合同输出输入金额比重、专利所有权转让及许可数、专任教师中级以上职称比例、研发人员投入强度、地区生产总值等的相对水平均在全国的后十位行列。因此，对江西高校而言，条件及投入能力已成为制约知识产权创新能力提升的主要短板。区域经济等基础条件也是阻碍能力提升的主要制约条件。

（3）知识产权产出绝对数量偏低，质量不高

2013 年，江西高校专利授权数 786 件，尚不足 1000 件，在全国排名第 22，发明专利授权 120 件，在全国排名第 22。因此，江西高校在产出能力中存在数量相对较少、但质量相对较低的现象，较低的发明专利申请数应是制约产出能力的主要限制因素。

综上所述，制约江西高校知识产权竞争力的主要因素有以下 3 个方面：①发明专利申请数的缺乏；②开发投入不足；③基础条件薄弱。其中后两者又直接影响发明专利的申请数量和质量。三者共同作用导致了当前江西高校知识产权整体竞争实力不够强劲，因此，有必要针对现存的问题提出相应的解决对策。

（二）纵向 DEA 有效性综合评价

本研究选取 DEA 作为评价方法对纵向方面江西高校近 5 年来每一年的知识产

权竞争力变化情况进行了评价。DEA 是一个对多投入、多产出的多个决策单元的效率评价方法。它是 1978 年由美国著名运筹学家 A. Charnes 和 W. W. Cooper 提出以来，可广泛使用于业绩评价。通过该评价能够更加客观、全面地了解各江西高校每年的发展情况，能够为各高校目前的知识产权竞争状态提供准确定位，通过对比，查找不足，加以改进，提升自身知识产权竞争力。结果显示以下几种情况。

（1）2009～2011 年的纯技术效率为 1，但是其综合效率小于 1，这说明这 3 年投入、产出不相匹配，需要增加规模或减少规模，而 2012～2013 年的综合效率为 1，为 DEA 有效，在原投入基础上所获得的产出已达到最优，说明这 2 年江西省知识产权的投入和产出的匹配程度非常好。

（2）2009～2011 年的综合效率小于 1 的原因在于江西省知识产权的投入因素存在冗余，产出不足。具体来看，2009 年，开发投入冗余为 0.114，执法保障冗余为 0.146，基础条件冗余为 0.408；2010 年，开发投入冗余为 0.139，执法保障冗余为 0.021，基础条件冗余为 0.274；2011 年，开发投入冗余为 0.338，执法保障冗余为 0.028，基础条件冗余为 0.261，同时进行高校技术转化和绝对产出量不高。

结合前面的指标，可以进一步分析产生这一结果的原因。开发投入冗余的原因为：进行高校科技活动开发投入的人员结构不是很合理，非研究人员较多，而且基础研究人员占研究人员的比重较低，导致投入人员的整体开发能力偏低。基础条件投入冗余的原因为：在进行基础条件投入时，盲目追求投入数量，忽视投入资源的利用效率，比如高校招聘教师时过度追求高学历，导致了人才资源的浪费。此外，很多高校没有做到人员的合理安排，往往根据学校生师比来配备专职教师。开发投入人员过多、内部经费支出投入结构不合理、预算不精确等原因，则又不可避免地造成了开发投入冗余率偏高。

通过对 2009～2011 年综合评价数据进行对比可以发现，江西高校在不断改进管理工作。数据显示，江西高校对开发投入结构进行了部分调整，加强了基础条件投入的结构调整，同时，加强对知识产权的保护。在基础条件投入方面，江西高校也作出了改善，但是数据显示 2009～2011 年内的基础条件投入冗余率依然过高，这说明江西高校在整改过程中还应注意着重做好基础条件结构性的调整，才能使投入产出效率达到有效。通过分析可以发现，2012～2013 年江西高校知识产权投入产出达到有效，没有投入冗余和产出不足的情况，说明江西高校科技活动工作做得很有成效。

四、江西高校知识产权竞争力提升策略

（一）提升专利产出量

1. 提高创新意识，促进专利产出

从上面分析可知，江西高校研发能力高，但产出能力低，表明江西高校产出效率较差，笔者认为造成这种现象的原因主要在于高校的创新意识薄弱，没有把创新作为高校获取竞争优势的着力点。因此，培育高校的创新意识、努力在高校中形成良好的创新文化应成为企业当前和今后努力坚持的方向。原始创新的源头在高校和科研机构，但相比而言，江西省的大学和科研机构的实力还有待提高，短时期内原始创新的比重不会有大的提升。

2. 增进与企业及科研机构的合作

政府是科技创新的领导者，企业是科技创新的主体，高校则是知识创新的重要源泉。将上述单位有效地组合起来，通力合作，群体攻关，联合研发，不但能利用现有资源最大限度地提高专利产出效率，同时也能形成合理、有效的技术产业化链条，并保证各方得到相应的回报，实现共赢。因此，在政府领导下加强大中型工业企业与研发机构以及高校的合作，构建政府、企业、高校、科研院所在人才培养、技术创新、新产品研发等方面高效互动的官产学研一体化模式，已成为建设创新型企业、增强自主创新能力、提升知识产权竞争力的必然选择。探索构建产学研合作新机制，发挥市场导向作用，以知识产权发展为纽带，推动相关行业、企业和科研院所共建知识产权联盟。依托江西省建设实际，支持培养一批有较强创新能力和显著知识产权特点的战略性新兴高校产业示范园，促进相关领域企业成长，培育经济新角力点。充分发挥大学科技园的优势，有力促进了产学研的结合与科技成果的转化。

（二）加大创新资源的投入

1. 加大研发经费投入

拓展企业筹资渠道。创新资金的投入是高校获取多数量、高质量知识产权的保证。为此，一方面，江西高校要积极争取政府的支持，如获得政府税收减免、贷款减息、培育良好的投资环境；另一方面，市场具有配置资源的基本功能，高校可以通过"看不见的手"合理调节资金，吸引国外资本市场和国内政府专项资金的支持，促进高校筹资方式的多角化发展。积极借鉴国内发达省区市（如深圳）的做法，建立以企业为主体、金融机构贷款和资本市场为补充的多元化企业筹资渠道。此外，健全高校资金管理制度，完善创新资金的投入和运作模式，提高知识产权投

入资金的利用率。

2. 重视和培养知识产权人才

一是要大力引进知识产权人才。高校要结合自身状况合理吸引人才，既要大胆又要灵活多样地引进人才。高校要将江西省吸引海外留学人才来赣创业和工作的相关政策落到实处，加强对在外学习和工作的高素质人才的引进力度，尤其是国外知识产权组织、跨国公司、中介服务机构及国内大中型工业企业中知识产权高端人才，吸引其到江西高校中工作；有能力的高校可邀请国内外知识产权研究和实务的专家，解决高校知识产权管理活动中存在的问题。

二是要优化知识产权人才发展环境。引进人才是关键，留住人才是最终目的。笔者认为，除采取优厚待遇、丰厚奖励以及福利保障等一系列保障措施外，高校还应在以下两方面努力：一是要营造有助于人才发挥其自身专长的良好创新氛围，特别是要处理好人才的后勤保障问题，诸如日常起居和办公条件的改善、各种社会保险的办理、配偶工作的解决以及孩子的教育问题等，为他们解决好后顾之忧；二是加快高层次创新型人才信息平台的建设，改善其工作的信息条件，为其提供丰富的文献资料等保障，在高校人才发展环境的建设上与别的省区市比较具有优势，使其能够安心在江西高校工作。

（三）保护自主知识产权，营造有利发展环境

1. 增强高校服务地方经济的自主知识产权战略

高校知识产权战略是一种全局性规划，而不是高校在发展时所采取的一种权宜之计。各级教育行政部门应在认真推进国家"高校知识产权运用能力培育工程"及"江西省知识产权优势企业培育工程"的基础上，引导和帮助高校建立相应的知识产权战略，把知识产权的创造、运用、管理和保护纳入高校教学科研活动的全过程；江西高校近几年来在专利申请上与企业合作的过程中，能不断发现新的需求及技术点，促进原有技术构思的进一步完善，有利于更多专利的产生；另外，产学研合作带动了一批专利在企业的实施，极大地提高了教师申请专利的积极性，因此加强与企业的合作、继续走产学研结合道路是确保专利继续提高高校创新能力的首要途径。加强政策导向，一是各高校继续将获得授权专利作为一重要指标，在职称评审业绩认定中给予相应的定级，引导教师将专利申请作为科研产出的一个重要形式；二是各上级部门在科研团队引进课题下达时，必须将专利申请作为一个重要的验收指标签订相关合同。

2. 完善知识产权保护政策体系，形成长效机制

专项打击行动要与长期的制度和文化建设紧密结合才是保护知识产权的长久之计。为此，一要加强知识产权法制建设。积极推动相关立法工作，促进《商标法》

《著作权法》等知识产权专门法律的实施和完善；发挥司法在保护知识产权上的重要作用，把专项行动与例行执法相结合。二要完善知识产权保护的政策体系。提高政府采购中知识产权审核管理的力度，完善江西省知识产权维权援助体系，建立由高校、研发机构和知识产权中介服务机构共同参与的维权援助体系。与此同时，广泛开展知识产权的普及性教育，提高公众的知识产权意识，为江西高校营造知识产权保护的良好社会氛围。

参考文献

[1] 吴汉东. 国家软实力建设中的知识产权问题研究 [J]. 知识产权，2011（1）：3–6.

[2] 杨晨，施学哲，丁黎. 区域知识产权竞争力培育行为的研究：以江苏省为例 [M]. 北京：北京交通大学出版社，2012：1.

[3] 鞠明明，李华. 低碳时代经济发展方式转变的着力点：知识产权战略 [J]. 合作经济与科技，2012（10）：26–27.

[4] 张建欣. 在第六届山西品牌节暨实施商标战略工作推进会上的讲话 [EB/OL]. http：//www. sxaic. gov. cn/index_ thirdcontent. action？ newsid = 8a8480853a3f45e6013a4879cf890088&classid = 0101000000.

[5] Ernst H. Patent information for strategic technology management [J]. World Patent Information，2003，25（3）：233–242.

[6] 雒园园，田树军，谭淑霞. 区域知识产权竞争力及评价指标体系研究 [J]. 科技管理研究，2011（14）：68–71.

知识产权对接中小企业模式研究

李兴国*　　熊　倬*　　左振华*

摘　要：本研究通过对江西省高校和中小企业知识产权创造、运用、保护和管理的现状进行分析，得出的结论是：江西省中小企业在知识产权创造方面受制于资金、人才的限制，发展并不理想，而高校虽然创造了大量的知识产权，但是在转化利用方面做得并不理想，基于此，本研究提出了通过校企合作的模式让高校知识产权对接中小企业，并从知识产权创造、运用、保护和管理方面分析了该模式中各利益主体之间的职责和关系，为知识产权对接中小企业、提升知识产权转化效率提供了有效的途径。

一、研究背景及意义

随着我国经济的发展，中小企业已经逐渐成为市场主体，在我国经济发展中起着重要作用，据统计，我国中小企业数量己占全国企业总数的99%以上，创造的社会价值约占全国 GDP 总产值的 60% 以上，提供的城镇就业岗位占到全国的 80%，是我国经济发展的基础力量。然而，在我国经济转型的背景下，我国中小企业发展也面临着种种困难，主要原因在于其属于劳动密集型企业，技术创新能力薄弱，在我国产业转型升级中失去了人力成本低的优势。因此，我国中小企业要想在竞争日益激烈的市场中长久发展下去，必须转变生产方式，加强知识产权建设和技术创新，从而提升企业竞争力。知识产权是企业核心竞争力的重要来源，是企业发展壮大的有效手段，也是企业进行技术创新不可缺少的基础性条件。中小企业能够敏锐捕捉市场变化，及时调整生产结构，是最具活力的市场经济主体。加强中小企业知识产权建设，无论对中小企业自身发展还是对建设创新型国家都具有重要意义。随着我国进入新的历史发展时期，中小企业的发展面临新的、更大的挑战，尤其是国际金融危机以来，其问题更趋凸显。中小企业亟须走创新发展之路，亟须提升知识产权创造、运用、保护和管理能力，亟须实现发展路径的战略转型。

---

*　作者单位：江西科技学院。

然而，从目前来看，我国中小企业知识产权建设和技术创新的状况并不理想，根据我们对江西省南昌市56家高新技术企业的调查，2015年发明专利授权的企业数仅有6家，占比10.7%，申请了实用新型专利并授权的企业也只有6家，占比10.7%，说明我国中小企业知识产权意识还不到位，在知识产权建设方面也存在一些问题，受到人才和资源的限制。与此同时，我国高校专利申报数逐年递增，据统计，我国高校仅2014年发明专利授权就达到50000件，然而转化率却不到5%，说明我国知识产权利用效率并不高，尤其在高校知识产权对接中小企业方面存在着较大的问题，高校知识产权对接中小企业效率不高的主要原因在于以下几个方面。

第一，在知识产权的创造方面，中小企业受制于企业自身资金和资源条件，缺乏人才支撑，导致其知识产权研发和创造能力低下，而没有相应的政策途径获取高校知识产权服务；高校知识产权研发与企业和市场脱节，中小企业主动参与高校科研活动或者高校主动参与中小企业技术创新机制不健全，认识也不到位。

第二，在知识产权运用方面，科技合作中存在的产权不清阻碍了中小企业在知识产权（成果）的有效利用，高校和企业在科技研发费用、成果转让费用、科技合作费用、委托研究费用、利益分成等涉及双方重大利益的事项上存在分歧，进而导致一些矛盾纠纷，影响中小企业知识产权的实施比率和商品化程度。

第三，在知识产权保护上，中小企业知识产权意识不强，不仅体现在对自身知识产权保护上做得不到位，没有进行相关的产权申请和保护，还体现在对外部知识产权的不尊重，侵权行为时有发生，盗版和仿制产品盛行，对知识产权市场影响恶劣。

第四，在知识产权管理方面，从调研的情况来看，中小企业和高校很少专门设置知识产权管理部门，高校的知识产权管理基本是放在科研处，中小企业的知识产权管理有的放在研发部门，有的根本就没有设置，管理制度不规范，从而影响中小企业对知识产权的运用效率。

基于以上分析，本研究通过调研来了解江西省中小企业知识产权的创造、运用、保护和管理情况，从而探讨和分析江西省知识产权如何对接中小企业的政策和策略，为提升中小企业的知识创新能力和竞争力提供建议。

二、江西省企业与高校知识产权现状分析

本部分通过调研，对江西省中小企业和高校在知识产权创造、运用、保护和管理的现状进行了分析，掌握了中小企业和高校在知识产权创造、运用、保护和管理方面存在的问题及各自的优势，为高校知识产权对接中小企业模式的分析提供了依据。

（一）江西省中小企业知识产权现状分析

为了了解江西省中小企业知识产权创造、运用、保护和管理的现状，我们在咨询专家和参考相关文献的基础上，设计了企业知识产权调查问卷，并通过采用简单随机抽样的方式，随机抽取了56家中小企业进行调查，被调查企业基本资料如表1所示。

表1　调研公司基本情况

项目		企业数/家
公司注册资金	500万元以下	23
	500万~2000万元	18
	2000万元以上	15
公司员工数	100人以下	19
	100人~300人	32
	300人以上	5
公司研发年投入	1000万元以下	34
	100万~300万元	19
	300万元以上	3
研究生以上学历人数所占百分数	5%以内	16
	5%~20%	37
	20%以上	3

从表1中我们可以发现，被调查企业在研发投入和人才引进上基本能代表江西省中小企业发展的实际情况，同时，从企业规模来看，被调查企业具有一定的代表性。通过对调查数据进行整理和分析，我们发现中小企业在知识产权创造、运用、保护和管理方面主要存在以下问题。

在我们所调查的56家企业中，2012~2014年这3年所有知识产权申报且获得授权数量如下表2所示，在该表中，我们主要分析了发明专利和实用新型专利，主要原因在于这两项专利的转化价值较高，能反映企业技术创新能力。

表2　样本企业知识产权获得授权数量　　　　单位：件

知识产权类型	2012	2013	2014
发明专利/件	22	68	31
实用新型专利/件	50	79	59

从表2的数据可以发现，在中小企业专利类型中，发明专利较少，实用新型专利较多，反映我国中小企业在知识产权方面缺乏核心竞争力，因为实用新型专利只对某些技术领域实用，创新水平和层次和发明专利还有较大差距，适用范围和经济

效益也具有一定的局限性，因此，发明专利才能代表企业拥有知识产权的技术水平和层次，是企业核心竞争力的反映。同时，我们发现，这 56 家企业在 2012～2014 年有发明专利的企业数量分别是 12 家、16 家、13 家，这项数据表明我国中小企业在知识产权创造方面，水平和层次还有待提高，还有大部分中小企业还没有意识到知识产权创造的重要性，产品处于模仿和仿造阶段，技术创新举步维艰。

同时，从被调研企业的基本情况来看，中小企业知识产权专业人才匮乏。在调研中，我们发现研究生以上学历的员工占比不超过 20% 的企业约有 90%。人才的缺乏对中小企业知识产权创造有着重要的影响，没有专业的技术创新人才，使得中小企业很难取得自主知识产权；没有专业的知识产权管理人才，也很难使取得的知识产权发挥其经济效益。

（二）江西省高校知识产权现状分析

为了了解江西省高校知识产权创造、运用、保护和管理的基本情况，我们在参考相关文献和咨询相关专家的基础上，设计了高校知识产权调查问卷，并在江西省南昌市的部分高校展开了调研，对江西省部分高校在知识产权创造、运用、保护和管理情况有了基本的了解，具体如下所示。

在知识产权创造方面，高校自主拥有的知识产权数量不断增加，知识产权创造能力也得到了不断的提升，根据国家知识产权局网站公开的专利检索与服务系统，我们对江西省发明专利授权和江西省高校发明专利授权进行了统计分析，结果如下表 3 所示。

表 3　江西高校发明专利授权数量　　　　　　　　　单位：件

年份	江西省发明专利授权	江西高校发明专利授权
2012	909	270
2013	971	303
2014	1027	379

从以上数据不难发现，江西省高校知识产权创造能力较强，全省约有 30% 的发明专利为高校所申请，申请量也在逐年增加。我们认为，高校在知识产权创造方面有独有的优势，因为高校是科研人才的聚集地，而人才的聚集为知识产权创造提供了保障。

在知识产权管理和运用方面，通过调研了解到大多数高校将其科研处作为知识产权管理的主要部门，但是专门设置知识产权管理部门的院校不多，在管理和运用上存在不少问题，最终体现在高校知识产权转化率低。

通过对江西省高校知识产权转化率进行调研发现江西省高校知识产权转化率在

10%以下的占比达到90%以上，调研结果显示知识产权没有转化的原因主要是两个方面：一是自身的知识产权与市场脱节，没有条件实施；二是大部分教师认为，高校主要任务是教学和科研，而不是专利的利用。从以上数据来看，高校对知识产权的认识还有待提升，在进行技术创新中应该结合市场。在调研中还了解到，高校进行专利和技术交易的主要信息渠道是靠发明人提供和企业自动上门，而依靠专利中介和技术市场的比例极低。

以上调研数据说明江西省高校知识产权在管理和运用上主要存在以下几个方面的问题。

一是管理制度不完善。许多高校仍对知识产权保护工作缺乏统一的领导，没有建立规范性、科学性、切实可行的规章制度体系，缺少完整的评估政策和制度，使得知识产权管理工作不能有效地开展。

二是产权归属不清晰。由于我国高校科研主要靠国家财政支持，高校及科研人员对政府资助的研究成果的知识产权权属问题没有达成一致的认识。

三是缺乏专业化的服务机构。由于高校管理体制的原因，高校科研人员对技术转移不够重视，因此只有专业的服务机构，才能提升知识产权转化效率。

通过以上的调研分析，我们对中小企业和高校知识产权创造、运用、保护和管理有了基本的认识，可以发现中小企业和高校在这几方面都有自己的问题，也有自己的优势，比如，高校在知识产权创造方面，人才有保障，结合教师发展的需要，高校的知识产权数量在逐年增加；但是，由于某种原因，知识产权转化效率低下，知识产权保护也存在问题。对于中小企业而言，它们非常需要技术创新，非常需要知识产权来提升企业核心竞争力，但是，由于资金和人才的限制，它们在知识产权创造方面做得并不理想。因此，要提升知识产权转化效率、发挥知识产权经济效益，必须要加强高校知识产权对接中小企业，建立比较合理的高校知识产权入园模式。

三、高校知识产权对接中小企业影响因素分析

高校的知识产权如何通过适当的途径转移给企业，尤其是中小型企业，从而提升高校知识产权效率，这对高校的发展是非常重要的，为了给高校知识产权选择恰当的模式入园、入企，分析影响高校知识产权对接中小企业的因素是十分必要的。本部分主要从以下方面来分析高校知识产权对接中小企业影响因素。

（一）高校知识产权对接中小企业的系统构成

从目前知识产权转移的环境来看，高校知识产权对接中小企业涉及的利益主体主要包括高校、政府、中小企业和知识产权服务中介机构，其相互关系如图1所示。

图1　知识产权转化系统构成图

高校在知识产权转化系统中主要承担知识产权创造工作，是该系统的供给方，凭借其人才优势负责知识产权的生产工作，而中小企业作为该系统的需求方，负责知识产权的转化，以此提升经济效率、发挥知识产权的经济作用和社会效益，它将高校生产的知识产权转化成社会生产力，它的存在决定了高校知识产权转化的规模和效益。政府在该系统中起着宏观调控作用，由于我国高校归政府管理，政府可以通过相关政策和法规的制定进行宏观调控，让高校知识产权更好地对接企业，创造有利于知识产权转化的外部环境。知识产权服务机构是高校知识产权转化的催化剂，可以提升高校知识产权转化速度。

从该系统我们能够发现，要提升高校知识产权转化效率，必须要了解各个利益主体在知识产权转化中存在的问题，理顺各个利益主体之间的关系，因此，我们主要是从高校、中小企业、政府和知识产权服务中介机构等方面分析在知识产权转化过程中各自存在的问题。

（二）知识产权对接中小企业影响因素分析

1. 高校知识产权专业服务人才

高校知识产权对接中小企业的过程是一个复杂、系统的工程，它涉及企业、高校、政府等众多利益主体，要处理和理顺这些利益主体之间的关系、让知识产权顺利对接中小企业，我们的专业人员必须具备法律、市场营销、市场调研、专业技术和产业经济等多方面的知识，显然，让高校教师自身去做这个事情，效果肯定会受到影响，教师也没有积极性。因此，要保证高校知识产权对接中小企业的良好效果，应该在高校建立专业的知识产权服务团队。而在调研中，我们发现几乎没有高校成立了知识产权服务部门，大多数高校会在科研部门安排相关人员做知识产权服务方面的工作，但他们的工作内容更多的是协助教师申报知识产权，而不是知识产权的转化工作；他们也缺乏对知识产权转化的认识，对知识产权服务工作认识不到位，管理水平也有待提升。另外，由于知识产权专业服务对人员的要求较高，该方面的人才也较为缺乏，导致目前高校知识产权管理水平低下，严重影响了高校知识产权的转化效率。

2. 高校科研管理体制

从我们的调研来看，高校教师在科技创新过程中比较重视论文的发表、科技成果的鉴定，而对科技成果的转化却不太重视，这也是导致我国高校知识产权转化效率低的重要原因。我们认为很多教师在科技研发中，不重视市场、不重视质量、不重视转化主要原因在于高校科研管理体制存在一定的问题，主要表现在高校在科研管理中过于关注研究的学术价值，而忽视了研究的社会价值和经济效益，高校科技创新基本上是以课题研究的形式开展，但是课题研究最终的鉴定是成果鉴定，较少考虑成果的转化，并且课题研究具有一定的时效性，而科技成果的转化由于涉及的利益主体众多，时间跨度较长，从而导致教师们在研究中存在重数量、轻质量的现象，研究过于强调方法而忽视市场，研究成果转化困难，也不太重视知识产权转化工作，导致高校知识产权转化驱动力不足、知识产权转化率较低。

3. 知识产权服务中介机构

知识产权服务中介机构作为高校知识产权对接中小企业系统的外部环境，对知识产权的转化有着比较重要的作用，知识产权服务中介机构的服务能力和服务水平，在一定程度上影响着知识产权转化的效率。从目前来看，知识产权服务中介机构在高校知识产权对接中小企业方面发挥的作用并不理想，主要体现在以下方面。

（1）知识产权服务中介机构运作模式不规范

现在的知识产权服务中介机构几乎都有政府或者事业部门的背景，所有制结构不合理，运作模式单一，没有准确的市场定位，对自身的市场功能不了解，业务范围多局限在信息提供、科技成果展示、策划科技会议、交易洽谈等低层面上，对知识产权转化中涉及的相关法律咨询、技术解释、风险投资、企业管理和价值评估等核心业务却没有提供服务。在服务态度和水平上能力缺乏，工作积极性不高，服务中介机构的职能并没有体现出来。通过调研，我们发现大部分知识产权服务中介机构没有形成规范的服务流程，对知识产权服务中介机构的资格缺少认定，导致很多知识产权服务中介机构服务水平和能力严重不足，影响了高校知识产权转化效率。

（2）服务手段陈旧，缺乏服务创新

通过调研，我们发现知识产权服务中介机构几乎都不直接参与科技成果转化过程，为知识产权转化提供咨询服务也是有限的，这些服务中介机构并没有真正融入科技成果研发、产品中试、市场调研的整个转化链条中来，对知识产权转化缺乏全面的了解，并没有成为高校和中小企业之间的桥梁，导致市场对知识产权服务中介机构有一定的偏见，服务中介机构的功能没有得到发挥。

4. 政府政策

政府作为整个知识产权转化系统的宏观调控者，政府职能在高校知识产权对接中小企业中发挥着重要作用，从实际情况来看，我国高校知识产权转化率低和政府有关，特别是在利益分配、成果分享等方面，我国政策与法规的不健全，影响了高校知识产权转化的积极性，主要表现在政府过度管理。

政府职能在高校知识产权转化中的合理定位是充分发挥政府的宏观调控能力、充当协调者和促进者的角色，政府的具体作用就是为高校知识产权转化提供有力的政策环境、有效的资金投入机制、合理的技术评估体系、对各方进行有效的资源配置并且协调各方利益。而在调研中我们了解到，大部分中小企业和高校认为政府部门给它们的限制过多，政策制定不灵活，对资源的配置不合理。我们认为，政府部门对知识产权转化过度管理、权力过度集中，会降低知识产权转化市场的市场效率，降低企业和高校参与知识产权合作的积极性，影响科研人员的积极性，从而影响知识产权转化效率。因此，政府部门需要转变职能，充分维护知识产权转化市场的公平、公开、公正，引导和促进产学研合作健康发展。

四、高校知识产权对接中小企业模式分析

要构建高校知识产权对接中小企业模式，就是要分析、研究、知识产权与中小企业的开发创造对接方式、高校知识产权与中小企业的转让运用对接方式、高校知识产权与中小企业的法律意识对接方式、高校知识产权与中小企业的保护管理对接方式；高校就要理顺在知识产权对接中小企业过程中中小企业层面、政府层面、知识产权管理机构、知识产权服务中介机构、知识产权托管代管组织的职责。有关层面应该从以下几个方面落实：

（1）培育国家示范性知识产权优势中小企业集聚区；
（2）提升中小企业知识产权意识；
（3）开展中小企业知识产权培训；
（4）开展自主知识产权优势中小企业培育工作；
（5）建立中小企业知识产权服务支撑体系。

研究中所提出的高校知识产权与中小企业对接的模式，即知识产权入园的模式。中小企业将通过4种方式实施与高校知识产权对接：一是中小企业强化自身创造开发；二是中小企业通过转让和应用等方式，注重知识产权运用和运营；三是中小企业加强自身知识产权的保护管理；四是中小企业加深法律知识，切实落实知识产权的法律宣传工作。

高校知识产权对接中小企业的重要途径是走校企合作之路，通过校企合作模式，推动知识产权的转化，让中小企业分享高校知识产权成果，发挥知识产权的经济效益和社会价值。校企合作模式可以从以下方面着手。

1. 校企双方共同建立实习训练基地

校企双方要按照互利共赢的原则，明确双方的权利义务及职责，建立实训基地，为开展知识产权合作提供有效载体。具体形式有以下几类：一是由高校提供相关设备和人员，由中小企业提供场地，在中小企业内部建立产学研合作基地，培养人才专业技能，加快科技成果转化进程，实现优势互补、资源共享、科技提升；二是由高校提供场地和部分相关设备，由中小企业投入设备和相关科研人员，在高校内部建立产研实习基地，中小企业将合作中取得的科研成果用于企业生产，同时要按照事先签订的合作协议规定交纳一定的费用，为企业发展、员工技能培训等提供支持。

2. 校企双方共建共享人才资源库

在开展校企知识产权的合作进程中，校企双方各有优势、各有特长，为整合资源，发挥各自所长、互利双赢，校企双方通过建立人才库的方式，对不同类型、不同专业、不同层次的人才进行细分，按照一定的程序和条件，结合对人才的不同需要，择优从人才库中选出符合条件的人才，以满足各自需求，实现人才资源的合理、有序流动。

3. 校企双方共建专业课程

一是校企双方根据市场的实际需求，紧跟国家产业、行业发展政策和趋势，不断优化人才培养的专业设置和教学内容，推动人才培养的标准化和规范化，为深化双方知识产权合作、加快科技成果转化、提升科研质量水平提供人才支持。二是校企双方以市场为导向，在深入调研、细化市场、认真研究的基础上，共同研究制定科学的人才培养方案，确保人才培养的高质量。三是共同开展对专业课程设置、内容编排的综合评估，发现问题并及时整改。

4. 校企合作共同开展相关技术研究及技术成果的推广转化工作

在校企知识产权合作过程中，培养技能型人才的重要目的就是适应市场对这些人员的需求，紧跟经济、产业、行业发展的新趋势，及时将新技术引入到教学中来。这就需要高校加强与中小企业在科研、技术服务和技术推广上的协作、联系，瞄准世界科技发展前沿，提高科研攻关水平，更好地为中小企业发展服务。

5. 校企双方共享优质教学资源

共建共享优质教学资源对加快校企双方合作、加快科技研发和科研成果转化具有重要的推动作用。对合作中形成的优质教学资源，要本着互利共赢的原则对外开放，扩大受益范围，共享精品课程、项目课程、精品教材、典型案例、教学管理制度、管理模式等。同时，高校还要发挥自己的特长和教学资源的优势，面向中小企业开展职业培训、继续教育等，实现双方的共同发展。

五、结论

本课题从高校、中小企业和政府的角度，分析了高校知识产权对接中小企业中存在的问题，对涉及的各个利益主体进行了分析，得出了高校知识产权对接中小企业的重要途径是通过校企合作模式的结论，因为在我国中小企业和高校是知识产权创造的主体，但是对中小企业而言，由于受到资金和人才等条件的限制，技术创新和知识产权发展并不理想，而高校作为另一主体，凭借其人才的优势，虽然在知识产权创造上有较好的优势，但是由于高校管理体制的原因，知识产权转化效率极低，严重影响了知识产权的经济效益，因此，校企合作的途径，可以实现高校和中小企业的优势互补，从而实现知识产权入园入企，发挥知识产权的经济效益。为了探讨高校知识产权对接中小企业的模式，本研究主要做了以下几个方面的工作。

1. 对我国中小企业和高校知识产权的创造、运用、保护和管理的现状进行了分析，得出中小企业和高校在知识产权的运用和管理上各具优势，具有合作的条件。

2. 对高校知识产权对接中小企业的知识产权转化系统构成进行了分析，通过调研的方式，分析了高校、中小企业、政府和知识产权服务中介机构在知识产权转化中存在的问题，并对问题进行了分析，得出各利益主体要转变观念、厘清各自之间关系的结论。

3. 提出校企合作是高校知识产权对接中小企业的重要模式，并从政府、中小企业、高校和知识产权服务中介机构的角度，分析了在校企合作模式中它们各自的职能。

参考文献

[1] 李进. 高职校企合作运作的思路和实践 [J]. 中国高教研究，2004（1）：37-39.

[2] 徐建平. 融入企业文化培养高素质人才 [J]. 中国高等教育，2008（20）：43-44.

[3] 任佃兵. 推进校企合作创新育人模式 [J]. 职业，2008（2）：45-46.

[4] 李琦. 中小企业知识产权工作现状及发展对策 [J]. 安徽科技，2012（12）：32-33.

[5] 谭春生，等. 关于我国中小企业知识产权建设的思考 [J]. 东北师大学报（社会科学版），2013（2）：40-43.

[6] 谢明. 论欠发达地区中小企业发展中的知识产权问题及解决对策 [J]. 长春工业大学学报（社会科学版），2013（4）：80-82.

[7] 马亮. 浅谈中小企业知识产权问题与创新型国家建设 [J]. 法制博览旬刊，2013（7）：67-68.

知识产权人才培养与评价机制研究

周育辉* 李军民* 熊文华*

摘　要：本研究在相关知识产权人才培养理论文献的基础上，根据校企知识产权人才培养现状，提炼出了影响高校、企业知识产权人才培养及评价的各个因素，建立了高校知识产权人才培养模型，构建了知识产权人才培养评价体系。运用结构方程模型和模糊综合评价，对高校和企业的知识产权人才培养及人才的职业能力进行评价。在研究的基础上，提出了知识产权人才培养模式的对策建议。

一、知识产权人才培养现状分析

我国自 20 世纪 80 年代开始培养知识产权人才，至今已 30 余年，在这期间开展知识产权人才教育与培养的各高校和企业通过大量的实践积累了宝贵的经验，形成各有特色的培养方案。虽然各高校、企业和政府重视知识产权人才的培养，但基于我国起步晚的事实，高校和企业知识产权人才培养工作仍处于初级阶段，在取得不断进步的同时，也在存在一些问题，制约着高校和企业对知识产权人才培养活动的开展。只有在认清问题、查找原因的基础上，才能为人才培养的合理构建提供依据，才能更好地利用各方面资源提升知识产权人才队伍的整体水平。

（一）知识产权人才培养现状

1. 国外知识产权人才培养现状

日本的知识产权人才教育经验主要分为两个方面：第一，集全国之力开展知识产权教育。《日本知识产权战略大纲》特别强调知识产权人才的培养工作，将其看作与知识产权的创造、运用及保护同等重要、关乎知识产权战略实现的支柱之一。日本政府成立了日本知识产权战略部，由首相担任部长，充分调配各方面资源加强知识产权人才建设。第二，建立知识产权人才培养体系。日本的知识产权培养体系不仅包括高校，还覆盖中小学。日本特许厅在知识产权培养方面作出了大量努力，例如向全国的中小学提供知识产权书籍与教材，还组织对知识产权专业教师的培

---

* 作者单位：江西生物科技职业学院。

训，以及面向高校教师、学生以及企业中的知识产权管理人员召开各种知识产权研讨会，互相交流经验，提升知识产权专业水平。

美国拥有良好的知识产权启蒙教育和普及教育基础，在知识产权人才培养方面的培养目标以及课程设置等方面均对我国有借鉴意义。①培养目标明确。学生首先须获得一种非法律专业的本科以上学位，再经过严格的法学院入学考试，才可以进入法学院学习知识产权法，这也保证了知识产权专业毕业的学生都能够很快成为出类拔萃的专业人员。②专业人才培养目标清晰。美国高校将知识产权专业教育作为一种职业教育，在知识产权人才培养方面根据社会需求制定培养目标，很好地建立了知识产权职业教育体系，这也促进了行业的良性发展和整个国家创新水平的不断提升。③课程设置比较弹性。学生有充分的自主选择权，课程设置中必修课少、选修课多，这种特色鲜明的专业课程设置，既夯实了学生的法律基础，又拓宽了学生的视野、培养了学生的思考能力。

2. 国内知识产权人才培养现状

近10年来，全国已经涌现了近20家知识产权学院，更有一些知识产权研究院和不计其数的研究中心纷纷成立。知识产权的专业设置与学科发展极大地推进了高校知识产权人才培养的发展。不少高校还开设了知识产权本科专业，与传统的法学专业并驾齐驱。这都表明了知识产权的专业设置与学科发展表现出日益强烈的独立性。

江西省知识产权人才队伍蓬勃发展，在专利代理机构和代理人才培养、执法队伍建设、专利职称评定、高校知识产权人才培育、企业知识产权人才培养上取得了新突破。与此同时，还建立了知识产权高级人才信息库和专家库，并首次联合江西省教育厅将知识产权列入公派留学专业领域，把知识产权列入高校各类教学培养计划。但在江西省高校中开展知识产权专业教育的学校不多，仅在南昌大学、景德镇陶瓷大学、宜春学院开设了知识产权法专业。这些高校的知识产权专业主要设置在法学院之下，主要的课程也是由法学院的教师来担任；而其他的一些高校比如华东交通大学等成立了知识产权相关的研究所，人才的培养主要以知识产权研究方向的形式，设置在法学学科之下。景德镇陶瓷大学以"江西省陶瓷知识产权信息中心"为学科平台，扎实推进知识产权人才培养工作，探索知识产权应用型人才培养新模式，学校于2015年首创在图书情报专业学位硕士中设立专利信息培养方向，从专利情报学的角度输送知识产权人才，让更多学生投入到未来的知识产权工作中。在专科层次上，江西省内还没有哪个学校开设了知识产权相关的专业，但是在有些学校的工科类专业中开设了一些选修法律的课程。

3. 高校与企业资源整合情况

知识产权人才培养本身就要求有相当的资源整合，从高校的角度来看，要求在高校、科研院所、高新企业之间有资源的整合以促成各自的发展；从师资队伍的建设上看，也要求立足本院（知识产权学院、法学院或者管理学院）求助于兄弟院校，达到专职为主、兼职为辅的合理配比；从课程设置上看，不但要有普通的基础课程，也要有知识产权的专业课程，还要有基本综合素质及管理的课程；从学生的构成来分析，不但要求有理工科的学生，也要求有文科的学生，不但有研究生层次的、本科层次的学生，也应该有专科层次的学生。

比如江西生物科技职业学院利用学院的专业优势，对全省的青年农场主进行专业培训。一方面对青年农场主进行一些新技术和新产品的培训，另一方面围绕专利及相关法律知识、专利代理实务方面的课程，采取现场教学、专家报告、专题讲座、主题研讨、情景模拟、业务实习并撰写实习报告等培训方式，使其全面了解了国家和江西省知识产权战略的总体构想和主要内容，熟悉了知识产权制度运用技巧、企事业单位知识产权战略制定与实施的基本要领，掌握了知识产权基本法律知识，基本具备了专利申请文件撰写、专利信息检索、专利纠纷处理、专利预警分析等技能，成功实现了市场需求和培训人才的对接。

（二）知识产权人才培养存在的问题及成因

我国知识产权人才培养过程中存在的问题主要表现在人才培养机制不够完善、人才培养结构缺乏层次性、人才培养目标缺乏针对性、教学内容重理论轻实务、师资力量比较薄弱、知识产权学院的无序增长、人才评价制度不够完善等方面。

造成这些问题的原因是多方面的，主要表现在以下 3 个方面。①人才战略意识缺乏。国内不少企业对知识产权不够重视，对知识产权人才缺乏一套严格、完整的内部培养培训体系，多数企业只注重有形资产增加，而忽视无形资产的创造和保护，尤其是一些中小企业缺乏系统的知识产权战略规划，造成了技术秘密保护不当、科技成果转化率低、企业经济增长方式转变慢等不良后果。②织织机构制度缺失。不少企业的知识产权管理多为其他部门兼管，在人员职责和工作范围上缺少专业性，这在一定程度上模糊了知识产权人才的价值功能，对企业制定合理的知识产权人才培养方案带来一定的难度，针对性和层次难以保证。③外部资源环境保障不足。国内多数企业，尤其是中小企业，知识产权人才培养需要较多资金的投入与支持，企业支付起来往往比较吃力，甚至难以承受，而政府的支持力度又不够，同时社会培训机构较少，在培养课程内容、课时设计上与企业知识产权人才工作的实践应用存在偏差，这在一定程度上限制了知识产权人才培养。

二、知识产权人才培养模型的构建

本研究查阅了大量文献资料并收集了他人的研究成果，具有一定的理论基础。

但知识产权人才培养是一个受多重因素影响的复杂模型，高校、企业、政府相互依存，共同影响人才培养的效果。通过对知识产权人才培养的作用及相关因素理论分析，可知这些因素直接或者间接地影响培养效果。

（一）变量指标体系构建

本研究构建的研究指标，是指在高校、企业、政府知识产权人才培养中所涉及的环境、资源等要素。本研究在查阅相关文献的基础上将这些要素进行具体的细分和归纳，这些因素能够在一定程度上反映出高校和企业对知识产权人才培养所需要的基本资源和环境条件。在借鉴已有的研究的基础上，根据本研究需要及知识产权人才的特点，通过对相关文献的大量查阅，初步确定了知识产权人才培养因素变量表（表1）。

表1　知识产权人才培养因素变量表

一阶因子	二阶因子	测量变量
高校人才培养（X1）	人才培养方案（X11）	培养模式（$X11_1$）
		课程体系（$X11_2$）
		课程内容（$X11_3$）
	人才培养环境（X12）	硬件环境（$X12_1$）
		软件环境（$X12_2$）
	师资队伍（X13）	师资力量（$X13_1$）
		师资质量（$X13_2$）
企业人才培养（X2）	人才培养环境（X21）	基础设施条件（$X21_1$）
		培养管理制度（$X21_2$）
		培养机构设置（$X21_3$）
	人才培养资源（X22）	创新资金投入（$X22_1$）
		培训师资力量（$X22_2$）
		培养信息资源（$X22_3$）
	人才培养意识（X23）	领导重视程度（$X23_1$）
		员工重视程度（$X23_2$）
政府政策引导（X3）	政策支持（X31）	政府支持力度（$X31_1$）
		政策贯彻效果（$X31_2$）
	科技创新资金（X32）	科技创新投入（$X32_1$）
		创新资金利用率（$X32_2$）
	社会服务（X33）	公共资源统筹（$X33_1$）
		公共资源共享（$X33_2$）
		服务平台建设（$X33_3$）

一阶因子	二阶因子	测量变量
人才培养效果（X4）	能力水平（X41）	知识结构（$X41_1$）
		能力结构（$X41_2$）
		工作成效（$X41_3$）
	企业绩效（X42）	岗位匹配能力（$X42_1$）
		企业管理水平（$X42_2$）
		企业增值效益（$X42_3$）

（二）问卷设计及数据收集

1. 问卷设计

通过调查，在构建知识产权人才培养的理论模型基础上，选择和归纳知识产权人才培养的各种特征要素，设计了本研究所需要的调查问卷。

2. 数据收集

调查问卷针对的是企业。为确保调查结果的真实有效，选择了 10 家不同的企业进行问卷发放。问卷发放采取两种形式：一是进行网上电子问卷调查，二是进行纸质问卷的发放。问卷共发放 160 份，最终收回 149 份，通过对回收的调查问卷进行筛选，剔除没有参加过人才培养活动的问卷及空白、问题空缺问卷，得到实际有效问卷 126 份，有效问卷回收率为 84.5%，达到结构方程模型检验对样本数据的要求。

（三）数据分析

1. 问卷信度效度检验

对问卷所得到数据的信度和效度进行分析是确保调查问卷科学性、有效性的关键，结构方程模型的复杂性对样本提出了较高的要求，良好的信度和效度是对数据进一步分析的前提条件。因此，在对模型的估计和检验之前，首先对调查问卷的样本数据进行信度和效度的检验。

通过 SPSS 统计学软件包对 149 份问卷调查数据进行统计处理。运用 SPSS 软件中的可靠性分析对各变量及样本整体进行信度分析，结果如表 2 所示。

表 2　研究变量 α 系数表

研究变量	问题项数	α 系数	整体 α 系数
X1	7	0.763	0.8235
X2	8	0.652	
X3	7	0.642	
X4	6	0.876	

经过 SPSS 软件处理得出样本整体 α 系数高于 0.8，各因子的信度均在 0.6 以上，说明各个研究变量量表具有较好的信度，样本数据整体的可靠程度较高。

2. 结果分析

在研究中使用探索性因子分析（EFA）对量表的结构效度进行检验。

（1）因子分析的可行性检验

在因子分析之前，先采用 KMO 检验和 Bartlett 球形检验对样本数据进行显著性检验，研究中 KMO 的抽样适当性参数为 0.853，界于 0.8 和 0.9 之间，Bartlett 球形检验所得到的显著性水平为 0.000，故拒绝零假设，适合作因子分析。

（2）因子的统计分析

把问卷调查的测量变量评分输入到 SPSS 软件中，并进行了因子分析。首先得到一些描述性的统计结果。具体统计结果如表 3 所示。

表 3　知识产权人才培养因素变量指标的描述性统计结果表

原始变量因子	重要程度平均数	标准差	变量分析数目
$X11_1$	4.48	0.625	149
$X11_2$	4.86	0.946	149
$X11_3$	4.29	0.676	149
$X12_1$	4.70	0.523	149
$X12_2$	4.09	0.792	149
$X13_1$	4.45	0.608	149
$X13_2$	4.62	0.795	149
$X21_1$	4.18	0.572	149
$X21_2$	4.63	0.648	149
$X21_3$	4.12	0.589	149
$X22_1$	4.25	0.729	149
$X22_2$	4.31	0.627	149
$X22_3$	3.89	0.687	149
$X23_1$	4.33	0.716	149
$X23_2$	4.15	0.759	149
$X31_1$	4.19	0.727	149
$X31_2$	4.36	0.762	149
$X32_1$	4.42	0.760	149
$X32_2$	4.52	0.576	149
$X33_1$	4.62	0.743	149
$X33_2$	3.98	0.580	149
$X33_3$	4.21	0.568	149
$X41_1$	4.62	0.613	149

原始变量因子	重要程度平均数	标准差	变量分析数目
$X41_2$	4.05	0.602	149
$X41_3$	4.42	0.697	149
$X42_1$	4.07	0.608	149
$X42_2$	4.19	0.679	149
$X42_3$	4.41	0.740	149

以上描述性统计结果显示：28 个研究变量的因子重要程度的平均数在 3.89 ~ 4.86 之间，也就是说 28 个因子的重要性程度都在一般水平以上，且绝大多数因子的重要性程度都在较重要水平以上，这进一步说明了我们将获取的这 28 个研究变量的因子作为研究对象是科学合理的；与此同时，28 个因子的标准差在 0.523 ~ 0.946 之间波动，说明各因子的标准差都不是很大，而且大致相当，分布在 0.5 ~ 1.0 之间，可见被调查者对同一因子的打分具有一致性，此特性更增强了研究结果的可信度。

（四）培养模型的构建

基于理论假设，高校、企业与政府之间存在相互合作关系，一方面，企业可以将人才输送到高校，利用高校得天独厚的资源优势进行知识产权人才的继续再教育；另一方面，高校可以为企业制定培养方案、提供师资力量等服务以弥补企业内部培养资源的不足。研究结果表明，政府作为企业和高校合作的媒介，其政策的支持为二者合作提供了制度保障，对知识产权人才培养相关经费的扶持可以有效解决企业资金短缺问题；政府可以通过公共服务平台，将企业和高校所反馈的知识产权人才培养资源和信息进行统筹整合，为二者合作提供更优质的中介服务。高校、企业及政府合作对提升企业知识产权人才素质能力和其知识产权管理水平具有较为显著的影响。由此构建一个三方合作的知识产权人才培养模型。在这一模型中，高校、企业、政府相互影响、相互作用，实现人才培养资源的共享和优势互补。在保持各种人才培养路径畅通的前提下，形成良性的循环体，防止信息不对称行为的发生，共同推进知识产权人才质量和素养水平的提升，保障企业知识产权的有效管理和企业实际利益。此外，知识产权人才培养模型也为企业解决内部人才数量短缺和质量参差不齐等问题、为增强企业知识产权人才培养能力提供了一种方法和途径。

三、知识产权人才培养评价机制研究

为了全面、真实反映知识产权人才培养内在的本质及其构成，使人才创新培养评价工作便于操作，知识产权人才培养必须要有一套明确的量化指标，指标体系的建立是知识产权人才培养的核心部分，是关系到评价结果可信度的关键因素。

（一）评价指标的选择

通过对文献的收集、归纳和整理，以及走访相关的企事业单位管理人员、工程人员、与知识产权工作相关的政府部门管理和技术专家及科研机构的学者、高校科研人员，分析、总结了知识产权人才培养的评价指标。

1. 高校和企业人才培养能力评价指标

其中一阶因子作为评价指标体系中的一级指标，测量变量作为二级指标，建立新的评价指标体系（表4）。

表4　知识产权人才培养能力评价指标体系

	一级指标	二级指标
高校知识产权人才培养能力	人才培养方案	课程体系
		课程内容
		培养模式
	人才教学环境	硬件环境
		软件环境
	师资队伍	师资力量
		师资质量
企业知识产权人才培养能力	人才培养环境	基础设施条件
		培养管理制度
		培养机构设置
	人才培养资源	创新资金投入
		培训师资力量
		培养信息资源
	人才培养意识	领导重视程度
		员工重视程度

2. 知识产权人才的能力评价指标

一个人的能力包括他掌握的知识和技能以及潜在的完成任务所需的态度。工作中个人的业绩是与能力水平密切相关的，也可以通过培训来评价和提高。按照知识产权专业人才工作岗位来分析，我们主要通过实务型人才的专业能力、方法能力和个人能力等3个方面的能力来构建知识产权人才所拥有的职业能力评价指标。

（二）高校和企业知识产权人才培养能力评价

根据已建立的知识产权人才培养能力评价指标体系，建立相应的知识产权人才培养能力递阶层次结构，建立评价因素集、评语集、单因素评判矩阵，确定评价指标的权重，进行模糊综合评价以及评价结果分析。计算出企业的知识产权人才培养能力的综合分值为 6.909，评价等级为较强；人才培养环境评分为 6.430，评价等级为较强，偏向于一般；培养资源评分为 6.751，评价等级为较强；人才培养意识评分为 7.401，评价等级为较强，偏向于强。从企业综合评价的各项评价结果可知，所评价企业的知识产权人才培养的整体能力较强，具备较为完善的设备设施及优良的内部环境，尤其是培养意识的分数相对较高，说明该企业人才培养活动得到领导的支持，并且保证了员工较好的参与度；但是，作为一个大型企业，培养环境状况不容乐观，这也说明企业在管理制度和机构设置等方面培养知识产权人才是明显不足的。

（三）知识产权人才的职业能力评价

1. 指标结构

知识产权人才（以实务型人才为例）能力的评价指标本质上是定性的，并且无法准确界定其边界。本研究分两个阶段来构建和确定评价知识产权人才能力评价指标及各级权重。第一阶段中，利用模糊德尔菲法并借鉴阈值的概念以及调查访谈来选择合适的评价指标。第二阶段中，利用所获得的评价指标并配合层次分析法（AHP）来确定各级评价指标的权重。指标的层次结构如表 5 所示。

表 5　知识产权人才能力评价指标层次结构

目标层	一级指标	二级指标
知识产权人才职业能力评价	专业能力	核心技术定位
		知识产权获权
		知识产权检索
		知识产权诉讼
		知识产权经营
		知识产权评估
		知识产权保护
	方法能力	获取新知识
		再学习
		沟通协调
		分析解决问题
		外语应用
	个人能力	创新意识
		吃苦耐劳
		爱岗敬业
		道德意识
		环保意识
		团队精神

2. 结果与讨论

（1）知识产权实务型人才能力的一级指标

通过计算知识产权实务型人才能力一级指标的两两判断矩阵和相应的权重得出表6。结果显示，专业能力重于个人能力、个人能力重于方法能力。表明知识产权实务型人才强调专业能力。

表6 一级指标的两两判断矩阵及相应权重

主要指标	专业能力	方法能力	个人能力	各维度的权重
专业能力	1	5	4	0.668
方法能力	1/5	1	1/3	0.112
个人能力	1/4	3	1	0.220

层次结构各指标权重总排序如表7所示。

表7 整个层次结构指标权重的总排序

目标层	一级指标	二级指标	权重
知识产权人才能力评价	专业能力	核心技术定位	0.076
		知识产权获权	0.101
		知识产权检索	0.041
		知识产权诉讼	0.112
		知识产权经营	0.072
		知识产权评估	0.143
		知识产权保护	0.123
	方法能力	获取新知识	0.018
		再学习	0.023
		沟通协调	0.021
		分析解决问题	0.034
		外语应用	0.016
	个人能力	创新意识	0.046
		吃苦耐劳	0.026
		爱岗敬业	0.022
		道德意识	0.031
		环保意识	0.029
		团队精神	0.066

（2）结论

能力的评价指标常常是定性的，且深受评价者以往的经验和主观判断影响，使评价结果受外界环境因素变化的影响，从而造成指标权重的变化。本研究结果表明，专业能力是知识产权实务型人才关键能力的主要评价指标，其次是个人能力。因此，高校在培养知识产权实务型人才时，要考虑使每个人的技术特长和人力资源互补以应对专业能力的要求，从而提升人才的竞争优势。另外，在二级指标中权重较大的 5 个能力分项是：知识产权评估能力、知识产权诉讼能力、核心技术定位能力、知识产权保护能力、知识产权获权能力。二级指标中权重较小的 5 个能力分项是：获取新知识、沟通协调、外语应用、爱岗敬业、再学习。

四、知识产权人才培养模式的对策建议

为了提升知识产权人才的培养效果，增强企业的知识产权人才培养能力，企业应该与政府、高校合作，多途径优化企业的培养环境，丰富培养资源，不断增强培养意识。

（一）转变知识产权人才培养目标

目前，江西省高校和企业的知识产权工作已经具有一定的基础，在知识产权人才培养方面应加强针对性。知识产权教育培养的人才应当逐渐由以往的纯法学人才逐渐向法学与管理学、经济学相结合的综合性人才转变。社会需求是人才培养最好的参照标准，高校对知识产权人才的培养时刻围绕社会的人才需求开展，以具体需求引导高校知识产权人才培养方案的逐渐完善。

（二）知识产权教育与不同学科的专业教育相融合

一方面通过完善教学手段提升教学效果，另一方面要实现知识产权教学内容与学科特色的结合。建议广泛开展知识产权二专业、知识产权研究生教育，加强宣传与引导，提高高校大学生知识产权意识，因地制宜、因材施教，分步骤、分阶段逐步实现知识产权教育的社会效果。

（三）进一步充实知识产权专业教师队伍

教育部、国家知识产权局应当加大对高校知识产权专业教师的经费投入，鼓励知识产权专业教师出国交流，进行科学研究、深入实践部门以丰富实践经验。有了经验丰富的知识产权专业教师，才能不断提升知识产权教育水平。同时，应当广泛聘请从事知识产权代理工作的公务员、代理人，以及从事知识产权审判工作的资深法官，还有企业从事技术研发、知识产权管理的实务专家，充实到高校中参与知识产权课程的教学与科研工作，逐步形成跨领域、多层次、高水准的知识产权专业教师队伍。

（四）重视学生实践能力的培养

应当不断完善知识产权专业大学生的课程体系，增加实务课程的比重，扎实推

进大学生专业实习制度，鼓励大学生到企业、知识产权代理机构、法院等实务部门学习实务技能，建立并完善专业实习考核机制，确保学生专业实习的效果。在课堂内容的设计方面，应当加强案例教学，注意教学内容紧跟社会时事、反映专业领域的最新发展动态，增强操作性和趣味性；在课堂教学方式方法上，应当增强互动性，充分调动学生的积极性和能动性，改善教学效果。另外，高校应当与企业、知识产权服务中介机构等部门建立长期稳定的合作关系，共同探讨联合培养知识产权人才机制，甚至可以由企业向高校提出人才培养目标，高校按需培养相应的人才供企业挑选，知识产权人才定制培养模式。

（五）丰富校企政联合培养手段

目前企业与高校在知识产权管理人才方面合作不足。高校要完善知识产权教育模式，对接企业人才需求，从国内一些大型企业知识产权了解的情况来看，例如奇瑞汽车股份有限公司和华为技术有限公司建立了国家知识产权局审查员实习基地，通过审查员到企业工作的模式，带动企业的人才培养。建议校企合作采取建立实习基地的模式，加强与国家知识产权管理机构与高校的合作，联合培养知识产权人才。高校、企业、政府要深化合作关系，实现人才培养对接。一方面，企业联合高校科研院所，按照研发人才、经营人才、法律人才、战略人才的分类，开发专业性的授课内容和授课方式，实现网上授课系统与现场授课并轨，培养范围不仅仅限于对知识产权人才的专业技能培训，还要将情商管理、心理学等相关内容纳入知识产权人才培养体系中去。鼓励本企业知识产权人才与高校合作共同承担课题项目，选派本企业优秀技术研发人员和高层次知识产权管理者继续到高校深造学习。另一方面，高校要扶持企业内部培训师资的教育培训，对企业师资进行授课和考核，并通过教学反馈，调整对企业人才培养的计划。高校可以与企业合作办学，实现"订单式"知识产权人才培养，在高校中宣传企业文化，从而降低企业知识产权人才引进风险，为企业后备知识产权人才选拔做好前期准备工作。

参考文献

[1] 陈伟. 知识产权管理人才培养模式研究 [D]. 武汉：华中科技大学，2008.

[2] 何培育. 我国高校知识产权人才培养机制的现状与完善 [J]. 重庆与世界（学术版），2013，30（4）：38 – 41.

[3] 钱建平. 基于特色专业建设的知识产权人才培养路径选择 [J]. 江苏高教，2013（2）：93 – 94.

[4] 杨德桥. 理工类高校知识产权人才培养方略研究 [J]. 高等理科教育，2012（1）：56 – 57.

[5] 陶丽琴，陈璐. 我国知识产权人才培养模式和学科建设研究 [J]. 知识产权，2011（7）：94 – 96.

［6］ 范晓宇，王长秋，赵韵. 中美知识产权制度及人才培养的现状与未来"中美知识产权保护制度研讨会"综述 ［J］. 知识产权，2011（7）：91－93.

［7］ 严永和. 我国知识产权人才培养机制存在的问题及其解决办法 ［J］. 电子知识产权，2008（12）：43－45.

［8］ 田军强. 实务型知识产权专业人才培养模式研究 ［D］. 北京：中国政法大学，2011.

［9］ 王兵. 浅论知识产权专业人才的培养：从人力资源管理的角度 ［D］. 济南：山东大学，2012.

［10］ 熊绍员，葛松如，胡智，等. 长三角部分省市知识产权工作调研报告 ［J］. 江西科学，2014，32（2）：252－257.

［11］ 张巧媛. 企业知识产权人才培养及激励问题研究：以 C 设计院为例 ［D］. 重庆：重庆理工大学，2014.

［12］ 马瑾. 高新技术企业知识产权人才培养路径研究 ［D］. 苏州：苏州科技大学，2015.

［13］ 李荔，孙建强，周晓辉，等. 知识产权实务型人才关键能力评价指标权重研究 ［J］. 工业工程，2013，16（4）：67－72.

［14］ 徐浩. 我国高层次知识产权人才成长的政策环境研究 ［D］. 南京：南京工业大学，2013.

［15］ 孙建强. 高职院校协同创新中知识产权人才能力评价研究 ［J］. 广东技术师范学院学报（社会科学版），2013，34（9）：14－18.

国外知识产权人才培养及对中国的启示研究

肖　海[*]　左荣昌[*]

摘　要： 国家知识产权战略实施的决定因素是人，知识产权的运转也需要一支强大的人才队伍。但中国的知识产权人才培养总体滞后，在数量和质量上都与市场需求存在较大的偏差，还无法确保实施国家知识产权战略、建设创新型国家的要求，故而应加速各类知识产权人才队伍建设。本文从国外知识产权人才培养的情况出发，总结其共性和个性，对比分析了中国知识产权人才培养的问题和不足，提出了中国知识产权人才培养改革的新思路，在对策上提出了增设知识产权学科和硕士专业学位、提升企业培养知识产权人才作用、拓宽多元化的知识产权人才培养路径、强化复合型知识产权人才培养理念、推动知识产权的宣传和普及教育。

一、引言

知识产权人才是指开展知识产权创造、运用、保护、管理和服务工作的人才。知识产权人才培养模式是指该类人才培养目标和措施的标准化后生成的、较为稳定的培养范式。[1]构建一个科学化的培养模式对于为社会提供充足的、高质量的知识产权人才至关重要，当前我国的培养模式严重滞后，影响了我国在当今知识经济时代的发展。健全我国的培养模式，旨在发挥知识产权作为国之利器的效用，实现中国知识产权强国的伟大战略。

二、国外知识产权人才培养模式研究

国外知识产权制度创立较早，历经了长期的探索，获得了系统的实践经验，形成了多种人才培养模式，向社会输送了大量优质的知识产权人才。[2]在课程上，以法学课程为中心，以经济、管理、理工等课程并重。培养数量总体较为充足，保障了社会的需求。纵观发达国家的培养模式，展现出如下特征。

---

　　* 作者单位：华东交通大学。

（一）人才结构适应社会需求

国外发达国家的培养模式行之有效，关键是与社会需求和学生的职业生涯相适应。与中国偏向于招收硕士、博士等教学科研倾向相比，这些国家十分重视对应用型知识产权人才的培养。其中，固然有客观利益因素的考量，但更因为应用型知识产权人才有较高的社会认可度。

（二）师资结构较为合理

历经了长期的积淀，国外知识产权师资队伍呈现出专职和兼职教师为基础和特色，较均衡地分布在不同的区域和高校之间的态势，在整个队伍中，全职和兼职教师的比重较为均衡，有知识产权方面工作经历和跨学科背景的老师很多。很多教师具备经济、管理、技术、法律、外语等多方面的背景知识，[3]这有力地提升了知识产权人才培养的质量。

（三）培养课程设计较为合理

国外的知识产权人才培养因受学科、学院设置等影响，倾向于应用型知识产权人才的培养。课程设置以法学教育为参考，注重实践科目的开发和引进，形成以知识产权法学、管理和应用课程并重的综合模式。该模式彰显了知识产权学科的本色与优越性，加强了学员的就业优势。在课程上，除必修科目外，尚有大量选修课，由学员结合今后的就业规划自主择取，满足了学员的发展需求。

（四）知识产权普及教育程度高

国外的知识产权观念较为先进，知识产权人才具有广阔的发展空间。对此，除经济、科技和法制的发展外，发达国家的知识产权普及教育也起到了巨大的推动作用。通过提高知识产权普及程度，加深了国民对该类人才的认可，提升了该类人才的地位、推动了培养模式的完善。

三、发达国家知识产权人才培养模式

国外发达国家的培养模式各具特色，主要介绍三种：一是美国模式；二是德国模式；三是新加坡模式。

（一）美国知识产权人才培养模式

美国模式的前提是社会中知识产权通识教育的有效开展，而且美国大学中知识产权人才的专业性培养目标清晰明确，课程设计、教授方法与学生的职业规划紧密结合。从总体上讲，美国的培养模式展现出4个亮点：

一是学生来源的多专业特色。美国将法律教育归为成人教育，通常学员在获得学士学位后，经过系列的考试获得资格进修法律。从非法本学位中招生具有巨大的优势：生源广阔、跨学科背景、多学历层次、多实践经验，这样便于优质生源的获取。多学科背景影响了学员对课程的选择。例如，专利法往往涉及不同科技规范，工科生具有天然的优势，因此他们更多从事专利领域；非工科生往往较多地涉足于科技规范相对较少的商标、著作权等领域。

二是培养目标明确。当前我国的知识产权人才培养缺乏职业部门的介入和引导，[4]但美国的知识产权人才培养目标清晰确定，并与学生的职业规划紧密相连，避免了教育资源的浪费，最大化地满足个人和社会的需求。

三是课程配置多样、高校培养机构众多、教学方法灵活。美国的课程设置具有鲜明的特色：必修课较少、选修课较多、选择范围广。具体而言：①必修课少，诸如宪法、民法、知识产权法等五六门核心课程[5]。②选修课多，除少数的核心课程外，皆为选修课。③法学院重视设置国外的法律和相关课程来拓宽学员的视野，培育国际化人才。事实上，选修课越多，越能紧随学科的前沿、拓宽学员的视野、壮大其发展的空间。[6]④高校多机构培养。法学院、管理学院、工学院都设置了知识产权人才培养机构。[7]美国知识产权教学方法灵活多样，含案例教学、自由讨论、实战模拟等，在课堂上引导学员们进行实证分析，加强理论与实践学习的有效结合，显著地提高了学员们的热情和教学的质量。

四是师资力量十分雄厚。美国模式在师资力量表现为两个亮点。①授课教师以兼职为主。法学院的特色是聘用了大量的兼职教师。他们大都长期开展知识产权实务工作，拥有丰富的实战经验。通过兼职教师的指导，能较好地将知识产权理论和实务工作有机地结合，使学员结业后能快速地胜任知识产权的实务工作，有效地转化为就业优势。②跨学科教学团队的利用。在跨学科教学团队中涵盖了商业管理类、法学类、科技类教师，通过不同方向教师跨学科的整合，最大限度培育复合型人才。

（二）德国知识产权人才培养模式

德国是欧盟中主要的技术创新国之一，政府加强推动企业知识产权战略。目前，该国以企业为依托，构建了"企业主体、国家支持、员工努力"的知识产权管理与维护系统，形成了一大批大型企业。这些大型企业结合自身的优势构建了先进的知识产权组织和管理体系，成为企业壮大的重大利器。总体而言，德国模式有3个特色。

一是高度强调理论与实践的结合。在知识产权人才培养上，该国尤其重视法律实践活动的开展。德国法学院学制通常是4年，学员在法学院毕业后通过州政府举行的司法考试后，就可获取州司法部颁发的、相当于本科文凭的证书，可以开展法律实习服务，获得法律见习生的资格。见习生可以在司法机关、行政机关、律师事务所等处进行见习，时间一般是 2~3 年，期满后，见习生就可参与州政府进行的第二次司法考试，通过后就可获得州政府发放的合格证书，[8]有资格从事法官、检察官、行政司法官、律师、大学教师等职业。

二是企业十分重视培育员工的知识产权意识和专业人才。员工需要接受知识产权法律、应用、保密等培训，[9]在定期的培训中培育员工的知识产权意识。此外，企业还高度重视知识产权专业人才的培养，定期对员工进行跨部门、跨学科的轮训或学习，并提供各种资助来引导员工积极参与专利律师资格考试，为企业培育多学科、多技能的高端化人才。

三是拥有强大的知识产权科研机构。德国具有享誉世界的专业科研机构——慕尼黑马普知识产权研究所，该所不但具有优越的硬件设施，还具备全球一流的知识产权研究软实力，每年海内外大批知识产权领域的专家、学者慕名而来进修、交流和学习。该所具有世界最丰富的、高质量的知识产权图书资源，并定期从各国邀请知识产权及相关方向的理论界和实务界专家、学者来进行教学、研究工作。同时为专家、学者们创造了开放的科研环境和国际交流的机会，许多专家、学者在此进修后成为本国知识产权界的领军人才，并吸引了更多的学者来此学习。

（三）新加坡知识产权人才培养模式

新加坡为了推动本国的知识产权战略，十分重视教育和人才工作。[10]新加坡模式的亮点有以下 3 点。

一是政府制定了总体的培养框架和标准。该国在 1999 年组建了新加坡知识产权局（IPOS），经授权制定知识产权人才培养的框架和相关标准。为了落实总体框架，该国制定了具体的培养措施及配套规定，例如：如何取得知识产权执业资格、如何规范知识产权的从业行为等。政府在制定总体框架和标准的过程中坚持以市场为导向，通过市场性质的框架对从事知识产权工作的人员和组织机构提出了相应的要求，并对其能力和资质有一个详细的评定，以此来提高知识产权人才的培养水平。

二是政府增强知识产权服务，重视培训工作。在亚洲国家纷纷制定知识产权战略的背景下，该国也加强了相关项目的扶持开发，针对商业需求而特意开发知识产权教育项目，以鼓励工商企业采用最优的知识产品管理与保护策略。此外，新加坡知识产权局开通了多个网络服务平台，为国民提供了知识产权检索服务平台、技术情报平台、交易服务平台等。另外，新加坡每年都要对知识产权人才进行各种培训，突出实务培训的重要性。

三是重视对国民的知识产权教育。政府开展了多种教育、培训活动，加深民众的理解，提升国民"尊重知识、崇尚创新、诚信守法"的意识，为知识产权发展创造优良的文化氛围。新加坡知识产权局建立了针对民众的学习网站，企业也强化对员工的知识产权普及教育工作，中小学进行相关的通识教育，大学开设专门课程，这些措施都提升了国民整体的知识产权意识。

四、发达国家知识产权人才培养模式的共性和个性

在对国外知识产权人才培养模式进行分析研究的前提下，总结其共同点和特色，为我国提供有益的参考经验。

（一）发达国家知识产权人才培养模式的共性

一是重视知识产权的普及教育工作，以提升民众的知识产权意识。发达国家普遍重视在国民中举办知识产权普及教育活动。美国在20世纪90年代把知识产权普及归入国民教育之中；英国将中小学知识产权教育纳入国民教育之中，英国专利局（UKIPO）在2002年把自己编制相关的知识产权教材作为中小学教材的补充，2003年，英国专利局在国内发动代号为"Think Kit"、意在鼓励学生利用知识产权创新的项目，超过70%的中小学参加了此项活动。此外，英国设置了众多的知识产权普及课程；德国、日本、新加坡等国也将知识产权普及归入国民教育之中，此举增强了各国国内知识产权的意识，提升了国家软实力。

二是强化多元化的知识产权人才培养机制。发达国家的知识产权培养模式是建立在多元化的基础上的，除高校和科研机构外，发达国家还十分重视企业和其他组织机构对知识产权人员培养的作用。尤其是企业，身为知识产权的主要主体，也是发达国家知识产权战略的主体，发达国家通过企业有效地运用知识产权制度，不断地保持和提升其强劲的市场竞争力，提高了国家的综合实力，使得经济持续快速地增长。

三是人才结构与市场需求紧密相连。发达国家的知识产权教育更偏向于职业教育，对知识产权人才的培育，以高度的市场化为先导，以实现就业和生产力转化为目的。为此，发达国家普遍重视聘请众多具有知识产权实战经验的兼职教师组建跨学科教学团队，使用灵活的教学方法，促使学员深入地把握知识产权知识，有效地推动理论与实务的结合，确保学员在课程结束后能迅速地投身实务操作之中。

（二）发达国家知识产权人才培养模式的个性

美国知识产权人才培养模式。美国模式更加强调改善生源结构，鼓励招收不同专业的学员。知识产权专业人才需要法学、经济、管理、科技等方面的知识，个体很难通过短期的教育同时具备这些知识；因此，美国更加鼓励非法学学生来学习知

识产权，在不同的专业背景下，对于知识产权课程的选择、学习以及相关方向的研究都更具有针对性。这也有利于在课堂背景下，不同专业的学生相互交流与提高。

德国知识产权人才培养模式。德国模式在确定企业作为知识产权人才培育重要主体的前提下，特别凸显了国家强有力的支撑。在立法上，德国国内已经具备了完善的知识产权法律体系，此外作为欧盟和 WIPO 的成员，欧盟和 WIPO 中有关知识产权的条约和规定同样适用于德国；在司法上，对于知识产权司法人才的培养在世界上具有表率作用。早在 1961 年德国成立的联邦专利法院是世界上首个专业化进行知识产权诉讼的法院，设置非常精细，建立了技术法官制度，为德国培养了许多知识产权司法人才；在行政上，德国地方知识产权部门的行政官员和执法人员等都要进行严格的知识产权实务培训，从而提高了知识产权保护水平。此外，德国十分重视政企协作落实企业知识产权战略，组建高端化的专业人才队伍。

新加坡的知识产权人才培养模式。新加坡模式凸显了培训和继续教育的鲜明特色。政府、教育科研机构、企业十分强调对知识产权人才的培训和继续教育工作，三者形成了一个分工合理的知识产权人才培养体系。政府制定培养的总体框架和标准，加强对培训的支持力度；教育科研机构方面，中小学提供知识产权通识课程，高校提供专业课程，培育专门化的人才，附属于新加坡知识产权局的新加坡知识产权学院（IP Academy，Singapore）则设立了高层次和个性化的培训课程，培养高端化人才；企业强化相关人才培养机制，注重对员工展开培训。通过上述措施，新加坡的知识产权强国地位得到提升，在 2012 年世界经济论坛（World Economic Forum）中各国对知识产权保护排行榜中位居第二，在亚洲位居榜首。

五、主要发达国家知识产权人才培养模式对我国的启示

随着知识经济的到来，我国的知识产权人才培养模式也在不断完善。为了能够培养更多较为理想的知识产权人才，有必要在稳健务实的基础上，借鉴国外先进经验，整合国内资源，构建一个高效务实的知识产权人才培养系统。

（一）增设知识产权学科和硕士专业学位，推进高校知识产权教育改革

当前我国高校主要依托法学院进行知识产权学历人才培育，在学科设置上没有知识产权一级学科和专业学位，专业人才的培育难以适应市场和社会的需要，在硕士、博士等高层次知识产权学历人才培育上，迫切需要国家教育行政管理部门加强改革力度。

一是在法学、经济学或管理学学科门类下，设置知识产权一级学科，可选择授予法学学位、经济学学位或管理学学位，这项工作需要教育部审批。不少知识产权培训和教育单位，起步早、师资力量雄厚，却难以形成更强大的合力和动力，主要

原因是无学科归属，多依附在法学院、管理学院、软件学院的相关专业方向下，难以达到知识产权人才知识结构需求的要求。为此有必要对当前知识产权学科专业体系进行探索改革，可以尝试在法学、经济学或管理学学科门类下，组建知识产权一级学科，选择授予法学、经济学或管理学学位。譬如：可以在法学学科门类下设立知识产权一级学科，根据培养方案，可以授予法学学位、经济学学位或管理学学位。知识产权一级学科的组建，可以使一个学校的知识产权师资得到有效整合，形成强大的合力，为国家培养大量的知识产权法律人才、国际实务人才、专利审查人才、信息化人才、教学人才、管理人才、战略研究和政策研究人才，特别是复合型人才，这需要教育部落实《国家知识产权战略纲要》和《知识产权强国战略推进意见》，加快学科专业改革的步伐。

二是设立知识产权专业学位。这项工作需要教育部审批，也是知识产权界强烈呼吁的。对于硕士阶段的知识产权人才培养，生源最好是非法学或知识产权专业的学生，这样可以招收更多的其他专业背景生源；在硕士阶段培育知识产权应用型人才，这将吸纳很多在职的、多背景的企业人士、政府机关人才进入知识产权专业学位学习，通过 2~3 年，培养应用型、复合型的知识产权人才。

三是在现有法学一级学科或其他相关学科下，组建知识产权二级学科。这项工作需要高校或各省、自治区、直辖市教育行政管理部门批准，一般情况下需要省属院校申请，教育部批准同意；而部属院校一般都有自主设置权限。

四是在 MBA、MPA、工程硕士中设立知识产权硕士方向。从实务分析上看，譬如知识产权方面的案例不是一个经验的问题，而是管理、技术、分析和法律结合的问题。因此若在 MBA、MPA、工程硕士中设立知识产权硕士方向，在学员学好技术、管理等方向的知识外，又能习得知识产权法律知识，这样对培养知识产权各类人才的效果十分明显。

当然，本科阶段可在法学或其他专业下设立知识产权方向，也可组建知识产权专业，但法学届主流观点是本科阶段不宜单独设立知识产权方向，可进行知识产权双学位培养。

（二）提升企业培养知识产权人才作用

国外大中型企业特别强调将知识产权人才归入整个人才的培养计划之中，将员工的知识产权教育作为公司培训的核心之一。我国企业当前的知识产权人才培育较为滞后，企业知识产权意识普遍不高、专业人才短缺、教育培训水平有限，企业知识产权工作进展缓慢。因而，有必要在企业与政府、教育科研机构以及企业内部之间建立良好合作关系，畅通信息渠道，多方合作加强对企业员工的教育培训工作，通过"一般员工加强培训、骨干员工重点培养"的方式，尽快培育一批应急人才，在对企业员工进行了初步培训后，还要适时举行个性化、高端化的培训，培育一批懂科技、法律、管理、经济、国际规则的综合型人才，加快提升我国企业知识产权人才队伍的整体素养。

（三）拓宽多元化的知识产权人才培养路径

当前我国的知识产权人才培养主要集中在高校法学教育之中，学界对此进行了质疑。[11]知识产权人才的培养不应局限于高校和科研院所，政府、企业、学术团体、地方公共团体等也是知识产权人才培养的重要力量。当前我国已经跃居为世界上第二大经济体，知识产权案件每年都在递增，知识产权侵权现象比较严重，国际间知识产权纠纷日益频繁；但我国培养模式严重滞后，迫切需要培育大量各种层次的知识产权应急人才，来应对我国"知识产权强国"战略面临的来自国内外的挑战。为此，谋求拓宽知识产权人才培养的路径已经势在必行。

（四）强化复合型知识产权人才培养理念

知识产权是一门涵盖法律、管理、科技、经济、谈判技巧等多方向的学科，但当前国内高校依然偏重于培养知识产权法律人才，这有悖于复合型知识产权人才培养的理念。在当前尚未成功突破知识产权学科改革的前提下，可以适当地调整高校知识产权教育机制。优化生源结构，鼓励工科类、经济类、管理类或具有实务经验的学生报考知识产权方向的法律硕士、博士；提升知识产权课程在高校中的覆盖率，鼓励将知识产权课程纳入大学的公共必修课之中；改善师资结构，大胆聘请拥有丰富实务经验的兼职教师，建立跨学科教学团队，以达到复合型知识产权人才培养的目的。

（五）推动知识产权的宣传和普及教育

发达国家往往形成了底蕴深厚的知识产权文化。知识产权文化是经过长期的发展逐渐形成和演进而来的，其核心理念为"尊重知识、崇尚创新、诚信守法"，而知识产权人才要想获取更高的市场支持度，须有知识产权文化的支撑。[12]为此西方国家特别重视对国民进行知识产权宣传、普及教育。我国可参考其经验，可于中小学中开展知识产权通识教育，在高校特别是工科类院校开设知识产权必修课、选修课等。通过普及教育，强化国民的知识产权意识，便于知识产权人才获得更广泛的社会发展空间。

六、结语

知识产权人才的培育，对一个创新型国家至关重要。我国知识产权人才培养总体滞后，与我国经济发展和第二经济体的地位不符。应加快知识产权人才培养模式和制度建设，实现知识产权强国的伟大战略。

参考文献

[1] 季任天. 我国知识产权人才培养模式现状分析 [J]. 吉林省教育学院学报（学科版），2010 (11)：55 – 56.

[2] 曾培芳. 中美知识产权人才培养模式比较研究 [J]. 科技进步与对策，2008 (12)：227 – 230.

[3] 张耕. 论高校知识产权的管理与保护 [D]. 重庆：西南政法大学，2008.

[4] 王健. 构建以法律职业为目标导向的法律人才培养模式：中国法律教育改革与发展研究报告 [J]. 法学家，2010 (5)：150.

[5] 陈美章. 中国高校知识产权教育和人才培养的思考 [J]. 知识产权，2006 (1)：3 – 10.

[6] 刘剑文. 论中国法学院治理机制与法学人才培养模式的创新 [J]. 河北法学，2011 (9)：6.

[7] 王珍愚，单晓光. 略论中国高校知识产权教育的发展与完善 [J]. 法学评论，2009 (4)：119 – 124.

[8] 陈建民. 从法学教育的目标审视诊所法律教育的地位和作用 [J]. 环球法律评论，2005 (3)：281 – 287.

[9] 杜芸. 美日德企业知识产权管理制度比较 [J]. 科技管理研究，2010 (17)：160 – 163.

[10] 贾狮引. 新加坡知识产权教育与人才培养研究德 [J]. 南宁职业技术学院学报，2015 (1)：35 – 37.

[11] 刘春田. 我国知识产权高等教育的发展 [J]. 中华商标，2007 (11)：9 – 11.

[12] 曾培芳. 中美知识产权人才培养模式比较研究 [J]. 科技进步与对策，2008 (12)：227 – 230.

江西省知识产权服务业发展
环境评估与战略选择研究

许其高[*]

摘　要： 深入探讨知识产权服务业的概念范畴，明确知识产权服务业的内涵和外延，并结合江西省的实际情况，分析其发展知识产权服务业的战略意义。结合实地调研和统计数据，采用层次分析法（AHP）构建综合指标体系，对江西省内主要城市知识产权服务业的发展水平进行综合评价，归纳其知识产权服务业的发展现状和存在的主要问题。基于统计数据，运用 PEST 和 SWOT 模型科学评估知识产权服务业在江西省的发展环境，以明确其知识产权服务业发展环境的现状及主要不足。在上述实证与模型分析的基础上，确定江西省发展知识产权服务业的总体目标、基本思路和战略重点，提出与之相配套、应着力创新的机制体制类型，最后提出江西省发展知识产权服务业的政策措施，从而为政府全面提供科学决策的依据。

一、研究背景

随着科学技术的日新月异和经济全球化的迅猛发展，知识产权制度在促进经贸发展、增强综合国力、提升企业竞争力等方面发挥着越来越重要的作用。

国内知识产权服务业萌芽于 20 世纪末期的科技服务业，真正的发展始于《商标法》《专利法》以及《著作权法》等法律法规的相继发布实施，意味着国内知识产权服务业进一步接近规范化。江西省正处在"发展升级、小康提速、绿色崛起、实干兴赣"的关键时期，大力推进知识产权服务业的发展，对提升省域竞争力、发展绿色经济、优化产业结构、推动产业转型、加速经济发展等方面具有现实强大的推动作用。

---

[*] 作者单位：江西科技师范大学。

二、相关概念及文献综述

1. 知识产权服务业的内涵

国内对知识产权服务业的阐述已较为成熟，政府已经下发明确的文件。2012年，国家知识产权局联合国家发展和改革委员会、科学技术部等部委明确了知识产权服务业的定义，在其联合制定的《关于加快培育和发展知识产权服务业的指导意见》中规定，知识产权服务业指的是"提供专利、商标、版权、商业秘密、植物新品种、特定领域知识产权等各类知识产权'获权—用权—维权'相关服务及衍生服务，促进智力成果权利化、商用化、产业化的新型服务业"。

关于知识产权服务业的上述定位已较系统完善，本研究将以《关于加快培育和发展知识产权服务业的指导意见》中知识产权服务业的定义为基础展开研究。

2. 知识产权服务业的特征

部分学者从知识产权服务业的特征对知识产权服务业作了阐述。王勉青认为知识产权服务业"定位于现代服务业的高端化和专业化服务，其主要特征反映在知识密集性、新兴性、高附加值性和网络性"；李春成则认为知识产权服务业具备"高技术性、高智力性和高增值性"等3个特性。

本研究综合有关专家学者的观点，认为知识产权服务业主要具备以下4个特征：第一，专业性；第二，效益性；第三，创新性；第四；垄断性。

3. 知识产权服务业的参与主体

知识产权服务业的参与主体，可按照提供主体的性质分为3类：第一类，政府层面上的公共服务提供机构；第二类，社会层面上的非营利性组织，充当政府和市场之间的桥梁，促使政府与市场在知识产权服务业中发挥更大的作用；第三类，市场层面上的商业化组织，一般以公司的形式活跃于知识产权服务业市场中。

三、研究内容和主要结论

（一）江西省知识产权服务业发展水平评价指标及方法的研究与构建

1. 江西省知识产权服务业发展水平评价指标体系构建

为了评价江西省知识产权服务业发展水平，需要构造一个评价指标体系，该指标体系应该能够较合理地反映江西省知识产权服务业发展现有水平。

根据上述知识产权服务业的理论，本研究从知识产权服务业发展成果水平、知识产权服务业人员素质水平、知识产权服务业发展环境水平、知识产权服务业创新协作水平等 4 个方面分析影响知识产权服务业发展水平的因素，并在此基础上构建相关评价指标体系，如表 1 所示。

表 1　知识产权服务业发展现有水平评价指标

一级指标	二级指标	三级指标
知识产权服务业 发展现有水平	知识产权服务业 发展成果水平（M1）	专利、商标、版权等产品数量增长率（M11）
		从业单位数量增长率（M12）
		成果商业化、产业化增长率（M13）
		开辟渠道数量增长率（M14）
	知识产权服务业 人员素质水平（M2）	从业人员创新理念的先进性（M21）
		从业人员数量增长率（M22）
		从业人员人均所涉发展成果增长率（M23）
	知识产权服务业 发展环境水平（M3）	知识产权服务业财政拨款增长率（M31）
		知识产权服务业政策法规的先进性（M32）
		知识产权服务业融资额度增长率（M33）
	知识产权服务业 创新协作水平（M4）	省、市、县三级知识产权管理体系的联动水平（M41）
		知识产权服务业产学研合作机制的效率（M42）
		知识产权行政执法及宣传普及水平（M43）

知识产权服务业发展水平评价指标体系包括 4 个二级指标以及 13 个三级指标。在 13 个三级指标中，有 9 个定量指标和 4 个定性指标，需要根据每个评价指标的内涵和特点，选择合适的采集和测算方法。其中定量指标可以用具体的数据来衡量，定性指标选择设定等级的方式加以衡量。

2. AHP 在江西省知识产权服务业发展水平评价中的应用

关于上述参与评价的因素是否合理、每个因素应该占有的比重，本研究是采用 AHP 来确定的。

（1）AHP 的基本原理——以本研究为例

AHP 是由美国运筹家 A. L. Saaty 提出的，是一种定性与定量相结合的决策分析方法，它是一种将决策者对负责系统的决策思维过程模型化、数量化的过程。应用这种方法，决策者通过将复杂问题分解为若干层次和若干因素，在各因素之间进行简单的比较和计算，就可以得出不同方案的权重，为最佳方法的选择提供依据。

在本研究构建的指标体系中，需要确定最低层的 13 个因素相对最高层（"江西省知识产权服务业现有发展水平"）的权值。

为了求出这些权值，可以通过一系列成对比较的评判来得到各个方案或措施在某一个准则之下的相对重要度的量度。这种评判能转换成数字处理，构成一个所谓的判断矩阵，然后使用单准则排序计算方法便可获得这些方案或措施在该准则之下的优先度排序。

在本研究的模型中，最高层的"江西省知识产权服务业现有发展水平"属于目标层，定义的 4 个方面属于准则层，13 个因素属于方案层。需要利用判断矩阵算出属于方案层的因素在该准则下的优先度。同样的道理，也可以利用判断矩阵计算准则层的 4 个方面对目标层的优先度。

为描述方便，第一层命名为 A；第二层命名为 B，它的 4 个方面分别命名为 B1、B2、B3、B4，它们的权重分别命名为 W_{B1}、W_{B2}、W_{B3}、W_{B4}；第三层的 13 个因素命名为 C1、C2……C13，它们的权重分别命名为 W_{C1}、W_{C2}……W_{C13}。这些权重都需要用 AHP 方法计算得出。

（2）研究中运用 AHP 的计算过程和结果分析

本研究基于 AHP 原理，为确定各指标权重，邀请了来自江西省高校和部分企业、知识产权服务中介机构等领域的专家 10 人，采用 1~9 标度对各指标进行了两两比较打分，构造判断矩阵。

在具体数据处理上采用层次分析法软件 Yaahp（0.4.1 版本）进行数据处理，在对不同专家判断矩阵的集结方法上选用加权算术平均的方法，通过运用算法软件 Yaahp（0.4.1 版本）计算各矩阵的特征值和特征向量，一致性检验参数为 CR = 0.0325 < 0.10，表明结果令人满意，得出测评指标体系的各层权重值，最终得出知识产权服务业现有发展水平测评表，见表 2。

表 2　知识产权服务业发展现有水平评价指标及权重

一级指标	二级指标	三级指标	权重
知识产权服务业发展现有水平 1.000	知识产权服务业发展成果水平（M1）0.4576	专利、商标、版权等产品数量增长率（M11）	0.1502
		从业单位数量增长率（M12）	0.1021
		成果商业化、产业化增长率（M13）	0.1122
		开辟渠道数量增长率（M14）	0.0931
	知识产权服务业人员素质水平（M2）0.1652	从业人员创新理念的先进性（M21）	0.0376
		从业人员数量增长率（M22）	0.0523
		从业人员人均所涉发展成果增长率（M23）	0.0753
	知识产权服务业发展环境水平（M3）0.2157	知识产权服务业财政拨款增长率（M31）	0.0676
		知识产权服务业政策法规的先进性（M32）	0.0784
		知识产权服务业融资额度增长率（M33）	0.0697
	知识产权服务业创新协作水平（M4）0.1615	省、市、县三级知识产权管理体系的联动水平（M41）	0.0485
		知识产权服务业产学研合作机制的效率（M42）	0.0564
		知识产权行政执法及宣传普及水平（M43）	0.0566

对于评价指标体系中的数据，使用 2008 年、2010 年和 2012 年 3 个比较年份的面板数据，绝大多数来源于 2009 年、2011 年和 2013 年《江西省统计年鉴》及 2009 年、2011 年和 2013 年《江西省经济年鉴》，少数数据是以年鉴中数据为基础计算而得。

经过计算得到 2008 年、2010 年和 2012 年江西省 11 个设区市知识产权服务业发展现有水平的综合指数及排序情况，见表 3。

表 3　江西省知识产权服务业现有发展水平指数及排序的动态比较

城市	2008 年		2010 年		2012 年	
	知识产权服务业现有发展水平指数	排名	知识产权服务业现有发展水平指数	排名	知识产权服务业现有发展水平指数	排名
南昌	8.1327	1	8.6788	1	9.2126	1
九江	7.2262	2	7.5845	2	8.1891	2
鹰潭	6.8091	4	6.6864	4	7.5428	4
抚州	5.3479	6	5.9332	5	7.3586	5
景德镇	7.0653	3	7.6684	3	7.9754	3
宜春	4.5523	10	5.8733	6	6.5421	8
赣州	5.7785	5	4.8676	8	6.8556	6
吉安	4.8246	8	4.9886	7	5.4672	11
新余	4.8133	9	4.5521	10	5.7749	9
上饶	5.3145	7	4.6556	9	6.7683	7
萍乡	4.5487	11	4.3468	11	5.5612	10

江西省 11 个设区市知识产权服务业发展现有水平排名的分析如下所列。

第一类为排序位次固定不变的城市，包括南昌、九江、景德镇和鹰潭，分别位于第 1 位、第 2 位、第 3 位和第 4 位。第二类为排序上升的城市：赣州市由 2010 年的第 8 位追赶到 2012 年的第 6 位；上饶市 2010 排序为第 9 位，2012 年上升到第 7 位；新余市由 2010 年的第 10 位上升到 2012 年的第 9 位；萍乡市由 2010 年的第 11 位上升到 2012 年的第 10 位。第三类为排序下降的城市：同样是 2012 年与 2010 年比较，宜春市下降到第 8 位，吉安市退居到第 11 位。当然，这些城市排序虽然下降了，但降幅较弱，表明它们和位次上升的城市综合竞争力相差无几。

（二）江西省知识产权服务业存在的主要问题

从上述分析中可以看出，江西省发展知识产权服务业存在的主要问题是以下 3 方面。

1. 缺乏专业人才

首先，部分公司或企业尚未树立知识产权意识。知识产权服务业发展的核心在于公司、在于市场,但当前部分公司尚未树立知识产权意识,不仅缺乏自主知识产权,也缺乏吸纳发展知识产权人才的意识,致使拥有自主知识产权的技术或产品被"山寨"并且缺乏开发自主知识产权的专业人才。其次,当前社会或市场缺乏专业人才的培养体系。知识产权服务业涉及多方面的工作,对专业人才的要求较高,但当前的现实却是入门容易、人员素质低下,人才培养体系已经无法满足知识产权服务业的发展需求,从而导致目前知识产权服务业一直在传统的申请、代理、登记等低层次徘徊,而交易、转化、融资等深层次的服务难以得到实现。

2. 缺乏转化运用能力

转化运用能力的缺乏主要表现在:一是产学研联合机制缺失。一直以来,高校或科研院所都充当着科研成果主要承担者的角色,绝大多数科研成果来自高校或科研院所,但由于高校或科研院所与知识产权服务业中介机构相对分离,甚至由于现行管理体制而完全不交叉,高校或科研院校不会、也不想将科研成果交由知识产权服务业中介机构转化为实际产品。二是知识产权归属失衡。从这几年的情况来看,江西省授权专利一般集中在公司或个人,高校或科研院所的专利授权量反而很少,高校或科研院校应该树立知识产权转化运用意识。同时,从总体上来说,江西省人均专利拥有量在全国排名倒数,如 2012 年,江西省每万人专利拥有量只有 0.59件,进入产业化阶段专利比例只有 10.1%,在全国只比西藏强一点。

3. 缺乏保障机制

江西省在发展知识产权服务业方面的法制建设不是很完善,尤其表现在当前知识产权所有量、著名商标持有量等都偏于低值,针对知识产权服务业的管理体系有待进一步健全,因此也无法有效保护并应用知识产权。另外,江西省知识产权服务业发展中信息共享机制不畅通,这主要是由于江西省知识产权拥有量低且分布过于散乱,因此对知识产权有关信息资源的开发与利用还有待提高。另外,江西省在科技管理机制、投融资机制、产学研合作机制、区域科技协作机制、人才培养机制、辐射带动机制、约束监督机制等保障性运行机制方面都存在或多或少的漏洞,甚至缺失,致使江西省知识产权服务业的发展面临尴尬的境地。

(三)江西省知识产权服务业发展环境的 PEST 分析

1. 政策法规环境(Politics)

当前,在国家层面上颁布实施了《专利法》《商标法》和《著作权法》,促使全国知识产权服务业走向规范化;在江西省层面上,出台了如《江西省知识产权战略纲要》和《江西省专利促进条例》等与江西省发展实际相适应、与国家发展相衔接的文件,同时形成了一系列申报、审核、培训、评估等规定文件,从法规制度上保障了知识产权服务业的发展。

2. 经济发展环境（Economy）

近几年，江西省总体经济形势良好，2014 年，江西省生产总值 15714.6 亿元，增长 9.7%。在保持经济高速增长的同时，不断加快产业结构调整的步伐，保障农业、强推工业、大力发展服务业，三次产业结构比例由 2013 年的 11.4:53.5:35.1 调整到 2014 年的 10.7:53.4:35.9，服务业对江西省经济增长的贡献稳步增长。但需要看到的是，虽然江西省服务业的比重在增加，但相对全国而言却依旧很低，2014 年全国服务业比重为 48.2%，而江西省仅为 35.9%，江西省发展服务业迫在眉睫。从整体上说，虽然江西省与国内发达省（市）相比还存在很大的差距，但应该注意到江西省现代服务业发展的速度同样飞快，发展潜力和空间较大。

3. 教育文化环境（Society）

江西省教育厅官网显示，截至 2015 年 2 月，江西省各类高校在学人数总规模为 119.95 万人，其中普通高校 95 所（含独立学院 13 所），在校本科生 49.76 万人，在校研究生 27660 人。同时，江西省不断加大教育投入，教育支出迅速增长，2013 年江西省教育支出 661.6 亿元，增长 6.4%，2014 年教育支出 705.2 亿元，增长 24.3%。虽然目前江西省的教育状况无法与国内发达省（市）相比较，但不断增加的招生规模和教育经费投入，说明江西省正在竭力改造教育文化环境，有进一步发展的空间。

4. 技术环境（Technology）

2014 年，江西省加大产业创新力度，深化省校省院合作，积极搭建创新平台，新组建科技协同创新体 13 个，新增产业技术创新战略联盟 11 个、院士工作站 28 家、高新技术企业 300 家。专利申请量 2.56 万件、增长 51.1%，专利授权量 1.38 万件、增长 38.7%，增幅居全国第一，南昌欧菲光显示技术有限公司获中国专利金奖。7 项科技成果获国家科学技术进步奖，其中 1 项科技成果获国家科技进步一等奖。这些平台的建成和成绩的取得，说明江西省自主创新能力和科技转化能力正不断增强，为知识产权服务业的发展奠定了技术基础。

（四）江西省知识产权服务业发展环境的 SWOT 分析

1. 优势（Strengths）

（1）明显的区位优势

主要表现在：一是地理位置优越。江西位于长江中下游交接处的南岸，东邻浙江、福建，南连广东，西接湖南，北毗湖北、安徽。北控长江，上接武汉三镇，下通南京、上海，东南与沿海开放城市相邻近。二是交通条件优越。江西位于京九线和浙赣线的相交地带，铁路运输便利；同时江西省内"五河一湖"，即赣江、抚河、信江、修河、饶河和鄱阳湖，水运十分便利；2014 年，江西高速公路通车 4516 公里，全省县县通高速。

（2）良好的基础设施

近几年，江西省基础设施建设愈加完善，大力发展高速运输，全方位升级改造铁路、陆路、水路运输网络，2014年货物运输量为151767万吨，比2010年增长51.25%。除交通基础设施外，江西省也在资源保障、住房保障等方面加大了投资力度，同时也在提升资源利用率，优化资源使用结构，如2014年江西省煤炭产量为2431.3万吨，较2010年减少59.58%。基础设施的大力建设为江西省经济发展打下了坚实的基础。

2. 劣势（Weaknesses）

（1）缺乏品牌，国际竞争力低下

当前江西省知识产权服务业的发展还处在成长的初级阶段，尚未成熟、整体规模较小，尤其重要的是缺乏拥有号召力的品牌，从而缺乏完善的知识产权服务业产业链。另外，因为知识产权服务的内容相对单一，且几乎没有门槛，致使参与主体采用"价格战"等方式的恶性竞争，从而陷入"低价坏质量"的恶性循环中，使其国际竞争力极其低下。

（2）缺乏人才，从业人员素质不一

知识产权服务业的发展需要依托人才的集聚，江西省在人才引进、人才培训、"留住"人才和师资力量等多方面还存在很大的欠缺，需要加大人才引进和培训力度，如在高校开设专题班或有关专业，提倡专题研究与服务实践相结合，提升从事知识产权服务业人员的素质。

3. 机会（Opportunities）

（1）国家政策的支持

国务院出台的《国家知识产权战略纲要》等文件提及大力发展知识产权服务业的内容，由国家知识产权局、国家发展和改革委员会、科学技术部等10部委联合发布的《国家知识产权事业发展"十二五"规划》，把"大力培育知识产权服务业"作为重点任务之一。同时，国务院批复同意的《法治江西建设规划》和下发的《国务院关于支持赣南等中央苏区振兴发展的若干意见》为江西省经济发展注入了两剂强心针，同样也为江西省知识产权服务业的发展提供了政策条件。

（2）产业转移的机遇

当前，东部沿海发达省（市）中很多企业为争取劳动力和资源等优势缩减成本而向内地迁移。江西省位于东部沿海发达省（市）的腹地，且资源条件、区位条件优越，具备承接沿海地区产业转移的基础条件，其中知识产权服务业也在产业转移的范围中。产业转移同时带动的是人才的流动，随着服务业转移到江西省，人才也会随之流入，且数量会随着时间的推移而增加，构成知识产权服务业的人才基础。

4. 威胁（Threats）

（1）竞争加剧

由于知识产权服务业的特性，国内各省区市出台有关政策，推动知识产权服务业的发展，从而加剧地区与地区之间的竞争，相比于发达省（市）、乃至周边的地区，江西省在竞争中并不能占据优势地位。

（2）立法落后

当前关于知识产权服务业的法律法规在增加、也在完善，但是增加和完善的速度远远落后于知识产权服务业的发展速度，致使知识产权服务业的立法工作阻碍了知识产权服务业的发展，甚至在"拖后腿"。

（五）江西省加快发展知识产权服务业的对策选择

1. 注重顶层设计，突出战略重点

江西省政府应着眼于全省发展大局，制定出台《江西省知识产权服务业发展纲要》，在规范全省知识产权服务业发展的同时深入推动其发展壮大，应至少促成江西省知识产权服务业的发展达成以下4个主要战略目标：一是知识产权服务体系进一步完善，二是知识产权服务主体多元化，三是知识产权服务业从业人员数量和服务能力的提高，四是知识产权服务业规模和产值占现代服务业的比重明显提高。

要达成以上战略目标，必须做好以下重点工作：第一，显著增加专利的拥有数量和质量，培育一批省内重点省外知名的品牌商标，重点支持打造一批拥有核心知识产权、国内外著名的企业，借此推动江西省经济发展方式的转型升级和产业结构的有效调整；第二，加速推进制定、出台江西省知识产权地方性法规，进一步完善知识产权公共服务平台，优化知识产权服务业发展的法制和政策环境；第三，进一步健全江西省知识产权管理体系，重点发挥省、市、县三级知识产权管理体系的联动作用；第四，支持培育一批具备专业人才的知识产权服务机构，加快推进知识产权人才建设，营造良好的知识产权服务业发展的市场环境。

2. 加大创新力度，优化保障机制

要从保障机制下手，着力推动基层进行知识产权服务业发展的创新，将顶层设计和基层探索充分结合。

（1）建立并完善知识产权服务业法律保障机制

制定出台《江西省知识产权服务业条例》，或完善现有法律、法规或条文，建立江西省知识产权服务业发展的法律法规体系，充分挖掘并发挥法律对知识产权的保护和促进作用；同时，进一步加大现有知识产权有关规定的执行力度，落实行政执法机关与公安、检察、法院等司法机关的工作衔接，完善联合执法机制，加大对侵权的惩处力度，严厉打击侵犯知识产权的犯罪行为。

（2）建立并完善产学研"三位一体"机制

畅通产学研之间的流动渠道，引导高校或科研院所、企业、社会组织等充分利用自身优势，如高校或科研院所专注于知识产权人才的培养和成果的研究，企业则集中在生产含知识产权的产品等，通过转让、许可、外包等方式，促使高校或科研院所的人才资源和技术资源向企业聚集，提高企业对知识产权转化应用能力，从而达到产学研一体的目标。

（3）建立并完善知识产权服务业投融资机制

大力推进知识产权与金融资本融合，打通并畅通知识产权的直接和间接投融资渠道，支持、引导已经上市或即将上市的企业通过发行股票、债券等方式直接融资；推动建立知识产权服务业发展的基金，通过奖励、扶持等方式，增加对知识产权服务企业的投入；探索建立新型的知识产权融资机制，如高校与企业共同出资。

参考文献

[1] 钱明辉，黎炜祎. 浅谈中外知识产权服务业发展比较与启示［J］. 中国发明与专利，2015（6）：17.

[2] 国家知识产权局规划发展司. 我国知识产权服务业现状研究报告［R］. 专利统计简报，2010（22）：1.

[3] 刘菊芳，马斌. 我国急需加快培育知识产权服务业［J］. 中国发明与专利，2012（5）：55.

[4] 王勉青. 知识产权服务业发展述评［J］. 探索与证明，2010（10）：65–66.

[5] 林本初，冯莹. 有关竞争力问题的理论综述［J］. 经济学动态，2008（3）.

[6] 国家统计局. 中国统计年鉴（2009. 2011. 2013）［K］. 北京：中国统计出版社，2009，2011，2013.

[7] 于秀林，任雪松. 多元统计分析［M］. 北京：中国统计出版社，2005.

[8] 江西省统计局. 江西统计年鉴［M］. 北京：中国统计出版社，2009，2011，2013.

[9] 赵焕臣，许树伯. 层次分析法［M］. 北京：科学出版社，1986.

[10] 李春成. 我国知识产权服务业性质、机遇和政策导向［J］. 科技和产业，2015（2）：35.

[11] 陈宇萍，魏庆华，袁攀. 广东知识产权服务业发展现状及对策研究［J］. 广东科技，2011（22）：1–2.

直升机产业专利联盟研究

卢普杰* 徐晋锋*

摘　要：本研究阐述了专利联盟的基本概念、特点及优势，分析了国内外专利联盟发展状况、趋势与运作机制，研究了国内外直升机领域专利现状及国内直升机产业对组建专利联盟的需求条件，探索、研究了国内直升机产业专利联盟管理模式和方法、运行机制和条件，提出了国内直升机产业专利联盟组建形式及规划，同时为实现国内直升机企业从单个专利为特征的战术竞争转向专利组合为特征的战略竞争、有效对抗跨国专利联盟的进攻和防范企业经营风险、提升国内直升机产业市场应对能力、增强核心竞争力提供参考建议。

一、概述

（一）研究背景及研究目的

随着中国低空空域管理改革工作的推进，低空空域即将开放，我国直升机市场也将全面展开。欧美等直升机公司对国内直升机产业市场垂涎欲滴，并利用知识产权（专利）手段为国内直升机产业走向市场设置壁障。为了有效联合和发挥中航工业集团公司下属直升机企业及行业内相关单位的专利技术优势，共同面对这广阔的市场，打破专利技术壁垒，抢得市场先机，赢取国内市场，开拓国际市场，研究并建立我国直升机产业专利联盟形势紧迫而又意义深远。

本研究结合国内直升机产业结构特点、技术发展现状、管理模式和市场竞争状况，借鉴国内外已有专利联盟的理论和实践经验，研究、探索国内直升机产业可行的专利联盟管理模式、管理方法、运行机制和运行条件，并为组建国内直升机产业专利联盟提供理论支持，以期实现从单个专利为特征的战术竞争转向专利组合为特征的战略竞争，有效对抗跨国专利联盟的进攻，防范企业经营风险，提升中国直升机产业市场应对能力，增强核心竞争力。

---

* 作者单位：中国直升机设计研究所。

（二）直升机技术发展概况

直升机具备其他飞行器无法实现的垂直起降、空中悬停和低速机动能力，是国家国民经济建设和社会保障能力发展所必须的重要装备和工具，其独特的飞行特点，在军事和社会经济发展中起着不可替代的作用，具有广阔的市场空间。

现代意义上的直升机自诞生以来不足百年，但已经发展了四代。从构型上论分为单旋翼带尾桨、双旋翼、倾转旋翼等直升机，且双旋翼又分为纵列式、横列式、共轴式直升机；从重量上论分为超轻型、轻型、中型、重型直升机；从发动机配置论又分为活塞、涡轴、单发、双发、三发直升机等。

直升机技术包括直升机总体气动、旋翼系统、飞控系统、传动系统、动力系统、航电系统等设计技术和工艺、制造、维护、保障技术等。旋翼系统、传动系统和动力系统的设计、制造技术是直升机技术领域的三大关键技术。

整体来看，民用直升机市场将呈现以下 4 个发展趋势：

① 活塞动力直升机产量减少，轻型涡轴直升机产量上升；

② 中/重型民用直升机销量明显提升；

③ 高速旋翼机将出现在民用市场；

④ 以电动直升机技术为代表的环保技术加速发展。

（三）研究内容

探讨、研究专利联盟的基本概念、特点、内容以及优势等；了解和掌握国内外专利联盟的发展状况与趋势；研究国内相关企业主体对组建专利联盟的需求、技术现状、专利技术水平以及专利管理现状等；研究国内直升机产业专利联盟可行的管理模式和方法。

（四）专利数据检索说明

本研究中专利检索时间截至 2015 年 6 月，检索地域范围为全球领域公开的专利文献。专利检索工具为德温特（Derwent）检索平台和中国国家知识产权局的专利检索平台。专利检索策略按直升机技术谱系初步确定的关键词和逻辑检索式，选取与直升机有关的总体气动、传动系统和旋翼系统等关键技术为主，在中国国家知识产权局、美国专利商标局、欧洲专利局开展专利文献信息检索，对得到的专利文献名称、摘要、IPC 分类号、权利人等基本信息进行初步分析，确定研究对象所涉及的 IPC 分类，根据检索结果对检索式进行不断修正，经初筛、二筛、去噪后，将各关键技术下的技术分类进行了合并、去重，得到某关键技术的整体专利数据。

二、专利联盟的基本概念、特点和优势

（一）专利联盟的基本概念及内涵

专利联盟的英文单词为"patent pool"，可以翻译成"专利池""专利联营""专利联和授权行为"等。对于专利联盟，目前在学术上没有统一的定义，通过分析、比较，我们更认可 Carl Shapiro 关于专利联盟的定义，为此将专利联盟定义为：由两个以上的多个专利拥有者，为了彼此之间分享专利技术或统一对外进行专利许可而自愿形成的一个正式或者非正式的联盟组织[1]。专利联盟是由多个专利权拥有者组成，专利联盟的运作委托正式或者非正式机构统一管理，将专利使用权汇集、打包并统一出让。专利联盟不同于交叉许可，交叉许可是指两个公司相互授权以实施对方专利的一种简单协议形式，只在两个公司之间达成协议，不针对任何外部企业，而专利联盟由两个以上的企业构成，除在联盟成员之间内部实施许可外，还可对联盟成员以外的其他多个第三方公司进行外部许可。

（二）专利联盟的特点和优势

专利联盟除有专利分享和集中向第三者许可的特点外，还具有以下 5 个特点。

（1）稳定性。专利联盟具有很强的协议约定，会制定出许多具有法律依据的协议来约束其成员、保障和稳定联盟的建立，诸如协议中的"互授""回授"条款、信息披露约定条款、许可规则条款等。

（2）管理流动性。专利联盟既要管理专利又要管理专利权利归属人，由于专利池中的专利数量不是固定不变的，随着市场需求的变化而变化，因核心专利的变化，需不断吸纳核心专利拥有人，而无效专利拥有人将退出，因而联盟成员也在变化，形成了专利和联盟成员的流动性。

（3）组织学习性。专利联盟是将各优势企业联合到一起的组织。专利的汇集仅仅是一种手段，通过专利交叉许可实现专利共享，通过专利汇集让企业将其专利"贡献"出来统一进行专利许可，因此，专利联盟实际上充当市场和企业之间一个中间层组织的角色，它提供了专利技术分享和创新技术学习的环境，让联盟成员可以更方便地进行专利知识学习和技术资源积累。

（4）技术先进性。专利联盟拥有的专利本身必须具有创新性和新颖性，这是申请专利授权时就决定了的。作为联盟成员必须是具有先进技术代表的企业，且拥有专利技术标准的企业才是行业认可的先进企业，才能带领行业发展。

（5）成员的多元性。纵观多个专利联盟成员结构，有高校、科研院所、国家技术部门、专利咨询机构，甚至有个体自然人，因为专利技术项目种类繁多，开发者不一定

全是企业，专利权人可以是任何组织或个人，这就形成了专利联盟成员的多元性。

专利联盟是专利组合的新形式，这是其优势所在。通过集中专利群可放大企业专利技术的扩散效应，实现专利技术之间的协调效应，形成企业合作竞争的新形式，有效降低企业风险和成本，有利于企业专利技术创新，有利于研发团队的合作，有利于专利技术标准的建立，有利于提高企业走向市场的竞争力，可打破障碍性专利的技术壁垒，促进新技术的协调发展，可以降低交易成本和诉讼费用，在一定程度上解决"专利丛林"问题，能够提升企业创新积极性，提升企业自主创新能力和技术水平等。

（三）专利联盟的类型

专利联盟从许可对象、涉及范围和组建目的的角度可分成如下 3 类。

1. 按照专利联盟许可对象的不同可分为"开放式""封闭式"和"复合式"专利联盟

"开放式"专利联盟是指两个或两个以上专利权所有人在联合起来组成专利联盟后，由联盟统一向第三方提供专利许可，许可费用根据联盟内专利权人所贡献的专利数量和质量来分配。目前市场中常见的是"开放式"专利联盟。

"封闭式"专利联盟是指两个或两个以上专利权所有人在联合起来组成专利联盟后，专利许可发生在专利联盟内专利权人之间的相互交叉许可。许可与被许可关系均存在于联盟内部成员之间，不存在第三方成员，联盟目的是分享专利使用权，不存在与其他专利联盟进行市场竞争，联盟成员相对固定且组织相对松散。

"复合式"专利联盟是指两个或者两个以上专利所有人在联合起来组成专利联盟后，专利许可不仅仅在专利联盟内专利权人之间发生，并对第三方进行专利许可。"复合式"专利联盟属于"开放式"和"封闭式"专利联盟相结合的模式，其主要工作内容也是两者工作的结合，可更好地解决"专利丛林"问题。

2. 按照专利联盟涉及范围的大小可分为"小型合约式"和"大型行业领域式"专利联盟

"小型合约式"专利联盟以合约为基础，联盟成员少，竞争力不大，市场影响力较小，以方便专利的相互利用及清除专利妨碍性为主，且大多数属"封闭式"专利联盟。

"大型行业领域式"专利联盟拥有的专利数量较多，专利技术覆盖面广，联盟成员数量大，有影响力的企业居多，有较强的垄断倾向，多数有一个新实体机构来统一管理专利联盟，大多数为"开放式"专利联盟。

3. 按照专利联盟组建目的的不同可分为"建标式""方便使用式""降低竞争式"和"攻击对手式"专利联盟

"建标式"专利联盟规模较大、实力雄厚、影响力较强，具有很强的开放性和包容性。

"方便使用式"专利联盟规模较小，联盟成员属同一领域，联盟内专利关系以互补性和妨碍性为主，一般不参与联盟间的竞争。

"降低竞争式"专利联盟在市场上较少见，联盟内的专利以竞争性专利为主，联盟成员间存在竞争关系，联盟以打包竞争性专利向第三方集中许可来降低成员间的竞争程度并获取高额利润。这类联盟阻碍专利间的竞争，具有一定的垄断性，经常受到反垄断法的限制。

"攻击对手式"专利联盟在市场上也较少见，联盟具有很强的垄断性，往往通过恶意抬高专利许可费等手段来提高竞争者之成本，打压竞争者，迫使竞争者退出市场，这是反垄断法所不允许的。

三、专利联盟国内外发展现状及趋势

（一）国外发展现状及趋势

专利联盟最早出现于美国。1856 年，美国缝纫机企业发展良好，为避免专利诉讼纠纷，在企业间产生了第一个专利联盟。此后，专利联盟经历了 3 个不同的发展阶段：自由发展阶段（1856～1912 年）、限制发展阶段（1912～1995 年）和规范发展阶段（1995 年至今）。

在自由发展阶段，专利联盟的发展非常迅速，到 1890 年，专利联盟在美国就已经十分普遍。虽然 1890 年美国通过了《谢尔曼法》（Sherman Antitrust Act），而由于美国联邦最高法院对专利联盟的支持，专利联盟继续保持着高速自由发展的状态。

在限制发展阶段，因美国联邦最高法院对于专利联盟看法发生了改变，专利联盟的发展经常受到美国联邦最高法院等部门的反竞争性调查与限制。1912 年，一个由浴缸瓷釉生产企业组成的标准卫生设备专利联盟的行为，被美国联邦最高法院认定构成垄断并要求联盟解体。1930 年，美国政府对部分专利联盟进行了强有力的调查并解散了一部分联盟，专利联盟在这一阶段的发展跌入低谷并且联盟数量也日趋减少。

在规范发展阶段，专利联盟的发展从不规范趋向于规范化。1995 年，美国的司法部和联合商业协会发表了《知识产权许可的反托拉斯指南》（Antitrust Guidelines for the Licensing of Intellectual Property）。该《指南》明确指出"一定条件下的专利交叉许可和专利联盟有利于竞争"。1997～1999 年，美国司法部认定 MEPGLA 组建 MEPG‒2 标准联盟及两个 DVD 技术标准联盟的做法没有带来垄断危险。与此同时，由于这些专利联盟在全世界收取专利许可费，专利联盟这一经济实体逐渐进入全球研究者或学者的视野。

经历了这 3 个阶段，专利联盟由自由化走向了规范化，相关法律也逐渐趋于完善，专利联盟的发展开始走向成熟[1]。

（二）国内发展现状及趋势

我国专利联盟发展较晚。从地域上看，国内专利联盟主要集中分布在广东，如在深圳成立于 2005 年 5 月的彩电专利联盟、成立于 2010 年 8 月的 LED 专利联盟、在佛山顺德成立于 2006 年 10 月电压力锅专利联盟、成立于 2008 年 4 月的中国镀金属抛釉陶瓷专利制品产业合作联盟、成立于 2009 年 9 月的广东伦教梳齿接木机专利联盟、成立于 2013 年 1 月的广东恩平电声专利联盟等。北方有成立于 2005 年 5 月的 AVS 产业（专利）联盟，2008 年 6 月至 2013 年 1 月在北京成立的北京市智能卡行业知识产权联盟、北京市音视频行业知识产权联盟、北京市智能终端行业知识产权联盟、北京市 OLED 行业知识产权联盟、云计算知识产权创新联盟、诊断试剂知识产权创新联盟、高技术服务业（钢铁行业）知识产权创新联盟及北京食品安全检测产业知识产权联盟等 8 个重点联盟。江苏成立于 2010 年 6 月的中国地板专利联盟，河南成立于 2007 年 3 月的电磁感应加热专利联盟，四川广汉有成立于 2012 年 12 月的石油天然气装备制造产业专利联盟[2]。目前国内专利联盟主要集中在数字音视频编解码、彩色电视、电压力锅、LED、电声、接木机等行业。这些领域在国内占比不到 1%，还有诸多行业未建立专利联盟，可见发展空间极大。

目前国内专利联盟均在政府或行业协会倡导下设立的，其主要需求表现在以下 3 方面。

（1）解决专利侵权纠纷。如广东由美的牵头、政府调解而设立的顺德电压力锅专利联盟，将美的、爱德、创迪、怡达等 4 家公司联合到一起而解决电压力锅技术领域中的专利纠纷；再如在株洲和洛阳两地政府的调解下设立的电磁感应加热专利联盟，解决了因 2007 年前湖南株洲科力通用设备公司和洛阳索瑞森电子科技公司在研发新产品的过程中，未经许可相互使用了对方的专利而发生专利冲突。

（2）应对国外专利打压和竞争。为应对国外 MPEG 系列专利标准高额费用，TCL、华为、中兴、海信、长虹、中关村高新技术产业协会等 12 家企事业单位于 2005 年成立了 AVS 产业（专利）联盟；为应对国外 ATSC 等联盟专利打压，长虹、海尔、TCL、康佳、创维等 9 家国内彩电企业于 2005 年成立了彩电专利联盟。

（3）促进产业技术创新。例如 2009 年成立的广东伦教梳齿接木机专利联盟就是为了维护行业共同利益、促进行业技术创新发展；2012 年在四川广汉有 5 家企业联合成立的石油天然气装备制造产业专利联盟也是为了增强行业的总体竞争能力、推进产业装备技术拓展等。

现今国内成立的专利联盟运作情况主要表现在 3 方面。

（1）多数专利联盟由协会或核心企业代为管理。如佛山顺德电压力锅专利联盟由顺德知识产权协会负责管理；深圳 LED 专利联盟由社会团体管理，恩平电声行业专利联盟、广汉石油天然气装备制造产业专利联盟等均由多家公司共同管理。仅深圳的彩电专利联盟由单独的科技公司来管理。

（2）多数专利联盟的门槛过高。如佛山顺德电压力锅专利联盟须有自主品牌产品、拥有有效专利 10 件以上、经半数以上联盟成员同意才能入盟等。

（3）大多专利联盟专利许可活动效果不明显。如 AVS 产业（专利）联盟建盟后仅收取 1 元的许可费；佛山顺德电压力锅专利联盟专利许可仅在内部进行；彩电专利联盟工作重点放在与 ATSC 专利联盟的谈判上等。

四、专利联盟的运作机制和运行条件[1]

（一）专利联盟运作的利益关系与约束条件

专利联盟的运行在专利联盟机构、专利联盟成员、专利被许可者三层关系之间，它们之间均存在利益关系。

1. 企业范围专利联盟运作的利益关系与约束条件

专利联盟运作 3 个层次相互之间及其内部均存在利益关系，具体关系如图 1 所示。

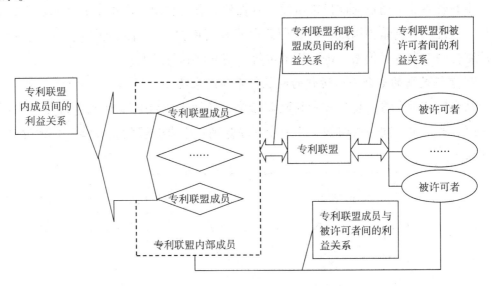

图1　专利联盟主体间的利益关系

由图 1 可见，专利联盟内有 4 组利益关系的存在：专利联盟成员间的利益关系、专利联盟和专利联盟成员间的利益关系、专利联盟和被许可者间的利益关系、专利联盟成员与被许可者间的利益关系。

（1）专利联盟成员间的利益关系和约束条件

专利联盟成员原先独自发展专利技术、在同一行业生产产品，存在较强的竞争关系，在利益上有冲突。专利联盟成立后，成员相互之间的专利进行交叉许可，成员由竞争者变成合作者，且放大了专利利益效应，专利联盟成员愿意加入到专利联盟之中。各成员依靠协议、契约进行约束。

（2）专利联盟和专利联盟成员间的利益关系和约束条件

专利联盟成员将自己的专利委托专利联盟进行统一管理。专利联盟成员的主要利益来自专利权获得市场垄断的利润，而专利联盟靠运作专利许可获得商业利益，两者之间就存在利益冲突。两者应通过建立制度和契约来约束，并实现协同效应，达到利益统一。

（3）专利联盟和被许可者间的利益关系和约束条件

因专利许可与被许可活动，一方出售许可使用权并希望价格越高越好，另一方购买许可使用权并希望价格越低越好，两者之间的利益冲突显而易见。另外，专利联盟尽量用核心的、先进的、高价值的专利池专利附带大量无效专利来吸引被许可者，被许可者则只想购买和使用核心专利但不愿购买无效专利的使用权，这样就产生了利益冲突。有必要通过法律或规范来约束这种利益冲突，确定合理的专利价格，达到共赢。

（4）专利联盟成员与被许可者间的利益关系和约束条件

专利联盟成员通过前期投资研发，有强烈的有效利用、出售专利技术拥有权的欲望，被许可者则希望用最少的费用获得专利使用权，两者之间的利益存在冲突。应严格控制专利许可价格，进行科学定价，使共同利益最大化。

2. 市场范围的专利联盟运作的利益关系与约束条件

从市场范围来看，复合式专利联盟较多，所属专利池的专利既进行交叉许可，又进行对外许可。同一领域如有几个专利联盟则一定有较强的竞争性。具体关系如图 2 所示。

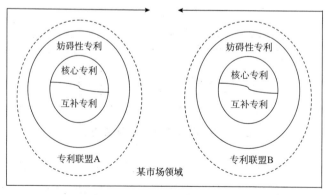

图2　某市场领域竞争关系

两个专利联盟拥有各自的核心专利、互补专利和妨碍性专利。由于需要在产品市场竞争中获得更多的客户，进而获得更多的专利许可费得到高额利润就需要收集更多的有效专利或核心专利，因而专利联盟之间存在冲突。这种竞争既包含对专利的竞争，也包含对被许可者的竞争。然而，从某种程度上看，该竞争也是良性的，最后使得专利联盟走向联合并共同制定专利技术标准，共享利益分配。可依靠市场和法律的调控进行利益关系的约束，以免垄断而损害被许可者的利益。

（二）专利联盟运作中的信息不对等、不稳定性与风险

1. 专利联盟运作中的信息不对等

因专利联盟机构和专利联盟成员及被许可者所处地域和行业专业的不同而使得专利联盟在运作过程中各方的信息不对等。专利联盟运作时需填报成员及专利的相关信息，专利联盟掌握较多的信息，特别是专利许可、交易费用等信息。各成员仅有自身专利信息但无法知道其他成员的专利信息，若专利联盟提供给成员的信息不够多，则出现信息不对等。另外在专利许可交易过程中，被许可者得到的信息较少，许多搭售的专利被打包在了一起，因而该过程也是不对等的。这种不对等关系将导致专利联盟成员将未加入专利联盟的专利单独许可给第三方，造成专利联盟的不稳定。且被许可者由于法务知识不足，无法与专利联盟抗衡，作为消费者只能接受损失。

2. 专利联盟运作中的不稳定性

专利联盟成员间具有不稳定因素，这些因素如果不加约束，就会使专利联盟机构不稳定，如图3所示。

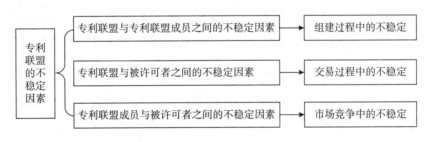

图3　专利联盟与专利联盟成员之间的不稳定因素

（1）专利联盟与专利联盟成员之间因地位不同有着不一样的利益目的。专利联盟成员在专利联盟组建或运行时有不愿交出有效专利的动机。如果对此未加约束，专利联盟成员对拥有的专利会选择性入池。由于信息的不对等，专利池的价值体现不出来，且被留存的有效专利或专利产品有可能被单独许可给其他企业，影响专利联盟的稳定。

（2）专利联盟在专利交易过程中存在专利搭售现象，给被许可者提供专利清单

信息往往不全，因信息不对等，被许可者由于对核心专利有需求，不得不花钱买下全部专利，在使用过程中发现无效专利的搭售，则提请申诉，影响专利联盟的稳定。

（3）在市场环境中，专利联盟成员既需从专利产品中获取费用，又需从专利许可中获得费用。作为生产企业，专利联盟成员不愿意有其他企业生产相同专利产品而使用专利权，因而想方设法阻止其他企业使用，但作为专利联盟成员又必须把专利权交给竞争对方使用，这就造成了矛盾竞争、打压竞争者，同时抬高专利许可费，会导致专利联盟成员间关系紧张，利益受损。

3. 专利联盟运作中的风险

专利联盟的运行风险主要来自专利联盟成员对有效专利的留存。因为留存专利，而使得专利联盟专利池的专利价值不高，这对专利联盟成员不公平，也影响关系的和睦。且若留存专利流向市场，既影响专利联盟专利池的收益，又造成专利联盟成员的利益损失。另外，专利在交易许可给被许可者后，被许可者有可能在此专利基础上开发出新的专利，且与核心专利成为妨碍专利或互补的专利，则专利联盟专利池要受到牵制；若被许可者是一个强大的专利产品竞争对手，则会把其他专利联盟成员淘汰出专利产品市场的竞争中，对专利联盟造成损失。

（三）专利联盟运作中的契约关系及约束力

1. 专利联盟运作中的契约关系

专利联盟的实体分为专利联盟成员、专利联盟管理组织和被许可者。专利联盟管理组织可委托由某一成员担任，也可由独立的机构担任。根据对专利联盟3个层次相互关系和相互约束分析，保持专利联盟持续稳定的约束条件主要体现在：专利联盟与专利联盟成员、被许可者之间以及专利联盟成员之间的契约，如图4所示。

图4 专利联盟运作中的契约关系

契约的作用是指定了各层次之间的权利和义务。如专利信息的披露规则、专利联盟和被许可者间的"回授"条款、专利联盟成员间的"互授"条款等，因此专利联盟要在运行过程中保持稳定性，控制风险及保持专利联盟生存与发展，这些条款发挥着重要作用。

专利联盟与专利联盟成员间的最主要约束关系是"专利信息披露"义务，其作用是约束专利联盟成员就相关专利不能对组织有所隐瞒，不然会损害其他专利联盟成员的利益。如果专利联盟成员故意隐瞒专利信息或者不作检索，可被认为该成员违反专利信息披露义务或不合理限制竞争。

专利联盟与被许可者之间是一种交易关系，这种交易是通过专利许可来完成的，除了交易契约之外，还存在其他约束原则，一般来说有合理原则和无歧视性原则。这是作为专利权人在进行专利交易时应当遵循的最低原则，无论通过什么方式许可都必须遵循这两项原则。交易契约中的"回授"条款是在专利许可交易中对被许可者的义务规定。"回授契约"中"回授"条款必须是非排他的，范围只限于核心专利的互补性或妨碍性专利，且允许被许可者就回授许可专利合理收费，并作为成员参与专利许可费分配。"回授契约"的目的是约束被许可者，不然的话，如果被许可者开发出的核心专利成为妨碍性或者互补性的专利，则会给专利联盟的正常发展带来阻碍和风险；所以要求被许可者将改进后专利的回授许可给专利联盟。

专利联盟成员内部的契约重点是"专利互授"条款，这是一种约束专利联盟成员的规定。专利联盟内部专利分享机制会因成员不愿意而丧失应有的功能，从而降低联盟的运行效率。"专利互授"条款就是要使专利联盟成员的专利权（现在和将来）都在成员间进行相互许可，形成联盟成员的相互牵制。

2. 专利联盟运作中的约束力

专利联盟运行中的相互约束主要有"契约约束"和"法律约束"。"契约约束"主要存在于专利联盟成员与专利联盟之间、专利联盟与被许可者之间，"法律约束"主要存在于被许可者与专利联盟成员之间。约束关系如图 5 所示。

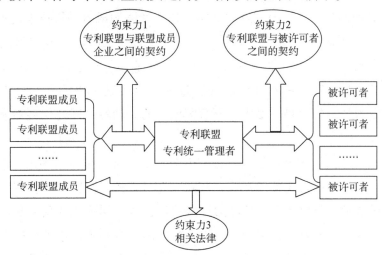

图 5　专利联盟运作中的约束力及其关系

由于约束关系的存在，将原本分散、不稳定的专利联盟的主体约束在一起，构成相对稳定的关系，从而使得整个专利联盟相对稳定。

专利联盟与成员间的约束力主要来源于"契约"，"契约"是在专利联盟成立之初签订的基础上通过运行过程后的协商、修订和调整而形成的，内容包括信息披露、许可、委托、收益分配等。这些契约解决了成员间的公平性、统一管理和收益分配的问题，使专利联盟成员形成合作、协同关系，这就要求契约具有法律效力。

专利联盟与被许可者间的约束力主要来源于"交易契约"，两者间是一种交易关系。交易契约是针对被许可专利权的使用范围、许可费、回授条款等交易的过程所签订的契约。其规定了交易双方的基本权利和义务，使双方的行为始终在法律的范围内进行，对专利联盟起到了清除阻碍、促进发展的作用。

联盟成员和被许可者之间必须遵守合理原则和无歧视性原则，以防止不正当竞争。

（四）专利联盟运作中的知识产权协调机制

专利联盟的知识产权开发最主要的是专利权，专利权对专利联盟而言是核心中的核心，专利联盟获取利益是围绕专利权而进行的。离开专利权专利联盟将不能称为专利联盟，因此，专利权的开发是专利联盟核心动力的源泉，是专利联盟发展的根本保障。专利联盟只有通过专利权的开发，才能不断壮大、扩大社会影响，形成行业标准，从而使专利联盟及成员的经济利益最大化。

（1）保持专利池的流动性。专利联盟专利池中的专利必须是有效专利，必须连续不断开发、拓展专利池中的专利权数才能促进专利池的流动性，无效专利必须从专利池中剔除。

（2）保持技术先进性。专利联盟必须推进专利联盟成员进行技术创新和促进专利池内的专利不断翻新。其一，专利联盟专利权的开发保持了专利池的合理流动性，无效的专利要淘汰，弱化的专利要更新，确保专利技术在行业内处于领先地位；其二，专利联盟在外部专利权的开发过程中会吸纳优秀的专利权人携专利入盟，增强了专利联盟的优势，形成专利联盟成员的流动性，同时保持专利联盟成员的技术领先。

（3）保持竞争力。专利联盟必须抓住专利权的开发，走由小到大、由内到外走扩张式的发展道路，由封闭走向开放，并转变许可方式，在转变中积累专利数量和专利联盟成员数量，形成自身成长能力。要历经扩张，增强吸收新专利的能力，充实专利池，对池内专利要扩大覆盖面，提高其价值，专利联盟才能有核心竞争力。

专利联盟专利权的内部开发机制是影响专利联盟发展壮大的关键因素。依照契约规定吸收专利联盟成员开发的互补性核心专利或其它专利入池。专利联盟专利权内部开发机制的业务流程如图6所示。

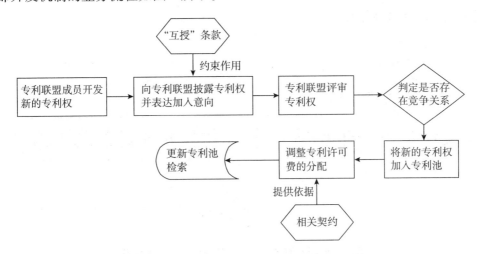

图6 专利联盟专利权内部开发机制业务流程

首先，由专利联盟的内部成员对技术进行研发后申请专利形成专利权，以"互授"条款为前提和约束，进行披露并表达入池的意向。专利联盟管理部门按规定流程对新专利权组织评审，确定新专利权入池与否。其次，就专利许可费收入的分配进行谈判、协商、签订分配协议。最后，更新专利检索。在这一活动过程中，最根本的依据就是"互授"条款，作用也最重要的。按"互授"条款的规定，专利联盟成员开发的和专利联盟专利池中相关的专利权须无偿授予专利联盟，与盟内成员共享，才可有效保障专利联盟的正常运行，对专利联盟专利权的内部开发也起到积极的作用。但"互授"条款对专利联盟成员专利权开发的积极性有阻碍作用，虽然新的有效专利的吸收能提升专利联盟成员的地位，并提高成员的利益分配比例，但开发时的先期投入却比该利益要大得多，因此，"互授"条款会阻碍专利联盟内部的专利权开发。为了降低这种阻碍作用，专利联盟必须对开发投入进行合适的补偿，对分配比例进行合理的设定，以增加开发者的利益、提高其开发的积极性。新专利权入盟的评审、判定是该机制的关键环节。既要对新专利权的价值进行判定，又要确保其不违反《反垄断法》，并对专利联盟的发展具有积极的作用。为确保专利池的合法性，必须对专利联盟内成员的新专利权进行严格、认真审查，剔除无效专利及与现有专利有竞争关系的专利，当专利联盟成员数量较少时，评审工作的阻力会很大，所以在专利联盟成立时就要明确规定管理机构的权力，以便稳定、有效地运作专利联盟。

专利联盟专利权的外部开发机制是有效吸收专利联盟成员外有关专利权的保障机制。这一机制可有效消除妨碍性专利的阻碍作用，可吸收互补性专利，对提高专利联盟的影响力和竞争力以及形成行业标准都有很大的作用。专利联盟专利权外部开发机制的业务流程如图7所示。

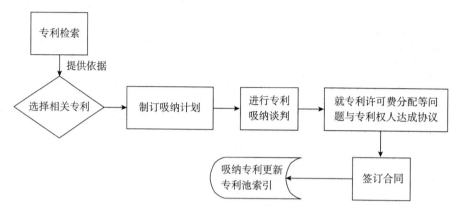

图7 专利联盟专利权外部开发机制的业务流程

专利池设计部是该业务流程的执行部门。首先开展专利检索并选择相关专利，然后制订吸纳计划，就吸纳加盟所涉及的一系列事宜与专利权人进行沟通或谈判以达成协议，最后签定合同。选择吸收专利和制订计划是本流程的核心。吸收的方法与建盟的宗旨和战略要一致，以交叉许可为目的的防御型联盟，或以制定行业标准为目的的攻击型专利联盟，对核心专利和外围专利的选择方式是不一样的，因此，专利联盟的成败将由选择吸纳专利的办法而决定。

专利联盟专利权开发的保障机制分为制度保障机制和契约保障机制两种。两种机制各成体系，并提供强有力的保障，如图8所示。

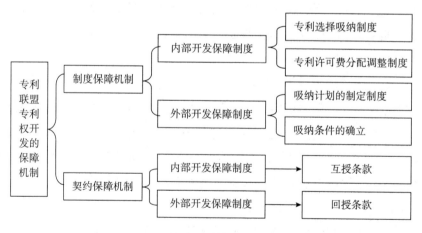

图8 专利联盟专利权开发的保障机制

（1）制度保障机制。在专利联盟建立之初对知识产权开发制度就需要引起高度重视。制度的建立是以其运作模式为基础的，在制度的建立过程中要使每一个流程环节都要严格、科学并且可操作性强、切实可行。要根据专利权内部和外部开发的不同特点和重点，分成两类建立开发制度。内部开发制度的重点在于专利选择和许可费调整。专利选择不能违反流程，主观意断，要有科学性，同时要杜绝违反"三公"原则的专利被吸收纳入专利池，收益分配要力求合理，尽可能排除不合理分配，杜绝暗箱操作，避免影响专利联盟的稳定和发展。制订吸纳计划应作为重点，要站在专利联盟的战略高度，注重灵敏度、准确度，要与专利联盟的发展战略保持一致性。

（2）契约保障机制。专利联盟正常运作的重要手段就是契约保障。"互授"条款和"回授"条款是契约机制中有两个重要的契约制度。"互授"条款约束内部开发，要求专利联盟成员对现有的和将来的专利的使用权授予专利联盟并进行相互许可，会阻碍专利联盟成员专利权开发的积极性，但其优势在于低消耗、高效率、程序简单，只要适当设置许可费的分配，就可以降低阻碍作用。"回授"条款约束外部开发，要求被许可者将被许可专利的改进专利的专利权回授给专利联盟。其优点在于：一是本条款约束下吸纳专利不需要再经过选择；二是本条款可以帮助专利联盟获得新的专利，不必谈判；三是新吸收的专利常常是很难独立使用的外围专利。因此，外围专利的专利权人必须获得核心专利的使用权，才能正常使用外围专利，也就必须将外围专利使用权回授给专利联盟。

（五）专利联盟的运作模式

专利联盟的运作是分阶段的，会随着联盟成员的不断增加而不断强大，运作随之逐步完善和健全，在行业内的作用和地位也会越来越高，甚至成为市场的主宰者。因此一般来说，根据专利联盟的实际运行情况，可以将专利联盟的发展划分为3个阶段，如图9所示。

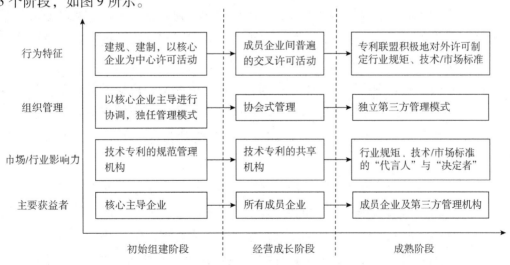

图9　专利联盟的发展阶段

专利联盟的各个发展阶段具有不同的特点，主要表现在以下 4 个方面。

一是在行为特征方面，联盟成立伊始，专利许可主要体现在围绕专利联盟内核心企业或研究所的单向或双向许可，企业侧重于加强自身内部专利管理，重点建立、健全相应制度体系，随着专利联盟成员的不断加入，新的问题和新的举措不断出现，联盟活动得到不断深入和规范。到了经营成长阶段，专利联盟成员企业普遍开展交叉许可活动，达到运作成熟阶段后，专利联盟的活动开始向外延伸，积极开展盟外许可，专利联盟从而成长为行业规矩、技术标准与市场标准的主宰者。

二是在组织管理方面，行业技术龙头企业一般率先发起专利联盟的组建，这些企业由于拥有大量核心的专利技术，希望通过专利联盟的形式充分发挥自身这个优势来使用和管理这些专利。在专利联盟的组建伊始，核心企业将发挥重要的组织管理作用，带领其他专利联盟成员逐步建立和完善专利管理及其许可制度，推动它们之间专利交叉许可的铺开，但核心企业更多是维护自身利益，因此在它们的主导下，专利联盟的管理模式会出现不公平、不公正的地方，为了促进其推进专利联盟的完善，到了专利联盟经营成长阶段，专利联盟成员企业形成在公正、公平条件下共同参与商定的协会式组织管理模式，此种模式很好适应了这种变化，且能够被所有专利联盟成员企业接受。到了专利联盟的运作成熟阶段，逐步过渡至第三方的独立实施组织管理的运作模式，这种模式可以最大限度降低由于地位不对称等原因而形成的垄断和利益分配的失衡，直接避免强大专利联盟成员直接操控专利联盟，且由于第三方属于专业化的运营机构，带来专利联盟运行的稳定性、科学性，此外在此阶段采用第三方独立管理模式，优势体现在专利联盟成员企业可以专注于企业自身发展战略。

三是在市场以及行业影响力方面，专利联盟在组建伊始，要求专利联盟成员企业首先要规范企业内部的专利权管理，确保专利联盟后期运作进展顺利，所以此时的专利联盟履行规范专利技术管理中间人的职责；进入实施成长阶段，成员之间的专利交叉许可变得普遍而深入，带来专利联盟职责的改变，蜕变成促进专利技术共享收益的组织；最后到了运行成熟期，专利联盟的地位和作用得到巩固和发展，在行业内能够施展足够的影响力，从而使得专利联盟的角色发生改变，成为行业规矩、技术标准与市场标准的"代言人"与"决定者"。

四是在主要获益者方面，联盟创建伊始，核心主导企业是主要的获益者，到了经营成长阶段，又变成共同资源和利益分享者，到了运作成熟阶段，独立第三方实施的结果使得专利联盟所有成员都受益，包括第三方管理机构自身。

通过以上分析，核心企业主导在专利联盟组建伊始阶段具有独任管理的特点，而成为专利联盟的一般的运作模式，如图 10 所示。

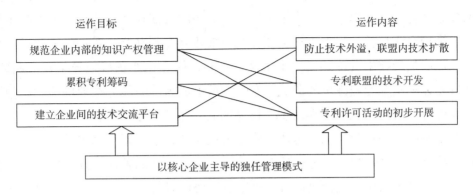

图10   专利联盟初期阶段的运作模式

专利联盟在组建伊始，要求专利联盟成员企业首先要规范企业内部的专利权管理，确保专利联盟后期运作进展顺利。专利联盟组建成败关键是运作，要根据阶段特点不同开展不一样的工作。首先专利联盟成员必须以市场需求为导向，加强技术开发合作，通过检索查新、调查研究、综合论证等方法，了解竞争态势与发展趋势；在专利文献查新、检索方面，对本行业、本领域专利技术实施动态检索、了解和摸查，跟踪最新发展趋势，从中找出自身专利技术发展的方向，最终确定自己的技术路线和战略价值；并对技术路线中涉及的竞争对手及其实力进行分析调查，考量技术推向市场后产生效益的时间长度、速度及效率，考量专利联盟成员各自可能的效益情况；同时分析各自联盟成员自身的优势、弱势，找准差距，找出强项，增进联盟内的互补和聚合效应。其次是技术引进，一项好的技术创造往往会耗费大量的时间与财力，因此在原始创新困难大的情况下，不通过单个企业，而是通过专利联盟为主体对外实施技术引进战略，这样会大大节约研发成本，使各自联盟成员企业获得较高的收益，同时又避免专利侵权带来法律与经济纠纷。

专利联盟在运作时，会适当向外进行专利扩张，但要防止内部技术外溢，在联盟组建伊始，这项工作是联盟运作的主要内容之一。在交易或其他经济活动中，技术领先者有意或无意地透露、传播或转让其技术，如若企业无法将研发成果内化时，企业就不太可能产生技术溢出，势必会影响技术创新，通常对专利联盟来讲，技术外溢包括在专利联盟成员之间和向专利联盟外企业的溢出。因此在专利联盟组建时，既要通过保证专利联盟内每个成员成为技术溢出的产生者和接受者，减轻专利联盟成员之间的技术溢出效应，还要防止专利技术向专利联盟外的溢出，保持专利联盟自身的优势。专利联盟也需要对外拓展，既要保护自身的专利，又要吸纳他人的专利。这就需要通过周密的协调来处理好这样一对矛盾而使专利联盟成员企业利益不损。

在专利联盟的组建阶段，专利许可活动通常由处于技术领先地位、拥有众多专利的核心联盟成员发起，它们为了确保技术优势的长期存在、保持自身的技术领先地位、维护企业权益，积极主动引领各企业来建立专利联盟、扩展企业收益，分享其他联盟成员的技术资源。往往基于这个目的，核心企业积极倡导组建专利联盟，自然成为最早实施专利许可的成员，专利许可也成为围绕核心企业的活动；为了延续和发展许可活动，积极建立初步、较为规范的许可制度。

在专利联盟的组建初期，运作模式是不规范的，组织管理基本处于摸索中。基于这个特点，专利联盟管理方式适合采用核心企业主导的独任管理模式，核心企业在其中扮演许多角色，包括决策者、组织者、协调者等。由于核心企业自身在行业中具有较高的知名度和影响力，往往会扮演发起者的角色，并有能力制定相关和广泛认可的规则、决定入盟与退盟条件；在涉及技术开发防止技术外溢、实现技术扩散等活动中，核心企业有能力扮演好协调者的角色，这也决定着专利联盟运作的质量与效益。

在实施成长阶段，专利联盟一般采用协会式的运作模式，如图11所示。

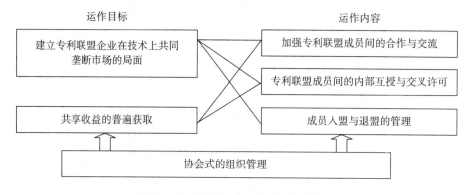

图11　专利联盟协会式的组织管理模式

联盟在初期阶段，主要追求专利积累，属于量变过程，但当专利联盟实施运行并发展到一定程度时，更注重追求专利的质变过程，主要通过专利运营获得更多的效益，主要体现在以下几个方面。

第一，专利联盟建立的最初出发点之一是主导甚至垄断市场，也是专利联盟运作的首要目标，这可以使专利联盟成员企业避开"赢者通吃"，获得"反转"优势。在专利联盟实施运行步入正轨时，会出现专利联盟企业一起垄断市场的局面，表现出"网络效应"，在这种市场上，同一系统意味着被所有人都使用。一个系统一旦获得最初的优势，系统市场特别容易"反转"，因为强烈的正反馈因素倾向于把正流行的竞争对手吃掉。"反转"现象已在 FM/AM 收音机、AM 立体收音机、VHS/Beta 录像机、打字机键盘及彩色和黑白电视机等上演，属于典型的"赢者通吃"型。

第二，专利联盟另一目标是普遍获取共享收益。专利联盟不仅仅维护核心企业的收益，而保证每名成员收益显得更加重要，以保持专利联盟的运作进入良性循环。其中专利联盟收益包括隐性与显性两部分。显性收益主要来自专利交叉许可获得的许可费，既有内部许可费，也有外部许可费，还有对盟外企业收取的"专利使用费"。"DVD 事件"中的 6C 和 3C 就是典型案例，它们收取了高额的专利使用费，然后只在专利联盟内部进行分配。隐性收益来自事先技术资源共享，使得成员企业专利实力增强，软实力和无形资产随之增加。

第三，专利联盟成员间的技术交流与合作，是实施共同技术垄断运作的重要途径之一，专利联盟组建伊始的主要任务之一就是建立技术交流平台、实施技术开发合作战略。为此，每个成员企业必须在现有基础上，完善专利技术信息的采集、分析工作，开展定期的技术信息交流活动，让彼此增进对技术发展的了解，更好实施专利布局、设置专利陷阱、共同应对侵权诉讼。同时加强内部的交叉许可，这是专利联盟真正实施好的标志之一，专利联盟建立之初的专利池建设，需要通过内部大量互相授权、专利许可来实现，从而获得期望的专利池；更由于专利互补性的结合能够实现最大市场价值，从而为专利联盟发展和获得收益打下坚实基础。专利联盟另一个出发点就是技术信息共享，形成整体市场竞争优势，实现这一价值目标的基本手段就是交叉许可，这也是实现行业整体发展的必然手段。所谓专利的互补性，首先是专利适用上的相互配合，但在法律权属上是相互独立的，通过降低研发成本、强化技术转化应用，促进创新能力的大幅提升。简单来说，就是一项产品或技术往往包含若干个不同专利技术，这些专利技术又分别与该产品或技术的某方面紧密联系，实现功能覆盖，其中任何一项专利技术的实施都需要通过许可，是不可以彼此相互替代，否则就会成为障碍专利，这样才能使行业专利技术得到最大化应用创收。返授是被许可者同意给予专利权许可者使用自己经过改进的许可技术的协议。返授可以使被许可者和许可者共享风险，能够促进竞争效应。

第四，在成员入盟与退盟管理方面，随着专利联盟的发展，相应的管理必须得到加强和规范。成员入盟，必须先确定门槛，即入盟条件。通常专利联盟建立的专利池是包含某一技术领域内彼此补充的核心专利，这种补充关系往往为垂直关系，当两家企业彼此单独占有某一技术领域的支持性专利，且都无法避开这个障碍时，这两家企业的关系会被认为是完全垂直关系。美国相关司法文件规定，专利联盟中包含的专利不仅仅是"更有优势的"的专利，而是相对标准推广市场而言"核心的"专利，从实际应用上讲，专利联盟涉及的领域内产品会不可避免地侵犯到这样的专利权。所谓"核心的"专利，美国司法部提出两种衡量方法，一是技术上是核心的专利，专利联盟许可范围内生产产品与此专利权必须有直接相关性，例如

MPEG-2专利池采取了这种方法；二是商务上是核心专利，专利技术实际应用时是核心的专利，要生产此产品肯定会侵犯专利权，此外，妨碍性专利从某种角度来说也是核心的专利，6C DVD的"没有现实性的选择"、3C DVD的"在实际应用中是核心的"都是阐述这一观念。对于退盟成员，不允许免费使用专利联盟内专利，不得带走与专利有关的任何信息，如想再次使用，只能付费。

第五，专利的交叉许可是专利联盟的经营成长的主导活动，随着成员增多、专利数量增大，交叉许可活动变得繁杂，管理工作难度增大，迫使专利联盟增加运转力量，加强对运作的规范管理，削弱核心企业的主导作用。原来的旧模式不再能适应发展需要，引入新的管理模式迫在眉睫。专利联盟实质是一种联盟组织，是一系列许可协议的集合体，专利联盟成员在保持原有专利所有权基础上，根据需要协商谈判达成专利与标准许可协议，这里不存在股权参与，仅仅通过许可协议进行战略连接，比较适用协会式组织管理模式，因其本质还是一种契约型、准市场式的联盟。

专利联盟处在运作成熟阶段，一般采用独立第三方的组织管理模式，如图12所示。

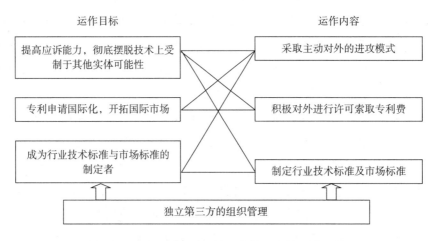

图12　专利联盟独立第三方的组织管理模式

专利联盟发展到成熟阶段时，专利联盟内部已经建立起本行业内绝对的技术优势，彻底避免技术上受制于人，但由于没有自主知识产权技术或产品，仍然要受到国外企业的专利打压。面对知识产权保护的种种壁垒，国内企业只能努力开发具有自主知识产权的产品或拥有自己的专利技术。同时，要注重建立具有一定行业地位的专利技术标准，开展专利预警活动，提高专利联盟的应诉能力，解除国外企业的专利包围。

专利联盟发展成熟后，专利联盟承担的管理事务委托独立第三方管理的模式比较理想。因为如果专利权人把专利授予专利联盟成员之一管理，容易引发实施垄断行为的嫌疑，虽然在专利权人对许可业务的影响力上有一定优势，但相比之下，独立第三方机构管理的模式相对安全，也可降低法律风险，会有效排除专利权人的共谋垄断倾向和不当影响。实际上法律风险、构建成本以及运营稳定性是专利联盟组织模式三大主要考虑因素，独立第三方模式避免强大成员对专利联盟的直接操控，可以消解垄断指控，同时其专业化会赢得稳定性。此外，专利联盟成员能集中精力开发专利技术和产品，做好企业自身的事情。

而作为独立第三方管理机构，一要借助政府的力量，密切与政府沟通，努力搭建与专利相关的各种平台，联系科研院所、高校、协会、专利中介服务机构、企业等，合理利用和整合现有资源，共同建立和参与专利信息服务体系，方便联盟工作与运行。二要认真、详细地制定出合理、有序的专利联盟的运行机制和运转原则，完善入盟规则，加强成员和专利管理，制定许可契约，推进专利回授，谋求共赢发展。三要设立知识产权法律诉讼的咨询、服务中心，聘请知识产权法律专家开展知识产权法律咨询服务。专利联盟成员可通过这个机构，及时提出自身困难，请专家予以化解，也可以通过一定渠道提出请求，寻求解决方案。必要时邀请专家实地进行服务。

（六）专利联盟的组织机构

专利联盟的管理机构一般由专利联盟成员大会、专利联盟常设办事机构、专家技术顾问小组、专利专业管理部门、诉讼管理部门、合约管理部门及其他特设机构组成。专利联盟成员大会主要是由专利联盟的全体成员（代表）以及专利联盟常设主管机构负责人组成，行使专利联盟的最高权力，负责选举出专利联盟负责人，并对专利联盟重大事项进行决策，专利联盟负责人的副手由负责人自己直接任命或由专利联盟成员大会任命，主要协助负责人执行专利联盟成员大会的决议、对专利联盟管理事项进行决策、制定专利联盟战略、直接领导专利联盟常设机构或负责专利联盟的日常事务等。专利联盟常设办事机构通常设置为专利联盟经理部及其下设的秘书处，前者是专利联盟权力执行机构，后者是专利联盟经理部的下设或助理机构，两者主要协助专利联盟负责人处理专利联盟日常事务。专家技术顾问小组由技术研发与专利事务专家组成，作为专利联盟决策顾问机构，负责进行专利分析与合理配置、提出专利战略组合方案以及处理专利技术性问题等。专利专业管理部门由相关业务专业管理人员组成，是专利联盟专利管理的分业务专业执行机构，负责事项根据业务不同而有所侧重，职责包括专利申请、专利池管理、专利信息收集、专利许可费收取方案、为专利联盟决策顾问机构提供信息支持等。诉讼管理部门主要负责对专利侵权者和违反合约者提起诉讼，合约管理部门负责签订联盟内外各种合同,其他特设机构是专利联盟根据实际工作需要而建立的部门,比如对于攻击型专利联盟,通常设置负责分析竞争对手、制定攻击型战略的部门,对于建立行业标准型专利联盟,通常设置推行行业标准、专门负责标准设计的技术标准管理部。

专利联盟既然成为一个组织,那么组织的成员必定承担应尽义务和行使一定权力,二者相辅相成。首先,在权力方面,专利联盟成员首先可以按比例获得专利许可费,当然是去除相应成本后的费用;其次,专利联盟成员可以自由地向第三方自行许可专利,在实际操作中,为了自由实施专利竞争,向第三方进行专利许可是专利联盟不得干涉的行为;最后,是较为重要的,就是专利联盟成员可免费或低价使用专利联盟内专利,促使专利联盟内专利的潜在价值得到充分利用。

在义务方面,专利联盟成员首先要筛选出相关专利,放入专利联盟的专利池中,并授权给专利联盟,许可时由专利联盟统一打包对第三方实施许可,因此在专利联盟组建伊始,专利联盟成员与专利联盟签订专利代理许可协议,以便专利联盟的正常运转。其次,为了维持专利联盟的正常运转,专利联盟成员必须每年支付一定的会费,支持专利联盟管理业务的开展,专利联盟自身是没有认可盈利能力。最后,专利联盟成员要收回专利许可权,必须经过专利联盟允许,因为专利池中的专利具有很强的关联互补性,专利随意收回会使得专利联盟成员遭受利益受损,所以为了防止损害其他成员的利益,必须对专利联盟成员中途收回专利的行为强加限制。

五、国外直升机领域专利现状分析

目前,全球主要的民用直升机制造商有 10 家左右,其中欧洲直升机公司以下简称"欧直公司"、联合技术公司、波音公司、贝尔直升机公司、罗宾逊直升机公司、恩斯特龙直升机公司、阿古斯塔·韦斯特兰公司、西科尔斯基公司等制造厂商占据了绝大部分的市场份额。在以下分析中,时序分析样本为去同族后的专利,申请地区分布按照去同族之前的专利进行分析,这样可更准确地看出该公司在全球范围内的专利布局情况;专利申请技术领域(IPC)分析按照去同族之后的专利进行,可准确表达其专利技术点的数量;专利申请国家/地区技术领域分布按照去同族之前的专利进行,可准确表达出全球范围内的技术布局。

(一)欧直公司

自成立至 2014 年,欧直公司在直升机技术方面共申请了专利 2500 余件,经过 Inpadoc 同族去重后剩下 890 余项专利家族。

1. 专利申请时间分布分析

欧直公司专利申请时间分布图如图 13 所示。

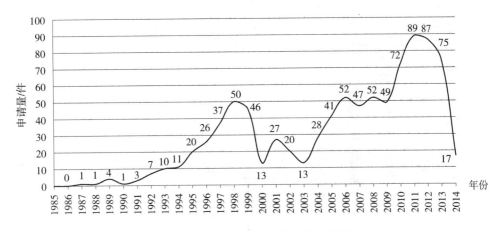

图13　欧直公司专利申请时间分布图

图13显示了欧直公司直升机技术历年专利申请分布情况，可以看出，其在2011年的专利申请量最多，为89件，除此之外，还有2个申请高峰，分别为1998年左右和2007年左右，申请量均在50件上下。

从图13还可以看出，欧直公司在最初成立的1989年至1991年专利申请量较少，处于起步阶段，随后从1992年开始到1999年专利申请量进入大幅增长阶段，尤其是1995～1999年，图中曲线斜率较大，显示了欧直公司在这个阶段对研发的大力投入，随后在2000～2004年专利申请量有所萎缩，此阶段可以视为欧直公司的技术徘徊阶段，随后在2004～2007年专利申请量又呈现明显地逐年增长，经过短暂的调整后，于2011年创出新高（由于2013年申请的专利很多还处于未公开阶段，因此数量会显得较少）。

可以看出，除2000～2004年之外，欧直公司的专利申请量一直保持较高的增长，显示其在直升机领域不断地创新、投入。

2. 专利申请国家/地区分布

图14是欧直公司的直升机技术相关专利主要申请国家分布图。由上图可以看出，该公司在世界上多个国家都有相关专利申请，但不同国家和地区的专利申请量存在明显差异。

欧直公司在美国（US）申请专利最多，为639件，占到专利申请总量的25%，显示出欧直公司非常注重美国市场，其次为法国（FR）本土申请，为587件，占到专利申请总量的23%，而欧专局（EPO）专利和德国（DE）专利也占到17%和9%，显示欧直公司同样注重欧洲市场，同时，值得注意的是欧直公司在中国（CN）申请了164件专利，通过这160余件专利可以研究欧直公司在华市场策略。

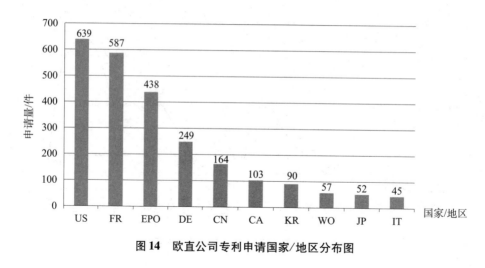

图14 欧直公司专利申请国家/地区分布图

3. 专利申请技术领域分布

图 15 显示的是欧直公司直升机相关专利申请量前 10 位的技术领域分布，由该图可以看出排在技术前三位的分别是旋翼机及其特有的旋翼（B64C27/00）、旋翼中有挠性臂的（B64C27/33）和叶片运动的减震（B64C27/51），另外，还有以装有用于平衡升力旋翼扭矩或改变旋翼机方向的辅助旋翼或流体喷射装置为特点的技术（B64C27/82）等技术领域的专利。

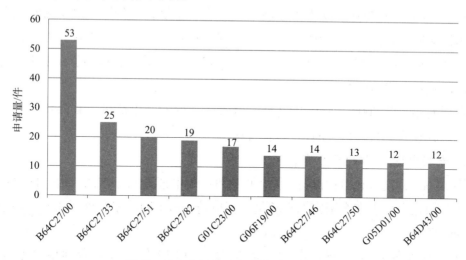

图15 欧直公司专利申请技术领域分布图

由以上可以看出，该公司申请专利覆盖直升机的多个领域，如直升机结构、旋翼、材料、总体设计、传动系统、控制等。

4. 国家/地区－技术领域分布

由图 16 可以看出，欧直公司各部分技术申请量在不同国家和地区有相应差别。在美国、法国、德国、欧专局申请的专利，旋翼系统（B64C27/00、B64C27/82、

B64C27/33）专利申请量比较大，均超过一半以上，而在结构设计领域（B64C11/20）、飞行控制（G01C23/00）等各个方面都有所涉及。

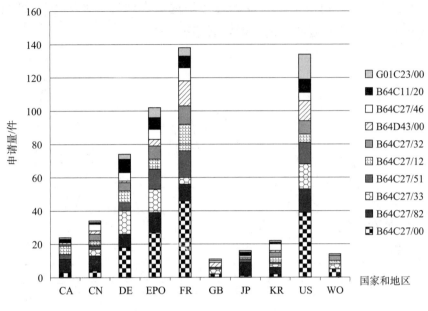

图16 欧直公司专利申请国家/地区－技术领域分布图

欧直公司在日本、意大利、英国、中国、加拿大、韩国的专利申请量相对少一些，但也是以旋翼系统相关技术为主的布局策略，有涉及加热旋翼以除冰的技术（US5947418A），有涉及直升机用热塑性复合塑料的技术（US6613258B1）、直升机防雷技术（US6613258B1）、飞行控制相关的技术（US5555175A 和 US5312211A）、电子电路相关的技术（US5083369A 和 US6255584B1），而旋翼系统及其桨叶等技术仍是比较突出的，如 US6032899A、US6000911A 和 US6219597B1，涉及了旋翼的设计、组装等多个方面。

（二）联合技术公司

自成立至 2014 年，联合技术公司和西科斯基公司在直升机技术方面共申请了专利 2900 余件，经过 Inpadoc 去重后剩下 690 余项专利家族，即可认为是 690 余个发明技术点。

1. 专利申请时间分布分析

图 17 显示了联合技术公司直升机技术历年专利申请分布情况，从 20 世纪 70 年代到 2008 年该公司的直升机技术不断有新的研发成果。由图可以看出，20 世纪 70 年代至今，该公司的技术发展可以分为 3 个阶段：萌芽阶段（1974～1989 年）、成长发展阶段（1990～1998 年）和稳定阶段（1999 年至今）。比较前两个发展阶段可以发现，第一发展阶段持续时间较长，处于技术的探寻和确定时期，每年的平均

申请量均在 15 件左右；而第二阶段只有 8 年时间，在确定重点发展技术后，专利申请开始有目标性和集中性，技术的升级与更新也相应逐步加快。进入 21 世纪后，由于技术的稳定，该公司申请专利量也开始呈现稳定状态，平均每年 20 件左右，其专利的申请态势基本符合技术的一般发展趋势。

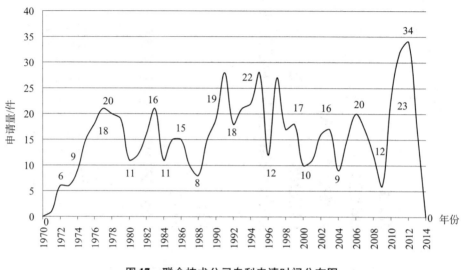

图 17　联合技术公司专利申请时间分布图

2. 专利申请国家和地区分布

从图 18 可以看出，联合技术公司的直升机技术在多个国家和地区都有相关专利申请，但该公司专利申请量在不同国家和地区的分布有明显差异。在美国、欧专局、德国、日本的专利申请量均高于 200 件，说明联合技术公司的直升机相关技术在北美、欧洲、日本的技术优势较为明显，说明其主要市场和专利布局网位于这些国家和地区，申请量最多的是美国，共计 732 件，占比 29%，接近其总专利申请 1/3 的数量，说明美国是其最重要的市场和专利部署国家，其在中国的专利申请量为 60 件，尚处于初期阶段，说明还未对中国市场进行过多的关注，认为短期内在中国并无相关的技术和专利风险，建议国内企业可以提前针对该公司专利的申请情况和布局做好相应的反布局与策略防范。

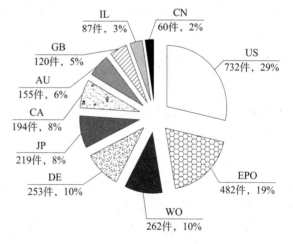

图 18　联合技术公司专利申请国家/地区分布图

3. 专利申请技术领域分布

图19显示的是联合技术公司直升机相关的专利申请量前10位的技术领域分布，由图19可以看出，排在技术第一位的是旋翼机叶片（B64C27/46），作为直升机的关键部位，叶片在技术上具有很高的集成性和可专利性，也是各个直升机公司重点的专利部署领域，联合技术公司自身的专利比例在旋翼机叶片上占比最多也在情理之中。此外，其他叶片相关技术，如叶片运动的减震（B64C27/51）也都位列靠前。从总体上看，虽然该公司申请专利覆盖直升机的多个领域，但其重点集中在旋翼机叶片相关领域，建议国内企业可以在该技术领域予以相应的关注。

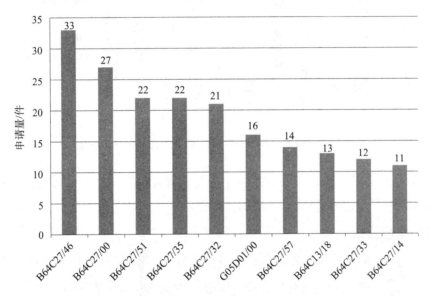

图19 联合技术公司专利申请技术领域分布图

由此可见，该公司申请专利覆盖直升机的多个领域，如直升机材料、旋翼、总体设计、传动系统、操纵系统等。

4. 专利申请国家/地区－技术领域分布

由图20可以看出，联合技术公司各部分技术申请量在不同国家和地区有相应差别。在加拿大、德国、欧专局、美国申请的专利中，旋翼叶片系统相关技术（B64C27/46、B64C27/00、B64C27/35、B64C27/51）的专利申请量最大，是公司的主要研发技术，旋翼机叶片（B64C27/46）和旋翼机（B64C27/00）的重点布局地区为美国、欧专局和德国，其在中国的专利布局除专门的旋翼机叶片外，其他领域都比较平均，而且申请量不大。

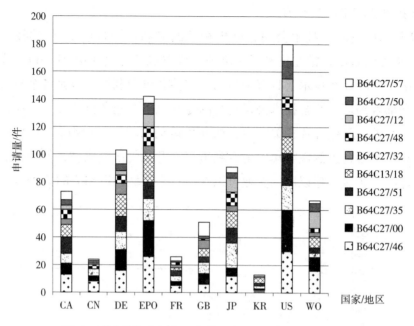

图20　联合技术公司专利申请国家/地区技术领域分布图

联合技术公司在中国、法国、韩国等专利申请量相对少一些，普遍是以旋翼系统相关技术为主、飞行控制技术为辅的布局策略。

（三）波音公司

自成立至2014年，波音公司在直升机技术方面共申请了专利1422件，经过Inpadoc同族去重后剩下428项专利家族，即可认为是420余个发明技术点。

1. 专利申请时间分布分析

图21显示了波音公司直升机技术专利申请历年分布情况，从20世纪70年代到2000年该公司的专利申请量呈较平稳的初期状态，每年申请量均在5件左右，2000年之后，专利申请量呈整体上升、但存在较大波动的趋势，这是由于进入20世纪90年代之后，受冷战结束、世界经济衰退和民用运输业不景气的影响，航空航天工业市场紧缩，使得该公司面临削减产量和大幅裁员的局面，技术研发也受到影响。到1995年该公司营业额降到最低点，1996年开始回升，2012年创下历史新高。

2. 专利申请国家/地区分布

从图22可以看出，波音公司的直升机技术在多个国家或地区都有相关申请，而且其在不同国家或地区的分布有着比较明显的集中度。在美国的申请量位居第一，共计600件，占比44%，占了近一半的申请量，说明波音公司在美国的专利布局是最全面和最重要的，除美国外，排在第二的是欧洲，共计214件，占比16%，

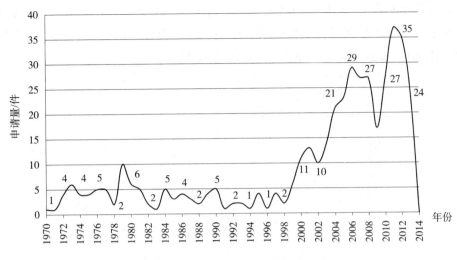

图21　波音公司专利申请时间分布图

这与欧直公司的直升机技术有一定的关联度，因为具有一定技术实力的市场一定是专利布局的重要地域，而欧直公司在直升机技术领域内具有很强的技术基础和专利储备，因此欧洲必然是波音公司在做好本土的专利布局之后，最为重要和关心的专利布局地区，由于存在强势的竞争对手，因此波音公司在欧洲的专利部署具有一定的参考价值，可以进一步挖掘与分析。

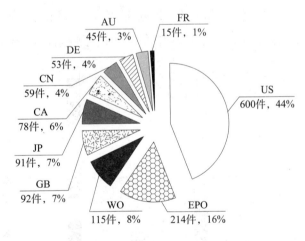

图22　波音公司专利申请国家/地区分布图

3. 专利申请技术领域分布

图23显示的是波音公司公司直升机相关专利申请量前10位的技术领域分布，由图23可以看出，排在技术前3位的为旋翼系统和叶片技术相关领域（B64C27/00、B64C27/46、B64C27/82），说明这是直升机技术领域的核心关键技术，除此之外，波音公司在机身结构方面也具有较强的专利实力，机身、机翼、稳定面或类似

部件共同的结构特征（B64C01/00）的专利申请量排名第 4 位。此外，陆地、水上、空中或太空中的运载工具的位置、航道、高度或姿态的控制，例如自动驾驶仪（G05D01/00）也是波音公司重点专利部署的领域。

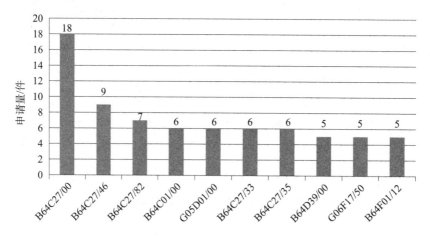

图 23　波音公司专利申请技术领域分布图

4. 专利申请国家/地区 – 技术领域分布

由图 24 可以看出，该公司各部分技术申请量在不同国家有相应差别，在全球领域内专利部署和竞争最为热门的地区，如美国、欧专局，波音公司专利部署的侧重点有所区别，在美国本土和英国重点部署了大量的旋翼机系统相关专利（B64C27/00），而在欧专局，侧重点集中在了通过影响附面层流来影响流经飞机表

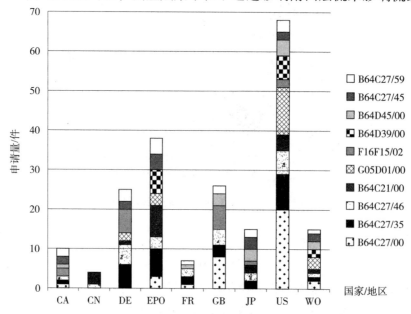

图 24　波音公司专利申请国家/地区技术领域分布图

面的空气流（B64C27/35）等技术领域，这体现了分地区的差异化布局战略。值得关注的是，与在美国的布局不同的是，在中国的专利部署也重点集中在了通过影响附面层流来影响流经飞机表面的空气流（B64C27/35）和旋翼机叶片（B64C27/46）方面，这值得进一步分析与研究。

（四）贝尔直升机公司

自成立至 2014 年，贝尔直升机公司在直升机技术方面共申请专利 1988 件，经过 Inpadoc 同族去重后剩下 467 项专利家族，即可认为是 460 余个发明技术点。

1. 专利申请时间分布分析

图 25 显示了贝尔直升机公司直升机技术专利申请历年分布情况，从总体上看，其专利申请相对起步较晚，从 2006 年后，才突破 20 件，在此之前，均一直保持在 20 件以内的平稳少量申请态势。而在 2006 年之后，尤其是 2010 年后，专利申请量呈现了大幅的突破性增长，在两年内达到了 100 件以上，有可能是随着国际其他竞争对手在美国本土和欧洲等其他国际市场上专利布局的日益加快，贝尔直升机公司在知识产权战略及专利部署上出现了大幅提速，而且在技术上也可能产生了相应的突破，在新的领域产生了大量专利，所以需要进行大量的提前部署。建议国内企业可以进一步关注与防御，贝尔直升机公司能否继续保持较高的专利申请量，需要随时保持数据的更新，以便更准确地判断其技术与专利的发展态势。

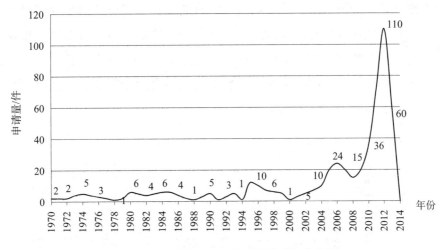

图 25　贝尔直升机公司专利申请时间分布图

2. 专利申请国家/地区分布

从图 26 可以看出贝尔直升机公司的直升机技术在多个国家或地区均有布局，由前段可知，其大部分相关专利的部署均在 2006 年之后，所以，其专利的部署呈现出较强的地域分化态势。在美国本土和欧洲地区，贝尔直升机公司分别有 495 件和482件专利申请，占比均接近26%，相对于同是美国本土的波音公司来说，其在直升机领域的专利部署要更具有侵略性，在欧洲的布局比波音公司占比要高，说明其在直升机技术上具有一定的技术实力，也有可能是由于开辟了新的技术领域，因此能短期内在美国和欧洲两大专利部署热点地区申请较多的直升机领域相关专利。除美国和欧洲外，贝尔直升机公司专利申请量排名第3和第4的是加拿大和中国，需要引起注意的是，在中国的专利申请量有近180件，相对于联合技术公司和波音公司来说，其对中国市场的重视程度要高出许多，因此对该批专利进行研究与分析，对了解和掌握贝尔直升机公司在华政策和动态具有一定的参考价值。

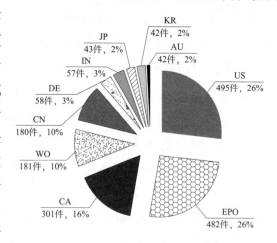

图26 贝尔直升机公司专利
申请国家/地区分布图

3. 专利申请技术领域分布

图27显示的是该公司直升机相关专利申请量前10位的技术领域分布，由该图可以看出排在技术前两位的是旋翼机及其特有的旋翼、用于控制叶片相对于旋翼毂的调节或运动，例如滞后提前运动的机构（B64C27/00、B64C27/54），排在第3位的是叶片运动的减震（B64C27/51）技术，与前几位竞争对手有所差异的是，贝尔直升机公司在叶片运动的控制和减震技术上具有较多的专利部署，说明其在叶片的运动控制领域具有较强的技术实力。

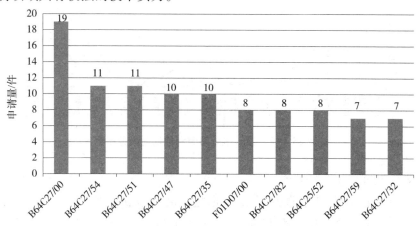

图27 贝尔直升机公司专利申请技术领域分布图

4. 国家/地区 – 技术领域分布

由图28可以看出，贝尔直升机公司各部分技术申请量在不同国家或地区有相应差别。在基础的旋翼机系统技术领域（B64C27/00），该公司在各个国家的专利申请分布都较为平均，部署策略一致，在美国本土和欧洲地区，专利的部署也较为平均，说明其技术发展和专利部署都较为均衡。值得关注的是，贝尔直升机公司在利用惯性效应的减震器（F16F07/10）技术领域，在不同的国家也具有一定的专利申请量，而且在中国的布局仅次于旋翼机系统技术领域（B64C27/00），可以对贝尔直升机公司相应布局作进一步的分析与研究，其在中国的专利部署技术领域较为均衡，且申请量也不小，体现了其在中国的均衡性专利部署策略。

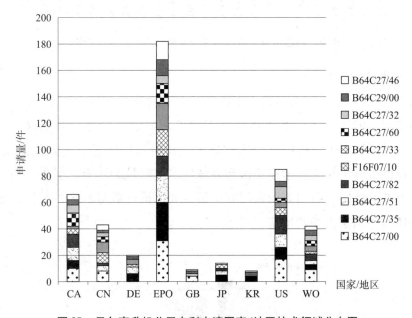

图28 贝尔直升机公司专利申请国家/地区技术领域分布图

（五）阿古斯塔·韦斯特兰公司

自成立至2014年，阿古斯塔·韦斯特兰公司在直升机技术方面共申请了专利855件，经过Inpadoc同族去重后剩下150项专利家族，即可认为是150个发明技术点。

1. 专利申请时间分布分析

图29显示了阿古斯塔·韦斯特兰公司直升机技术专利申请历年分布情况，由该图可知该公司的专利申请时间大量集中在1992年以前，从1992~2000年进入低位徘徊阶段。但进入21世纪之后，专利申请量有上升的趋势，可能跟2000年意大利的阿古斯塔公司与英国韦斯特兰公司合并，在技术上开始共同合作研发有关，这也表明该公司在直升机技术方面有不断的创新研发。

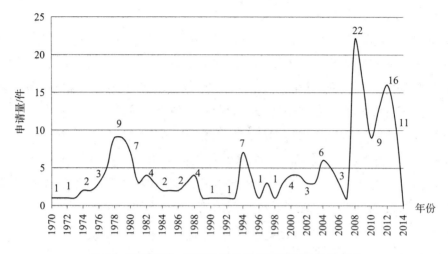

图29　阿古斯塔·韦斯特兰公司专利申请时间分布图

2. 专利申请国家/地区分布

从图30可以看出，阿古斯塔·韦斯特兰公司的直升机技术在16个国家或地区都有相关申请，但该公司专利申请量在不同国家或地区的分布有明显差异。在美国、日本、欧洲、英国、德国等国家或地区专利申请量明显高于其他国家或地区，说明该公司的直升机相关技术在美国和欧洲技术优势较为明显，另外，该公司在加拿大、俄罗斯、法国、中国等国家都有申请专利，虽然数量较少，但同样显示出该公司有开拓这些国家市场的预期或行动。

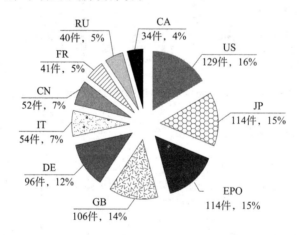

图30　阿古斯塔·韦斯特兰公司专利申请国家/地区分布图

3. 专利申请技术领域分布

图31显示的是该公司直升机相关专利申请量前10位的技术领域分布，由该图可以看出排在技术第1位的是旋翼机的旋翼（B64C27/32）技术，而且集中在有弹性接头的旋翼（B64C27/35），与专利集中在旋翼机系统的其他直升机竞争对手相

比，该公司技术集中度较高，除此之外，其在窗、门、舱盖或通道壁板、外层框架结构、座舱盖、风挡（B64C01/14）技术领域的专利分布也位居前列，这与其他竞争对手具有一定的区分度，说明其在本领域的技术上具有一定的独创性，在专利的部署上也具有一定的差异化战略。由以上可以看出，该公司申请专利覆盖直升机的多个领域，如直升机旋翼、总体设计、飞行控制等。

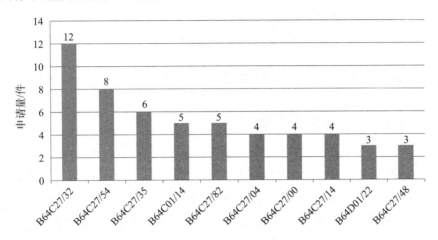

图31 阿古斯塔·韦斯特兰公司专利申请技术领域分布图

4. 专利申请国家/地区–技术领域分布

由图32可以看出，该公司各部分技术申请量在不同国家或地区有相应差别，首先从整体上看，该公司专利技术分布在国家方面保持较为均衡的态势，在德国、

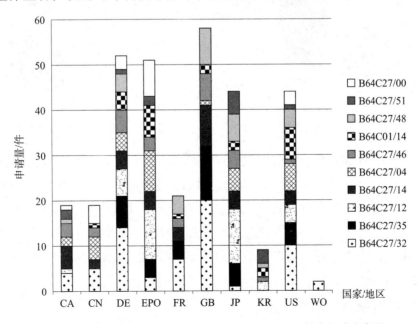

图32 阿古斯塔·韦斯特兰公司专利申请国家/地区技术领域分布图

英国、日本、美国均有较多的专利部署，值得关注的是，在其他竞争对手比较不重视的日本，该公司也有较多的相关专利部署。旋翼机的旋翼（B64C27/32）技术在各个国家均占有比较大的比重，有弹性接头的旋翼（B64C27/35）和舱门、舱盖或通道壁板、外层框架结构、座舱盖、风挡（B64C01/14）技术以及旋翼驱动装置（B64C27/12）。这些技术在各个国家均处于部署重点技术，该公司在亚洲地区的专利部署较多，技术领域也较为平均，值得关注的是，其在各个国家均部署较多的旋翼驱动装置（B64C27/12）技术专利，在中国却尚未开始部署，这值得关注。

六、中国直升机领域专利现状分析

（一）发明类型、申请人性质分布

在中国与直升机有关的专利约3814余件，按照发明类型分布如图33所示。

从图33中可以看出，国外公司经过PCT来华申请专利数量为602件，约占16%，实用新型占1/3强，除去国际申请，实用新型的占比会更高，可以看出中国本土申请人的整体专利质量并不是很高，当然这其中可能存在自然人申请实用新型比重大于企业申请实用新型比重的事实，图34反映了除国际申请（即国外公司来华申请，包括PCT渠道和直接申请）外，中国本土企业申请人性质分布。

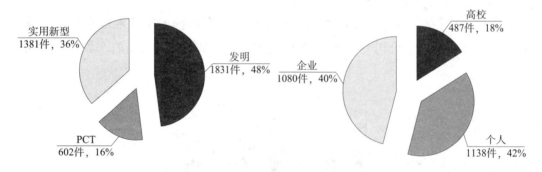

实用新型 1381件，36%
发明 1831件，48%
PCT 602件，16%

高校 487件，18%
企业 1080件，40%
个人 1138件，42%

图33　发明类型分布图　　　　图34　中国本土申请人性质分布图

从图34中可以看出，在直升机领域纯企业申请占40%，高校申请占18%，剩下的超过42%均为自然人申请，即为个人申请，我们知道，个人申请专利无论是在技术研发实力上还是在技术推广上均无法与企业相提并论，更不用说在知识面广、技术难度大、资金要求高的直升机领域，所以在中国的专利申请可以排除自然人的申请，除去之后，在中国与直升机有关的专利申请数为1567件。对比国际PCT专利申请数量为602件，国际质量申请在中国的申请比重约为28%。

（二）主要申请人分布分析

图35反映了中国前10位主要申请人专利申请情况，可以看出以下两方面。

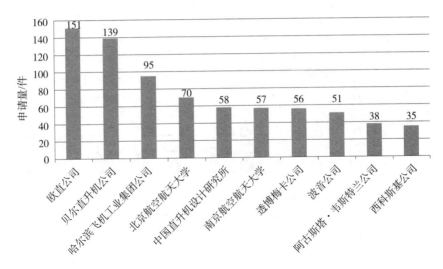

图35　主要申请人分布图

（1）在中国的直升机领域前10位申请人中有6位均为国外申请人，申请量的冠军、亚军均为国际主要直升机制造商——欧直公司和贝尔直升机公司，均大大超过中国本土企业排名第一的哈尔滨飞机工业集团公司（以下简称"哈飞"）的专利申请量，由此可以推测出国外公司已经在中国进行了一定量的布局，已经在中国专利领域谋取到一定的地位，为其垄断中国市场创造了有利条件，不排除在未来直升机领域可能会有专利争议、诉讼的存在，或在对外合作中产生，国外公司利用专利作为谈判筹码来对中国本土企业进行施压。

（2）截至2013年底，欧美公司在中国的申请，基本上与其在中国的市场占有相匹配。中国共有各类型直升机420余架，欧直公司在中国市场约有110架，占27%，属于领跑者；贝尔直升机公司为51架，约占12%，然而其在中国市场发展势头强劲，2013年，在中国交付数量增加了32%。欧美公司在中国的直升机占有量基本与其在中国专利申请量成正比关系。

图36反映了除国外申请人和自然人外，纯本土企业的专利申请排名情况，从图中可以看出，申请主要集中在哈飞、北京航空航天大学（以下简称"北航"）、中国直升机设计研究所（以下简称"直升机所"）和南京航空航天大学（以下简称"南航"），4位申请人，2家为高校，1家为直升机主要设计所，1家为主要制造商，如果加上我国不公开的国防专利制度，上述排名基本上对应了上述4位申请人在人们心中的印象。

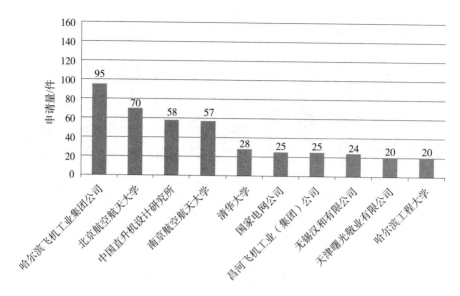

图36 本土企业主要申请人分布图

但是细细考察其背后情况，可以看出上述 4 位申请人竟然没有合作申请专利，即没有 1 件专利是合作完成的，不仅上述 4 位申请人，上述所有申请人亦是如此，这与国外申请人截然不同，以欧直公司为例，来华申请专利中就有 7 件合作申请，如表 1 所示。

表1 欧直公司部分专利列表

发明名称	申请日	申请号	申请人
具有有限根梢比的双掠式旋翼桨叶	20050727	200510002646.4	欧直公司；国家宇航学术及研究局
用于飞机旋翼的具有后掠翼梢的桨叶	20020116	97126455.4	欧直公司；国家宇航学术及研究局
具有旋转飞轮和行星齿轮系的防振装置	20060823	200610008223.8	欧直公司；阿蒂斯公司
具有两个机械入口的转矩限制器	20061101	200610066035.0	欧直公司；阿蒂斯公司
双输出电动机械马达	20060712	200510023100.7	欧直公司；阿蒂斯公司
使将叶片固定到旋翼飞行器旋翼轴毂上的结构锁定的设备	20060906	200610058044.5	欧直公司；阿蒂斯公司
设定一致的方法和系统及使用其的技术、驱动装置和飞行器	20070425	200610148684.5	欧直公司；阿蒂斯公司

（三）专利申请时间趋势分析

图37 展示了直升机领域专利时间分布的 3 种情况，分别是未作区分下的专利

申请总体申请趋势、去个人申请后的申请时间趋势和去个人申请、PCT 后的申请时间趋势。

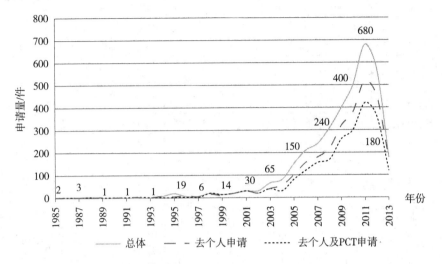

图 37　专利申请时间分布图

从图 37 中可以看出，从总体上看，3 条曲线趋势基本一致。1985～2005 年 20 年间，专利申请整体呈平稳态势，2005 年后，专利申请突然呈现爆发式增长，这与中国直升机领域新的立项以及中国经济总量已经位列世界亚军有关。然而在民用直升机保有量却只有 381 架这样的大背景下，直升机数量与经济总量极不相称，不说与发达国家比，与巴西这样的发展中国家比也逊色很多。

图 38 为国外申请人在华申请时间趋势，从该图中可以看出，国外申请人早在 2003 年就加强了在中国的专利布局，可以预估，这种趋势还会持续下去，在这场专利较量中，中方企业还需要加强努力。表 2 展示的是 2005 年至今，在直升机及关键技术传动系统和旋翼系统领域，中国专利申请量猛涨的主要申请人。

图 38　国外申请人在华申请时间趋势图

表2 2005~2014年主要专利申请人分析表

年份	通用电气	阿古斯塔·韦斯特兰公司	北京航空航天大学	贝尔直升机公司	波音公司	昌飞公司	国家电网	哈飞公司	哈尔滨工程大学	空中客车公司	南京航空航天大学	欧直公司	清华大学	斯奈克玛公司	天津曙光	透博梅卡公司	无锡汉和公司	西科尔斯基公司	中国直升机设计研究所
2005	1	0	0	10	0	0	0	0	0	1	12	0	0	0	0	0	0	1	0
2006	0	0	0	16	0	0	0	0	1	3	0	17	0	1	0	0	0	8	0
2007	1	1	2	9	3	0	0	1	0	1	2	15	0	0	0	2	0	0	1
2008	4	1	7	4	2	7	0	0	0	1	19	0	1	0	6	0	0	0	0
2009	1	9	5	15	5	2	1	0	2	0	3	16	0	2	0	7	0	0	9
2010	4	6	8	9	3	6	7	7	10	4	9	12	19	9	0	13	4	0	9
2011	5	6	6	10	2	3	4	15	3	6	7	11	4	11	8	16	4	0	14
2012	7	10	20	16	17	6	0	32	1	5	12	12	4	6	11	10	6	0	11
2013	5	5	8	33	15	0	11	26	2	4	12	19	0	0	1	8	0	0	10
2014	0	0	6	5	4	1	2	7	0	1	8	0	0	0	1	0	2	0	0
小计	28	38	62	127	51	25	25	88	19	29	55	133	27	30	20	55	24	9	54
序号	1	2	3	4	5	6	7	8	9	10	11	12	13	14	15	16	17	18	19

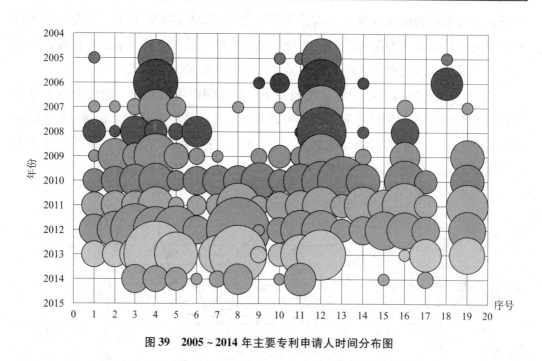

图39 2005~2014年主要专利申请人时间分布图

从表2和图39中，可以一目了然地看出，是哪些公司对2005~2014年的专利申请量猛涨趋势起到主要作用。具体来讲：

（1）国外公司专利申请数量整体上呈平稳增长的态势，无论是美国通用电气公司还是阿古斯塔·韦斯特兰公司都是稳中有增；但是国外申请人也存在一定的差别，如贝尔直升机公司在2013年申请量猛增到33件，可以联想到上文提到的2013年在中国交付直升机增加33%的数据，可以窥见一斑，欧直公司申请量一直都保持在较高的水平。

（2）国内企业增长较快，尤其是以哈飞为代表，可以说明两个问题，一是国内企业知识产权保护意识有所提高和增强，二是可能有更多新入行的企业，如天津曙光敬业有限公司（以下简称"天津曙光"）、无锡汉和航空技术有限公司（以下简称"无锡汉和"）等企业。

（3）与大部分企业申请趋势不同的是，西科尔斯基公司在2007～2014年没有专利申请，呈现出和欧直公司、贝尔直升机公司截然不同的态度，值得关注。

（四）专利申请技术领域分布

在中国与直升机有关的专利申请技术领域分布，分别如图40、图41所示，其中图40表示中国本土企业、高校专利申请技术领域分布，图41表示国外公司专利申请技术领域分布，表3表示技术领域代表的技术含义。

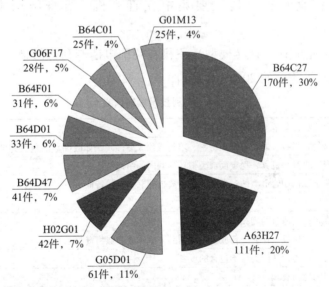

图40 本土专利申请人（除个人申请）主要技术领域分布图

从图40和图41中可以看出：

（1）我国本土企业专利技术主要集中在直升机（特有的旋翼）（B64C27）、玩具飞机（A63H27）、驾驶仪表（G05D01）、系统安装维护上（H02G01），其中，玩具飞机（模型）占到20%；

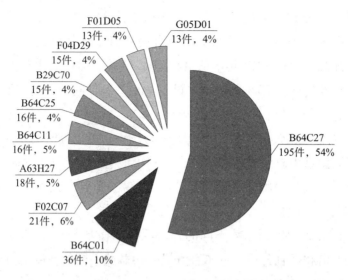

图41 国外专利申请人（除个人申请）主要技术领域分布图

（2）我国本土企业直升机专利申请技术较为分散、集中度不高，直升机（特有的旋翼）仅占30%，国外企业占比高达54%，而且绝对数量也低于国外企业；

（3）国外企业专利申请主要集中在直升机、机身结构本身（B64C27、B64C01）；

（4）国外企业也有玩具（模型）飞机在我国申请专利，但是其占有量仅为5%（18件），大大低于我国的20%（111件）。

表3 专利技术领域含义

A63H27	玩具飞机；其他飞行玩具
B29C70	成型复合材料，即含有增强材料、填料或预成型件（例如嵌件）的塑性材料
B64C01	机身、机身、机翼、稳定面或类似部件共同的结构特征
B64C11	螺旋桨，例如管道型的；螺旋桨和旋翼机旋翼共有的特征
B64C25	起落架
B64C27	旋翼机；其特有的旋翼
B64D01	在飞行中抛投、弹射、释放或接收物品、液体或类似物资
B64D47	在飞行中抛投其他类目不包含的设备
B64F01	飞机的地面设施
F01D05	叶片；叶片的支撑元件
F02C07	部件、零件或附件；喷气推进装置的进气管
F04D29	发动机控制，尤其适用于发动机所驱动的装置，该装置不是发动机工作的基本部件或附件，如用外部信号控制发动机
G01M13	机械部件的测试（齿轮或传动机构或轴承）
G05D01	陆地、水上、空中或太空中的运载工具的位置、航道、高度或姿态的控制，例如自动驾驶仪
G06F17	特别适用于特定功能的数字计算设备或数据处理设备或数据处理方法
H02G01	专用于安装、维护、修理或拆卸电缆或电线的方法或设备

图 42、图 43 分别是本土企业和国外企业除玩具飞机（模型）之外排名前 5 的技术时间趋势图。

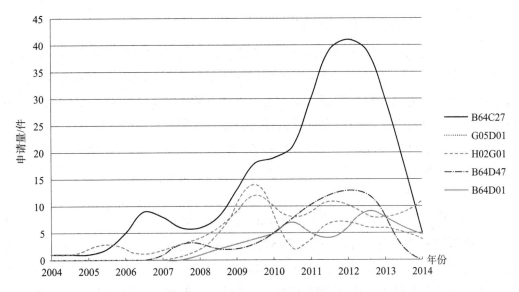

图 42　本土企业排名前 5 的技术（除玩具飞机之外）历年分布图

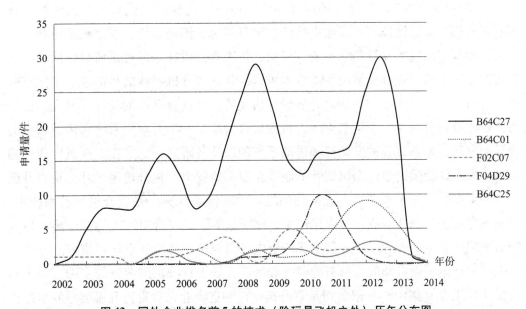

图 43　国外企业排名前 5 的技术（除玩具飞机之外）历年分布图

结合图 42、图 43 可以看出：

（1）在直升机（旋翼）技术领域，本土企业在逐渐加强，一路高歌猛进，每年都在创新高，反观国外企业，则与之不同，显示出反复振荡的特征；

（2）本土企业与直升机直接相关的技术专利申请在逐渐增多，而国外企业则不然，有的技术趋于减少，有的则在进一步加强，有的则是从无到有。

七、国内直升机产业对专利联盟的需求分析

(一)产业结构及专利技术分布

我国直升机产业若想赢得国内市场,挺进国际市场,并获得持续发展,必须发展自主专利技术,并且应该能够并熟练应用国际市场规则。前述文章中已指出,国外企业和国内企业已经在中国直升机市场上进行专利技术申请布局,充分说明形势的严峻性。建立直升机产业的专利联盟是各企业为发展直升机创新技术、联合国内同行共同发展的共同愿望。专利联盟有利于使我国直升机产业的专利技术形成合力以应对国际竞争对手的专利围攻,提升整个产业的竞争力。

1. 国内直升机产业结构分布

目前,国内与直升机生产相关的企业有近百家,我国直升机行业的产业结构形式还处在以国家队为主,合资企业、民营企业为辅的局面。从产业链划分为直升机技术理论研究、整机科研设计、整机生产制造、部件科研设计、部件生产制造、机载设备研制、直升机售后服务保障等项。直升机与固定翼飞机技术上最大区别在于直升机特有的三大"动部件"即旋翼系统、传动系统和发动机系统及其匹配性技术。直升机产业关键技术主要集中体现在旋翼系统、传动系统、发动机系统和总体气动构型等。南航、北航是学术研究机构,负责直升机技术的理论研究,同处于直升机产业链上的企业合作解决相关技术难题,处在直升机产业的最前端。中国直升机设计研究所是我国唯一一所直升机设计研究所,负责直升机的设计及研究,处于直升机产业链的前端。中国航空动力机械研究所是直升机发动机系统和传动系统的设计研究所,负责直升机发动机和传动系统的设计及研究,也处在直升机产业链的前端。保定螺旋桨制造厂是尾桨叶的制造企业,负责生产直升机尾桨叶,是直升机产业的配套厂,处于直升机产业链的中端。中南传动机械厂是直升机传动系统中、尾减速器的生产制造企业,负责生产中、尾减速器,是直升机产业的配套厂,也处于直升机产业链的中端。中国航空无线电电子研究所和北京航空材料研究院分别进行航空机载电子设备和航空材料的研究和制造,处于直升机产业链的中端。哈飞和昌河飞机工业(集团)有限公司是直升机生产制造企业,负责直升机型号的生产总装和销售,处于直升机产业链的后端。中国南方航空动力机械公司和哈尔滨东安发动机(集团)有限公司是直升机发动机和传动系统的生产制造企业,负责直升机发动机和传动系统的生产总装和销售,处于直升机产业链的后端。天津曙光和无锡汉和等属民营企业,主要生产、销售小型直升机和无人直升机,它们自成体系参与市场竞争。

面对作为国内直升机产业发展关键技术的旋翼系统、传动系统、发动机系统

等，国外企业早已在我国进行专利申请布局，专利申请主要集中在直升机旋翼（B64C27）、机身结构本身（B64C01）；而我国企业因各自处在产业链的某一节点，专利申请技术较为分散、集中度不高，直升机特有的旋翼系统仅占很少一部分，无法实现协调、统一，需要有一种组织形式，将各企业联合起来，共同应对国外专利联盟或跨国公司专利挑战，促进行业产业升级，放大企业专利技术的扩散效应，实现专利技术之间的协同效应，形成企业竞争的新形式，给企业带来商业利益。国内主要直升机研制及生产企业、院所主营业务如表4所示。

表4　国内主要直升机研制及生产企业主营业务统计表

序号	单位名称	主营业务	产业链位置	企业性质	企业地点
1	直升机所	直升机型号科研和设计	前端	事业	景德镇
2	哈飞	直升机型号及主旋翼系统生产和制造	后端	企业	哈尔滨
3	昌河飞机工业（集团）有限公司	直升机型号及主旋翼系统生产和制造	后端	企业	景德镇
4	保定螺旋桨制造厂	直升机尾桨叶生产和制造	中端	企业	保定
5	中国航空动力机械研究所	直升机传动系统及发动机科研和设计	前端	事业	株洲
6	中国南方航空动力机械公司	直升机发动机生产和制造	中端	企业	株洲
7	哈尔滨东安发动机（集团）有限公司	直升机传动系统生产和制造	中端	企业	哈尔滨
8	中南传动机械厂	直升机尾减速器生产和制造	中端	企业	长沙
9	南航	直升机理论技术研究	超前端	事业	南京
10	北航	直升机理论技术研究	超前端	事业	北京
11	天津曙光	小型直升机生产和制造	前中后端	民企	天津
12	无锡汉和	小型直升机生产和制造	前中后端	民企	无锡
13	中国航空无线电电子研究所	直升机航电设备研制	中端	事业	上海
14	北京航空材料研究院	直升机复合材料研制	中端	事业	北京

可以看出，国内目前直升机产业的企业、院所结构相对独立、地域分散，且国有企业均处在直升机产业链中的某一节点上，民营企业则包含全产业链。目前，各企业专利创新技术发展上均呈现各自为战、自行发展的格局。

2. 国内直升机企业专利技术分布情况

目前国内企业已经开始在国内布局相关专利（见表5），专利数量相对较少。而且，与国际跨国直升机企业相比，各企业在专利布局方面还存在规划性不高、针对性不强、专利申请质量有待提高等突出问题。

表5　国内主要直升机研制及生产企业专利数量统计表

序号	单位名称	专利总量	发明	实用新型	外观设计	联合申请
1	直升机所	271	126	130	15	无
2	哈飞	1092	478	568	46	有
3	昌河飞机工业（集团）有限公司	139	43	92	4	无
4	保定螺旋桨制造厂	9	0	9	0	无
5	中国航空动力机械研究所	538	224	310	4	无
6	中国南方航空动力机械公司	76	5	40	31	无
7	哈尔滨东安发动机（集团）有限公司	425	199	224	2	无
8	中南传动机械厂	28	12	16	0	无
9	南航	7440	6603	781	56	有
10	北航	15280	14641	619	20	有
11	天津曙光	37	18	18	1	无
12	无锡汉和	48	15	30	3	无
13	中国航空无线电电子研究所	342	291	51	0	有
14	北京航空材料研究院	787	714	72	1	有

上述各企业、院所相对独立，行政上前4位企业属中航工业直升机公司负责管理，后4位企业归中航工业发动机公司负责管理，往后两位归属教育部管理，再后两位属民营企业，最后两位属中航工业其他子公司管理。要把不同归属的独立企业进行专利创新技术联合，则需通过专利联盟的方式进行。从专利管理上讲，各企业、院所都希望有专门的机构领着整合现有专利资源、共同走向市场。

各企业、院所主要专利技术领域分布如图44～图57所示。

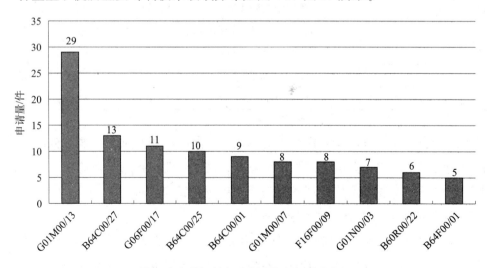

图44　直升机所专利申请技术领域分布图

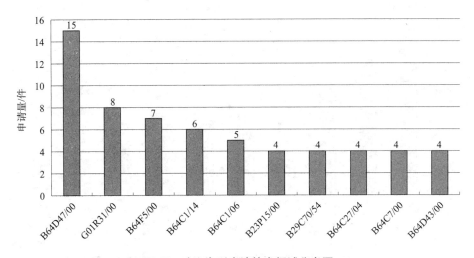

图45 哈飞专利申请技术领域分布图

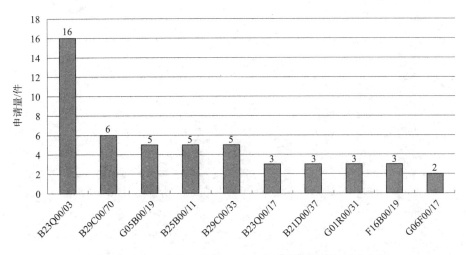

图46 昌河飞机工业（集团）公司专利申请技术领域分布图

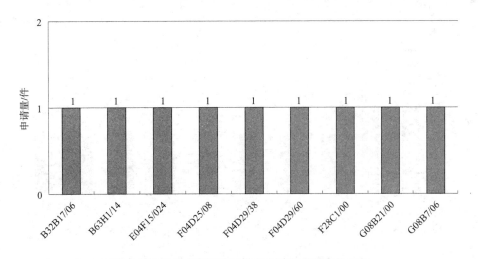

图47 保定螺旋桨制造厂专利申请技术领域分布图

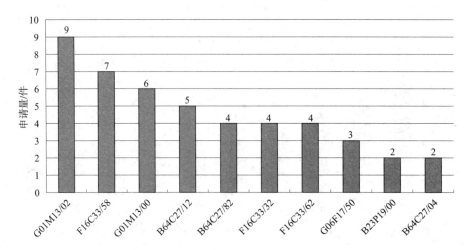

图48　中国航空动力机械研究所专利申请技术领域分布图

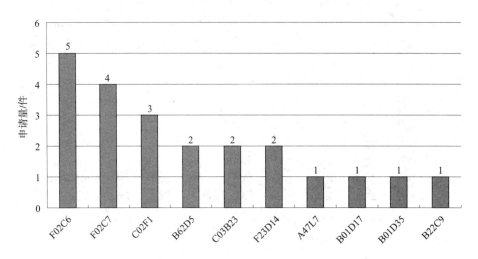

图49　中国南方航空动力机械公司专利申请技术领域分布图

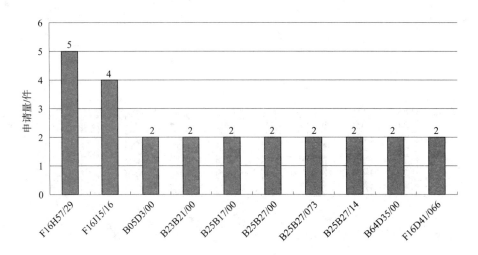

图50　哈尔滨东安发动机（集团）公司专利申请技术领域分布图

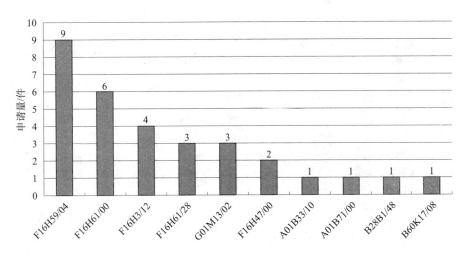

图51　中南传动机械厂专利申请技术领域分布图

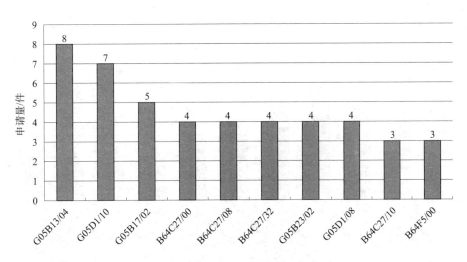

图52　南航专利申请技术领域分布图

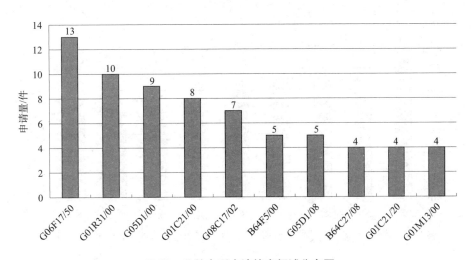

图53　北航专利申请技术领域分布图

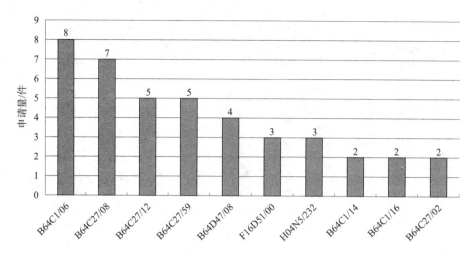

图 54　天津曙光专利申请技术领域分布图

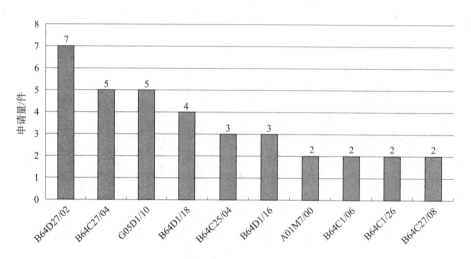

图 55　无锡汉和专利申请技术领域分布图

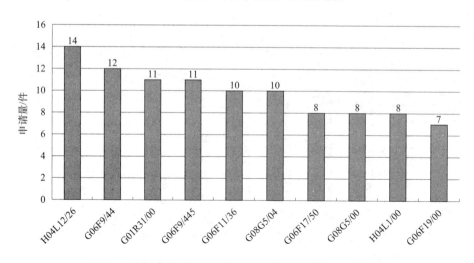

图 56　中国航空无线电电子研究所专利申请技术领域分布图

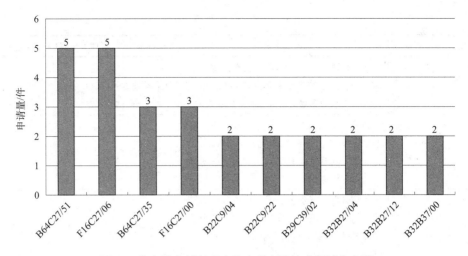

图 57   北京航空材料研究院专利申请技术领域分布图

从图 44~图 57 和前文中国直升机领域专利现状分析中可以看到，国内直升机企业、院所专利申请技术领域较为分散、集中度不高，在直升机特有的旋翼系统（B64C27）和传动系统（G01M13）方面所拥有的专利数量不多，国内企业、院所有一个明显的特点就是除哈飞、南航、北航、中国航空无线电电子研究所、北京航空材料研究院有合作申请的专利外，其他企业、院所几乎没有合作申请专利；且包括南航、北航在内，直升机行业中的各企业、院所之间没有 1 件合作申请的专利，说明目前直升机企业、院所之间的专利技术合作非常少，共同涉足直升机关键技术领域的联合研发严重不足。为此，需要有一中间组织作为桥梁，引导和沟通各企业、院所的专利技术发展策略。

（二）国内直升机企业专利管理现状及机构情况

国内直升机企业大部分在中航工业集团公司旗下，目前在中航工业集团公司知识产权办公室指导下开展专利申请等相关工作。国内主要直升机研制及生产企业、院所专利管理现状见表 6。

表 6   国内主要直升机研制及生产企业、院所专利管理现状表

序号	单位名称	专利管理现状	管理机构属性	管理人员属性	是否愿意入盟
1	直升机所	在中航工业集团公司知识产权办公室引领下，开展专利挖掘、申报等工作。三级管理模式，设有知识产权管理委员会、办公室和基层联络组，专利申请年增长率20%以上，建立了专利管理信息平台，已开展型号或项目的专利技术全过程管理，并实施了专利许可	挂靠科技委	3人专职	是

续表

序号	单位名称	专利管理现状	管理机构属性	管理人员属性	是否愿意入盟
2	哈飞	二级管理模式，设有知识产权管理委员会和办公室，专利申请年增长率35%以上，已开展型号或项目的专利技术全过程管理	挂靠科技委	2人专职	是
3	昌河飞机工业（集团）有限公司	二级管理模式，设有知识产权管理委员会和办公室，专利申请年增长率20%以上，建立了专利管理信息平台，对专利技术进行全过程管理	挂靠技术中心	2人兼职	是
4	保定螺旋桨制造厂	集中式管理，技术中心统一管理公司的知识产权工作，运用质量过程原则开展企业商业秘密认定工作流程化、规范化和标准化	挂靠技术中心	1人兼职	是
5	中国航空动力机械研究所	三级管理模式，专利申请年增长率20%以上，已开展科研或项目的专利技术全过程管理	挂靠科技委	2人专职	是
6	中国南方航空动力机械公司	二级管理模式，专利申请年增长率20%以上，已开展型号或项目的专利技术全过程管理	挂靠技术部	2人兼职	是
7	哈尔滨东安发动机（集团）有限公司	二级管理模式，设有知识产权管理委员会和办公室，专利申请年增长率20%以上，已开展产品或项目的专利技术全过程管理	挂靠技术中心	2人兼职	是
8	中南传动机械厂	集中式管理，技术处统一管理公司的知识产权工作	挂靠技术处	1人兼职	是
9	南航	集中式管理，年专利申请1000件以上，已有专利技术转化及专利许可，开展专利技术合作并联合申报	挂靠科技部	1人专职	是
10	北航	集中式管理，年专利申请1200件以上，已开展专利技术转化，开展专利技术合作并联合申报	挂靠科技部	1人专职	是
11	天津曙光	集中式管理，技术部统一管理公司的知识产权工作	挂靠技术部	1人兼职	是
12	无锡汉和	集中式管理，产品部统一管理公司的知识产权工作	挂靠产品部	2人兼职	是
13	中国航空无线电电子研究所	二级管理模式，专利申请年增长率20%以上，已开展科研或产品的专利技术全过程管理	挂靠科技部	1人兼职	是
14	北京航空材料研究院	三级管理模式，有较完善的管理制度，与政府联系密切，开展了专利评估，专利申请年增长率20%以上	挂靠科技部	1人兼职	否

从表 6 中可以看出，各企业、院所在专利管理方面的人力资源相对较少，且大部分挂靠在其他部门之中，均为常规管理模式，主要开展专利申报和简单的项目过程管理，在专利许可和专利技术转化方面所做之事较少。这说明在专利技术挖掘和专利进入直升机产业市场运作方面的能力和精力均显不足，需要有龙头企业引领参与市场之中。

（三）建立直升机产业专利联盟之功效

我国直升机产业发展已有几十年的历史，如何提升我国直升机企业的竞争力成为一个迫切的现实问题。国家把增强自主创新能力作为国家发展战略，摆在经济社会发展的突出位置，为重塑我国企业比较优势、提升我国企业竞争力指明了新的方向。然而自主创新是一项长期战略，其实施的过程需要具体措施的支撑，专利联盟作为一种企业竞争战略，能够有效提升我国直升机企业的竞争力。专利联盟作为直升机企业组织形式，通过一定的专利组合或者搭配，可以在很短时期内改变直升机产业的竞争态势，为企业带来多重价值。

专利联盟对提升我国直升机企业竞争力具有重要的现实意义，主要表现在以下 5 方面。

（1）专利联盟有利于国内直升机企业专利技术的合作与推广。组建专利联盟，可以加强各企业之间的技术协作，使企业在实力弱小的情况下，凝聚集体的力量去对抗实力强大的跨国公司。一方面，有限的专利技术能够在更大范围内得到共享与推广；另一方面，又能够获得更多的技术创新资源。专利联盟的建立有利于推动技术标准的建立，增强我国直升机企业在未来国际产业标准中的发言权。

（2）专利联盟是有效应对跨国公司层出不穷的专利进攻的有效武器。跨国公司除了拥有巨大的专利技术实力之外，还具有很强的专利组织能力。为了达到控制中国市场的目的，跨国公司的专利进攻策略层出不穷。在这种情况下，国内直升机企业组建专利联盟，在联盟企业内实现专利的免费共享，不仅可以使我国的专利技术免遭淘汰，还能为我国直升机企业的技术推广找到出路。

（3）专利联盟能有效提升我国直升机企业的竞争力。与专利技术实力相比，我国企业的专利组织水平更加落后。虽然我国直升机企业的专利技术实力难以在短期内大幅提升，但是要想在短期内提高专利组织水平却并非难事。面对实力悬殊的跨国公司的专利进攻态势，采取灵活多样的专利组织形式以发挥现有专利资产的效能，应当是当前一段时期提升我国直升机企业竞争力的切实有效手段。我国直升机企业由于专利资产太少，暂不具备专利许可的条件，但是却具备将现有专利资产组织起来形成专利联盟的条件。要想突破"围城"，必须以行业或相关技术为基础拧成一股绳，组建专利技术联盟。目前我国直升机专利大多数处于闲置状态，如果这些大量闲置的专利通过联盟的形式得到有效的组织和利用，则对提升我国直升机企业的竞争力将起到巨大作用。

（4）直升机产业专利联盟在成本方面可一定程度上降低累积创新专利所带来的协调成本、机会主义成本和诉讼成本等交易成本。将众多专利汇集为一个整体对外进行专利许可，可以大大降低专利的协调成本。通过专利交叉许可行为，可以使专利联盟内的企业获得所需的专利技术，从而避免昂贵的诉讼成本。

（5）直升机产业专利联盟的合作协议能够清除专利阻碍和鼓励发展，且能够获得极高的效率，具有一定促进竞争的效应，实现专利联盟企业"共赢"结果。

八、国内直升机产业专利联盟方案及组建

（一）直升机产业专利联盟组建形式

目前，中国直升机行业的产业结构还处于以国家队为主，合资企业、民营企业和个人为辅的局面，要应对国外企业或跨国公司的竞争还是需要靠国营企业。依据中国直升机企业结构处于产业链各节点上的具体情况，按照前文的理论研究分析，直升机产业专利联盟的组建可采用"复合式"分步走的方式，即初始组建阶段采用相互合作型组织形式，待专利联盟经营或成员发展到一定阶段可采用社会团体方式，在专利联盟的成熟阶段可采用第三方的独立运作模式。在组建专利联盟管理机构时，可根据专利联盟长远发展目标和具体运行特点，经专利联盟内成员协商达成一致协议，选择一种适合自身发展的组建方式。

合作型组织是指由核心主导企业牵头，联合专利联盟成员企业通过签订一系列合作协议，使各自拥有的专利能够得到最广泛的使用、管理，实现产业知识产权联盟的管理和运营。

社会团体方式是指由专利联盟企业通过设立社会团体共同参与协会的组织管理和运营。

第三方的独立运作模式是指专利联盟企业通过新设立专业化的企业法人机构，实现产业知识产权联盟的管理和运营。专利联盟成员企业是该独立企业的法人股东，各企业可以全心去做自己其他的工作。

（二）直升机产业专利联盟建设规划

1. 国内直升机产业专利分布与竞争状况

从前面文中的分析研究中可知，目前直升机产业专利技术分布有3个层次：第一层次是欧洲、美国；第二层次是意大利、德国；第三层次是中国、巴西等。从整体上看，直升机行业专利以国外为主，主要分布在发达国家，如美国、欧洲等国

家/地区。中国直升机行业专利竞争比较分散，且未产生垄断专利。

目前，在国家产业政策的倾斜及国家知识产权战略的指引下，国内直升机企业专利数量出现了大幅增长的趋势，中国与国外在直升机产业专利技术上的差距将越来越小，此外，我国对自主知识产权研发和保护的逐步重视以及直升机产业国际化趋势，都促使我国直升机专利在追赶国外发达国家的步伐上越来越块。从前述文章中可知，中国直升机企业近些年专利数量增长较快，但核心专利未能体现，专利许可和专利技术转化的不多，进入直升机市场的源动力不足。

2. 直升机产业专利联盟成员及建盟牵头机构选择

目前，中国直升机机市场机型发展趋势为轻型涡轴直升机，中/重型民用直升机，高速旋翼机及电动直升机等，直升机产业市场关键技术发展趋势为旋翼系统和传动系统的设计、制造技术等，传动系统相对薄弱并制约着产业技术的发展。为了有效联合中国直升机行业上、中、下游企业和院所，寻找行业专利战略伙伴，实现直升机市场和直升机技术关键技术的有序发展，按照中国直升机产业的结构特点和对各企业、院所入盟的意愿调查，目前，可选择直升机所、哈飞、昌河飞机工业（集团）有限公司、保定螺旋桨制造厂、中国航空动力机械研究所、中国南方航空动力机械公司、哈尔滨东安发动机（集团）有限公司、中南传动机械厂、南航、北航和航空工业信息中心等作为初始入盟的企业。

直升机所是中国唯一一所以直升机型号研制和直升机技术预先研究为使命的大型综合性科研院所。哈飞和昌河飞机工业（集团）有限公司是我国仅有的两大直升机制造企业及直升机科研生产基地，两者均制造并交付了多型直升机，拥有丰富的直升机和旋翼生产技术和经验。保定螺旋桨制造厂是直升机尾桨叶制造企业，为直升机主机厂的配套厂。中国航空动力机械研究所、中国南方航空动力机械公司、哈尔滨东安发动机（集团）有限公司、中南传动机械厂等是直升机特有的传动系统及直升机发动机的科研院所、生产厂和配套厂，在传动系统和发动机技术上积累了多年的研发生产经验。南航是我国在直升机学科技术研究上人才、成果最多的科研院校，设有直升机旋翼动力学国家级重点实验室；北航是我国航空航天学术权威院校，在直升机技术发展研究上势头强劲。航空工业信息中心是中国航空工业集团公司的知识产权管理机构，有着丰富的专利管理经验，且有一批对专利许可、转让、侵权、诉讼等事项均熟知的专业法务人才。

从目前的情况来看，直升机产业专利联盟的建设处于启蒙阶段，由一家在产业链上有一定影响的行业核心企业来牵头建立联盟之事比较适宜。首选可为直升机所，其次可选择航空工业信息中心。直升机所是我国直升机行业设计的龙头企业，拥有覆盖直升机研发的总体气动、结构强度、旋翼设计、航电火控、飞行控制、液压传动、环境控制、信息技术等近百个专业的设计能力，拥有 16 个设计试验研究室及一个试制工厂。直升机所设计手段先进，技术开发力量雄厚。建所 40 多年来，先后承担和完成了直 –8、直 –9、直 –11 和新型直升机等 30 多个直升机型号及其改型研制任务和直升机关键技术的预先研究工作等。在直升机专用核心技术的旋翼系统中，直升机所通过完成国家"九五"重点预研项目"直升机旋翼系统原理样机"的研制和飞行试验，使我国拥有了自己研制的旋翼系统，同时还掌握了以球柔型桨毂和先进复合材料桨叶为代表的第三代旋翼系统的关键技术。直升机所与南航、北航在直升机技术多项预先研究项目和直升机型号研制中均有合作，与哈飞、昌河飞机工业（集团）有限公司等企业在直升机型号生产制造和科研试飞项目中均有密切合作，与中国航空动力机械研究所、中国南方航空动力机械公司、哈尔滨东安发动机（集团）有限公司等企业、院所也有密切的技术合作，且在直升机技术方面拥有的专利数也有近 200 项之多。因而，直升机作为建盟牵头单位是合适的。航空工业信息中心是中航工业集团公司知识产权的最高管理机构，该机构对中航工业集团公司旗下的直升机企业的专利技术申请数量、法律状态、技术水平、许可状况和转让情况等现状非常了解，指导了近 200 家企业开展知识产权的管理工作，通过推进集团知识产权"专利工程"一期、二期的工作，积累了众多知识产权方面的管理经验，且该机构拥有 40 多名知识产权方面的专业人才，还有 10 多名法律专业的人才，在组建联盟方面优势明显。

3. 直升机产业专利联盟的运行机制和保障

专利是专利联盟的核心内容，是专利联盟获取效益的载体，专利联盟的一切运作都是围绕专利而进行的。其中，对于专利的开发尤其重要，它是整个专利联盟生命力的源泉，也是专利联盟核心竞争力的来源，更是专利联盟发展的原始动力和根本保障。专利联盟必须通过专利的筛选、开发来不断扩大专利池的范围，不断增大社会影响力，甚至最终形成行业标准，从而发挥专利的最大效益。根据上述专利联盟成员企业的选择和目前国内知识产权管理环境，直升机产业专利联盟运作应朝着积极梳理核心专利、必要专利，开展企业技术合作，参与国际技术合作，坚持走自主研发的道路，加大自主知识产权的保护力度等方向发展。专利联盟的运行机制和保障分两个阶段进行。

第一阶段：专利联盟的组建初期。

直升机产业专利联盟的结构分布形式为各企业处在产业链不同位置，因而应由直升机产业核心企业牵头，用独任管理模式建立相关技术的专利联盟。核心企业在专利联盟中应该扮演好组织者、决策者、协调者的角色。核心企业拥有行业内一定量的重要专利，具有较强的行业影响力，可以发动行业内或相关行业的企业来组建专利联盟，成为专利联盟的发起者、组织者、协调者和决策者。

从前述文章中可以看到，在直升机产业链的企业中，中航工业集团公司下属直升机公司是国家直升机行业的主管部门，而直升机所是集直升机型号设计和研究的科研院所，由其作为核心企业牵头最适宜。该所在直升机关键技术上拥有的专利技术相对较多，且在直升机行业的影响力较大，其与南航、北航等院校和哈飞、昌河飞机工业（集团）有限公司、哈尔滨东安发动机（集团）有限公司均有较多业务技术往来，且战略目标定为"引领直升机技术进步，推动直升机产业发展"，直升机所作为专利联盟核心企业牵头完全可行。

在初期阶段，专利联盟运作的总体目标在于做好基础性的管理工作，为后续专利联盟规范、有序、有效的运作作准备。专利联盟主要开展以下6方面工作。

（1）规范各专利联盟企业内部自身知识产权的管理

从我们调研各企业专利管理的情况来看，大部分直升机产业企业没有对企业申请或授权的专利进行技术评估，因而有必要在企业内部对产品或技术的专利进行归档保护。从前述文章中可以看到，拟选入的专利联盟企业还是有一定的专利申请量，但在遴选核心专利、必要专利方面所做的工作较少，各企业还处在专利自我管理层面，未站在直升机产业层面开展专利管理工作，这对直升机产业发展是不利的。

（2）对专利申请联盟专利池入池专利的筛选

专利申请联盟各成员拥有的必要专利是构建专利池的基础，而专利池汇集专利的"质"和"量"，又是专利申请联盟制定技术标准和对外许可谈判的重要筹码。因此，构建专利池应对入池的专利进行筛选，防止非必要专利的进入。目前前述直升机产业企业成员专利的年申请量均达到20%的增长率，但在专利质量和方向上还有待提高。需要核心企业组织梳理出对直升机产业有利的必要专利进入联盟专利池。

判定一项专利能否进入专利池的最终标准是：该项专利是否为某一技术领域内相互补充的必要专利，即在某一技术标准推行过程中不可避免会涉及的专利。必要专利又称核心专利或基础专利，是指经技术标准体系认定是该技术标准体系所必不可少的一项技术，且该技术是一项专利技术而被专利权人所独占。判定一项专利为必要专利必须符合3个要素，一是该专利与本专利池有着密切的联系；二是专利池中无两种或两种以上相同或类似作用专利存在；三是专利池中专利对本专利池具有积极作用，具有不可替代性。

（3）组建专利联盟专利评估专家库

直升机产业技术会涉及许多专利，但最终进入专利池的只能是其中的必要专利。在构建专利池之前一般都要进行专利评估，以确定哪些专利是可以放入专利池中的必要专利。评估工作可交由独立的第三方执行，也可在行业中挑选一些资深技术专家和专利专家，组成专利评估专家库。评估的结果并非一成不变，随着专利授权情况和技术的变化，评估机构需要不断地进行技术跟踪和评估。超出有效期的专利会被剔除出专利池，新授权的必要专利会被加入。因此，专利池中的专利数量会不断变化，专利池的成员也不断调整。一般而言，专利池中的专利数量和专利池成员数会逐渐增长。

（4）专利联盟应形成对内和对外的许可制度并规范化管理

在专利联盟初始阶段，专利许可交由牵头企业组织执行，只是进行单项许可活动。单向专利许可是一种有关专利的相关权能（如所有权、使用权、产品销售权、专利申请权等）在许可双方的单向流动，其实质上是一种契约或合同。对内一般通过交叉许可使得池内成员获得整个专利池，同时各成员须把基于该专利池技术所得到的新专利重新回授给专利池。对外通常采用一站式许可方式，实现对加入专利池的必要专利进行统一许可，牵头机构负责管理池内必要专利的相关事务，池内专利使用由牵头机构统一与用户协商或由专利持有人与用户直接协商。

（5）建立进行的联盟企业的技术交流平台

对于专利联盟而言，专利作为一种特殊资源是进行的联盟竞争优势的主要来源，它决定了专利联盟的合理性和优越性。专利联盟中所包含的"必要专利"对于专利池不可或缺，各个成员企业提供的"必要专利"往往具有极强的互补性，其在技术资源价值创造方面能够产生强大的协同效应，这使得进行的联盟结构在较低的控制条件下也可保持较强的稳定性和持续性。要想让专利联盟的成员企业能够发挥出这种互补共进的协同效应，各成员企业间畅通的技术交流必不可少。目前，直升机所拥有较多的信息技术人才和信息技术能力，已构建了景德镇和天津两地办公的网络交流平台；昌河飞机工业（集团）公司的信息化平台使其在中航工业集团公司已成为标杆企业；航空工业信息中心开发的"民机专利信息分析与应用系统"也已在全行业推广应用。只要理顺专利联盟的工作流程，即可在现有信息平台上进行关于某项先进技术的公开会议、有关专利及其改进的公开交流、国内外企业专利技术动态、专利联盟专利池信息动态等活动，这些活动均直接关系到专利的累积与开发、把握行业技术发展态势、分享技术成果等，且无形中就搭建了企业间知识技术交流的平台，实现知识资源的顺利共享。

（6）防止技术外溢并不断进行专利技术开发

技术外溢包括技术在专利联盟企业间的溢出，也包括向专利联盟外企业的溢出。在专利联盟的形成阶段，一方面要保持专利联盟的技术优势，另一方面需要推动专利联盟企业间技术溢出效应的产生，适当地进行专利技术扩散。因为，如果保护过分，则会影响专利联盟的技术扩散，进而影响专利联盟的市场影响力。如果专利联盟的成员仅仅只是站在自身的利益立场上实施专利保护，则共享的技术交流平台难以搭建，专利联盟的协同效应也无法发挥。专利联盟成员企业可以通过综合利用各种手段和方法来搭建技术交流平台，如召开关于某项先进技术的公开会议、有关专利及其技术改进的公开交流会议、共同探讨行业技术发展态势和分享技术成果、建立彼此网络互通与信息共享等行为。在防止专利技术外溢的同时，适当进行技术的有效扩散，进行产业技术的研发，包括专利联盟内企业的合作研发和以企业联盟为主体实施的技术引进。核心企业作为专利联盟组织管理的承担者，具有建章立制的权力，其有权制定成员企业的进入和退出规则，以及专利联盟内成员认可的相关制度；在企业联盟阶段，由于涉及诸多活动，如防止技术外溢、实现技术扩散、技术研发、以核心企业为中心进行单双向的许可等，专利联盟运作效果的好坏主要取决于核心企业能否协调好与其他成员企业的关系。

第二阶段：联盟发展阶段。

专利联盟进入发展阶段，规模得到迅速扩大，行业影响力得到显著加强，并开始在行业内具有一定的话语权，专利的交叉许可成为主导活动且大量开展并规范化运作，核心企业在其中的主导作用将被大大削弱，此时原有的核心企业为主的独任管理模式完成了专利联盟的组建与推动初始运作的使命，对于专利联盟的规范化运作已不再适应，于是依靠专利联盟成立行业协会式的管理组织机构便成为可能和并变得必要。当专利联盟发展到一定程度时，追求的不仅仅是专利数量的增加，而更多的是追求专利的质变过程，即追求发展成为技术标准，通过专利使企业获得更多的收益。专利联盟主要开展以下4方面工作。

（1）专利联盟成员企业在技术上共同"合法"垄断市场

专利联盟发展阶段要持续、快速地扩大对于市场的影响力，在技术上要形成共同"合法"垄断市场的局面，争取行业标准的制定权或控制权。在此期间，各企业应围绕此方向开展相应的工作，并加强广泛而深入的技术交流与合作。

（2）加强专利联盟成员企业间的广泛、深入合作与交流

在专利联盟的发展阶段，专利联盟成员企业在技术上要形成共同"合法"垄断市场的局面，广泛而深入的技术交流与合作必不可少。由于在形成阶段，已经建立起了技术交流的平台并且确定了合作技术开发的战略，在成长阶段需要将技术交流与合作开发深入下去，并且成员企业也需要建立起联合起来一致对外的"默契"。在此阶段，各成员企业应该在前期规范化技术专利管理的基础上，完善各自的情报搜集、信息分析及技术发展预测等功能，适时地进行信息的交流，使成员企业能够

及时了解相关领域技术发展情况，绕过专利联盟外公司或实体布下的"专利陷阱"，避免侵权诉讼。

（3）广泛开展专利联盟成员企业间的内部互授、返授与交叉许可

专利联盟真正运作起来，专利联盟内部广泛的互授、回授与交叉许可是一个标志。专利联盟建立的初衷就是通过内部互授与大量的交叉许可来实现成员企业对整个专利池的使用权利，与此同时，成员企业必须把根据该专利池发展出的新专利回授给专利联盟的全体成员企业。

（4）规范专利联盟成员企业的入盟与退盟管理

随着专利联盟的发展，加入或退出专利联盟的企业越来越多，因此，需要建立起一套规范的联盟入盟与退盟的管理办法。对于入盟，必须有一定的入盟条件。一般认为，在专利联盟中包含的专利应该是在某一技术领域内相互补充性的核心专利，即某一标准推行过程中不可避免地会涉及的专利。对于退盟的成员企业，不得再免费使用专利联盟内的专利，同时不得带走任何与专利有关的信息，否则将会受到起诉。假如有朝一日，退出联盟的成员还需要使用专利联盟内专利的话，必须支付专利使用费。

九、研究结论

（一）专利联盟的定义、特点

专利联盟定义：由两个以上的多个专利拥有者，为了彼此之间分享专利技术或统一对外进行专利许可而自愿形成的一个正式或者非正式的联盟组织。

专利联盟主要特点：高稳定性、强大的组织学习能力、技术先进性、领域集中性和多元性、促进和阻碍竞争的双重性等。

专利联盟的形成具有较强的契约约定，虽然各方在专利联盟组建谈判中可能会花费较多时间，但是一旦专利联盟形成，就会有多个具有强大约束力的契约保障专利联盟的稳定。专利联盟是一种以专利为基础的战略联盟，专利联盟成员具有的领域相似性和技术先进性等特征决定了专利联盟具有强大的组织学习能力。专利联盟的技术先进性是因为申请专利的技术必须具有新颖性和创造性，失去技术先进性的专利也就失去其价值，必定被市场所淘汰，而被市场淘汰的专利也将被剔除出专利联盟。专利联盟内的专利往往具有互补性和妨碍性特点，而具有互补性和妨碍性关系的专利都处于同一领域，因此，专利联盟内的专利往往属于同一领域，具有集中性；而专利制度只规定将专利技术的使用权授予专利技术的研发者，但没有规定专利权人的身份，任何拥有专利联盟所需专利的专利权人都可以成为专利联盟的成员，这就决定了专利联盟的成员具有多元性。在没有专利联盟协调的专利市场中，

由于专利权有唯一性和垄断性，专利权人往往会通过对专利许可费的恶性定价或者限制专利市场化来阻碍竞争者的进入，从而达到垄断市场的目的，这样就提高了专利的市场化成本，严重限制了市场竞争。专利联盟的出现加强了对被许可人和许可人的无歧视性对待，使相关企业都有平等的机会获取专利技术，从而促进了市场的公平性和竞争性。专利联盟对市场的阻碍作用主要表现在为垄断组织的形成提供条件，降低了专利联盟内成员进行技术创新的积极性。

（二）专利联盟的类型

专利联盟的类型有：

按照专利联盟许可对象的不同可以将专利联盟分为："开放式"专利联盟、"封闭式"专利联盟和"复合式"专利联盟。

按照专利联盟涉及范围的大小，专利联盟可分为：小型的以合约为基础的专利联盟和大范围的行业领域的专利联盟。

按照组建目的的不同可以将专利联盟分为：以建立行业标准为目的的专利联盟、以方便专利使用为目的的专利联盟、以降低相互竞争程度为目的的专利联盟以及以攻击竞争对手和垄断市场为目的的专利联盟。

（三）国外直升机公司不断在我国进行专利布局

国外直升机生产商一方面在专利总量上已经达到较大的规模，另一方面注重利用专利作为市场布局的先导。在巨大的市场面前，美国和欧洲直升机企业为了保护其核心技术成果、维持其市场垄断优势、防止行业追赶者侵入它们的"领地"，已经开始了专利的全球布局。以欧直公司、空中客车公司、阿古斯塔·韦斯特兰公司、贝尔直升机公司为代表的国外主要研制商在 2005 年后抓紧了对我国的专利布局，它们在中国的专利申请分别为 133 件、29 件、38 件、127 件。且国外直升机公司专利申请技术领域分布主要集中在 B64C27（旋翼机；其特有的旋翼），达 195 件，占国内申请量的 54%，这正是直升机行业的关键技术领域，国外公司抢占先机的做法一目了然。我们注意到 2013 年贝尔直升机公司在中国的专利申请就高达 33 件，如果联想到贝尔直升机公司 2013 年在中国市场销量同比增长 33% 并不难猜出原因，这一方面可以拓展在华的地位，另一方面可以遏制其在中国的竞争对手（包括我国本土企业和国外生产商），可谓一举两得、一箭双雕。

（四）我国直升机研制主体专利申请进步显著但仍有差距

近年来我国直升机研制主体的知识产权意识显著增长，专利申请数量自 2008 年以来每年均保持 15% 以上的增长速度；但由于我国直升机产业发展一直以军用直升机为主，且长期处于计划经济体制下，直升机研制主体的知识产权意识直至最近几年才逐步提高。目前，我国直升机研制及生产企业、院所主要有直升机所、哈飞、昌河飞机工业（集团）有限公司、南航、北航以及其他民营/合资企业等，上述企业、院所已经开始申请相关专利。但是，与国际直升机制造商相比，上述企业、院所专利布局还存在规划性不高、针对性不强、专利申请质量待提高等突出问题，尚不具备与跨国公司进行竞争和对抗的知识产权能力。我国本土企业专利技术主要集中在直升机特有的旋翼（B64C27），占比30%；玩具飞机（A63H27），占比20%；驾驶仪表（G05D01），占比11%；以及系统安装维护（H02G01），占比7%等上，专利申请技术较为分散，在直升机关键技术旋翼系统领域的突破有待加强。而且，我国本土直升机主要企业、院所没有一件专利是联合申请专利的，说明各企业、院所还处在专利技术发展单打独斗状态。另外，我国直升机相关厂商尚未到中国之外的地区及国家申请专利，国际专利布局目前处于空白状态，直升机产品的出口及国际合作未得到知识产权的有力保护和支撑，这就更加需要本土直升机企业、院所密切进行专利技术合作、加强联合、共同发展。

（五）直升机产业特点及专利联盟组建形式

我国直升机行业的产业结构形式还处于以国家队为主，合资企业、民营企业为辅的局面。直升机产业关键技术主要集中体现在旋翼系统、传动系统、发动机系统和总体气动构型等技术领域。相关企业、院所包括研制生产中前端的科研院所、中端的配套厂和后端的总装销售厂，各家分别处在直升机产业链的不同节点上，企业间相处为上下游关系，现有行政管理是各负其责，各家独自努力发展自己关心的技术，各自发挥自己的作用，没有把技术发展联合到一个共同体上，企业间很少有专利技术合作申请。

根据我国直升机产业结构的具体情况，直升机产业专利联盟的组成形式可采用小型"复合式"分布走的方式，即初始组建阶段采用相互合作型组织形式，待专利联盟经营或成员发展到一定阶段可采用社会团体方式，在专利联盟的成熟阶段可采用第三方的独立运作模式。

（六）直升机产业专利联盟建设方案要点

（1）直升机产业专利联盟与国内通常的专利联盟有所区别，通常的专利联盟的成员为生产同一类产品而进入市场，相互之间有直接竞争关系。而本联盟成员之间并非专利技术竞争关系，各成员的主业务范围相对单一，是直升机产业链中的某一节点部分，专利技术主要是互补关系，各成员共同参与市场竞争，有较好的合作基础。

（2）直升机产业联盟的性质初步定位为防御型的专利联盟，侧重专利技术共同发展和应对专利侵权及规避专利风险。

（3）专利联盟组织架构分三层：直升机产业专利联盟大会、联盟理事会和专家委员会、联盟秘书处。

参考文献

［1］游训策. 专利联盟的运作机理与模式研究［D］. 武汉：武汉理工大学，2008.

［2］秦天雄. 我国专利联盟现状研究［J］. 法制与社会，2013，（6）：278－279.

江西省光伏产业知识产权激励机制研究

周小云[*]

摘　要： 本研究着力探讨江西省光伏产业知识产权发展过程中的挑战与机遇，形成两个层面的研究判断：政府激励的边界，在于培育市场这一精准而高效的激励方式，从而为光伏产业知识产权的发展带来更为宽泛的市场基础；企业激励的制度设计，坚持法律基础，注重团队意识，结合市场收益，形成符合企业自身知识产权发展的有效激励制度。本研究提出七方面的政策建议：组建江西省光伏产业知识产权工作委员会，打造江西省光伏产业国际国内人才发展信息的共享平台，构建光伏产业人才使用的市场激励、事业激励和身份激励的协同性，构建主导企业和企业集群相结合的知识产权发展战略，设立光伏产业知识产权的省评估交易平台，推进江西省知识产权的市场化运用，引导光伏企业对专利等知识产权信息的运用。

通过调查研究和对现有理论成果的梳理，结合江西省人才发展调查数据，本研究主要由 4 个部分组成：一是江西省光伏产业知识产权发展政策和激励机制研究的理论梳理，二是江西省光伏产业知识产权发展的基本概述，三是江西省光伏产业知识产权激励机制的发展分析，四是基于政策、理论和实践研究提出江西省光伏产业知识产权激励机制的政策建议。

一、江西省光伏产业知识产权激励政策与理论研究综述

（一）知识产权相关政策与法律体系的梳理

党的十八届三中全会提出"加强知识产权运用和保护，健全技术创新激励机制，探索建立知识产权法院"，2003 年 7 月国务院发布的《关于促进光伏产业健康发展的若干意见》提出"积极参与光伏行业国际标准制定，加大自主知识产权标准体系海外推广，推动检测、认证国际互认"等战略规划。知识产权法院的推动、知识产权国际标准的建立犹如两个巨大引擎，为光伏产业知识产权激励机制注入了新

---

[*] 作者单位：新余学院。

的动力。

当然，更为基础的政策激励主要是知识产权的法律法规，例如：国家层面的《专利法》和《专利法实施细则》，为专利的申请、实施与保护提供了一个相对系统的法律支持体系，为光伏产业知识产权的发展提供激励保障；此外还有间接涉及知识产权的《公司法》和《反不正当竞争法》等。

江西省地方行政法规和政策措施，从中观、微观和可操作层面触及光伏产业知识产权激励机制。如《江西省专利实施资助项目管理暂行办法》《江西省专利费资助暂行办法》《江西省专利申请及实施资助暂行办法》《江西省专利行政执法实施办法（试行）》《江西省技术市场管理条例》《江西省技术转让、技术开发收入免征营业税管理办法》《江西省专利促进条例》与《江西省知识产权培训基地管理办法》等，为江西省光伏企业的自主创新和激励知识产权创造、运用、保护和管理奠定基础。

（二）光伏产业知识产权激励机制理论研究的梳理

通过选取相关的代表性理论研究，梳理总结出五方面的基本脉络。一是以企业为主体。如赵欣等在 SECI 模型的基础上，引入企业内部知识产权管理及研发能力薪酬等人力资源实践策略，针对社会化"外化"与系统化"内化"等环节，构建一套激励与约束机制；张耀辉等指出企业必须反复"试错"、以自我"比赛"机制激励客户创新，吸收客户闲置知识，通过客户内部化激励机制，把客户需求转化为企业内部资源，通过客户"用中学"知识产权化，实现客户知识的定向传播。二是以制度创新为主体。如冯晓青认为知识产权制度本身是一种激励机制，基于技术创新和知识产权利益激励机制的内在特征，促进企业技术创新与知识产权战略实施的激励措施应以利益激励为导向，构建一套以利益为核心的机制。三是以企业集群为主体。如苏卉认为建立合理、有效的知识产权联盟利益分享至为关键，并设计出基于改进 Shapley 值的知识产权联盟利益分享机制，可以有效激励个体企业的技术资源共享；苏长青指出知识的空前溢出是创新的重要特征，是高新技术产业空间聚集的深层次原因，通过建立期权激励、知识产权保护、财政补偿等鼓励创新的机制，有利于鼓励创新和知识溢出，进而增强区域创新和竞争能力。四是以政府为主体。如林关征认为创新者根据成本收益分析选择申请专利或技术保密，因而政府需要提供多样性的激励机制，从而有效解决知识激励问题。五是以光伏行业为代表。如周小云等认为以项目协同机制促进知识产权发展的创新思维推动光伏企业、科研院所和相关机构协同创新，是推进江西省光伏产业长远发展的最有效途径之一；宋蓓蓓等指出我国光伏产业发展遭遇内忧外患的深层次原因是没有充分利用知识产权信息观好局、没有科学运用知识产权策略布好棋。

总之，这些研究成果为厘清本研究提供了观察视角、分析方法和参考标准，也有助于推动江西省光伏产业知识产权激励机制的构建、完善和应用。

二、江西省光伏产业知识产权发展的基本分析

江西省光伏产业知识产权发展，离不开光伏产业的动态发展，离不开江西省知识产权和人才发展环境的总体态势，最主要是离不开江西省光伏企业特别是代表性企业的发展。接下来，从以上3个层面作总体分析，探讨其中的发展特征和问题。

（一）光伏产业发展的基本态势

就国际市场而言，光伏产业的动态发展，受到欧美等国家"双反"（反倾销、反补贴关税）的影响，很长一段时间处于销售不畅、价格持续下跌的低迷状态。随着2013年下半年中欧"双反"谈判达成和解，光伏组建产品价格才逐渐企稳回升，光伏产业上游多晶硅也保持上扬态势。

就国内市场而言，随着国务院出台《关于促进光伏产业健康发展的若干意见》，国家有关部委相继出台一系列扶持政策。这些政策的出台，为光伏产业打开了国内市场，特别是随着"太阳能屋顶计划"的推行，光伏产品民用化更加深入，从而为中国光伏产业发展赢得市场空间，让光伏企业有一个相对平稳的发展环境。

可以说光伏产业历经2005～2009年的疯狂上涨、2010～2012年的快速下跌这一短暂的繁荣与萧条过程，让光伏产业过早经历产业发展周期。2013年下半年，光伏产业逐步企稳回升，合理的价格与利润成为光伏产业发展的主旋律。

（二）江西省知识产权发展的总体态势

企业作为创新主体，是江西省发展升级和创新升级的主力军。近年来，随着江西省经济社会的快速发展，江西省企业的创新能力大幅度提升，企业的知识产权意识显著提高，知识产权创造渐趋活跃。截至2013年底，江西省共申请专利86645件，获得授权专利44821件。其中，企业专利申请27145件，占全省职务申请总量（35844件）的75.7%；企业专利授权15988件，占全省职务授权专利总量（20324件）的78.6%。

就光伏产业知识产权的影响力而言，按照省区市排名，北京市和江苏省位列第一名和第二名，安徽省、天津市、北京市、上海市的基础研究对光伏产业技术创新具有很大贡献，江西省无缘其中；按照高校排名，江西省没有一所高校位列其中；按照行业企业排名，常州天合光能有限公司领衔。

总之，一方面江西省知识产权正处于快速发展阶段，另一方面江西省光伏产业知识产权处于比较竞争劣势。

（三）江西省人才发展环境的基本态势

知识产权的发展根植于人才的发展。借助江西省人才改革试验区的实地走访和发放回收的 506 份有效问卷❶，得出江西省人才发展现状的基本特征，从中管窥江西省光伏产业知识产权发展的人才问题。

1. 江西省人才薪酬水平体现了人才价值回报，但薪酬绝对水平偏低

图 1 显示，江西省人才基本收入水平以 5 万~8 万元的年薪为主，其次是 8 万~12 万元，约占25%，3 万~5 万元与 12 万元以上水平基本持平。这种人才年薪水平与 2012 年江西省在职职工平均年薪 4 万元左右形成比照，显示人才整体价值回报是社会职工平均水平1.5~2 倍，说明薪酬体系本身体现了人才的特殊作用。同时，5 万~8 万元的人才基准水平，与全国其他省区市特别是发达地区相比，凸显了江西省人才的整体工资水平偏低，缺乏吸引力。

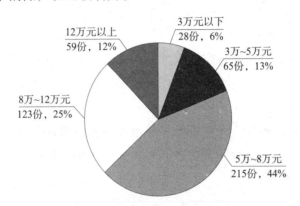

图1　有效问卷年均工资收入水平

2. 引进人才政策环境的评价一般，引进中存在的问题不少

就政策环境评价而言，近 40% 被调查人员认为总体环境一般，32% 被调查人员认为较好，认为较差的占 14%。就单位人才引进的问题而言，单位待遇缺乏竞争力排第一，岗位不匹配排第二，引进程序太复杂排第三。在制约江西省引进和留住人才的关键因素中，首先是工资待遇偏低，其次是政策支持力度不够，最后是生活环境配套不够。

3. 引进培养有一定的针对性，人才使用评价问题多样

在江西省急需引进人才类型中，科技创新人才、高层次经营管理人才、行业领军人才以及高技能人才排在最前面，这与江西省经济社会发展的客观需要相匹配。

---

❶　课题负责人作为江西省人才改革试验区研究团队的一员，参与了江西省人才发展环境的调查研究，获得了第一手研究资料。

在人才培养途径方面，用人单位选派的进修培训、政府重点人才培养计划排在前面，政府支持的培训具有荣誉性、组织性以及多样性而很受青睐。关于人才使用的问题，缺乏有效的激励、岗位不相匹配以及缺乏事业平台排在前三名；关于人才评价问题，社会效益、经济效益和学术成果按重要性依次排序，这无疑是对人才追求社会经济价值的一种呼应。

4. 人才创业中最关注的政府支持条件是审批程序，人才服务中政府存在的最主要问题是程序繁杂

按人才创业最需要政府支持的重要性排序，简洁的行政审批程序、专项资金支持以及税收优惠政策位列前三名；按人才服务中政府存在的主要问题排序，程序太复杂、部门之间互相推诿、工作主动性不强排前三名，基本反映了江西省当前政府主管部门为人才发展服务存在的不足，特别凸显了服务流程再造的改革创新要求。

5. 人才自身对重要性和满意度的认知

图2中数据显示，江西省各层次人才对工作适合自己的认知度最高，单位组织文化的认知度最低，工作的自主性、工作单位发展前景以及团队合作意识等重要性得到人才的更多肯定，而对单位营造的工作氛围、管理制度等重要性认知度相对较低。这些信息显示，江西省人才更看重工作本身及其延伸的工作发展空间，而对工作单位的认知度偏低，这多少隐含着江西省人才发展的载体——工作单位对人才重视不足。

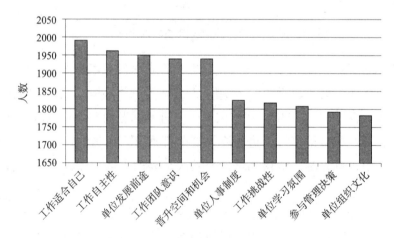

图2　人才自身对重要性的认知

图3中满意度得分信息，显示出了两方面的内在特点。一是满意度与重要性之间的得分差距较大，反映了人才的预期与现实感受之间反差太大，例如晋升空间和机会这一项整整差了一个等级。二是江西省人才发展满意度得分最高的是人际关系

项，得分最低的是工资水平、学习培训机会和奖励制度，这契合了江西省人才发展的优势所在，即营造有利于人才成长的关系，同时也印证了江西省人才发展的重大制约因素是薪酬福利水平太低。

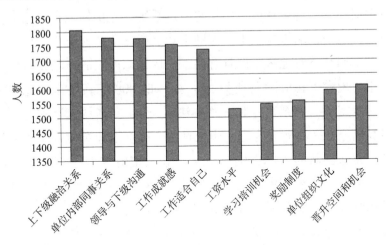

图3　人才自身对满意度的认知

总之，江西省光伏产业知识产权面临良好的政策环境，知识产权激励领域形成了三方面的特征。一是江西省光伏产业处于不断优化的国家宏观环境中，市场需求成为光伏产业知识产权发展的最大动力。二是光伏企业知识产权取得了一定的成绩，就企业个体而言，表现优异，但江西省光伏产业知识产权总量明显偏低，没有形成与社会其他各种力量协作发展的良好局面，与光伏产业大省江苏省在知识产权的差距越来越大。三是光伏产业知识产权发展在人才支撑力上并没有得到根本改善，甚至一线技术人员出现了新一轮外流。人才激励机制的相对不足，导致江西省光伏产业知识产权创造缺乏后劲，甚至诱发企业优秀人才成长于江西省、却成才于发达地区、最终知识产权在发达地区开花结果这一现象。

三、江西光伏产业知识产权激励机制的发展分析

作为江西省十大战略性新兴产业之一，光伏产业对形成技术创新发展、拥有自主知识产权无疑具有重要价值。为此，本研究结合政府、企业和市场三个角度，梳理、分析江西省光伏产业知识产权激励机制的发展情况。

（一）江西省光伏产业知识产权激励机制的政府角色

为了对发明创造、获得专利、为促进江西省经济和社会发展作出突出贡献的专利权人予以奖励，江西省颁布了首部专利促进方面的地方性法规——《江西省专利促进条例》，如在专业技术职务评审中，专利发明人、设计人获得的中国专利金奖

和优秀奖以及江西省人民政府专利奖的专利、对技术进步能够产生重大作用或者取得显著经济效益的专利，可以作为其申报相近序列专业技术职务的依据。

在江西省委、省政府的支持下，经国家质检总局批复在新余市筹建国家新能源产品检测重点实验室，这是目前全国检验检疫系统在光伏领域批准设立的第一家全项目检测机构。这一检测机构，不仅有助于新余市乃至江西省生产的太阳能组件等新能源产品大量销往欧盟地区，而且有助于光伏知识产权的市场化运用。

各设区市也出台了相应的专利奖励办法。如2008年新余市率先在全省设立专利奖励基金，制定了《新余市专利奖励办法》，设立专利技术奖和专利发明人奖两大奖项，最高奖金达2万元。为进一步激励新余市企事业单位和个人开展技术创新和发明创造，营造创新的浓厚氛围，2014年新余市对《新余市专利专项资金管理办法》进行了修订，扩展了资助范围，包括专利申请、专利实施与产业化、专利试点示范、专利维权、专利托管、质押及预警等方面的资助。其中还提高了奖励标准，每件授权发明专利奖励标准由1500元提高到2000元，新增授权实用新型和外观设计专利奖项，每件授权实用新型专利奖励1000元，每件外观设计专利奖励500元。同时，对符合条件的专利中介服务机构和达到国家专利管理标准化建设标准的企事业单位给予一定奖励。《景德镇市专利费资助暂行办法》通过政策的激励机制，促进专利申请量增长。

当然，通过走访座谈了解到，企业未能灵活运用行政法规中提供的各种激励政策，特别是参与座谈的企业知识产权管理人员，认为获得市一级专项资金扶持的过程比较容易，但要获得省一级资金扶持的程序复杂，整个过程中所付成本偏高。

（二）江西省光伏产业知识产权激励机制的企业角色

在走访相关企业调研过程中，获得了来自光伏企业有关知识产权的一线制度文件。从这些实施操作的制度文件中，可以大致勾勒出知识产权的基本发展状态。基于公司保密的因素，本研究报告以A、B为代号，举例分析两个公司相关激励机制。

A公司明确界定了知识产权发明人与公司之间的法律关系，在尊重相关法律制度的前提下，公司规章制度对知识产权成果有非常严格的程序和激励保障。例如经过公司技术团队决定，对不合适申报专利但有商业价值的发明创造，给予企业内部的有效激励，这有助于提升市场竞争利益、法律和发明人之间的内在平衡。公司同时明确规定，对经国家知识产权局授权的发明专利奖励3000元，实用新型专利奖励1000元，外观设计专利奖励1000元，重大专利项目的奖金是以上奖励金额总和的2倍。

B公司对知识产权的激励机制包括两个层面。一是专利申报流程注重团队参与，形成一个包括技术人员、法律专业人员、管理人员的团队，为知识产权创造带来更高的效率；专利申报所产生的费用，由公司与代理人对接，全程费用公司承担。总之，专业与效率是 B 公司知识产权激励的重要内容。二是专利发明人的奖励，除了有一套严格管理程序之外，主要是基于国家认定和专利成果推广收益进行奖励，这为高质量专利带来强大的市场激励。

（三）江西省光伏产业知识产权激励机制的市场角色

在国家经济新常态的宏观大背景下，江西省推动"江西省万家屋顶光伏发电示范工程"，推进光伏产品在工业园区、产业集群和企业中的应用，加快建设和培育江西省光伏应用市场。特别是，推动居民参与到光伏产品应用市场，鼓励居民自建模式——由居民本人或委托第三方向当地县级能源管理部门提出建设申请，申请通过后由居民或受托方自行建设，项目建成并网后由省能源管理部门对居民进行投资补助。

在一系列政策的支持下，市场培育不断累计。例如，新余市光伏企业累计获得国家级光伏发电应用示范项目 16 个，总装机容量 96.7 兆瓦；获得省级光伏产品推广应用示范项目 9 个，总装机容量 11.3 兆瓦；已竣工项目 22 个，总装机容量 81.5 兆瓦。

可以说，光伏产品市场的启动，让光伏产业走向了一条更符合市场需求的发展道路，凝聚了市场需求力量，从而为光伏产业知识产权发展奠定了良好的市场基础。

总体而言，江西省知识产权创造激励表现在三个方面：一是政府政策的有效支持，特别注重培育市场这一精准而高效的激励方式，为光伏产业知识产权的发展树立政府支持的氛围和基础；二是在企业激励的制度设计层面，坚持法律基础，注重团队意识，结合市场收益，形成符合企业自身知识产权发展的有效激励机制；三是部分光伏企业，没有建立有效的激励机制，不能有效激励员工自主创新、团队合作，打击了技术人员申请专利的积极性。

四、江西省光伏产业知识产权激励机制的政策建议

结合江西省光伏产业发展和一系列理论成果的梳理与分析，提出以下 7 点政策建议。

第一，组建江西省光伏产业知识产权工作委员会。该委员会由知识产权竞争能力委员会和知识产权执行力委员会组成。知识产权竞争能力委员会主要由知识产权主管部门牵头、大中小型企业技术主管和资深研究人员构成，规模以 20 人左右为主并进行动态调整。知识产权竞争能力委员会的工作重心是立足知识产权发展对光

伏产业竞争力进行深层次系统分析，着眼于激励对知识产权发展的客观需求，进而提出来自发展实践的对策建议。

知识产权执行能力委员会主要由知识产权政府主管部门、企业单位以及知识产权中介服务机构代表组成，主要职责是推进江西省知识产权政策的有效落实，监督知识产权激励政策的有效实施，协调省市之间、同级部门之间的政策有效实施，减少行政部门之间的权力运行障碍。

第二，打造江西省光伏产业国际国内人才发展信息共享平台。该信息平台包括光伏领域的江西领军式人才、大学本科生以及技能型人才等系列，呈现出一个全景式、多层次的人才发展信息共享平台。该平台信息共享模式包括构建国际性人才的组团式信息共享、江西省人才发展的信息共享、江西省光伏产业基层人才发展的信息共享。

第三，构建光伏产业人才使用的市场激励、事业激励和身份激励的协同性。要构建市场激励为主、事业激励和身份激励相匹配的机制，关键是逐步提升人才使用的市场激励手段，包括税收减免、股权配置以及有竞争力的薪酬体系，特别是针对事业单位职称系列评聘问题给予市场激励的改革权力；激活人才使用的事业激励空间，包括专业岗位平台、事业奖励和资金支持等；身份激励主要是连通公务员身份、事业身份和社会身份的内在一致性，即对人才使用有特殊贡献的给予身份待遇。

第四，构建主导企业和企业集群相结合的知识产权发展战略。以江西赛维 LDK 太阳能高科技有限公司、晶科能源有限公司为主导，围绕光伏产业链组建企业集群的知识产权联盟，设立江西省光伏产业知识产权保护园区。

第五，设立光伏产业知识产权的省评估交易平台。江西省知识产权局联合银行、专业金融机构以及风险投资等参与交易平台投资建设，促进知识产权质押融资，形成知识产权成果的资本化通道。对引进技术所涉及的知识产权法律效力（地域、时效等）、权利主体以及项目的相关性等进行必要的论证，对所涉及知识产权的使用权限、地域范围、后续改进的权利归属以及其他相关权利和义务等事项要在合同中加以明确。

第六，推进江西省知识产权的市场化运用。在光伏产业知识产权技术路线与市场路线的优化选择方面，江西省应该坚持市场路线优先策略，加强知识产权优势项目的市场推广，并转让相关技术，如光伏组件技术和产品应用技术；促进知识产权转让与交叉运用，引导省内光伏企业相互使用对方专利产品。

第七，引导光伏企业对专利等知识产权信息的运用。企业在新产品开发、技术引进与合作、进出口贸易等经营的全过程中要充分利用专利等知识产权信息，并注意灵活运用知识产权制度。通过购买相关专利产品、跟踪专利信息，有效利用过期专利的再使用价值，尝试专利互换使用方式。引导公司建立专利信息分析系统和配备知识产权法务专员，通过分析全球光伏产业的专利分布，有针对性地进行研究开发和专利布局，以减少和避免重复投入。

参考文献

[1] 赵欣，赵西萍，曲源美. 企业内部知识产权管理的激励约束机制［J］. 科技进步与对策，2010，27（11）：103 – 106.

[2] 张耀辉，彭红兰. 需求诱致下的客户参与创新的激励研究［J］. 中国工业经济，2010（8）：87 – 96.

[3] 冯晓青. 促进我国企业技术创新与知识产权战略实施的激励机制研究［J］. 社会科学战线，2013（2）：213 – 224.

[4] 苏卉. 高新技术产业知识产权联盟的利益分享机制研究［J］. 科技管理研究，2013，33（11）：165 – 168.

[5] 苏长青. 知识溢出的扩散路径、创新机理、动态冲突与政策选择：以高新技术产业为例［J］. 郑州大学学报（哲学社会科学版），2011（5）：70 – 73.

[6] 林关征. 专利激励机制的理论探源：基于政府制度设计的解析［J］. 现代经济探讨，2011（3）：37 – 41.

[7] 周小云，谢禾生. 项目协同机制促进知识产权发展：以江西省光伏产业为例［J］. 科技广场，2012（12）：123 – 127.

[8] 宋蓓蓓，孟海燕. 从光伏产业起落看战略性新兴产业中的知识产权［J］. 中国发明与专利，2013（8）：16 – 18.

[9] 江西省知识产权局. 我省企业专利申请授权增幅明显［EB/OL］. http：//www. jxipo. gov. cn/1/1004. aspx

[10] 国家知识产权局规划发展司，中国专利技术开发公司. 战略性新兴产业（新能源产业）专利文献引证分析报告（简版报告）［EB/OL］. http：//www. sipo. gov. cn/tjxx/yjcg/zlxxxcyzlwxyzfx-bg. pdf.

江西省食用菌新品种选育及知识产权保护对策研究

魏云辉*

摘 要： 本研究对江西省食用菌新品种自主知识产权保护现状进行了全面调研。调研结果表明，江西省食用菌新品种知识产权保护比较滞后，保护意识不强，科技投入不足，保护类型延伸不够，食用菌知识产权保护体系亟待完善。本文分析了江西省食用菌产业知识产权保护方面存在问题以及成因，并在借鉴国外相关制度和管理经验的基础上，提出了完善江西省食用菌新品种知识产权保护的对策。通过加强育种技术培训和沟通交流，保障育种工作者合法收入，做好宣传工作，积极推广应用新品种，加大对食用菌科研的投入，提高品种保护意识，加强食用菌行业知识产权制度建设，提升品种鉴定和保护技术等，支撑江西省食用菌产业的可持续发展。

一、江西省食用菌产业及新品种保护现状

（一）江西省食用菌产业发展情况

食用菌味道鲜美，营养价值高，是世界公认的健康食品，也是世界卫生组织推荐的"一荤、一素、一菇"膳食结构的重要部分。随着人们保健意识的增强，食用菌消费量不断增加，食用菌产业发展前景广阔：一方面，投资食用菌产业见效快、效益高，是促进农业增效、农民增收的朝阳产业、致富产业；另一方面，食用菌不与粮棉油争原料、争时间、争空间，还可以利用废弃的秸秆、棉籽壳、木屑等，化害为利，适应生态循环农业的发展需要。

近几年，江西省各级农业部门高度重视食用菌产业的发展，出台相关政策措施，把发展食用菌产业作为优化农业产业结构、发展循环农业、带动农民增收、繁荣农村经济以及扶贫开发的重要抓手。

江西省是食用菌产业发展的传统大省，有着悠久的栽培历史。据调查，全省食用菌主栽品种已有20余种，包括平菇、香菇、木耳、金针菇、茶树菇、灵芝、大

---

* 作者单位：江西省农业科学院。

球盖菇、草菇、双孢蘑菇、杏鲍菇、巴西蘑菇、鸡腿菇等；近十年，全省食用菌总产量增长了近 4 倍，至 2014 年总产量已达到 120 万吨以上，年总经济产值已超过 70 亿元。随着国内外食用菌需求量和资本投入的增加，江西省食用菌产业和市场开始规模化。目前，全省围绕着食用菌产业，逐步确立了 6 个初具规模和地方特色的产区——宜春的香菇产区、黎川的茶树菇产区、浮梁的木耳产区、武宁的灵芝产区、信丰的草菇产区、宁都的双孢蘑菇产区，食用菌产业正成为江西省农业的重要支柱之一。[1,2]

（二）江西省食用菌产业知识产权保护现状

专利、植物新品种保护等在内的知识产权保护制度是江西省保护食用菌新品种、新成果的有效法律形式。政府部门、园区、协会等是加强食用菌管理、推进食用菌产业发展的重要部门和组织。

1. 食用菌新品种知识产权保护制度

江西省食用菌知识产权保护制度主要有专利制度和植物新品种保护制度。专利制度主要对食用菌菌种、菌种选育技术和食用菌生产技术进行保护。植物新品种保护制度则对选育的食用菌新品种给予专门保护。

2. 政府管理

近几年，食用菌产业在江西省得到了快速发展，但同河南省、山东省、湖北省等食用菌生产大省比较还有很大差距，食用菌产业规模还是偏小，尚未在省一级层面建立专门职能机构来加强食用菌产业的管理，只是在食用菌产业发展的比较好的县、市设置地方层级的食用菌管理办公室。黎川、石城、资溪等通过建立食用菌管理办公室，对食用菌技术、品种在当地的示范和推广进行管理，引导企业加强食用菌的菌种生产，完善基地设施，加强品牌推广，促进农民专业合作建设。

3. 园区管理

通过国家和省级农业园区进行管理。通过调研我们发现，多地为促进食用菌产业发展，依据农业园区功能化，在农业园区专门划出一定区域重点用于食用菌的生产，以园区化经营管理模式培植相关企业，提高食用菌种植的组织化程度和管理水平。

4. 协会管理

通过行业协会进行规范管理。江西省食用菌协会挂靠在江西省农业科学院微生物所（原江西省菌种站，1995 年后改现名）。江西省农业科学院是省政府直属的省级农业科研单位，江西省食用菌协会是江西食用菌行业的自律性、营利性社团法人。该协会集合了政府管理部门、研究机构和众多生产企业等，综合指导全省的食用菌生产、加工和流通工作，示范推广食用菌新品种、新工艺，推动江西省食用菌产业化发展。

5. 宣传教育

政府职能部门不定期地组织开展宣传活动，有针对性地开展食用菌知识产权宣传。加强对重大自主知识产权成果、知识产权保护成效、典型案件的宣传报道，提高社会公众对知识产权的认知能力和水平，进一步营造知识产权保护的良好氛围。

6. 食用菌新品种保护滞后

高产、优质、抗逆性强及适应性强等优良品种是食用菌产业可持续发展的基石，全省对食用菌良种的需求非常迫切。然而，江西省在食用菌新品种选育和保护方面却面临严峻的形势，集中体现在以下四个方面：（1）新品种选育和野生菌株人工驯化工作远不能满足社会化生产需要，育种、驯化工作停滞不前；（2）新选育品种在应用推广过程中阻碍重重，育种工作脱离生产实践；（3）拥有自主知识产权的食用菌新品种非常有限，品种保护意识非常薄弱，仅有少量品种申请了知识产权保护，如茶树菇新品种"赣茶 As – 1"金针菇新品种"航金 1 号""航金 2 号"等；（4）品种鉴定和保护技术落后，使已选育的新品种遭遇随意流通的窘境，导致育种工作者的根本权益得不到尊重和保障。

二、江西省食用菌新品种选育及保护存在的问题

（一）食用菌育种技术水平低，育种工作所得回报少

随着人们对食用菌营养价值和药用价值认识的提高，以及食用菌产业带来的经济效益增加，其遗传育种工作已经成为国内外研究热点之一。目前，江西省食用菌育种规模还远不能满足产业发展的需要，仅有少量的科研院所和科技工作者在从事食用菌育种工作。育种手段仍主要采用野生驯化、人工选择等技术水平比较低的方法，如"赣茶 As – 1""茶树菇 3 号""茶树菇 5 号"等优良品种的选育[3]；"航金1 号""航金 2 号"是运用诱变育种技术所选育的金针菇新品种，具有抗杂性强、早熟、耐高温、品质好和产量高等特点，已在江西省实现了规模化栽培[4]。然而，应用杂交育种、细胞工程育种和基因工程育种等现代育种技术手段有针对性地对食用菌品种的改造在江西省仍是空白。

据调查，江西省能够提供优质菌种的食用菌菌种厂并不多见，菇农或者企业在从事食用菌栽培时所用品种基本上都是"拿来主义"模式，随意更改菌种命名方式和扩繁而谋取利益，不尊重他人知识产权，严重影响着育种工作者的合法权益和经济收入，致使科技人员育种工作的积极性下降。同时，品种选育工作周期长，消耗的时间成本高，且需要大量的人力和财力支撑，但投入和产出却不成正比，市场的需求并不能给育种工作带来实际经济效益的增加，使得品种选育工作面临非常尴尬

的局面。

（二）食用菌新品种宣传不足，品种推广应用困难

江西省是传统农业大省，农业现代化信息正在逐步加快。食用菌产业虽然正在成为江西省农业的重要支撑产业之一，但还没有达到非常重要的地位，在特色农产品发展上，食用菌只是作为经营性农产品或副业生产的一部分，致使一些政府职能部门对食用菌产业认识不清，行业标准把握不准，没有从产业的高度进行谋划和宣传，导致江西省菇农或食用菌企业对新品种认知不足，严重制约着新品种的推广。

此外，品种推广应用面临的困难也是多种多样。食用菌作为经营性产品或副业生产，菇农或食用菌企业更加注重经济效益的提高，在品种选择方面会优选考虑已经规模化生产和大众化的品种，而对于新选育的品种仍持怀疑或者观望态度。地方政府配合新品种的推广应用工作不到位，菇农或者食用菌企业缺乏应有的官方信息渠道，对新品种推广应用工作理解不足。另外，江西省有些菇农或者企业小农经济意识还比较强烈，观念守旧，排斥新生事物，思想上抵触新品种推广应用工作。

（三）食用菌良种繁育科研立项不足，品种保护意识薄弱

虽然江西省食用菌栽培历史比较悠久，但是其产业化发展的时间相对较短，要跻身于全国前列还有一段距离。江西省食用菌新品种研究仍面临诸多问题，如资源的收集整理、种质资源对比分析、菌种保藏和创新利用、育种技术研究、品种鉴定技术和方法以及菌种生产工艺、工业化生产技术等。食用菌产业的快速发展使得相对应的科研立项没有及时跟上，研究经费投入不足，滞后于生产需要，使食用菌领域的许多环节未能进行深入的研究，在良种繁育方面表现得尤为突出。江西省具有自主知识产权的品种少、育种技术落后、质量检测手段不足等突出问题在一定程度上制约了江西省食用菌产业的可持续发展。

尽管近几年江西省食用菌产业发展迅速，良种选育也初见成效，但不管是政府部门，还是科技工作者，知识产权保护意识却非常薄弱，使江西省种质资源流失和选育的新品种、新菌株得不到应有的保护；同时，江西省食用菌知识产权价值低，品牌知名度不高，主要体现在有关食用菌菌种的发明专利不足，食用菌行业总体有效专利偏低，还没有出现具有法定效力和有行业影响力的品牌。此外，江西省有关食用菌知识产权侵权的案例增多，说明江西省菇农或企业对行业标准和技术秘密、技术诀窍等商业秘密认识不足。

（四）政府重视程度不够，品种权保护技术差

目前，江西省尚未制定具体与食用菌新品种知识产权保护有关的规章制度，主要还是依赖于国家颁布的相关制度，如专利保护制度、植物新品种保护制度、地理

标志保护制度、菌种质资源保护制度等。长期以来，江西省乃至全国的食用菌新品种知识产权问题均未得到应有的重视，食用菌新品种保护工作一直处于缺位状态。专利保护不足和专利意识的缺乏，育种工作者对食用菌专利保护制度缺乏基本的认识，大多数科技人员不知道专利可以保护食用菌菌种，造成江西省在食用菌菌种专利保护方面几乎一片空白。我国的植物新品种保护制度在食用菌方面也仅列入"白灵侧耳"等少量品种。

由于基础性技术工作严重缺乏，菌种管理缺乏有力的技术支撑，因此菌种难以管理。而管理上的滞后又导致品种侵权严重。日益出现的品种权问题引起了江西省乃至全国食用菌行业，特别是育种工作者的高度重视。我们希望尽可能地保护食用菌新品种，但多年育种工作的滞后导致诸多品种特性不清，难以量化，品种权保护的技术支撑严重不足。

三、食用菌新品种知识产权保护的国际经验借鉴

（一）日本的经验

日本在食用菌保护方面的做法比较全面和细致，已经建立起一套经由植物新品种而对食用菌进行保护的制度。早在 1978 年，日本就通过修改法律，将食用菌纳入保护范围，实施品种注册制度。1981 年，日本加入并执行《国际植物新品种保护公约》。2004 年，日本颁布实施《种苗法》修正案，对一些侵权行为及其处罚情况作出了规定。目前，有 32 种食用菌在日本得到保护，145 个食用菌品种通过注册的形式得到保护。

（二）美国的经验

美国的知识产权保护制度发达，其在食用菌的知识产权保护上的制度安排也非常完备，有专利、植物类专利及植物新品种三种制度性安排。美国也有非常严格的食用菌质量安全监管措施，对农药用量、辐射标准、重金属最低含量等都有严格的限制。从食用菌生产、加工、流通的每一个环节把关，确保食用菌质量安全。

四、加强江西省食用菌新品种知识产权保护建议

在全球化、信息化快速推进的市场经济条件下，农产品要参与激烈的市场竞争，离不开知识产权的保护。加强农产品知识产权的保护，有利于形成农业区域优势，激励科技创新，提高农产品的科技含量。

（一）加强育种技术培训和沟通交流，保障育种工作者合法收入

野生菌株的驯化栽培、利用各项育种技术培育食用菌的新品种是食用菌产业可

持续发展的基本保障。育种技术多种多样，有选择育种、杂交育种、诱变育种、细胞工程育种、基因工程育种等，单一的育种技术远不能满足育种的需要，育种工作者需要掌握各种育种方法的基本原理和操作技术，多层级、多角度灵活运用，繁育食用菌新品种。[5]行政职能部门和企事业单位应积极组织或动员育种科技工作者赴国内外参加各种育种方法培训与交流，学习他人先进的育种理念和技术，结合自身工作背景，开展育种工作。此外，由于育种工作周期长，投入比较大，因此政府或者行业需要从制度上、财政上保障育种科技工作者的基本收入和合法权益，适时提高育种工作的财政补贴，绩效考评优先向其倾斜，激发育种工作的积极性，同时还应该加强行业自律，自觉维护他人的合法权益，为新品种的培育工作解决后顾之忧。

（二）做好宣传工作，积极推广应用新品种

提高品种保护意识，树立保护意识，学习和落实知识产权保护相关法律法规。可通过专题培训与学习、技术推广等有效形式，加强育种人员认识知识产权保护的重要性，加强对知识产权的基本认识，使知识产权保护意识深入人心，提高相关从业人员的品种保护意识。新育成的品种要依法进行审定，从业人员要遵循《全国食用菌菌种暂行管理办法》《植物新品种保护条例》和《种子法》等规定，合理规范使用和保护新审定的食用菌新品种。[6]

加快农业现代化信息技术的建设进程，提高食用菌行业的宣传力度，积极推广、应用新品种是保障食用菌产业可持续发展的重要途径。宣传工作可以有多种形式，如建立具有江西省区域特色的行业杂志或者网站并及时发布江西省食用菌新品种资讯、加强农业技术推广工作以及与地方企业的科技合作项目、增加食用菌新品种栽培的财政补贴等都可以为新品种的推广提供动力。

（三）加大对食用菌科研的投入，提高品种保护意识

政府部门加大支持力度，增加食用菌育种方面的科研立项，设立专项基金和支撑计划，重点支持食用菌种质资源开发与创新利用、高效栽培技术示范与推广、食用菌保鲜及深加工技术等研发工作。鼓励社会资本进入食用菌产业，为社会资本的涌入提供政策指导和便利，鼓励有基础的食用菌企业投入一定的资金和技术人员进行菌种领域问题的研究。

（四）加强食用菌行业知识产权制度建设，提升品种鉴定和保护技术

政府行政职能部门积极推进立法工作，制定地方性保护法规和政策，加强对食用菌种质资源和知识产权的保护力度，协助企事业单位成立知识产权保护管理机构，引导科技工作者及时对菌种资源及相关知识产权申请保护，建立植物专利、普

通专利、品种保护证书三种方式的"多轨制"的全面保护制度。[5]政府还应加大公共财政支持，将食用菌行业列入江西省农业产业发展规划，把种质资源保护作为食用菌产业可持续发展的重要内容。

食用菌产业的发展快速、稳定，但食用菌品种鉴定、鉴别技术相对滞后，制约着食用菌知识产权保护制度的实施。由于食用菌易受环境影响，其品种鉴定不能单纯以某一个特征为依据，需要综合考量多个技术指标，如形态特征、生理特征、栽培特性、商业性状和遗传特征等，其中应用 DNA 分子指纹图谱技术进行食用菌品种的遗传图谱分析是近年研究和应用的热点，该方法较传统鉴别方法更方便快捷、清晰稳定。因此，构建食用菌基因库、开展其遗传图谱分析研究、建立相对应的品种鉴定行业标准，是提升食用菌新品种鉴定和保护技术的强力措施。

五、展望

经过近几十年的发展，江西省食用菌产业虽初具规模，但在食用菌新品种培育及其知识产权保护方面的研究和投入相对落后，影响江西省食用菌产业的可持续发展，江西省食用菌种质资源保护工作任重道远。因此，省政府及企事业单位应高度重视食用菌品种选育和保护工作，借鉴国内外先进理念和技术，构建全省食用菌菌种库，实行集中管理，增强品种权保护意识，建立菌种鉴定评价行业标准，制定品种保护相关规章制度和实施细则，有效保护江西省食用菌品种权。

参考文献

[1] 熊伟宏，史柳英，黄敏，等. 浅谈制约江西省食用菌产业发展因素与对策 [J]. 科技与企业，2015 (7)：6.

[2] 潘湖生，肖鸿勇，廖洪初. 江西省食用菌产业现状和前景分析 [J]. 现代园艺，2011 (6)：9 - 10.

[3] 束盈慧，蒋珊，欧阳涟，等. 茶树菇 As - 1 菌株深层发酵培养基筛选的初步研究 [J]. 南昌工程学院学报，2006 (5)：61 - 63.

[4] 周庆红，杨寅桂，曾勇军，等. 两株金针菇航天诱变菌株耐高温和早熟性栽培研究 [J]. 江西农业大学学报，2011 (4)：801 - 805.

[5] 张金霞，黄晨阳，胡清秀. 食用菌品种鉴定及品种保护技术 [J]. 中国食用菌，2005 (4)：14 - 16.

[6] 李绩. 我国食用菌菌种知识产权保护和现状分析 [J]. 中国发明与专利，2007 (8)：48 - 49.

陶瓷名家作品在艺术授权经营中的
知识产权保护问题研究

朱云莉* 曾 强** 魏 群*

摘 要：艺术授权开启了艺术美的竞争力，带动了陶瓷名家作品的迅速推广，为陶瓷名家带来巨大收益的同时，其知识产权保护却问题重重。本文具体分析了陶瓷名家作品在艺术授权经营中的知识产权保护存在的问题，对如何解决这些问题提出了对策和建议，并建立了艺术授权体系。

陶瓷名家作品的艺术授权是以陶瓷名家创作为主体的授权类型，即陶瓷名家作为授权商与被授权商共同协商，签订合同或协议，被授权商按合同或协议规定从事陶瓷名家作品的经营（通常是生产、销售陶瓷名家作品等服务），并向陶瓷名家支付相应的费用，同时给予陶瓷名家协助。陶瓷名家作品艺术授权过程中的包装、推广、展示和交易等行为，其实是对陶瓷名家作品的宣传，被授权的陶瓷名家作品原作经济价值必然会提升，在授权过程中，陶瓷名家会得到版税从而赢利。

一、陶瓷名家作品艺术授权的相关问题阐述

（一）相关法律条文

1. 艺术授权的权利细分

艺术授权产业不同于传统所说的艺术产业。传统艺术产业经营的都是著作物所有权，而艺术授权产业涉及的主要方面是著作权的许可使用。我国的《著作权法》规定，著作权包含著作人格权和著作财产权两个部分。由于著作人格权是无法转让的，因而用于商业用途的只能是著作财产权，即艺术授权的"权"只能是著作财产权，即艺术品的复制、公开展示、改作、出租等权利。

2. 著作权保护年限对艺术授权的影响

我国《著作权法》对艺术品的保护期限，是按照《伯尔尼公约》的规定，即

---

* 作者单位：景德镇陶瓷大学。
** 作者单位：江西省工业和信息化委员会新技术推广站。

著作权中的财产权保护期为作者终生及其死亡后50年。但是这个规定有一个缺陷：既没有提及实用艺术作品保护期限，也未明确规定实用艺术作品是按照艺术作品保护，还是按照《专利法》保护。

3. 陶瓷名家作品的艺术授权主要涉及著作财产权与外观设计专利

陶瓷名家作品作为艺术品形式之一，具有独创性高、审美价值浓厚的特性，在艺术授权中仅具有著作财产权。陶瓷名家作品的艺术授权，可吸取著作财产权法律保护模式的优势，即保护期限长，给予著作财产权不间断的法律保护，避免遭受他人侵犯。

另外，陶瓷名家作品经艺术授权后，可以通过科技、工艺等各种手段进行大规模复制生产。大规模复制生产主要是对陶瓷名家作品的外观设计进行批量生产，因而陶瓷名家应针对其作品的外观设计申请专利，从而能够有效地保护陶瓷名家的权利。因此，陶瓷名家作品的艺术授权可采取著作财产权和外观设计专利混合保护模式。

（二）陶瓷名家作品的艺术授权经营

1. 陶瓷名家作品在艺术授权经营中涉及的主要环节

陶瓷名家作品的艺术授权经营主要涉及五个环节，即授权环节、研发设计环节、咨询服务环节、制造生产环节、分销环节，并将政府和媒体的力量考虑其中，共同构成艺术授权经营环节。这些环节主要涉及陶瓷名家、授权商、授权代理、被授权商、授权顾问、代理商、制造商、营销咨询商、分销商、政府和媒体等。

2. 艺术授权经营中涉及的构成要素及核心业务

表1示出了艺术授权经营中涉及的构成要素及核心业务。

表1　艺术授权经营中涉及的构成要素及核心业务表

参与商	核心业务	客户
授权商	开拓业务授权资源； 授权被授权商或制造商； 或通过下一级授权代理授权	陶瓷名家 被授权商、制造商 授权代理
授权代理	提供授权相关咨询服务	授权商
代理商	受授权商和被授权商的委托，利用资源优势开拓授权领域和经营领域	授权商、被授权商
被授权商	取得艺术作品使用权进行产品经营、生产	制造商、分销商
授权顾问	提供授权相关咨询服务	被授权商
制造商	制造生产授权商品	授权商、被授权商
营销咨询商	产品、渠道开发咨询	授权商、被授权商
分销商	进行各类营销活动	政府采购、最终消费者

3. 陶瓷名家作品的艺术授权

以陶瓷名家李磊颖教授为例，1997年，她创作设计的作品《景德镇古制瓷图》通过艺术授权被中国电信局采用，制成电话磁卡，一套4枚，在全国发行，这使得她的陶瓷作品广为人知，知名度不断提升。后来李磊颖教授又通过艺术授权，与被授权商中国轻工业陶瓷研究所签订合同，将她设计的生肖纪念瓷板的原创画面制成花纸图案，贴在批量生产的瓷板上，这样消费者只需花200元左右就能买到一块贴花生肖瓷板，大大降低了消费者享受艺术的门槛，使得更多的人能欣赏到她的作品。如此一来，她的作品得到了更多的关注，她的其他原创作品价位也不断上升，取得了很好的经济效益和社会效益。李磊颖教授除了可以从该研究所得到一定比例的著作财产权费用外，还可以保留原创瓷板的所有权。每年都有不少消费者提前预订她的作品。作为被授权商、制造商、分销商的中国轻工业陶瓷研究所也因此获得了良好的经济效益。

二、陶瓷名家作品在艺术授权经营中知识产权保护的问题

艺术授权在国外已发展20多年，知识产权保护体系较为完善，艺术授权产业得到了很好的发展，已经形成了较为成熟的产业链和运营机制，每年艺术授权的衍生商品的营业额超过180亿美元。然而我国艺术授权是近年来才发展起来的，陶瓷名家作品在艺术授权经营中的知识产权保护存在以下种种问题。

（一）政府方面——知识产权保护法律不够完善，效率较低

我国的《著作权法》并未明确许可使用的权利种类、地域范围、期限等，而陶瓷名家艺术授权经营创意设计投入高，被拷贝成本低，所以现实中对陶瓷名家艺术作品著作权的侵犯现象屡见不鲜。如果陶瓷名家作品的知识产权得不到保护的话，那么陶瓷名家在作品创作过程中耗费的巨大投资和心力便难以得到回报，甚至会被别人抢先窃取。倘若如此长期下去，必将严重影响到陶瓷名家创作的积极性。

当陶瓷名家的权益受到侵害时，大多会寻求诉讼这一公正的捷径，而发起诉讼是需要成本的，效率也较低。最为有名的案例是陶瓷名家张松茂的《春江花月夜》的侵权案，历时一年多，耗费数万元。从时间方面来看，陶瓷名家寻求法律保护这一公正的方式，需要经历起诉、立案、调查、庭审、判决、上诉及执行等一系列过程，时间耗费太长。从精力方面来讲，由于陶瓷创作是一项需要静心的工作，法律诉讼经历时间较长，必将占用陶瓷名家的大量精力，造成其创作"有心无力"。从钱财方面来讲，由于陶瓷名家不是法律专家，在目前法律诉讼越来越专业化的情况下，陶瓷名家打官司必须聘请好的律师，支付高昂的律师费，这也往往使得陶瓷名家"赢了官司输了钱"。因此，陶瓷名家们大多回避法律诉讼，倾向于私了或者调

解等其他非法律手段解决纠纷，结果必将导致侵权行为越演越烈。

（二）陶瓷名家方面——知识产权保护意识较淡薄

由于我国没有著作财产权交易的传统，大多数的陶瓷名家不会主动"出售"自己作品的著作财产权，知识产权保护意识较淡薄，甚至误以为出售了作品的原件就等于出售了著作权，也不会为新设计出的作品申请外观设计专利。陶瓷名家刘远长非常有名的代表作《哈哈罗汉》一上市后就出现了很多仿品，刘远长大师得知此情况后，不仅没有阻止，反倒宽容地认为侵权者也要吃饭，由他们去吧。结果有不少不法分子利用刘大师的善良，侵权行为更为猖獗。

（三）授权代理、授权顾问、营销咨询商方面——缺乏专门的著作权代理机构

著作权的交易一般可以通过三种途径：本人、代理人、信托人，其中信托人的常见形式就是著作权集体代理组织。美国、欧洲等国家和地区都建立了著作权代理机构，负责处理著作权事务，把作者和使用者从烦琐的事务中解放出来，专心致力于创作、传播、使用作品。著作权代理机构能为著作权使用者和所有者架起一座方便的桥梁，但遗憾的是我国缺乏专门的著作权代理机构，陶瓷名家作品面临著作财产权"虚化"，使得陶瓷名家不知道去哪里可以推广并出售陶瓷作品的著作权。

（四）被授权商方面——缺乏监管机制

在缺乏监管机制下，被授权商面对巨大利益往往禁不住诱惑，悄悄地作出一些侵权行为。比如某陶瓷名家与被授权商签订合同，通过艺术授权，合同约定将原创作品制成花纸图案贴在批量生产的瓷板上，并规定数量，被授权商给予陶瓷名家一定的创作费用。当被授权商看到市场上该瓷板销路好、供不应求，有巨大的利益，又缺乏有效的监管机制时，就擅自违背合同约定，超数量生产，使得陶瓷名家的利益受到损害。

（五）消费者方面——购买能力有限，购买欲望不高

由于陶瓷名家作品的唯一性、原创性，作品价格往往较高，动辄几万元、几十万元甚至上百万元，昂贵的价格让人望而却步。陶瓷名家通过艺术授权方式，可将原创单件作品以复制的方式生产出批量复制品。但复制品与原创作品还是有很大的差距，保值增值性不高，观赏性、作品质量远远无法与原作相比较。这在一定程度上也大大削弱了消费者的购买欲望。

三、陶瓷名家作品在艺术授权经营中知识产权保护的对策和建议

（一）知识产权保护法需不断完善

在经济全球化和国际知识产权保护发展的新形势下，我国知识产权工作必将面临新的压力和挑战。我国政府应适应入世后发展社会主义市场经济的需要，改善知识产权保护的方式和手段，营造出良好的知识产权保护政策和法律环境，加强知识产权保护的力度，对于《著作权法》等知识产权保护法律中未明晰许可使用的权利种类、地域范围、期限等应进一步明确，以切实做好知识产权保护工作，不断健全国家和地方的知识产权保护工作体系。

（二）陶瓷名家需增强知识产权保护意识

陶瓷名家在艺术授权经营中要不断增强知识产权保护意识，当创作出了新的陶瓷作品后，应主动去申请作品的外观设计专利，运用《著作权法》等知识产权法来维护自己的正当权益，关注自己作品在授权、研发设计、咨询服务、制造生产、分销等环节权益的维护。陶瓷名家对于侵犯作品知识产权的行为不能听之任之，要积极运用法律手段、社会舆论等制止、打击侵权行为，从而维护自己的声誉、权利和经济利益。陶瓷名家张松茂的《春江花月夜》的侵权案，虽然耗时长，耗资大，影响了陶瓷名家的创作和生活，但是却引起了艺术界、法律界、政界、商界的广泛关注，在一定程度上说，张松茂大师不仅维护了自己的正当权益，而且提升了的社会关注度、影响力和声誉，让更多的人有机会了解、关注并喜欢他的作品。所以陶瓷名家要不断增强知识产权保护意识，一旦发现侵权行为，应拿起法律武器来维护自己的正当权利。

（三）增设专门的著作权代理机构

著作权代理机构是经过国家版权局审核批准，可以接受陶瓷名家的委托，在委托权限范围内以委托人的名义办理著作财产权、外观设计申请事务的专门服务机构。1777 年，世界上最早的著作权代理机构产生于法国。英国、德国、美国等国家陆续成立了各种各样的代理机构，控制了著作权经营事务，保护了作者的权益和名誉。我国目前虽然有文化产权交易所，但还缺少专门的著作权代理机构。陶瓷名家光靠自己的力量来维护自己的权益是非常有限的，要想把自己从烦琐的经营事务中解脱出来，离不开专门的著作权代理机构。在陶瓷名家作品艺术授权经营中的授权、研发设计、咨询服务、制造生产、分销等各个环节，都需要著作权代理机构来提供著作权法律咨询、代理合同的签订、代理著作权费用或报酬的收取、代理著作权侵权纠纷的处理及涉外事务等的服务。

（四）加大监管力度，建立艺术授权体系

对于被授权商在巨大利益面前禁不住诱惑而侵权的行为，政府应加强监管力度，建立以政府统一领导和知识产权法律保护为核心、各管理机构和艺术授权中心协调发展的体系，既充分发挥政府和知识产权法律保护的宏观调控力度，又促使各管理机构和艺术授权中心能全面承担起艺术授权经营中的授权、研发设计、咨询服务、制造生产、分销等各环节工作，以维护好广大陶瓷名家的知识产权，防止侵权等行为。具体的艺术授权体系如图 1 所示。

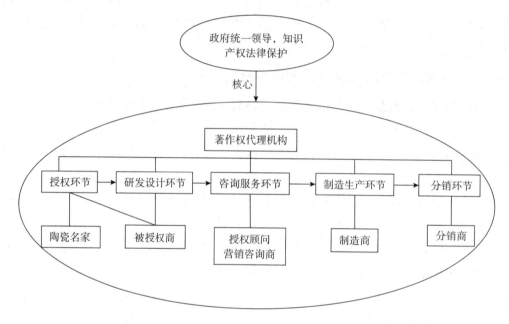

图 1　艺术授权体系

（五）增强消费者购买欲望

艺术授权是开启美的竞争力钥匙。陶瓷是我国的文化标志之一，在面对消费者购买力有限时，陶瓷名家、被授权商可以利用艺术授权，降低艺术消费门槛，让陶瓷名家作品以一种亲近而非天价的姿态进入消费者的生活中。通过打造新兴产业链，增加陶瓷产品的附加价值，激发消费者的购买欲望。利用经济效益和社会效益不断激发陶瓷名家、授权商、授权代理、被授权商、授权顾问、代理商、制造商、营销咨询商、分销商、政府和媒体等各参与方的积极性，使其积极参与到陶瓷名家作品艺术授权经营中的授权、研发设计、咨询服务、制造生产、分销等各个环节的知识产权保护中来。

参考文献

[1] 徐江，彭雪妮. 从艺术授权看艺术经营与知识产权法的关系 [J]. 美术界，2010（8）：77.

[2] 苏雪燕，李江涛，李慧颖. 艺术授权助推文创产业跨界发展 [J]. 中外企业文化，2013（2）：25–26.

[3] 李乘. 博物馆艺术授权模式剖析：以台北"故宫博物院"为例 [J]. 美术研究，2014（4）：85–88.

[4] 花建. 中国艺术品产业的发展战略：迈向"十三五"的国际视野和中国路径 [J]. 上海财经大学学报，2015（5）：57–70.

江西省知识产权证券化研究[*]

李国强[**]　邹开亮[***]　詹绍维[****]

摘　要：知识产权证券化是金融创新与知识产权运用的有机结合体。目前，江西省在法规政策体系、知识产权数量与质量、前期工程实践等方面，已初具试点知识产权证券化的基础。在推进过程中，应践行扶持与监管并重的基本原则，科学选定知识产权证券化发起人，合理构建知识产权资产池，创新设计特殊目的机构（SPV），健全风险分散机制，加强专业人才队伍建设。

当前，在知识经济、创新发展的大环境中，知识产权作为"产权化的知识信息"，其无形资产地位日益为广大市场主体认可和重视，知识产权证券化也逐渐成为各国资产证券化发展中的基本主题。作为金融创新与知识产权运用相结合的新形式，知识产权证券化在推动知识创新转化为现实生产力、解决企业融资难题、促进我国产业转型升级、助力"创新驱动发展"战略深入实施等方面，都有着至关重要的现实意义。

一、知识产权证券化的基本理论

（一）知识产权证券化的含义

一般认为，知识产权证券化是指发起人（Originator）为融得资金，将其具有未来可预期现金收入的知识产权作为基础资产，通过一定的结构安排（资产池），转让给特殊目的机构（SPV），并由后者以该基础资产为标的，发行一种可向投资者出售的受益凭证，并以该知识产权所产生的特定未来现金流为支撑，向投资者支付收益的资产运营行为。就广义而言，知识产权证券化包括知识产权转让所形成债权的证券化、有偿许可等商业化运作所获得使用费的证券化、知识产权质押担保所形

* 本文系"江西省2014年知识产权软科学项目——江西省知识产权证券化研究（20143BBM26165）"前期研究成果。

** 作者单位：江西省科技厅。
*** 作者单位：华东交通大学。
**** 作者单位：江西省科技发展研究中心。

成的信贷债权证券化、知识产权权益性投资所形成的投资分红权证券化等。❶ 从学界研究现状看，现有探讨基本集中在前两类形式上，尤其是第二类，笔者暂以"中义的知识产权证券化"谓之。从国内外知识产权证券化的发展实践看，发起人以有偿许可等商业化运作所获得的使用费为基础资产，通过 SPV 实现证券化运作，是知识产权证券化的基本形式，笔者以"狭义的知识产权证券化"谓之。以下如无特别说明，所称"知识产权证券化"均采狭义。

（二）知识产权证券化的特征

综合相关文献，笔者认为，知识产权证券化具有如下典型特征。

1. 基础资产权利主体范围的不明确性

知识产权证券化的基础资产以知识产权为客体，其权利主体范围具有较大的不确定性。例如，商标权、专利权尚可以通过权属证书确定权利主体，但仍然可能存在在先使用、许可使用等在先的权利人；版权的产生并不以登记为前提，即使登记也可能存在职务作品、共同创作等问题。权利主体范围的不确定就有可能造成基础资产面临诉讼的风险，从而加大知识产权证券化的风险。

2. 基础资产权利状态的不稳定性

基于知识产权的无形性、时间性、地域性特点，知识产权证券化的基础资产远不如以实物资产、贷款、租赁、应收账款、债券或权益证券等自然财产为客体的其他资产证券化的基础资产权利状态稳定。例如，专利面临无效的风险，商标存在异议的可能；而且，专利、版权都仅仅是一段时期内的专有性权利。

3. 基础资产收益的不确定性

知识产权许可合同具有高度的待履行性；被授权方不能按时支付许可使用费，或者基础资产的市场价值降低（如专利被新的技术所取代）等都将增加基础资产收益的不确定性，从而导致 SPV 无法获得预期的现金收益。❷

（三）知识产权证券化的基本流程与交易结构

1. 知识产权证券化的基本流程

（1）构建知识产权资产池。知识产权资产池是知识产权证券化基础资产的组合。基于知识产权的自身特性，从国内外知识产权证券化的实践看，构建知识产权资产池应尽可能遵循大数原则，即通过扩大资产池规模、引入优质基础资产等手段，最大限度保证其产生稳定的现金流；同时，要力避资产池中资产组合过于集中或者相互关系过于密切所导致的群组化风险。

---

❶ 黄勇. 知识产权证券化法律风险防范机制之研究 ［J］. 政法论坛，2015（6）：138 - 145.
❷ 李睿. 知识产权证券化中的 SPA 法律架构评析 ［J］. 长江大学学报（社科版），2016（5）：47 - 52.

（2）确定 SPV。SPV 作为一个独立运行的机构，是知识产权证券化的载体和核心。SPV 通过购买、信托等方式从发起人处获得基础资产（即真实销售），并对交易的框架、资产的证券化性、资产融资能力以及信用等级进行审查和相应包装，以满足证券化的要求，保证整个交易过程的顺利完成。在组织结构上，SPV 有公司型、信托型和合伙型三种形式；在存续期限方面，SPV 又可以分为临时性 SPV 和长久性（常设性）SPV。

（3）信用评级与信用增级。在知识产权证券化进程中，信用评级主要有两个阶段：其一是发起人对知识产权资产池的信用评级（内部评级），其二是对知识产权资产池增级后的发行信用评级。信用增级方式一般包括 SPV 内部增级（划分优先、次级结构）与外部增级（比如由国有银行进行担保）。内部增级的基本原理是：以增加抵押物或在各种交易档次间调剂风险的方式达成信用提升，例如通过将发行的证券划分不同偿付等级。外部信用增级主要通过第三方提供信用增级工具，如提供保险、金融担保等。❶

2. 知识产权证券化的交易结构

知识产权证券化交易结构是指由知识产权证券化交易中的主要参与方以及能够体现证券化交易特征的主要交易环节组成的一个有机体，它包括证券化交易主要参与方及其彼此间形成的交易环节和过程，具体如图 1 所示。

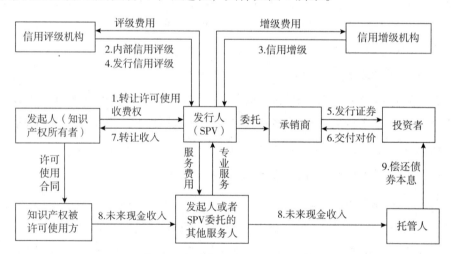

图 1　知识产权证券化交易结构❷

❶ 孙凤毅. 体育知识产权资产证券化的国际经验［J］. 武汉体育学院学报，2016（6）：48－54.

❷ 本图基本框架来源于：任丽明，等. 军工企业知识产权证券化交易结构研究［J］. 科技进步与对策，2014（14）：103－107.

（四）知识产权证券化主体间的法律关系

以上文"知识产权证券化交易结构图"为蓝图，本研究主要分析以下几组法律关系。

（1）投资者购买证券与 SPV 之间形成债权债务关系。知识产权证券化客体乃基于知识产权而产生的债权性权利。该债权性权利是产生未来现金流的来源，SPV 以之为基础资产向投资者发行证券，并以未来现金流为支撑向投资者偿还证券本息。

（2）SPV 与发起人之间形成合同关系，但合同关系性质因 SPV 组织结构差异而有不同。公司型或者合伙型 SPV 一般系通过从发起人处购买用于融资目的、产生未来可预期现金收入的知识产权，双方之间形成以此知识产权资产为标的的买卖合同关系。信托型 SPV 系基于信托而从发起人处获取产生未来可预期现金收入的知识产权，双方之间形成以此知识产权资产为标的的信托合同关系。

（3）在知识产权证券化运行的不同阶段，主体之间的法律关系不尽相同。在期初的基础资产转移时，发起人与 SPV 的法律关系是一种债权债务的法律关系，由 SPV 取代发起人成为债权人；在准备证券发行阶段，SPV 与信用评级增级服务机构是一种委托合同关系；证券发行阶段，SPV 与投资人也是一种债权债务的关系；SPV 与证券承销商的关系是一种委托代理关系；在知识产权证券化管理阶段，SPV 依旧承担着管理人的角色，对基础资产进行管理，向其他的债务人收取使用费即收取现金流用以对投资者还本付息。❶

二、江西省实施知识产权证券化的可行性

（一）知识产权证券化的法律、政策依据初步明确

2013 年 3 月 15 日，中国证券监督管理委员会正式公布了《证券公司资产证券化业务管理规定》，解除了困扰我国知识产权证券化多年的未来债权转让及发行方式方面的若干障碍，奠定了我国知识产权证券化实践的法律基础。2012 年 6 月 13 日，江西省人民政府发布《江西省知识产权战略纲要》，明确了知识产权资产证券化试点前期工程，提出：以知识产权交易市场为依托，以知识产权为要素产品，以信用评级为纽带，不断完善交易程序，规范交易行为，建立信息披露制度和沟通反馈机制，积极开展知识产权市场交易等方面的政策研究，加快资产评估、信用评级等相关中介服务体系建设，创新融资担保方式，为将来我国开展的知识产权资产证券化试点做好各项前期准备工作。2013 年，党的十八届三中全会提出：创新商业模

---

❶ 夏培峰．我国知识产权证券化法律制度构建［D］．成都：四川师范大学，2015．

式，促进科技成果资本化、产业化。2015 年 12 月 18 日，国务院发布了《关于新形势下加快知识产权强国建设的若干意见》（国发〔2015〕71 号），明确提出创新知识产权投融资产品，探索知识产权证券化，完善知识产权信用担保机制，推动发展投贷联动、投保联动、投债联动等新模式。此外，《证券法》《信托法》《公司法》《合同法》等都在一定程度上对知识产权证券化起到了制度保障。所有这些，已初步形成了江西省知识产权证券化试点的法律、政策依据。

（二）知识产权数量和质量长足发展

"十二五"期间，江西省知识产权数量无论是在专利、商标、版权领域，还是在其他特定领域，都取得了快速发展。而且，在某些产业领域，江西省已基于自主创新的核心专利技术初步完成了专利布局。例如，由南昌大学、晶能光电（江西）有限公司及中节能晶和照明有限公司共同完成的"硅衬底高光效氮化镓基蓝色发光二极管项目"在国际上率先实现了产业化，并荣获国家技术发明一等奖。目前，围绕该项目已申请专利 330 多项，授权专利 147 项，其中授权国际专利 47 项，初步完成全球硅衬底 LED 专利布局。知识产权量质齐升局面的形成，为江西省开展知识产权证券化试点提供了前提条件。

（三）知识产权证券化前期工程初见成效

2012 年 9 月 29 日，江西省丰和营造集团有限公司以 5 项专利对南昌银行股份有限公司科技支行出质并作登记；2013 年 6 月 20 日，江西省交通工程集团公司以自己与陕西中大机械集团有限责任公司共有的 2 项专利对重庆市三峡担保集团有限公司西安分公司出质并作登记。据不完全统计，2011～2014 年，全省共实现专利质押融资 22 笔，融资总额达 38155 万元。2015 年全省实现知识产权（专利）质押融资 1.09 亿元，同比增长 4.5 倍，2016 年 1～6 月全省知识产权质（专利）押融资达 2.4 亿元，是 2015 年全年融资额的 2.2 倍，同比增长 700%。❶

2015 年，江西省工商局积极推动商标专用权质押融资工作，与北京银行建立战略合作伙伴关系。根据合作方案，北京银行力争在一年内对江西省内 200 家企业进行授信，在未来 3 年内意向性提供 20 亿元的商标权质押融资授信额度。❷

2012 年 11 月，北京银行南昌分行以江西泰豪动漫有限公司的动漫作品《阿香日记》形象设计版权为质押，向企业发放 1000 万元人民币贷款，支持其后续动漫产品的研发创作，开创了江西以动漫作品版权质押方式发放贷款的新形式。❸

---

❶ 江西召开全省知识产权质押融资座谈会 ［N/OL］. http：//www. jxipo. gov. cn/1/2541. aspx.
❷ 2015 年中国商标战略年度发展报告 ［R/OL］. http：//www. ctmo. gov. cn/tjxx/.
❸ 林艳兴. 江西发放首笔动漫作品版权质押融资 ［EB/OL］. http：//news. 163. com/12/1110/16/8FVADT2U00014JB5. html.

尽管专利、商标、版权质押融资不属于狭义知识产权证券化范畴，但它们作为知识产权证券化的前期工程，在创新知识产权运用方式、丰富知识产权信用评级与价值评估经验等方面，都可以为知识产权证券化试点奠定坚实的基础。

（四）知识产权证券化的资本市场初步形成

从全国范围来看，我国资本市场发展的几十年来，几次经历大起大落，金融投资产品也呈现多样化的趋势，已具备成熟资本市场的基本雏形，为知识产权证券化的实施提供了国内市场基础。

从江西省范围看，近年来融资市场规模快速发展。2015 年，江西省资本市场直接融资实现历史性突破，截至 12 月 29 日，直接融资规模达到 1476.09 亿元，"引资入赣"成效明显。江西省还创新融资方式，在全国率先发行了 3 亿元保障房中期票据，为保障性安居工程建设开辟了新的融资途径。其中，江西省企业在股票市场融资 128.39 亿元，银行间债券市场融资 1185.7 亿元，发行企业债券 162 亿元。非金融企业债务融资工具发行 672.3 亿元，同比增长 85.41%，增幅排名全国第三。与此同时，债务融资工具实现了 11 个设区市、银行间市场四大品种和承销机构"三个全覆盖"，在中部六省中成为首个实现该目标的省份。❶

三、江西省开展知识产权证券化试点的建议

（一）积极践行扶持与监管并重的推进原则

知识产权证券化作为金融领域与知识产权领域的探索创新，符合国家创新驱动发展战略。因此，在试点过程中，要在国家法律、法规、政策的原则范围内，通过地方性法规、规章和政策，在财政、税收、信贷等方面给予一定的优惠措施，以鼓励其发展，提升投资者的积极性，鼓励创新型企业的发展。

基于知识产权证券化的风险性，要建立健全知识产权证券化的监管体系，推动监管制度的创新与发展，设立监管机构对证券化运作过程进行监督和管理，协调各监管部门的职能，完善信息披露制度，有效防范证券化交易中可能出现的风险，维护相关主体利益，保证证券化过程中交易的安全。同时，为了保障基础资产的收益，进而保护投资者利益，促进知识产权证券化的健康有序发展，省内知识产权有关部门还要严格执法，加大对侵犯知识产权行为的打击力度，确保执法必严，违法必究。

（二）科学选定知识产权证券化发起人

鉴于国内知识产权证券化融资的成功案例不甚丰富、相关法律制度仍未完善的

---

❶ 夏晓. 江西直接融资创历史记录［EB/OL］. http：//www.jxcn.cn/system/2016/01/03/014587365.shtml.

现状，江西省在开展知识产权证券化试点时，应该选择具有核心知识产权、内部知识产权管理规范的单位。例如，版权证券化试点可以优先考虑江西泰豪动漫有限公司等知识产权质押担保融资先行企业，专利证券化试点可以在晶能光电（江西）有限公司等拥有相关产业核心专利、完成一定专利布局的企业实施，以利于形成优质知识产权资产池。

在考察内部知识产权管理时，应该结合近年来江西省开展企业知识产权管理"贯标"工作实践，选择完成"贯标"工作、成效明显、体系完善的知识产权示范企业。同时，相关政府部门要进一步跟进对发起人单位内部知识产权管理工作的指导和督促。

（三）合理构建知识产权资产池

在构建以专利权为基础资产的资产池时必须慎重，需要对以下几个因素进行综合考量。第一，必须采用正确的信用评估方法。在选择信用评估的方法时，应结合知识产权资产的具体情况采用恰当的方法。第二，考虑专利自身的素质。进行证券化的专利最好是市场占有率高、市场前景好的专利，或者是已经实施转化后的专利。同时，要综合考察知识产权的法律效力、权利范围和保护期限、权利归属、权利的易估价性等因素。第三，考虑行业因素。应选择那些市场前景良好、有良好信誉的企业，这样才能确保在未来获得稳定的现金收益。第四，考虑知识产权优势因素。应该选择那些市场知名度高、技术领先性强、拥有核心知识产权价值的客体。同时，要力避以单一知识产权为客体的证券化试点。

（四）创新设计 SPV

SPV 的法律组织结构有公司型、信托型和合伙型三种形式。从美国和欧洲的知识产权证券化案例来看，特殊目的信托是最灵活、最常用的。特殊目的信托是发起人基于对受托人的信任，将知识产权委托给受托机构即发行人，由其发行证券。在SPV 的运行导向上，可以合理借鉴日本的相关经验，建立政府主导的常设性 SPV。首先，由政府主导设立 SPV，借鉴 Tideline 模式❶，将一些经济实力较弱的企业的知识产权集中起来，形成资产池。当资产池中资产预期产生的现金流达到一定规模时再统一发行证券，这样就能形成规模效应，降低单一个体的发行成本。其次，政府

---

❶　2005 年美国出现了首例 100% 软件证券化融资的 Tideline 交易案例。在该案中，Tideline Capital 公司首先设立了一个专门的 SPV，这是首次由第三方专业投资公司设立常设性 SPV。一些中小型企业将软件许可合同转让给该 SPV，当 SPV 获得的许可合同预期现金流达到 1 亿美元，Tideline 就可以将资产池中的资产打包发行证券。通过这种滚动发行的模式，Tideline 为全美国超过 200 家软件企业（主要是中小型企业）提供了融资服务。（参见：Schwarcz S L. The alchemy of asset securitization ［J］. Stanford Jounal of Law, Business & Finance, 1994（1）.）Tideline 案中 SPV 的设立从单一、专门化向常设化发展，由大规模融资向中小企业发展的做法，对于降低融资成本、提高融资速度具有重要作用。此外，常设性 SPV 也有利于监管机构在证券发行成功后对发行主体进行监管。

可以采取税收减免等优惠措施,对于 SPV 实施知识产权证券化所获得的收益,根据税收中性原则,采取减免所得税等优惠措施,提高知识产权证券化的收益。最后,立足国情、省情,目前资本市场发展不够成熟,要想推进知识产权证券化的进程,选择政府主导型模式,无疑更为恰当。❶

(五)着力健全风险分散机制

知识产权证券化过程中面临着多重风险。江西省在推进知识产权证券化试点时,要用足国家相关法律、法规及政策制度,在保障"真实销售"、确保发起人"破产隔离"、创新信用评级和信用增级等方面大胆借鉴国内外知识产权证券化成功案例的经验。同时,要积极响应国家金融制度创新要求,积极协同保险公司,适时推出针对性强的知识产权保险业务。这也是发达国家知识产权证券化的重要风险分散措施。

知识产权保险可包含两方面内容:知识产权财产保险和知识产权诉讼保险。这两种是提高知识产权证券化信用级别的必然要求。知识产权财产保险是指以被保险人所享有的知识产权为承保标的,在承保期间,若知识产权的价值降低或消失,保险公司负责偿付差额。知识产权诉讼保险是指因被保的知识产权发生纠纷,被保险人被诉侵权或起诉他人侵权时提供必要的诉讼费用,在要求被保险人承担责任时支付赔偿金。前种险别有助于保证知识产权现金流在不足以偿付投资者本息的时候,保险公司能够及时代为偿付,以维持知识产权现金流的稳定性。后种险别在 SPV 面对知识产权权利不稳定状态时,能够有足够的费用支持权利状态恢复稳定。即使因侵权承担责任时,也可由保险公司代为支付并向发起人追偿,这可以防止知识产权证券化因诉讼或其他原因而导致的无力向投资者支付本息的风险。❷

(六)大力加强知识产权证券化专业人才队伍建设

知识产权证券化广泛涉及经济、金融、法律、会计、科技、管理等多学科专业知识和技能。要通过对省内现有的证券化人才进行培训、引进省外及国外优秀人才、在高校中培养相关人才等措施提升本省知识产权证券化人才队伍的整体素质,推动证券化的顺利实现。

知识产权证券化还离不开多种高水平的专业中介服务机构的共同参与和分工合作。要加快江西省知识产权证券化相关中介服务机构的能力建设;在江西省相关中介服务难以及时同步跟进时,要积极沟通省外、国外高水平中介服务机构,通过引进、培训、提升等综合举措,打造一支高水平的知识产权证券化中介服务人才队伍。

---

❶ 李睿. 知识产权证券化中的 SPA 法律架构评析〔J〕. 长江大学学报(社科版),2016(5):47-52.

❷ 李祖山. 知识产权证券化若干法律问题研究〔D〕. 泉州:华侨大学,2014.